U0471379

成协工作的实践与研究

马良生 ◎ 编著

河海大学出版社
·南京·

内容提要

本书在系统总结第七届协会主要工作的基础上，进行研究提升；同时对近5年来与协会工作相关的广播电视大学教育、开放大学建设研究的成果（已公开发表），进行分类整理。旨在保存好完整的、便于查找和可利用的资料，为协会今后的工作和研究打好基础。

图书在版编目（CIP）数据

成协工作的实践与研究／马良生编著.－－南京：河海大学出版社，2022.2
　ISBN 978-7-5630-7449-5

　Ⅰ.①成… Ⅱ.①马… Ⅲ.①成人教育－研究－江苏
Ⅳ.①G729.2

　中国版本图书馆CIP数据核字（2022）第022809号

书　　名	成协工作的实践与研究
书　　号	ISBN 978-7-5630-7449-5
责任编辑	龚　俊
特约编辑	梁顺弟　许金凤
特约校对	丁寿萍　卞月眉
封面设计	徐娟娟
出版发行	河海大学出版社
地　　址	南京市西康路1号（邮编：210098）
电　　话	（025）83737852（总编室）
	（025）83722833（营销部）
经　　销	江苏省新华发行集团有限公司
排　　版	南京布克文化发展有限公司
印　　刷	南京凯德印刷有限公司
开　　本	718毫米×1000毫米　1/16
印　　张	27.25
字　　数	549千字
版　　次	2022年2月第1版
印　　次	2022年2月第1次印刷
定　　价	120.00元

序
preface

改革开放40多年来,江苏省成人教育取得了前所未有的历史性成就,已成为江苏省现代教育体系的重要组成部分,为提高国民综合素质,促进经济社会发展和科技进步,满足人民日益增长的美好生活需要,构建终身教育体系,建设学习型社会奠定了坚实的基础。江苏省成人教育协会为此做出了积极的贡献!

江苏省成人教育协会成立于1983年3月。是由全省从事和支持成人继续教育及相关工作的企事业单位、社会组织和个人自愿组成的群众性、学术性社会团体。2015年9月至2021年4月,省成协第七届理事会在省教育厅的领导下,在中国成人教育协会、省民政厅、省社科联的指导下,在全体会员单位的共同努力下,认真贯彻党和国家关于成人继续教育改革发展的重要方针政策,按照省教育厅的决策部署,坚持服务江苏教育的理念,坚持办会宗旨,团结带领全体会员,依照章程积极进取,真诚为教育行政部门服务,为会员单位服务。在开展理论研究和实践探索、提升协会影响力和凝聚力、推进我省学习型社会建设等方面,做了大量卓有成效的工作,较好地发挥了协会参谋助手作用,赢得了社会各方面的好评。

马良生同志于1982年初参与江苏省成人教育协会筹建工作,并在1997年任第四届省成人教育协会副秘书长,2003年至2015年任第五届、六届副会长;2015年9月至2021年4月任协会第七届常务副会长兼秘书长;2021年8月任第八届常务副会长。在此期间,马良生同志认真学习,努力工作,勤于思考,善于总结,积累了大量经验性的资料。他编著了《成协工作的实践与研究》,其特点:一是客观真实。第七届协会按照省教育厅及协会章程要求,认真努力地进行工作,圆满完成了各项任务,在本书中得以全面呈现。二是资料完整。虽然成协每年都有总结,但是还有些事项及活动未能列出,本书作了补充完善,保证了资料的完整性。三是分类明确。将协会5年的工作按照年度从九个方面,省厅交办任务,从五个方面分类叙述,一目了然,便于读者查找。四是可供参考。可以说本书是一本完整的第七届协会工作档案资料,能供协会工作人员、广大会员使用,也可供广大社区教育工作者参考和借鉴。所以本书的编著确有价值,也期待该书在协会今后的工作及研究发挥应有的作用。

2021年4月22日,经会员代表大会选举产生了第八届理事会理事,常务理事;会长、副会长、秘书长、监事(2021年7月13日经江苏省民政厅正式批准)。协会将坚持政治建会、学术立会、服务强会、依法治会;团结、组织全省各类成人继续教育单位和成人教育工作者,遵循成人继续教育规律,坚持理论联系实际原则,开展继续教育、社会教育科学理论和实际问题研究,开展学术交流和宣传活动,为完善终身学习体系、建设学习型社会、促进人的全面发展、建设"强富美高"新江苏服务。

2021年8月20日

孙曙平　江苏省成人教育协会
　　　　第七、第八届理事会会长
　　　　江苏省教育厅原副巡视员

目录
contents

第一篇　协会主要工作 ················· 3
　一、协会换届选举 ··················· 3
　二、协会工作会议 ··················· 62
　三、协会品牌建设 ··················· 66
　四、协会专项评审 ··················· 79
　五、协会研究工作 ··················· 84
　六、协会专题培训 ··················· 102
　七、协会重要活动 ··················· 108
　八、协会学习考察 ··················· 120
　九、协会机构调研 ··················· 125

第二篇　省厅交办任务 ················· 149
　一、教育服务三农 ··················· 151
　二、检查验收工作 ··················· 161
　三、示范县的创建 ··················· 194
　四、特色品牌项目 ··················· 241
　五、全民终身学习 ··················· 254

第三篇　电大开大建设 ················· 267
　一、电大开大建设 ··················· 269

二、四十周年校庆 ……………………………………………… 332

第四篇　相关研究材料 ………………………………………… 369
　　一、课题研究意见 ………………………………………………… 371
　　二、会议讲话材料 ………………………………………………… 388

后记 ……………………………………………………………… 425

第一篇
协会主要工作

一、协会换届选举

江苏省成人教育协会是由全省各类从事和支持成人继续教育及相关工作的企事业单位、社会组织和个人自愿组成的群众性、学术性社会团体,是非营利性社会组织。

协会的宗旨是:以马列主义、毛泽东思想、邓小平理论、"三个代表"重要思想、科学发展观和习近平新时代中国特色社会主义思想为指导思想和行动指南,遵守宪法、法律、法规和国家政策,践行社会主义核心价值观;全面贯彻党和国家的教育方针,围绕中心、服务大局、紧贴基层;坚持政治建会、学术立会、服务强会、依法治会;团结、组织全省各类成人继续教育单位和成人教育工作者,遵循成人继续教育规律,坚持理论联系实际原则,开展继续教育、社会教育科学理论和实际问题研究,开展学术交流和宣传活动,为完善终身学习体系、建设学习型社会、促进人的全面发展、建设"强富美高"新江苏服务。

一、江苏省成人教育协会第七届会员代表大会

江苏省成人教育协会第七届会员代表大会在宁召开

2015年9月28日,江苏省成人教育协会第七次会员代表大会在南京召开。时任省教育厅厅长出席会议并讲话,省教育厅副厅长杨湘宁主持会议。省教育厅副巡视员孙曙平当选为省成人教育协会第七届理事会会

长。中国成人教育协会、省经信委、省民政厅、省人社厅、省社科联等有关单位负责人及会员代表近400人参加会议。

时任教育厅长充分肯定了多年来省成人教育协会在教育行政决策、成人学校和成人教育发展等方面发挥的参谋和助手作用,在构建终身教育体系、建设学习型社会方面作出的积极贡献,对省成教协会今后的工作提出了三点希望。一要切实加强教育研究。省成人教育协会要围绕当前成人教育改革发展的热点、难点、重要发展方向、体制制度建设等关键问题开展调研,深入分析经济社会发展对成人教育发展提出的新要求,不断丰富完善成人教育理论,服务教育行政部门决策。二要切实加强社会服务。省成人教育协会要针对成人教育的新特点和新要求,动员全省广大成人教育机构和工作者,大力开展农村劳动力转移培训和实用技术培训,服务社会主义新农村建设;大力开展社区教育,服务和谐社会建设;大力开展行业企业职工教育培训,服务产业结构转型升级;大力开展现代远程教育和自学考试,服务社会成员终身学习。三要切实加强自身建设。省成人教育协会要依法制定完善协会章程,做到有章可循、照章办事,使协会的会员管理、组织管理、活动管理更加科学合理高效。要充分发挥全体理事和各地成人教育协会以及各分支机构、各会员单位的作用,继续当好党和政府与基层成人教育工作者之间的桥梁和纽带。

时任教育厅长表示省教育厅将继续关心支持省成人教育协会的建设和发展。全省各级教育行政部门要更加重视、大力支持省成人教育协会及各分会和广大会员的工作,努力为省成人教育协会开展工作创造条件,指导成人教育协会不断加强自身建设,提升服务水平,努力推动成人教育实现更大发展。

新任理事会会长孙曙平表示,第七届理事会将在历届理事会工作的基础上,按照厅长的讲话精神,尽职尽责尽心尽力地工作,努力开创协会工作新局面。一是加强学习,努力打造学习型协会。要广泛开展调查研究,既要深入到成人教育一线的居民学校开展调研,也要学习借鉴世界上其他国家与地区开展成人教育工作的先进经验,拓展眼界,提升能力和水平;要加强队伍建设,做好基层成人教育工作者的学习、辅导、培训工作;要以项目为抓手,打造学习型团队,积极调动各个研究者个体与学习组织的积极性,开展跨部门、跨行业的交流培训,构建科研、助学、学习支持协作网络;要强化问题导向,营造良好的研究氛围,争取在"十三五"期间,呈现出一批具有较高理论水准、在全国具有一定影响力的、系统化的研究成果。二是提升水平,努力打造创新型协会。进一步完善协会工作网络体系,把从事社会教育、继续教育、老年教育等工作的部门、机构、人才充分团结到协会中来,特别要重视发挥普通高校继续教育学院和开放大学的重要作用。依托现代科学技术和社会组织形式,创新继续教育、社会教育工作方式,积极打造终身学习、成人教育的活动品牌。不断拓展宣传渠道,大力加强省成人教育协会网站、学习在线网站和《江苏社会教育》等宣传阵地建设,加大成人教育信息发布、典型宣传工作力度,及时宣传成人教育、社区教育政策、动态和成效。三是服务社会,努力打造服务型协会。要深入基层,总结成人教育教学改革的成功经验,发现问题,提出政策建议,为教育行政部门决策服务,为基层一线教学服务。要积极推动教学单位与行业、企业的跨界合作,服务教育教学改革与终身学习,不断增强协会的服务指导能力。进一步健全完善协会和各专业委员会的章程和规章制度,更好地服务于全体会员,维护和保障会员的合法权益。

省教育厅社会教育处　2015 年 10 月 8 日

关于《江苏省成人教育协会章程》修改的说明

江苏省成人教育协会第六届理事会副会长　马良生

各位代表、同志们：

我受第六届理事会委托，向大会作《江苏省成人教育协会章程》(以下简称《章程》)修改的说明，并请审议。

一、《章程》修改的主要原则

协会章程是协会的行为准则。第六届理事会《章程》是2008年3月18日江苏省成人教育协会第六届会员代表大会通过的。根据党的十八大提出的"积极发展继续教育，完善终身教育体系，建设学习型社会"和《江苏省中长期教育改革和发展规划纲要(2010—2020年)》"到2020年，学习型组织普遍建立，终身教育体系基本完备，形成学习型社会"的目标要求，需对《章程》进行修改，其主要原则为：一是坚持与时俱进，体现成人教育工作者的历史责任；二是强化规范管理，努力与国家《条例》及《范本》要求相一致；三是按照中国成人教育协会新章程要求，促进本会履行职责、规范工作、发挥作用；四是内容应具有历史的连续性，文字表达力求更准确、精练。

二、《章程》修改的主要内容

一是按照惯例和参与国际成人教育交流活动的需要，增加英文译名："JIANGSU ADULT EDUCATION ASSOCIATION"缩写为"JAEA"。

二是拟将江苏省成人教育协会宗旨修订为：以马列主义、毛泽东思想、邓小平理论、"三个代表"重要思想、科学发展观和习近平总书记系列重要讲话精神为指导，坚持党的基本路线，遵守宪法、法律、法规和国家政策，全面贯彻党的教育方针；团结全省各类成人教育单位和成人教育工作者，坚持理论联系实际的原则和百家争鸣、百花齐放的方针，开展继续教育、社会教育科学理论和实际问题的研究,开展学术交流和宣传活动,推动全省继续教育、社会教育事业的改革发展,为经济和社会发展服务,为构建终身教育体系和建设学习型社会服务,为提高全民素质、促进人的全面发展服务。

三是在业务范围中强调宣传继续教育、社会教育、终身学习的意义和作用;增加开展成人教育评估、科研立项评审和成果鉴定,加强对协会系统内各培训机构行业管理等服务内容。

四是对原章程的有关条目内容作文字上的修改。

《江苏省成人教育协会章程》(修改稿)及配套文件已发给各位代表,有关内容修改是否妥当,请审议!

江苏省成人教育协会章程

(2015年9月28日修改稿)

第一章 总 则

第一条 本会名称为"江苏省成人教育协会"(JIANGSU ADULT EDUCATION ASSOCIATION 缩写为 JAEA)。

第二条 本会的性质是全省成人教育单位和成人教育工作者自愿组织的群众性、学术性社会团体,是非营利性社会组织。

第三条 本会的宗旨是:以马列主义、毛泽东思想、邓小平理论、"三个代表"重要思想、科学发展观和习近平总书记系列重要讲话精神为指导,坚持党的基本路线,遵守宪法、法律、法规和国家政策,全面贯彻党的教育方针;团结全省各类成人教育单位和成人教育工作者,坚持理论联系实际的原则和百家争鸣、百花齐放的方针,开展继续教育、社会教育科学理论和实际问题的研究,开展学术交流和宣传活动,推动全省继续教育、社会教育事业的改革发展,为经济建设和社会发展服务,为构建终身教育体系和建设学习型社会服务,为提高全民素质、促进人的全面发展服务。

第四条 本会的登记管理机关是江苏省民政厅;业务主管部门是江苏省教育厅。本会接受江苏省教育厅和江苏省民政厅的监督管理;同时接受中国成人教育协会、省哲学社会科学联合会的业务指导。

第五条 根据成人教育发展及理论研究工作需要,本会设立继续教育、社区教育、老年教育、现代远程教育、农村成人教育、职工教育与学习型企业、民办非学历教育、成人高等教育等专业研究委员会。

各专业委员会为本会的分支机构,在本会直接领导下开展研究活动,不具有法人资格。

第六条 本会会址设在江苏省南京市。

第二章　业务范围

第七条　本会的业务范围是：

（一）宣传继续教育、成人教育、终身教育、社会教育、终身学习的意义和作用，推动各方面关心和支持成人教育工作；

（二）积极反映全省成人教育工作者的要求，维护会员的正当权益；

（三）组织开展成人教育学术研究活动，推广、奖励成人教育研究成果；开展成人教育评估、科研立项评审和成果鉴定等中介服务；

（四）加强对协会系统内各培训机构的行业管理；

（五）进行调查研究，为教育行政部门在成人教育方面的决策提供咨询服务；

（六）培训成人教育管理干部和教育（教学）、研究人员；

（七）组织参观考察学习，编辑成人教育资料，提供成人教育改革与发展及学术研究信息；

（八）加强与中国成人教育协会、外省成人教育协会、省内有关社会团体（机构）联系，互通信息，友好合作；

（九）依法（规）开展国外、境外学术交流活动；

（十）开展符合本会宗旨的其他成人教育方面的服务。

第三章　会　员

第八条　本会会员实行单位会员和个人会员制。

第九条　自愿申请加入本会的会员，必须具备下列条件：

（一）凡省内各市、县（区）、省各行业成人教育协会（学会、研究会），各级各类成人学校或成人教育机构，其他相关事业、企业等基层单位，有加入本会意愿，拥护本会章程，履行会员义务，经申请和批准，即为本会单位会员；

（二）省内热心成人教育的专家、学者、成教工作者、从事成教研究的人员，凡自愿申请参加本会，经批准或特邀可为本会个人会员。

第十条　会员入会的程序：

（一）本人申请，提交入会申请书；

（二）经理事会审议批准；

（三）凡本会会员，由本会秘书处发给单位会员和个人会员证书。

第十一条 会员享有下列权利：

（一）本会的选举权、被选举权和表决权；

（二）参加本会的活动；

（三）按照本会业务范围提供的各项服务；

（四）参加本会组织的各类科研成果评优评奖；

（五）对本会工作提出批评、建议；

（六）对本会工作的知情权、建议权和监督权；

（七）退会自由。

第十二条 会员的义务：

（一）遵守本会章程，执行本会决议；

（二）关心支持成教事业发展，积极参加成教协会活动，完成本会交办的工作；

（三）向本会提供科研成果及研究资料；

（四）向本会反映情况和参与有关工作；

（五）按规定交纳会费。

第十三条 会员不履行会员义务，不参加本会活动，不交纳会费，视为自动退会。会员退会应书面通知本会，并交还会员证。

第十四条 会员如有严重违反本会章程的行为，经理事会或常务理事会表决通过，可暂停其会员资格或者予以除名。

第十五条 会员退会、被暂停会员资格或者被除名后，其在本会相应的职务、权利、义务自行终止。

第四章 组织机构

第一节 会员大会

第十六条 本会的最高权力机构是会员大会（或会员代表大会），会员大会(或会员代表大会)的职权是：

（一）制定和修改本会章程；

（二）制定和修改会费标准；

（三）制定和修改理事、常务理事、会长、常务副会长、副会长、秘书长以及各专业研究委员会负责人产生办法；

（四）选举或罢免理事；

（五）审议理事会的工作报告和财务报告；

（六）决定终止事宜；

（七）决定其他重大事宜。

第十七条　会员大会(或会员代表大会)每年召开1次。会员大会(或会员代表大会)每届五年(会员大会或会员代表大会每届最长不超过5年)。因特殊情况需提前或延期换届的，须由理事会表决通过，报业务主管部门审查并经社团登记管理机关批准同意。但延期换届最长不超过1年。

第十八条　会员大会(或会员代表大会)须有2/3以上的会员(或会员代表)出席方能召开，其决议须经到会会员(或会员代表)半数以上表决通过方能生效。

第二节　理事会

第十九条　理事会是会员大会(或会员代表大会)的执行机构，在会员大会(或会员代表大会)闭会期间领导本会开展日常工作，对会员大会(或会员代表大会)负责。

第二十条　理事会的职权是：

（一）执行会员大会(或会员代表大会)的决议；

（二）制定会员代表产生办法和分配名额；

（三）筹备召开会员大会(或会员代表大会)；

（四）决定相关专业研究委员会的设立、变更和终止；

（五）决定副秘书长、各机构主要负责人的人选及聘任；

（六）领导本会各机构开展工作；

（七）选举或罢免会长、常务副会长、副会长、秘书长；

（八）向会员大会（或会员代表大会）提交工作报告和财务报告；

（九）制定内部管理制度；

（十）决定会员的吸收或除名；

（十一）决定其他重大事项。

第二十一条 理事会每届5年。因特殊情况需提前或延期换届的，须由理事会表决通过，报登记管理机关批准。延期换届最长不超过1年。

第二十二条 理事会须有2/3以上理事出席方能召开，其决议须经到会理事2/3以上表决通过方能生效。

第二十三条 理事会每年至少召开一次会议；情况特殊的，也可采用通讯形式召开。

第三节 常务理事会

第二十四条 本会设立常务理事会。常务理事会由理事会选举产生，在理事会闭会期间行使第二十条第一、三、四、五、六、九、十项的职权，对理事会负责（常务理事人数不超过理事人数的1/3）。

第二十五条 常务理事会会议须有2/3以上常务理事出席方能召开，其决议须经到会常务理事2/3以上表决通过方能生效。

第二十六条 常务理事会至少半年召开一次；情况特殊的也可采用通讯形式召开。

第四节 负责人

第二十七条 本会会长、常务副会长、副会长、秘书长应具备下列条件：

（一）坚持党的路线、方针、政策，遵守国家的法律法规，具备良好的政治素质；

（二）热爱成教及成教协会工作，在本省成人教育领域有较大影响；

（三）会长、常务副会长、副会长、秘书长最高年龄不超过70周岁，秘书长为专职；

（四）身体健康，能坚持正常工作；

（五）具有完全民事行为能力。

（六）能够忠实、勤勉履行职责、维护本会团体和会员的合法权益。

第二十八条 本会会长为本会法定代表人，不兼任其他团体的法定代表人。

第二十九条 本会会长行使下列职权：

（一）领导理事会（或常务理事会）工作；

（二）召集和主持理事会（或常务理事会）；

（三）检查会员大会（或会员代表大会）、理事会、常务理事会各项决议的落实情况；

（四）代表本会签署有关重要文件。

第三十条 秘书长协助会长开展工作，行使下列职权：

（一）主持内设机构开展日常工作；

（二）提名常务副秘书长、副秘书长及各专业研究委员会负责人，提交理事会或常务理事会决定；

（三）拟定年度工作报告和计划，报理事会或常务理事会审议；

（四）拟订内部管理规章制度，报理事会或常务理事会批准；

（五）协调各分专业研究委员会开展工作；

（六）处理其他日常事务。

第三十一条 本会会长、常务副会长、副会长、秘书长如超过最高任职年龄的，须经理事会表决通过，报业务主管部门审查并经社团登记管理机关批准同意后，方可任职。

第三十二条 本会会长、常务副会长、副会长、秘书长任期 5 年（会长、常务副会长、副会长、秘书长任期最长不得超过两届）。因特殊情况延长任期的，须经会员大会（或会员代表大会）2/3 以上会员（或会员代表）表决通过，报业务主管部门审查并经社团登记管理机关批准同意后方可任职。

第三十三条 本会办事机构为秘书处，配备专职工作人员。日常工作在会长领导下开展,由常务副会长主持,秘书长驻会工作。

第五章　资产管理和使用

第三十四条　本会经费来源:

(一)会费;

(二)社会或个人捐赠或资助;

(三)政府资助;

(四)在成教业务范围内开展活动或服务的收入;

(五)有关利息;

(六)其他合法收入。

第三十五条　本会的收入及其使用情况应当向会员大会(或会员代表大会)公布,接受会员大会(或会员代表大会)的监督检查。

第三十六条　本会按照国家有关规定收取会员会费。会费必须用于本章程规定的业务范围和事业发展,不得在会员中分配。

第三十七条　本会的经费主要用于:

(一)本章程规定的业务范围;

(二)必要的行政办公和人员薪酬支出;

(三)其他由理事会或常务理事会决定的事项。

第三十八条　本会的资产任何单位、个人不得侵占、私分和挪用。

第三十九条　本会建立严格的财务管理制度,执行《民间非营利组织会计制度》,依法进行会计核算,建立健全内部会计监督制度,保证会计资料合法、真实、准确、完整。

本会接受税务、会计主管部门依法实施的税务监督和会计监督。

第四十条　本会的资产管理必须执行国家规定的财务管理制度,接受会员代表大会和财务部门的监督。

第四十一条　本会专职工作人员的工资和保险、福利待遇参照国家对事业单位的有关规定执行。

第四十二条　本会进行换届、变更法定代表人,应当进行财务审计,并将审计报告报送登记管理机关。

第四十三条　本会按照《社会团体登记管理条例》规定接受登记管理机关组织的年度检查。

第六章　章程的修改程序

第四十四条　本会章程应根据形势发展需要,适时进行修改。

第四十五条　秘书处具体负责本会章程的修改,由理事会表决通过,获江苏省民政厅社会组织管理局预审后,交由会员大会(或会员代表大会)审议。

第四十六条　本会修改的章程,经会员大会(或会员代表大会)到会代表 2/3 以上表决通过后 15 日内,经业务主管单位审查同意之后,报江苏省民政厅社会组织管理局核准后生效。

第七章　终止和剩余财产处理

第四十七条　本会有以下情形之一,应当终止:

(一) 完成章程规定的宗旨的;

(二) 无法按照章程规定的宗旨继续从事公益活动的;

(三) 发生分立、合并的;

(四) 自行解散的。

第四十八条　本会终止,应当由理事会或常务理事会提出终止动议。经会员大会(或会员代表大会)表决通过,并报业务主管部门审查同意。

第四十九条　本会终止前,须在业务主管单位及有关机关指导下由理事会确定的人员成立清算组,清理债权债务,处理善后事宜。清算期间,不开展清算以外的活动。

第五十条　本会完成清理工作后,应向社团登记管理机关申请办理注销登记手续。

第五十一条　本会终止后的剩余财产,在主管部门和社团登记管理机关的监督下,按照国家有关规定,用于发展与本会宗旨相关的事业。

第八章 附 则

第五十二条 本章程经 2015 年 9 月 28 日第七届会员代表大会表决通过。

第五十三条 本章程的解释权属本会常务理事会。

第五十四条 本章程自江苏省民政厅社会组织管理局核准之日起生效。

江苏省成人教育协会新一届理事会工作汇报

马良生　2016年1月21日

江苏省成人教育协会会长、副会长、秘书长会议今天在镇江市召开，首先，我代表省成教协会，对省教育厅领导、厅相关处室领导莅临指导，对镇江市教育局、市成人教育协会的大力支持，表示衷心的感谢！对各市成协秘书长及有关领导的到来表示热烈欢迎！

现在我汇报一下2015年9月份以后协会所开展的主要工作。

一、完成了换届选举工作，孙曙平同志当选为第七届理事会会长

在省教育厅领导和关心下，2015年9月28日，江苏省成人教育协会在南京召开了第七次会员代表大会。省教育厅、省人社厅、省社科联、省经信委、省教育考试院等相关部门负责人、各高校成人教育学院负责人、省高等教育学会负责人、各市成教协会（学会）、全省各地会员代表近400人出席会议。中国成人教育协会副秘书长薛华领代表中国成协到会祝贺。

会议由江苏省教育厅副厅长杨湘宁主持。时任教育厅长作了重要讲话。他充分肯定了省成协多年来的工作和成绩，并对进一步做好省成协新一届理事会工作提出了希望和要求。会议选举产生了369名理事、194名常务理事；通过了名誉会长、会长、常务副会长、副会长、秘书长人选。江苏省教育厅副巡视员孙曙平同志当选为江苏省成人教育协会第七届理事会会长。

新任会长孙曙平在讲话中强调：第七届理事会将在上届理事会工作的基础上，按照厅长的讲话精神，尽职尽心尽力地工作，努力开创协会工作的新局面，力争在"十三五"期间，呈现出一批具有较高理论水准、具有一定影响力的、系统化的研究成果。

会后，秘书处将相关材料报省民政厅审批，2015年11月25日，协会《章程》和会长人选得到了省民政厅社会组织管理局的批准；2016年1月8日，省民政厅正式批准了孙曙平同志为协会新的法定代表人。

二、明确了秘书处的内部设置及工作职能

孙曙平会长高度重视秘书处工作，提出了秘书处组织架构、职责范围和工作要求。现秘书处有正、副秘书长5人，张鲤鲤为秘书长；马良生兼秘书长，钱旭初为常务副秘书长，郑青、邵泽斌为副秘书长。秘书处设立研究部、联络部和培训部。邵泽斌为研究部部长，郑青为联络部部长，钱旭初为培训部部长。

按照孙会长的要求，秘书处成员在认真学习教育厅党组会议纪要精神的基础上，积极开展工作，制订了《会长办公会议议事规则》、《印（章）鉴管理规则》、《差旅费管理办法》、《档案管理办法》等制度。

三、通过了陈乃林同志任期内经济责任的审计

换届改选后，依据省教育厅和省民政厅的要求，对陈乃林同志任期内的经济责任进行了离任审计。成教协会财务一直由省教育厅财务办公室管理，协会财务实行独立核算、自负盈亏。经过审计部门的审计，综合评价是：财务管理能够依据有关法律、法规和有关规定；会计工作依法有序；财务处理手续较完备、基本符合规定。

四、参与了2015年全民终身学习活动周的举办

10月29日，2015年全民终身学习活动周全国总开幕式在苏州举行，教育部副部长鲁昕出席会议并讲话。此次活动，由江苏省教育厅、苏州市人民政府承办，协会也参与部分具体工作。

鉴于终身学习活动周已成为新常态，全省各市县都举办了此项活动。省成教协会按照要求，对上交活动周总结的有关单位，分别推荐为全国2015年终身学习活动周的特殊贡献奖、优秀组织奖和成功组织奖。

五、评审社会主义核心价值观教育案例

根据《教育部等七部门关于推进学习型城市建设的意见》中关于"大力培育和践行社会主义核心价值观，凝聚全社会价值共识"要求，省教育

厅委托江苏省成人教育协会负责教育案例的收集汇总工作。截至2015年年底,协会共收到案例63个。目前,专家已完成初评,最终将审定出一、二、三等奖,同时遴选一批典型案例汇编成册在全省社区教育系统进行宣传推广。

六、向教育部推荐国家级社区教育示范区、实验区

参加了向教育部推荐国家级社区教育示范区、国家级社区教育实验区的评审工作,共推荐国家社区教育示范区2家、国家级社区教育实验区6家。

七、参加了省级社区教育创建项目的现场考核

自省教育厅办公室下发《关于做好2015年度高水平农科教结合富民示范基地申报工作的通知》、《关于做好2015年标准化社区教育机构申报工作的通知》和《关于做好2015年度首批省级社区教育示范区申报工作的通知》后,各地认真组织开展了项目的创建自评,并择优进行了申报。为推动这项工作的开展,2015年12月,协会积极配合省教育厅,组织了专家对有关申报单位进行现场考核。并认真总结,写出考核报告,确保了教育考核评估的质量。

八、认真完成中国成人教育协会的相关工作

九、召开省成协部分会长、副会长会议

2016年1月8日上午,省成协在省教育厅301会议室召开了换届后的第一次部分会长、副会长会议。省教育厅副巡视员、省成协会长孙曙平及在宁的副会长、成协秘书处人员共15人参加了会议,常务副会长马良生主持了会议。

会议通报了省成协自2015年9月底换届以来的工作进展情况,秘书处的组织架构和工作职责及各市成协秘书长会议的筹备情况;讨论了专业委员会设置及副会长联系分工的建议;听取了南京市成协的工作介绍;张鲤鲤秘书长结合省教育厅社会教育处2016年的重点工作对成协工作提出了意见,孙曙平会长对协会工作提出了要求。

孙会长对新一届协会工作提出了发展方向和目标定位,并对秘书

处,专业委员会和各市成协的工作提出了具体的要求:

(一)关于秘书处的工作

孙会长阐述了设立双秘书长制既是协会服务教育行政的中心工作,也是协会自身工作的创新;要求秘书处明确职责,保证协会科学高效运转。

(二)关于专委会的工作

孙会长要求专委会应科学合理设置,并建立会长联系制度。专委会每年要能够召开一次有质量的会议,组织一场有影响的活动,呈现一批(项)具有指导、推广意义的研究成果。要建立专委会会议、培训、调研、考察和表彰等制度。

(三)关于各市成协的工作

孙会长要求教育行政部门要积极推动,鼓励各协会认真开展工作。特别要在社会教育中充分发挥作用,使"短板"能够不断"增长"。

(四)明确了协会下设的 9 个专业委员会主任建议名单

社区教育专业委员会

主任:胡　鹏　副会长　常州市教育局副局长
　　　高　健　副会长　连云港市教育局副局长

老年教育专业委员会

主任:牛　飚　副会长　江苏省老年大学协会副会长
　　　钱旭初　常务副秘书长　江苏开放大学社会教育处处长

开放教育专业委员会

主任:张益彬　副会长　江苏开放大学副校长

农村教育专业委员会

主任:唐厚元　副会长
　　　姜雪忠　副会长　江苏省农委科技教育处处长

职工教育专业委员会

主任:冯艳玲　副会长　江苏省经济与信息委员会调研员

民办培训机构(民办教育)专业委员会
主任:潘东标　副会长　南京市教育局副局长
　　　陈国宏　副会长　扬州大学副校长

高等教育专业委员会
主任:赵　清　南京大学继续教育学院院长

招生考试专业委员会
主任:林伟　副会长　江苏省考试院党委书记

学术研究专业委员会
主任:程永波　副会长　南京财经大学副校长
　　　邵泽斌　副秘书长　南京师范大学教育科学学院副院长

对以上9个专业委员会成员的人选,秘书处将认真做好推荐工作,努力把热心成人教育的专家、学者,依据各自研究专长,分别推荐到各个专业委员会中去发挥作用。

以上是新一届成协成立以来进行的主要工作。今后,我们将牢固树立新的教育发展理念,紧紧围绕教育行政部门的中心任务,在孙会长领导下,按照协会的工作规律和特点,创造性地开展工作,努力打造学习型、创新型、服务型协会,特别要在创新上下功夫,因为抓创新就是抓发展,谋创新就是谋未来。以卓有成效的工作实绩,为完善我省终身教育体系,建设学习型江苏作出新贡献。

谢谢大家!

江苏省成人教育协会第八届会员代表大会

江苏省成人教育协会第七届理事会主要工作汇报（提纲）

（2015.9.28—2020.9.28）

江苏省成人教育协会于 2015 年 9 月 28 日在南京召开第七次会员代表大会。孙曙平同志当选为第七届理事会会长。2016 年 1 月 8 日，省民政厅正式批准了孙曙平同志为协会法定代表人。

本届理事会根据章程，按照曹副厅长指示及社会教育处、语言文字与继续教育处的要求，紧紧围绕构建服务全民终身学习的教育体系目标和教育行政部门中心工作，坚持服务大局、服务成教、服务会员的宗旨，积极开展终身教育、社会教育、成人教育、全民学习的理论研究和实践探索，认真组织有关活动，努力加强自身建设，不断提升协会的学术力、影响力和凝聚力，努力打造学习型、创新型、服务型协会。

主要工作是：

1. 认真完成省教育厅、语言文字与继续教育处交办的任务；
2. 努力完成教育部、中成协下达的任务；
3. 务实创新积极做好协会工作。

一、认真完成省教育厅、语继处交办的任务

1. 协助办好每年全民终身学习活动周；
2. 组织专家对省级社区教育示范区、标准化社区教育机构检查验收；
3. 对十二五期间 55 个高水平农科教结合富民示范基地检查、总结；
4. 参与创建 83 个"教育服务三农"基地，办好首期培训班，曹厅长亲自到会布置的任务；
5. 参与 15 个国家级职成教示范县创建、检查、验收工作；
6. 参与省教育厅特色品牌项目评审、建设。

二、努力完成教育部、中成协下达的任务

1. 每年全民终身学习活动周的组织实施、社区教育成果图片展览；

2. 组织"百姓学习之星"、"终身学习品牌项目"、"优秀成人继续教育教育院校（培训机构）、"美韵秋歌"——社区教育文艺成果评审上报；共获得全国"百姓学习之星"20个（2016年5个、2017年5个 2018年5个、2019年5个）、全国终身学习品牌33个（2016年3个、2017年10个、2018年10个、2019年10个）、"优秀成人继续教育教育院校（培训机构）26个（2017年10个、2018年9个、2019年7个）、"美韵秋歌"——社区教育文艺成果73个（2017年9个、2018年64个）。省成协被中成协评为首届"美蕴秋歌——社区教育文艺成果展演"优秀组织奖。

3. 参与教育部国家级职成教示范县创建、检查、验收；

4. 做好联合国教科文组织CLC项目（农村、城市）实施、检查；

5. 组织首届"中青年社区教育教学新秀"评选活动；

6. 协助做好全国学习型城市建设联盟工作。

三、务实创新积极做好协会工作

1. 组织召开每年年会，总结工作，布置任务；曹副厅长讲话提出明确要求，开好会长、秘书长工作会议，总结交流各市工作，部署安排新年度计划；

2. 成立江苏省成人教育协会第七届社区教育、老年教育等九个专业委员会，确定各专业委员会主任。要求各专业委员会按照自身职责定位，建立会议、培训、调研、考察和表彰等制度。每年召开一次有质量的会议，组织一场有影响的活动，呈现一批（项）具有指导、推广意义的研究成果。

3. 组织纪念江苏成人教育40年活动，编写文集，召开新时代成人教育改革发展研讨会，葛厅长到会讲话，肯定成绩、明确任务；会上公布了从事成人教育工作40年、30年及20年突出贡献奖名单等309人；公布表彰了"改革发展40周年40佳社教单位"43家；公布了征文一等奖名单10人；

4. 组织全省社区教育"百姓学习之星"、"社区教育特色品牌项目"、"美韵秋歌"、书画展览、"优秀成人继续教育教育院校(培训机构)"评审、公布,并按照规定上报中国成协参加全国评审;

自 2016 年起开展社区教育品牌项目建设,5 年共创建 187 个,其中:2016 年评出 28 个,2017 年 38 个(已正式出版)、2018 年 39(已正式出版)、2019 年 40 个(已正式出版)、2020 年 42 个(正在编排中);

自 2016 年起评选省级"百姓学习之星"481 名(2016 年 38 名、2017 年 104 名、2018 年 113 名、2019 年 109 名、2020 年 117 名);

自 2017 年起评选:

省级"社区教育先进工作者"478 名(2017 年 124 名、2018 年 124 名、2019 年 109 名、2020 年 121 名);

省级"社区教育优秀志愿者"359 名(2017 年 105 名、2018 年 75 名、2019 年 92 名、2020 年 87 名);

省级"优秀成人继续教育校(培训机构)"183 家(2017 年 51 家、2018 年 59 家、2019 年 40 家、2020 年 33 家)

5. 积极开展学术兴会活动,抓好科研工作。办好科研能力提升、课题管理培训班,十三五社会教育课题研究立项课题 135 项,其中重大课题 1 项、重点课题 9 项、一般课题 125 项。对十三五期间重大、重点课题进行集中结题,组织专家点评,出版《社会教育课题管理与研究》文集;下发 2020 年社会教育课题立项通知书(重大 5 个、重点 8 个、立项 84 个);

2019 年 6 月 28 日,在苏州市吴江区召开"社区教育学习共同体建设研讨会";

6. 每年举办好老年教育、社区教育、品牌建设、手机摄影等培训班;2017 年 10 月 23 日至 25 日,在无锡举办全省社区教育工作者高级研修班。11 月 8 日至 10 日在常州市武进区举办"全省社区学院院长高级研修班"。2019 年举办了《"美韵秋歌"——社区教育文艺成果展演》和《我和我的祖国·2019 年江苏省摄影大赛》;

7. 做好联合国教科文组织 CLC 项目(农村、城市)实施、检查;在苏

州市吴江汾湖高新区召开首次江苏"农村社区学习中心(CLC)能力建设项目创新发展研讨会";

8. 组织社会教育十大课题、全省成人教育协会组织机构情况等调研,并将调研报告汇编成册;

9. 和台湾地区成人及终身教育学会开展学术交流、互访活动;组织会员外出参加研讨会、学习考察活动;

10. 2020年初发倡议书,号召各会员单位有序参与疫情防控,在公众号发布正能量信息,并将相关活动上报中国成人教育协会;

11. 做好社会教育宣传工作,和江苏教育频道共同筹办《社会教育宣传》栏目;2017年开展首届"江苏省社会教育百强单位"评选活动,表彰江苏成人教育"改革发展40周年40佳社教单位"。

12. 加强协会内部组织管理工作,严格执行各项规定,认真完成每年审计、年报上报工作。

(2020年10月9日上午,孙曙平会长、马良生常务副会长向曹玉梅副厅长汇报提纲)

江苏省成人教育协会
第八届会员代表大会在宁召开

江苏省成人教育协会(以下简称:省成协)第八届会员代表大会于2021年4月21日—22日在南京召开。江苏省教育厅副厅长曹玉梅及相关处室负责人,江苏省哲学社会科学界联合会学会部主任夏东荣,省发改委、省人社厅、省总工会、省考试院、省教科院有关部门领导,各兄弟学会负责人,第七届理事会各位副会长,各市、区(县)教育局分管领导和第八届会员代表共400余人出席了大会。开幕式由省成协第七届理事会会长孙曙平主持。

江苏省教育厅副厅长曹玉梅首先向会议的召开表示热烈的祝贺,向长期以来关心支持江苏终身教育、成人继续教育改革发展的相关单位表示衷心的感谢!充分肯定了省成协第七届理事会在孙曙平会长的领导下五年来所做工作。总结了江苏在"十三五"期间取得的明显成效,分别是社区教育体系建设明显加强、经费投入政策保障到位,社区教育内涵建设、服务能力显著提升以及社区教育优质资源充分共享。指出了四个着力并对新一届理事会提出了三点希望和建议:一要切实提高政治站位,确保协会事业发展方向坚定正确;二要切实强化协会职能,彰显服务教育决策的能力水平;三要切实加强自身建设,增强协会的凝聚力战斗力。相信在新一届理事会的带领下,省成协将会为建设教育强省,谱写中国梦的江苏篇章发挥出更大的作用。

江苏省哲学社会科学界联合会夏东荣同志做了讲话。他提出要坚持"政治建会、科研立会、服务强会"的理念,多出科研成果,并将科研成果转化为实践应用。

江苏省高等教育学会会长丁晓昌代表江苏省高等教育学会,同时代表江苏省教育学会、职业教育学会、学位与研究生教育学会、学前教育学会,向大会的召开致以兄弟般的友好祝贺,向出席会议的各位领导、各位代表致以崇高的敬意。

省成协第七届理事会副秘书长郑青宣读了中国成人教育协会发来的贺信。

江苏省成人教育协会第七届理事会会长孙曙平代表第七届理事会做工作报告,他从围绕中心,服务大局,努力发挥参谋和助手作用;不忘初心,奋发有为,增强协会整体服务效能,创先争优,奋发有为,展示江苏成人教育发展风彩几个方面回顾了过去五年省成协第七届理事会在省教育厅的领导下,在中国成人教育协会、省民政厅、省社科联的指导下,团结带领各位会员、各分支机构、各市成协、各位副会长开展的主要工作和所取得的成绩,获得了成人继续教育战线和广大成人学习者的广泛好评。省成协将担起责任、以奋斗者的姿态,把协会建成有学术力、凝聚力、创造力、影响力的创新服务平台,不断为书写新时代"强富美高"新江苏添砖加瓦。

江苏省成人教育协会常务副会长兼秘书长马良生向大会做了换届筹备工作情况、《章程》修订的说明等报告。

第八届会员代表大会于4月22日完成了各项议程,审议通过了《第七届理事会工作报告》《第七届理事会财务工作报告》《江苏省成人教育协会章程》(修订稿)《第八届会员代表大会换届选举办法》《新修订的会费标准》。选举产生了第八届理事会会长、副会长、秘书长、常务理事、理事、监事。会员代表大会由江苏开放大学副校长吴忠宁主持。

新当选省成协第八届理事会会长孙曙平在大会上讲话。他指出:换届选举是省成协建设与发展的大事,也是承前启后、继往开来的一个新起点。在感谢大家信任的同时也对新一届理事会的工作作了表态。他介绍了本届理事会工作的大概思路并列举了重点工作。最后他指出,协会要以习近平新时代中国特色社会主义思想为指导,贯彻落实相关精神,不辜负广大会员的期望,不辜负上级领导的期望,全力以赴抓紧落实,积极开创第八届协会工作新局面。

在江苏省成人教育协会
第八届会员代表大会上的讲话

江苏省教育厅副厅长　曹玉梅（2021年4月22日）

各位代表、各位嘉宾：

今天,我们在南京隆重召开江苏省成人教育协会第八届会员代表大会,总结回顾上一届理事会工作,选举产生新一届理事会,这是我省教育界的一件大事。值此,我代表省教育厅向会议的召开表示热烈的祝贺！向长期以来关心支持江苏终身教育、成人继续教育改革发展的相关单位表示衷心的感谢！

教育是国之大计、党之大计。近年来,在省委、省政府的坚强领导下,全省教育系统深入贯彻落实习近平新时代中国特色社会主义思想,坚持教育优先发展战略,认真落实立德树人根本任务,推动解决了教育领域一系列实事要事,教育改革发展迈出更加坚实有力步伐。据统计,我省新增劳动力平均受教育年限从2014年的14.31年提高至去年的15.32年。全省教育发展规模、办学水平和综合实力位居全国前列,正处于从世界中上水平向更高水平迈进的历史新起点。大力发展继续教育、成人教育是高水平全面建设小康社会的必然要求。江苏历来注重树立终身教育理念,高度重视全民终身学习,"十三五"期间,坚持多措并举、综合推进,取得明显成效。

一是社区教育体系建设明显加强。2017年,省教育厅等十一部门联合发布了《关于加快发展社区教育的实施意见》（苏社教〔2017〕1号）,进一步健全社区教育管理体制和运行机制,完善了相关政策措施。各级政府坚持将社区教育纳入区域经济社会发展的整体规划,形成了党委领导、政府统筹、教育部门主管、相关部门配合、社会积极支持、群众广泛参与的社区教育协同发展格局。全省建成了一批标准化社区大学、社区学院和社区教育中心,并形成了省市县乡村五级教育体系,社区教育办学网络基本实现城乡全覆盖。

二是经费投入政策保障到位。我省将社区教育经费列入经常性财政开支,在全国率先明确了人均4元社区教育经费的投入机制,为社区教育提供了基本经费保障。同时,各级财政还为社区教育投入专项经费,省级财政每年投入社区教育专项经费3 000余万元。

三是社区教育内涵建设、服务能力显著提升。省教育厅坚持以社区教育中心标准化建设、示范基地建设、特色品牌建设、优质教学资源建设为抓手,一手抓硬件达标,一手抓内涵建设,社区教育基础能力有了很大的提高。特色品牌加速形成,建成了12个全国社区教育示范区、16个全国社区教育实验区、15个国家级农村职业教育和成人教育示范县、71个省级社区教育特色品牌、32个长三角地区社区教育品牌。我省"社区教育品牌"和"百姓学习之星"连续多年入选年度全国"特别受百姓喜爱的终身学习品牌项目"和全国"事迹特别感人的百姓学习之星"。

我们切实加强与相关部门的工作联动,会同省总工会开展农民工学历与能力提升行动计划,近30余万名农民工和一线职工参与学历继续教育,继续教育年培训量超过1 000万人次;会同省妇联开展农村妇女"网上行"基础技能培训,近5万人获得"现代女性网络技能初级证书";会同省农业农村厅共建教育服务"三农"高水平基地83个,高水平农科教结合富民示范基地55个。全省各级社区教育面向普通市民、老年群体、新型职业农民、退役士兵等人群广泛开展培训。通过"做给农民看,带着农民干,帮着农民赚"的直观方式,帮助农民致富,社区教育助力脱贫攻坚成效显著。

四是社区教育优质资源充分共享。省教育厅持续加强各类学习教育资源库建设,每年投入专项经费支持"江苏学习在线"学习平台建设,在线开放共享视频学习资源近4万个,发布课程2 200多门,成为支持全省终身学习的门户网站。针对老年人学习需求,我们投入资金建成21个老年学习教育资源库,去年开通了"江苏老年学习教育"线上平台。

省教育厅与相关部门成立了"江苏省终身教育学分银行",探索建立"江苏居民终身学习账户",开展学习成果认定、存储和转换,为江苏公民终身学习搭建立交桥。同时,支持长三角终身教育学分银行建设,积极推动长三角地区终身教育学分互认。我省城市、农村居民的终身学习参与率分别达到60%、40%以上,经常性参与教育活动的老年人占老年人口总数的比例达23%。

江苏继续教育取得的这些成就,是大家共同努力的结果,也是与成协扎实工作、积极有为分不开的。"十三五"期间,省成协第七届理事会始终坚持服务江苏教育理念,认真贯彻落实省教育厅决策部署,团结带领大家依照章程积极进取。在推进我省学习型社会建设、在开展理论研究和实践探索、在提升协会影响力和凝聚力等方面,做了大量的卓有成效的工作,较好地发挥了协会参谋助手作用,赢得了各方面的好评。在此,我代表省教育厅向以孙曙平同志为会长的第七届理事会致以崇高的敬意和衷心的感谢!

同志们,当今世界正经历百年未有之大变局,我国正处于实现中华民族伟大复兴关键时期。随着网络化、信息化、数字化发展日新月异,科技革命、产业革命浪潮正在重构人们的生活、学习和工作方式,全民终身学习对世界教育和人类社会发展产生了更加深远的影响。党的十九届五中全会明确提出"要发挥在线教育优势,完善终身学习体系,建设学习型社会"的新目标。习近平总书记视察江苏时,赋予江苏"争当表率、争做示范、走在前列"重大使命,这是总书记对江苏的信任和期望,为我省深入贯彻五中全会精神,在新发展阶段加快建设"强富美高"新江苏提供了极为重要的战略指引。我们要用心体悟、深化认识,切实扛起这个重大责任,以更大的决心和勇气推进工作,不负党中央的重托。

未来社会是终身学习的社会,面向全民培育终身学习理念,提高终身学习能力,持续实现知识更新、开发个人潜能、增强精神力量,更好促进人的全面发展和终身发展,为全面建设社会主义现代化国家奠基。省委省政府将"建成适应全民终身学习的现代教育体系"作为江苏教育现代化的主要目标,把"发展开放融通的终身教育"作为江苏教育现代化的战略任务之一写进了《江苏教育现代化2035》。进入新发展阶段,我省必须要更加重视加快推进教育强省、学习大省和学习型社会建设。要着力宣传终身教育思想,强化全民终身教育、终身学习的观念,促进更多的人和社会机构积极参与到全民终身学习中来。要着力构建高质量的服务全民终身学习的教育体系,有效提高公民的科学人文素养,促进教育发展成果更多更公平惠及全体人民。要着力发挥网络教育和人工智能的优势,积极利用现代科技技术推动教育改革,构建包括智能学习、交互式学习的新型教育体系,加快发展面向每个人、适合每个人、更加开放灵活的教育体系。要着力形成全社会共同参与的教育治理新格局,形成工作合力,打破传统的学校教育单一格局,建立健全家庭教育指导服务体系,大力发展社区教育,实现各级各类教育纵向衔接、横向贯通,密切配合、良性互动,共同服务人的终身学习、全面发展。

在此,我对省成协新一届理事会提出三点希望和建议。

一要切实提高政治站位,确保协会事业发展方向坚定正确。省成协及成协系统要带头学习贯彻习近平新时代中国特色社会主义思想,自觉强化政治责任,遵守政治纪律和政治规矩,提高政治能力,努力树牢"四个意识",坚定"四个自信",做到"两个维护"。要充分认识新阶段江苏经济社会发展对教育提出的新要求、新任务,牢固树立以人民为中心的发展思想,紧紧围绕省委、省政府的决策部署和教育部、教育厅的工作要求,进一步明确自身使命,准确定位,精心谋划"十四五",致力推动成协各项工作目标落实见效,努力促进我省成协事业的高质量发展,为推进江苏教育现代化再创新业绩。

二要切实强化协会职能,彰显服务教育决策的能力水平。加强行业业务研究,为政府决策提供服务是协会的重要职能。成协要继续坚持并大力弘扬服务教育的指导思想,积极开展科学研究,提高工作的针对性实效性。要在全面总结我省成人继续教育取得的成绩与经验基础上,深入研究新发展阶段江苏继续教育、成人教育所面临的新情况、新要求,出现的新矛盾、新问题;要紧紧围绕构建服务全民终身学习的教育体系,建设"人人皆学、处处能学、时时可学"的学习型社会这一重大课题,组织力量开展攻关;要聚焦高校继续教育、社会教育、社区教育,聚焦老年群体、新型产业工人、新型职业农民、残疾人等重点人群、特殊群体的教育培训工作,开展理论和实践探索;要弘扬理论联系实际的研究之风,深入实践、深入基层、深入群众,切实提高研究成果的针对性、应用性、实效性。

三要切实加强自身建设,增强协会的凝聚力战斗力。省成协有360多个会员单位、7个专业委员会,这是很大的平台,也是协会的重要资源和优势所在。要把这一平台用好,切实加强与各地、各个教育机构之间的沟通联系,以会员为本,不断优化服务方法,提高服务质量,形成有效的工作机制;要通过精心组织多种活动,把各方面专家人才凝聚好,搭好台,唱好戏;要坚持协会服务的公益性,从严落实省教育厅等部门关于学会协会建设的相关规定,不断完善制度建设,不断规范工作要求,依法依规开展活动。

各位代表,本次大会将选举产生协会新一届理事会和协会负责人。我坚信,在新一届理事会的带领下,省成协将会为建设教育强省、谱写中国梦的江苏篇章发挥出更大的作用。

预祝大会圆满成功!祝同志们身体健康,工作愉快,阖家幸福!

中国成人教育协会贺信

江苏省成人教育协会：

值此江苏省成人教育协会第八届会员代表大会召开之际，中国成人教育协会特向大会召开表示热烈的祝贺，向长期关心和支持成人教育工作的会员单位和各界人士表示衷心的感谢，向各位代表和各会员单位工作者致以亲切的问候！

过去的5年，江苏省成人教育协会以习近平新时代中国特色社会主义思想为指引，在第七届理事会的团结带领及会员单位的共同努力下，提高政治站位，遵循章程规定，紧紧围绕十九届四中全会、五中全会提出的"构建服务全民终身学习的教育体系"精神；紧紧围绕服务大局的中心任务；紧紧围绕成人继续教育理论与实践的前沿、重点、热点问题；紧紧围绕终身学习和继续教育新理念，服务大局有力有效，自身建设成效显著，圆满地完成了各项工作。

在江苏省成人教育协会第八届会员代表大会召开之际，我们希望同江苏省成人教育协会密切合作，共同努力，为加强全国成人教育协会及工作者的交流合作与行业自律，促进成人教育健康发展，提高我国成人教育的整体水平，为建设全民学习、终身学习的学习型社会做出积极贡献。

预祝大会取得圆满成功！

中国成人教育协会
2021年4月21日

在2021年省成人教育协会换届会上的致辞

江苏省哲学社会科学界联合会　夏东荣（2021年4月22日）

在全省学习十九届五中全会和习近平总书记视察江苏重要讲话指示精神，开展党史学习教育之际，省成人教育协会在这里隆重召开换届大会，这是省成人教育协会发展史上的一件大事，也是我省教育界、社科界的一件盛事。我谨代表省社科联及学会部向大会的召开及即将当选的新一届理事会表示热烈的祝贺！向长期以来支持省社科联，特别是学会部工作的省教育厅和省成教会的各位领导和专家学者表示衷心的感谢！也向来自全省参会的各位代表表示崇高的敬意！

党的十八大以来，以习近平同志为核心的党中央就教育工作先后提出一系列新思想、新论断、新要求，是习近平教育思想的重要体现，也是习近平中国特色社会主义思想的重要组成部分，是指导新时期教育工作的纲领性文献，为我们做好教育工作提供了根本遵循。成人教育、继续教育是走向终身教育的重要举措，对于建设学习型社会、学习型组织、学习型政党，乃至十九大提出的建设"学习大国"都具有十分重要的意义。江苏是教育大省，也是学习大省，学习贯彻习近平教育思想，推进新时代我省成人教育改革发展，建设"学习大省"，为"强富美高"新江苏建设在争当表率、争做示范、走在前列中提供智力保障，是我们成教工作者的重要责任和光荣使命。

省成人教育协会是20世纪80年代初成立的协会，是我省社科界、教育界成立较早的协会之一，多年来，协会在历任会长的带领下，在协会广大理事、会员的共同努力下，开展了一系列丰富多彩的协会活动，成果丰硕、人才辈出，现已成为全省社科界和教育界具有较大影响的协会之一。特别是换届以来，成教协会能够紧扣时代主题，发挥科研先导作用，积极开展群众性理论研究和实践，把推动群众性、学术性成人继续教育理论研究与实践探索作为协会的重要工作,紧密围绕江苏教育深化改革大局和高质量发展,推动理论创新、实践发展,涌现出一批优秀研究成果,在教育界和社科界产生了广泛的影响,也为我省教育强省建设、社科强省建设作出卓越贡献。同时,省成教协会在人才培养、学术研讨和对外交流方面,也不断打造新的工作平台、创建活动品牌,为推动成人教育改革发展发挥了协会作为"思想库"和智囊团的重要作用。

近年来,中央和省委高度重视社会组织的发展,出台了一系列重要文件和举措,提出了要激发社会组织活力,要充分发挥社会组织的重要作用,特别是出台了《关于社会智库健康发展的若干意见》《关于加强哲学社会科学学术社团建设的意见》,以及省委相应出台的《实施意见》,这一系列文件精神着重指出要充分发挥社科学术社团的作用,把全省社科界知识分子紧紧团结在党的周围,以党建引领学会发展,推动构建中国特色哲学社会科学,加快建设社科强省,构筑思想文化引领高地。特别是由社会团体为组织形式的社会智库,是中国特色新型智库的重要组成部分,以服务党和政府决策为宗旨,以政策研究咨询为主攻方向,紧紧围绕党和政府决策需要的重要课题,开展咨询研究,为党委政府的中心工作提供智力支撑。省成教协会是隶属于省教育部门重要的、具有影响的社会团体之一,也是省社科界和教育界"社会智库"型的学术社团之一,在为党委政府提供决策参考、为社会各界提供服务方面都具有不可替代的作用。特别是当前,全省上下深入学习十九届五中全会精神,贯彻落实习近平总书记视察江苏提出的江苏"争当表率、争做示范、走在前列"的新要求,谋划"十四五"规划,省成教协会在服务我省成人教育大局有着独特的优势,在促进教育公平发展和教育质量的提升,不断完善终身教育体系,满足成人学习多样化、高质量的学习需求,为成人教育工作者提升职业能力和水平服务方面发挥着不可替代的重要作用。学术研究是学会的立会之本,也是学会的生命之源,成教协会一直坚持以科研工作为引领,坚持以理论创新推动实践创新,勇于探索,勤于实践,多出成果,多出人才,在成人继续教育、落实教育规划纲要、推动成人教育标准化等许多教育领域,发挥着学会作为"无形学院"的培育功能。

省成教协会是省社科联的重要成员之一,省社科联,特别是学会部将一如既往地对新一届省成教会以及省教育厅隶属的其他学会给予支持,加强与学会的联系和合作,为学会搭建更多的平台,和广大学会一道,积极开展学术研讨、课题调研、科学普及和对外交流活动,为我省的成人教育事业,为"教育高质量发展走在前列"而共同奋斗。

最后祝大会圆满成功!"五一"劳动节将至,教育工作者也是最辛勤的劳动者之一,祝大家节日快乐!

谢谢大家!

在江苏省成人教育协会
第八届会员代表大会上的致辞

江苏省高等教育学会会长　丁晓昌（2021年4月22日）

值此江苏省成人教育协会第八次会员代表大会隆重召开之际，我谨代表江苏省高等教育学会，同时，受江苏省教育学会、职业教育学会、学位与研究生教育学会、学前教育学会的委托，向大会的召开致以兄弟般的友好祝贺，向出席会议的各位领导、各位代表致以崇高的敬意！

五年来，省成协在孙曙平会长的带领下，在全体理事及会员单位共同努力下，始终坚持群众性学术组织的办会宗旨，遵循成人继续教育规律，坚持理论联系实际的原则，通过课题研究的指导、社区教育品牌项目的推进、专题学术论坛的举办以及省内外的各种交流与协作，为宣传和践行全民终身学习和继续教育理念，着力搭建服务全民终身学习的教育资源共享渠道、衔接各级各类教育平台做了大量富有成效的工作，取得了丰硕的成果，在全国产生了较大的影响。

一、围绕中心，服务大局有高度

省成协在学习贯彻习近平总书记教育重要论述和全国全省教育大会精神中，把准政治方向、提高政治站位、瞄准自身定位、着眼教育全局，牢牢把握新时代成人继续教育的历史方位，紧紧围绕省教育厅中心工作，深化成人继续教育改革创新，突出工作重点、打造工作亮点。根据省教育厅决策部署要求，省成协积极谋划、稳妥推进，在社区教育、老年教育及高校成人继续教育等主战场上，培育和推广典型品牌项目，以保障全民终身学习的机会，为各类学习型组织建立和学习型省份建设提供了重要支撑。值得称赞的是，在2018年全国全民终身学习周总开幕式上，省成协和省厅语言文字与继续教育处联合申报的"乡村振兴新天地"荣获全国最受百姓喜爱的终身学习品牌项目，树立了为乡村振兴的国家战略提供教育支撑贡献的"江苏样版"!

二、服务强会,建言献策有深度

全省成人继续教育体量大、分布广、需求各异,同时,各地成人继续教育资源发展水平不均衡、差异较大,成人教育的需求侧与供给侧匹配度不高。面对发展中的矛盾,协会秉承"政治建会、学术立会、服务强会、依法治会"理念,结合省教育厅的要求以及新形势下社区教育、成人继续教育、农村教育等发展动态,找准穴位、拿捏分寸、精准发力。在深度调查研究的基础上,省成协 2017 年确立了"关于社区教育品牌建设"等十个调研课题项目,从社区教育维度针对性地破解了发展中的难题,及时回答了新时期工作中的难点和热点之问,克服了空洞研究与实际脱节的"两张皮"。课题研究成果发挥了资政辅智作用,为行政部门的决策服务提供了参考借鉴,提升了协会的履职能力。

三、强化抓手,联系会员有热度

省成协的宗旨是为会员单位服务的。在当好行政部门和会员单位沟通互动的"连心桥"中,省成协扮演了"桥梁"的引领作用,发挥了标杆效应。协会以"十三五"成人继续教育与社会教育课题为抓手,强化科研立项后管理和成果孵化、落实课题经费资助、动态举办"科研能力提升"培训班等。诸多举措让广大会员主动适应新常态下教育改革创新的新形势、新任务,以实践带科研、以研究促发展。此外,协会还开展了接地气、暖人心的系列平台,树典型、发挥正面导向的激励作用和榜样示范。比如:周期性举行面向会员单位的优秀论文评选,宣传省级各类先进典型,包括"百姓学习之星""省级社区教育品牌项目""省级社区教育优秀志愿者""省级社区教育先进工作者""省级优秀成人继续教育校(培训机构)""省级美韵秋歌——社区教育文艺成果"等。协会还根据会员单位同行间交流的需要,定期组织会员单位外出学习考察兄弟省(市)先进经验,营造了协会和会员亲如一家、和谐共进的良好氛围。

四、展现担当,创新工作有力度

在抗击疫情这场没有硝烟的战斗中,省成协迅速反应、紧急行动,于

2020年2月6日向各会员单位发出了"关于抗击新型冠状病毒肺炎感染疫情的倡议书",号召和动员各社区会员单位深刻认识疫情防控的重要性和紧迫感。协会秘书处探索了疫情之下新的工作运转方式,设立了"疫情防控"专栏微信公众号,在网站设置了"临时工作群",不仅实现了"停工不停产",还把会员的呼声、需求、所盼的事放在心上,逐一对接落实。成协会以实际行动谱写了可歌可泣的战疫故事,彰显了协会创新、实干和服务的精神。

五、形成合力,共同提升信任度

今天是贵会的换届会,也是我们省级各类教育社团的大聚会!借此机会,我想提请贵会和莅会的兄弟协(学)会与我们一道,在"十四五"的新起点上谋划未来!我们要学习贯彻落实习近平总书记视察江苏期间,赋予江苏"争当表率、争做示范、走在前列"的重大使命,坚持以创新为核心,贯彻新发展理念,构建新发展格局,相互学习、优势互补,共同研讨社团工作规律,履职尽责、规范工作,形成合力,强担当、强本领,提高协(学)会知名度、美誉度和权威性,为江苏教育事业发展贡献绵薄之力!

芳林新叶催陈叶,流水前波让后波。希望即将产生的新一届理事会,振奋精神,务实求变、求新、求进,在推动全省省级协(学)会高质量发展上争当表率,再创辉煌!最后,预祝今天的大会取得圆满成功!祝各位领导、来宾和各位代表身体健康、工作顺利、阖家幸福、万事如意!

江苏省成人教育协会第八届理事会筹备情况的说明

第七届理事会常务副会长兼秘书长　马良生

（2021年4月22日）

各位代表：

江苏省成人教育协会第七届理事会于2015年9月28日选举产生。根据《民政部关于社会团体登记管理有关问题的通知》和《江苏省成人教育协会章程》的规定，第七届理事会任期已满。现将第八届理事会筹备情况作一说明，请审议。

根据民政厅和协会章程届满需按期换届的规定，2019年11月下旬协会成立了换届工作筹备小组，就会员代表大会的理事、常务理事候选人推荐条件、推荐原则、名额分配和协会章程修订、财务报告、选举办法等，逐一进行了认真讨论，并分工落实到专人负责。2019年12月底，在盐城召开的江苏省成人教育协会秘书长、各分支机构秘书长会议上，协会就做好换届工作的意义、方法和步骤，提高民主意识，正确行使民主权利，为新时代协会工作努力等方面作了布置。

2020年7月中旬，筹备小组将各市成协、高等院校、省级机关推荐的理事、常务理事名单作了分类整理和汇总，并及时上报省教育厅。

因受新冠肺炎疫情影响，协会换届选举无法按期进行，依据江苏省民政厅对省成协换届工作的指示精神，及《江苏省成人教育协会章程》第十七条中"因特殊情况需提前或延期换届的，须由理事会表决通过"的规定，江苏省成人教育协会于2020年9月11日至16日召开了第七届理事会第五次（通讯）会议，对协会延期换届进行表决，获得了全体会员单位的理解，一致同意延期换届。经江苏省教育厅、省民政厅同意延期至2020年12月召开换届选举大会。

原计划2020年12月29号召开换届选举大会，后因疫情防控要求，经省教育厅同意,暂停进行。

为确保第八届会员代表大会顺利召开,2021年1月12日在南京召开了江苏省成人教育协会会长、秘书长会议暨第八次会员代表大会预备会议。

第八届会员代表大会的筹备工作,经各方共同努力,已全部完成。请予以审议!

关于《江苏省成人教育协会章程》修订的说明

第七届理事会常务副会长兼秘书长　马良生

（2021年4月22日）

各位代表：

我受第七届理事会委托，向大会作《江苏省成人教育协会章程》（以下简称"章程"）修订说明，并请审议。

一、《章程》修订的主要原则

现行的《江苏省成人教育协会章程》是2015年9月28日第七次会员代表大会讨论通过的。为适应江苏成人继续教育改革发展的新要求，进一步加强协会工作的自身建设，更有效地规范协会工作，增强成人教育协会在我省群众性教育科研活动中的影响力，根据江苏省民政厅颁发的《社会团体章程示范文本》的规定条款，以及江苏省教育厅对成人教育协会工作的要求，参照中国成人教育协会新章程，结合我省协会工作实践，需对《章程》进行修订。其主要原则为：

一是中国特色社会主义进入新时代。党的十九届四中、五中全会提出的"构建服务全民终身学习的教育体系""建设高质量教育体系"的奋斗目标，是开启新征程的进军令，是新时代教育工作的根本遵循和行动指南。《章程》修订必须在新时代、新思想、新目标的指引下，才能保证协会的定位和方向。

二是遵循《社会团体登记管理条例》（2016年2月6日修正版）。省民政厅发布的《社会团体登记管理条例》是民间组织工作走向规范化、法制化轨道的指南，是修订章程的重要依据。

三是协会工作需要进一步规范和改进。要进一步规范协会的行为，保障协会的合法权益，提升履职本领，加强自身建设，更好地承担起法律赋予的各项职责，在教育改革和发展中充分发挥协会的作用，以适应新形势发展的需要。

二、《章程》修订的主要内容

本《章程》修订的重点是"总则""业务范围""组织机构"等章节。同时增加了"总则"第四条、"业务范围"第一条和第四章组织机构第五节"监事""法定代表人"等。修订后的《章程》共 8 章 63 条。

（一）"总则"第二条修订为"本会是由全省各类从事和支持成人继续教育及相关工作的企事业单位、社会组织和个人自愿组成的群众性、学术性社会团体，是非营利性社会组织"。

（二）第三条本会的宗旨中增加了"坚持政治建会、学术立会、服务强会、依法治会"以及"为完善终身学习体系，建设'强富美高'新江苏服务"等内容，这是新时代、新征程协会工作的基本方针、重要使命、职责任务。

（三）"总则"中增加了"本会根据中国共产党章程的规定，设立中国共产党的组织，开展党的活动，为党组织的活动提供必要条件"，充分体现党的领导。

（四）在业务范围第八条将"承接省教育厅等政府部门转移的成人继续教育相关职能，承担政府部门通过政府购买服务等方式委托的相关任务，开展成人继续教育相关领域监测与评价，参与成人继续教育、社会教育治理"列为业务范围的头条，积极主动地接受相关部门的委托，充分发挥协会的桥梁、纽带、参谋、助手作用，体现了协会的服务精神。

（五）第四章组织机构第五节"监事"这一节的内容是根据民政部、财政部、中共中央办公厅、国务院办公厅《关于加强社会组织反腐倡廉工作意见》和《关于改革社会组织管理制度促进社会组织健康有序发展的意见》要求拟定的。对监事的产生、任职、职责和义务都做了明确的规定。增加监事这一节，体现主管部门、民政厅对协会的业务指导和监督管理，以确保协会积极有序地开展工作，有利于协会健康、可持续发展。

（六）第四章组织机构第三十五条就本会法定代表人的产生按省委组织部要求作了表述，"原则上会长为本会团体法定代表人。因特殊情况,经会长委托、理事会同意,报业务主管部门审查同意,并经登记管理机关同意后,可以由副会长或秘书长担任法定代表人。本团体法定代表人不兼任其他社会团体的法定代表人。主要是有利于加强协会领导,明确责任,督促指导,依法办会、民主办会。

以上就《章程》所做的几处大的修订向大会作了说明,其他一些小的修订和变动,不再一一陈述。形成现在的《章程》(修订稿)提请代表审议。

本章程自江苏省民政厅社会组织管理局核准之日起生效。

《江苏省成人教育协会章程》(修订稿)及配套文件已发给各位代表,有关内容修订是否妥当,请审议!

江苏省成人教育协会章程

(2020 年 12 月 29 日修订稿)

第一章 总 则

第一条 本会名称为"江苏省成人教育协会"(JIANGSU ADULT EDUCATION ASSOCIATION 缩写为 JAEA)。

第二条 本会是由全省各类从事和支持成人继续教育及相关工作的企事业单位、社会组织和个人自愿组成的群众性、学术性社会团体,是非营利性社会组织。

第三条 本会的宗旨是:以马列主义、毛泽东思想、邓小平理论、"三个代表"重要思想、科学发展观和习近平新时代中国特色社会主义思想为指导思想和行动指南,遵守宪法、法律、法规和国家政策,践行社会主义核心价值观;全面贯彻党和国家的教育方针,围绕中心、服务大局、紧贴基层;坚持政治建会、学术立会、服务强会、依法治会;团结、组织全省各类成人继续教育单位和成人教育工作者,遵循成人继续教育规律,坚持理论联系实际原则,开展继续教育、社会教育科学理论和实际问题研究,开展学术交流和宣传活动,为完善终身学习体系、建设学习型社会、促进人的全面发展、建设"强富美高"新江苏服务。

第四条 本会根据中国共产党章程的规定,设立中国共产党的组织,开展党的活动,为党组织的活动提供必要条件。

第五条 本会的登记管理机关是江苏省民政厅;业务主管部门是江苏省教育厅。

本会接受江苏省教育厅和江苏省民政厅的监督管理;同时接受中国成人教育协会、省哲学社会科学联合会的业务指导。

第六条 根据成人继续教育发展及理论研究工作需要,本会设立成人继续教育、社区教育、老年教育、开放教育、农村成人教育、职工教育与学习型企业、民办非学历教育等专业研究委员会。

各专业委员会为本会的分支机构,不具有法人资格,不得另行制订章程,在本会授权范围内发展会员、开展活动,法律责任由本会团体承担。

第七条 本会会址设在江苏省南京市鼓楼区北京西路15-2号江苏省教育厅大院内1号楼。

第二章 业务范围

第八条 本会的业务范围是:

(一)承接省教育厅等政府部门转移的成人继续教育相关职能,承担政府部门通过政府购买服务等方式委托的相关任务,开展成人继续教育相关领域监测与评价,参与成人继续教育、社会(社区)教育治理;

(二)宣传成人继续教育、终身教育、社会教育、终身学习的意义和作用,推动各方面关心和支持成人继续教育工作;

(三)积极反映全省成人继续教育工作者的要求,维护会员的正当权益;

(四)组织开展成人继续教育重大理论与实践研究、群众性的继续教育调查研究。规划、立项、组织、协调成人继续教育研究项目,宣传推广成人继续教育研究成果和实践经验,为教育行政部门决策成人继续教育方面提供科学分析、信息反馈和咨询意见;

(五)组织开展多种形式的成人继续教育培训、组织举办服务于全民终身学习的活动;

(六)研究、编写教材,组织出版学术性书刊,出版学术著作,发布和交流相关信息;

(七)组织会员参观考察学习和学术交流活动,学习和吸收省内外成人继续教育改革与发展及学术研究的成果、经验和做法;

(八)加强与中国成人教育协会、外省成人教育协会、省内有关社会团体(机构)联系,互通信息,友好合作;

（九）依法（规）开展国外、境外学术交流与合作；

（十）依法依规从事与本会宗旨一致的社会服务活动。

第三章 会 员

第九条 本会会员实行单位会员和个人会员制。

第十条 自愿申请加入本会的会员，必须具备下列条件：

（一）凡省内各市、县（区）、省各行业成人教育协会（学会、研究会），各级各类社区教育学校（院）、成人教育机构，其他相关事业、企业等基层单位，有加入本会意愿，志愿参与本会科研课题申报及教育培训、学术交流研讨活动，拥护本会章程，履行会员义务，经申请和批准，即为本会单位会员；

（二）省内热心成人教育的专家、学者、成教工作者、从事成教研究的人员，凡自愿申请参加本会，经批准或特邀可为本会个人会员。

第十一条 会员入会的程序：

（一）单位会员须提交《单位会员申请表》《单位法定代表人备案表》、单位法人登记复印件（统一社会信用代码复印件）、法人代表身份证；

（二）个人会员须提交《个人会员申请表》、《工作证》复印件及本人照片；

（三）经常务理事会讨论通过；

（四）颁发会员证并公告。

第十二条 会员享有下列权利：

（一）本会的选举权、被选举权和表决权；

（二）获得本会服务的优先权；

（三）参加本会组织的各类培训；

（四）对本会工作提出批评、建议；

（五）对本会工作的知情权、建议权和监督权；

（六）入会自愿，退会自由。

第十三条 会员的义务：

（一）遵守本会章程，执行本会决议；

（二）维护本会的合法权益；

（三）关心支持成教事业发展，积极参加本会活动，完成本会交办的工作；

（四）向本会提供科研成果及研究资料；

（五）向本会反映情况和参与有关工作；

（六）按规定交纳会费。

第十四条 会员不履行会员义务，不参加本会活动，不交纳会费，又不说明情况，视为自动退会。会员退会应书面通知本会，并交还会员证。

第十五条 会员如有严重违反本会章程的行为，经理事会或常务理事会表决通过，可暂停其会员资格或者予以除名。

第十六条 会员退会、被暂停会员资格或者被除名后，其在本会相应的职务、权利、义务自行终止。

第四章　组织机构

第一节　会员代表大会

第十七条 本会的最高权力机构是会员代表大会，其职权是：

（一）制定和修改本会章程；

（二）制定和修改会费标准；

（三）制定和修改理事、常务理事、会长、常务副会长、副会长、秘书长以及各专业研究委员会负责人产生办法；

（四）选举或罢免理事、监事；

（五）审议理事会的工作报告和财务报告；

（六）决定名称变更、终止等重大事宜；

（七）决定本会其他重大事宜。

第十八条 会员大会每年召开 1 次。会员代表大会每届 5 年。因特殊情况需提前或延期换届的，须由理事会表决通过，经业务主管部门审查同意，报登记管理机关批准。延期换届最长不超过 1 年。

第十九条 经理事会60％以上的理事提议,应当召开临时会员代表大会。

第二十条 会员大会(或会员代表大会)须有2/3以上的会员(或会员代表)出席方能召开,其决议须经到会会员(或会员代表)半数以上表决通过方能生效。

(一)制定和修改章程,决定更名和终止事宜,制定和修改会费标准,须经到会会员代表2/3以上表决通过;

(二)选举理事、监事,应当由得票数多的候选人当选,且得票数不低于总票数的70％(等额选举不低于1/2;差额选举不低于1/3)。

其他决议须经到会会员代表过半数表决通过。

第二节 理事会

第二十一条 理事会是会员大会(或会员代表大会)的执行机构,在会员大会(或会员代表大会)闭会期间领导本会开展日常工作,对会员大会(或会员代表大会)负责。

理事人数不超过会员代表大会的1/3。

第二十二条 本会理事应当符合以下条件:

(一)应当为本会个人会员或单位会员代表;

(二)在学科、专业或相关工作领域具有一定的影响;

(三)在相关会员群体中具有一定的代表性;

(四)具有组织会员开展教育科研工作,并为会员提供指导的能力。

第二十三条 单位理事的代表由该单位的主要负责人担任。单位调整理事代表,由其书面通知本会秘书处,报理事会或常务理事会备案。该理事同时为常务理事的,一并调整。

第二十四条 理事会的职权是:

(一)制定会员代表产生办法和分配名额;

(二)筹备召开会员代表大会;

(三)执行会员代表大会决议;

(四)决定内设机构、分支机构、代表机构的设立、变更和终止;

（五）决定副秘书长、各分支机构主要负责人的人选；

（六）领导本会各机构开展工作；

（七）选举或罢免常务理事、会长、常务副会长、副会长、秘书长；

（八）向会员大会（或会员代表大会）提交工作报告和财务报告；

（九）制定内部管理制度；

（十）审议年度财务预算、决算；

（十一）决定本会及所属机构资产处置；

（十二）会员的吸收或除名；

（十三）决定其他重大事项。

第二十五条 理事会与会员代表大会任期一致。

第二十六条 理事会须有 2/3 以上理事出席方能召开，其决议须经到会理事 2/3 以上表决通过方能生效。理事因特殊情况不能到会的，可书面委托 1 名代表参加会议并行使表决权。

第二十七条 理事会选举常务理事、负责人，应当由得票数多的候选人当选，且得票数不低于总票数的 70%。

第二十八条 理事会每年至少召开 1 次会议；情况特殊的，也可采用通讯形式召开。

第二十九条 经理事长或者 60% 以上的理事提议，应当召开临时理事会会议。

第三节　常务理事会

第三十条 本会设立常务理事会。常务理事会由理事会选举产生，人数不超过理事的 30%。

在理事会闭会期间，常务理事会行使理事会第一至六项的职权，对理事会负责。

常务理事会与理事会任期一致。

第三十一条 常务理事会会议须有 2/3 以上常务理事出席方能召开，其决议须经到会常务理事 2/3 以上表决通过方能生效。常务理事因特殊情况不能到会的，可书面委托 1 名代表参加会议并行使表决权。

第三十二条 常务理事会至少 6 个月召开一次;情况特殊的,也可采用通讯形式召开。

第三十三条 经会长或者 60% 以上的常务理事提议,应当召开临时常务理事会会议。

第四节 负责人

第三十四条 本会会长、常务副会长、副会长、秘书长应具备下列条件:

(一)坚持党的路线、方针、政策,遵守国家的法律法规,具备良好的政治素质;

(二)热爱成人继续教育及成人教育协(学)会工作,在本省成人教育领域有较大影响;

(三)年龄不超过 70 周岁,秘书长为专职;

(四)具有完全民事行为能力;

(五)能够忠实、勤勉履行职责、维护本会团体和会员的合法权益;

(六)无法律法规规章和政策规定不得担任的其他情形。

第三十五条 原则上会长为本会团体法定代表人。因特殊情况,经会长委托,报业务主管部门审查同意,并经登记管理机关同意后,可以由副会长或秘书长担任法定代表人。本团体法定代表人不兼任其他社会团体的法定代表人。

第三十六条 本会会长行使下列职权:

(一)领导理事会、常务理事会工作;

(二)召集和主持理事会、常务理事会;

(三)检查会员大会(或会员代表大会)、理事会、常务理事会各项决议的落实情况;

(四)代表本会签署有关重要文件;

(五)章程规定的其他职权。

第三十七条 秘书长协助会长开展工作,行使下列职权:

(一)主持内设机构开展日常工作;

（二）提名常务副秘书长、副秘书长及各专业研究委员会负责人,交理事会或常务理事会决定;

（三）提名专职工作人员的聘用,由理事会或常务理事会决定;

（四）拟定年度工作报告和计划,报理事会或常务理事会审议;

（五）拟订内部管理规章制度,报理事会或常务理事会批准;

（六）拟定年度财务预算、决算报告,报理事会或常务理事会审议;

（七）协调各分支机构、代表机构、实体机构开展工作;

（八）处理其他日常事务。

第三十八条　会员代表大会、理事会、常务理事会应当制定会议记录。形成决议的,应当制作书面决议,并由负责人审阅、签名。会议记录、会议决议应当以适当方式向会员通报。

负责人的选举结果须经业务主管部门审阅同意后,报登记管理机关备案并向会员公开。

第三十九条　本会会长、常务副会长、副会长、秘书长任期5年,任期最长不得超过两届。

第四十条　本会办事机构为秘书处,配备专职工作人员。日常工作在会长领导下开展,由常务副会长主持,秘书长驻会工作。

第五节　监　事

第四十一条　本会设监事1名。监事任期和理事任期一致,期满可以连任。监事由会员代表大会选举产生。

第四十二条　本会的负责人、理事和财务管理人员不得兼任监事。

第四十三条　监事行使下列职权:

（一）列席理事会议、常务理事会会议,对理事会、常务理事会决议事项提出质询或建议;

（二）对理事、常务理事、负责人执行本会职务的行为进行监督,对违反法律法规和本会章程或会员大会决议的负责人、常务理事、理事提出依程序罢免的建议;

（三）检查本会的财务报告,向会员大会报告监事工作和提出建议;

（四）对负责人、理事、财务管理人员损害本会利益的行为，及时予以纠正；

（五）向业务管理机关、登记管理机关以及税务、会计主管部门反映本会工作中存在的问题；

（六）决定其他应由监事审议的事项。

第五章　资产管理和使用

第四十四条　本会经费来源：

（一）会费；

（二）社会或个人捐赠或资助；

（三）政府资助；

（四）在核准的业务范围内开展活动或服务的收入；

（五）利息；

（六）其他合法收入。

第四十五条　本会的收入及其使用情况应当向会员大会（或会员代表大会）公布，接受会员大会（或会员代表大会）的监督检查。

本会若接受境外捐赠收入的，须将接受捐赠和使用的情况向业务主管部门和登记管理机关报告。

第四十六条　本会按照国家有关规定收取会员会费。会费必须用于本章程规定的业务范围和事业发展，不得在会员中分配。

第四十七条　本会的经费主要用于：

（一）本章程规定的业务范围；

（二）必要的行政办公和人员薪酬支出；

（三）其他由理事会或常务理事会决定的事项。

第四十八条　本会的资产，任何单位、个人不得侵占、私分和挪用。

第四十九条　本会建立严格的财务管理制度，执行《民间非营利组织会计制度》，依法进行会计核算、建立健全内部会计监督制度，保证会计资料合法、真实、准确、完整。

第五十条 本会接受税务、会计主管部门依法实施的税务监督和会计监督。

第五十一条 本会专职工作人员的工资和保险、福利待遇参照国家对事业单位的有关规定执行。

第五十二条 本会进行换届、变更法定代表人，应当进行财务审计，并将审计报告报送登记管理机关。

第五十三条 本会按照《社会团体登记管理条例》规定接受登记管理机关组织的年度检查。

第六章　章程的修改程序

第五十四条 本会章程应根据形势发展需要，适时进行修改，报登记管理机关预审后，提交会员代表大会审议。

第五十五条 本会修改的章程，经会员大会（或会员代表大会）到会代表 2/3 以上表决通过后 15 日内，经业务主管部门审查同意之后，报登记管理机关核准。登记管理机关核准日期为章程的生效日期。

第七章　终止和剩余财产处理

第五十六条 本会有以下情形之一，应当终止：

（一）完成章程规定的宗旨的；

（二）无法按照章程规定的宗旨继续从事公益活动的；

（三）发生分立、合并的；

（四）自行解散的。

第五十七条 本会终止，应当由理事会或常务理事会提出终止动议。经会员大会（或会员代表大会）表决通过，并报业务主管部门审查同意后，报登记管理机关审查。

第五十八条 本会终止前，须在业务主管单位及有关机关指导下由理事会确定的人员成立清算组，清理债权债务，处理善后事宜。清算期间，不开展清算以外的活动。

第五十九条 本会完成清理工作后,应向登记管理机关申请办理注销登记手续。

第六十条 本会终止后的剩余财产,在主管部门和社团登记管理机关的监督下,按照国家有关规定,用于发展与本会宗旨相关的事业。

第八章 附 则

第六十一条 本章程经 2021 年 4 月 22 日第八届会员代表大会表决通过。

第六十二条 本章程的解释权属本会理事会。

第六十三条 本章程自江苏省民政厅社会组织管理局核准之日起生效。

在省成协第八届会员代表大会上的讲话

孙曙平

（2021 年 4 月 22 日）

各位领导、各位理事、各位代表：

江苏省成人教育协会召开第八届会员代表大会选举产生了新一届理事会领导班子，这是省成人教育协会建设与发展的大事，也是成人教育协会承前启后、继往开来的一个新起点。在此，首先我要感谢各位代表推选我和其他十三位同志组成新一届理事会的领导班子，深感责任重大、任务艰巨，我们将不辜负大家的信任与期望，尽职尽责，尽心尽力，勇挑重担，开拓进取，全力做好各项工作，为新一届协会的创新发展做出应有的贡献。

过去五年，省成协第七届理事会在省教育厅的领导下，在中国成人教育协会、省民政厅、省社科联的指导下，在全体会员单位的共同努力下，坚持办会宗旨，认真贯彻党和国家关于成人继续教育改革发展的重要决策部署，真诚为教育行政部门服务，为会员单位服务，为我省建立学习型社会服务，做了大量卓有成效的工作，也积累了一定的经验，为我们新一届理事会做好工作奠定了基础。

站在新的历史起点上的江苏省成人教育协会，要应对改革发展的新形势、新任务、新要求，做好新时代的江苏省成人教育协会工作，在政治引领、价值引领上，一是要在做"对"上下功夫。摆对位置，精准定位，坚守正确的社团工作方向，服务大局，服务会员，履行职责；二是要在做"新"上下功夫。我们处在创新时代，"加快建设学习型社会""推动建设学习大国""建设高质量教育体系""建成教育强国"是新时代和新思想为终身教育发展明确的战略定位，我们要培养时代新人、弘扬时代新风，展现新作为；三是要在做"实"上下功夫。协会的工作是繁杂的，但件件与事业发展有关，与会员需求有关，必须发扬求真务实、真抓实干的作风，以钉钉子精神担当尽责,脚踏实地的办实事,求实效,建立并履行诚信承诺制度,提升会员的满意度,奋力走好新时代长征路;四是要在做"好"上下功夫。协会要依法依规开展活动,加强自身规范建设,增强守法意识,弘扬公益精神,完善会员代表大会、理事会、监事以及党组织参与重大问题决策制度,切实把协会建成一个好的、可以信赖"会员之家";五是要在做"强"上下功夫。省成人教育协会是学术性社团,必须坚持学术立会。我们有责任引领这一群体积极参与全省成人继续教育改革活动,加强研究,提高服务水平、学术声誉和社会影响力,充分发挥群众性学术团体应有的功能作用。

关于本届理事会的工作,我想近期召开一次新一届领导成员会议,专门讨论一次,形成方案后,再向教育厅领导汇报。最后以省成协发文为准。今天,我先谈谈自己的想法。

一、提升政治站位,围绕中心,服务大局,展现担当作为

2021年是中国共产党成立100周年,是"十四五"规划开局之年,也是全面建成小康社会、开启全面建设社会主义现代化国家新征程的关键之年。省成协要以习近平新时代中国特色社会主义思想为指导,深入学习习近平总书记关于教育的重要论述和对江苏工作的重要指示批示精神,提高政治站位,把准政治方向,强化政治担当。一如既往地认真做好教育厅和中成协交办的各项工作,以构建服务全民终身学习的教育体系为目标,当好人民满意教育的维护者,当好推进学习型社会建设的奉献者,当好为行政部门服务的服务者,当好会员单位的贴心者。围绕服务大局、服务基层,积极创新,谋划发展,干在实处,勇于担当。

二、坚持学术强会,充分发挥群众性学术社团作用

省成人教育协会是群众性学术社团,以学术为本、以学术兴会是协会的生命所在。

首先,省成人教育协会要充分发挥学术研究作用,主动配合教育行政部门,围绕新形势下成人教育改革发展的热点、难点和焦点,开展深入调研,把理论与实践结合起来,传承与创新结合起来,普及与提高结合起来,学理性与应用性结合起来,通过研究,破解难题,真正成为教育行政部门决策咨询的人才库。切切实实当好教育行政部门的参谋。通过研究,不断开发服务项目,创新服务方式,提高服务质量。

其次,省成人教育协会要充分利用自身办会的灵活性、开放性,开展多种形式的学术交流研讨活动,深入总结交流各地发展成人教育、推动学习型社会建设的做法与经验,树典型,立标杆,为成人教育改革发展服务,为促进人的全面发展服务,为完善终身学习体系作出新的更大的贡献。

第三,省成人教育协会要针对成人教育的新形势、新特点和新要求,通过开展学术交流、人才培训、政策咨询、信息服务等活动提升服务能力,提高管理水平,为成人教育工作者学习新知识、掌握新信息、开阔新视野,搭建学习提高的发展平台,团结和凝聚广大成人教育工作者,发挥聪明才智,激发工作热情,推进全省成人教育工作"争当表率、争做示范、走在前列"。

三、加强自身建设,进一步提升协会工作能力

第八届理事会要以完善终身学习体系、建设学习型江苏为总目标,不断探索,积极作为。首先,优化内部机构,提高协会工作实效。一是建立党支部,把党的工作融入协会运行和发展全过程,不断提高协会党建工作水平,引领协会确保正确发展方向。二是按《章程》办事,坚持民主办会,定期召开会长办公会和常务理事会,建立理事会年度工作报告制度,努力发挥全体理事在协会工作中的主体作用。三是加强协会秘书处工作研究与管理。坚持秘书处工作例会制度,及常规工作的运行制度。四是加强协会各专业委员会的工作指导与管理,组织专业委员会开展相关工作研讨活动。五是加强与各市成人教育协(学)会工作协作,定期召开各市成人教育协(学)会秘书长工作会议,努力营造全省成人教育协会工作良好氛围。其次,服务中心工作,提高协会服务能力。继续推进成人教育工作改革发展,发挥协会的凝聚力、影响力和学术力,既要深入基层,总结成人教育教学改革的成功经验,为教育行政部门决策提供咨询服务,为基层一线教学服务,也要针对成人教育的新特点和新要求,开展

丰富多彩的教育培训工作,服务社会成员终身学习,努力建设学习型、创新型、服务型的协会。再次,创新工作环境,不断拓展宣传渠道。继续加强省成人教育协会网站、《江苏社会教育》电视栏目等宣传阵地建设,进一步加大成人教育信息发布、创新成果宣传力度,营造终身教育氛围,充分调动全社会的积极性,积极发挥桥梁、纽带以及终身学习交流平台、学习型社会宣传窗口等作用。

在这里,我也通报一下今年省成协几项重点工作:

一、在全省系统开展"党史学习进社区"活动,推动党史学习和业务融合发展再上新台阶;

二、举办"奋进百年路,颂歌献给党"献礼建党100周年社区教育文艺成果展演;

三、以"智慧助老"骨干师资培训为抓手,全面推进全省成教系统老年人运用智能技术能力培训工作开展;

四、征集"高校继续教育服务学习型社会建设案例"及"社区教育助力乡村振兴优秀案例";

五、开展"社区教育品牌""百姓学习之星""社区教育先进工作者""社区教育优秀志愿者"评选;

六、做好《江苏社会教育》电视栏目工作;

七、做好各类教育培训工作及参观考察工作。

同志们:让我们以习近平新时代中国特色社会主义思想为指导,贯彻落实党的十九大和十九届二中、三中、四中、五中全会精神,贯彻落实习近平总书记关于教育的重要论述和全国教育大会精神,按照"五位一体"总体布局和"四个全面"战略布局,增强"四个意识",坚定"四个自信",做到"两个维护",以构建服务全民终身学习的教育体系为目标,立足新发展阶段,贯彻新发展理念,构建新发展格局,以推动高质量发展为主题,以改革创新为根本动力,以行动上的自觉践行使命担当,不辜负广大会员的期望,不辜负上级领导的期望,全力以赴抓紧落实,积极开创第八届协会工作新局面。

谢谢大家!

附:江苏省成人教育协会历届领导成员名单

江苏省成人教育协会历届领导成员名单

届次	时间	职务	姓名	备换届周期
首届	1983年至1987年	会长	朱少香	4年换届
		副会长	周尔辉、蔡德崇、朱士良	
		秘书长	曹阳	
		副秘书长	路农、胡宏焘	
二届	1988年至1992年	会长	谢全海	5年换届
		副会长	周尔辉、曹阳、蔡德崇、季殿庆	
		秘书长	季殿庆(兼)	
		副秘书长	路农、周凡冠、胡宏焘	
三届	1992年至1997年	会长	陈乃林	5年换届
		副会长	周尔辉、张存库、方永兴	
		秘书长	冯荣坤	
		副秘书长	周凡冠、曹茂芹、李世恺	
		顾问	谢全海、曹阳、蔡德崇、季殿庆	
四届	1997年至2003年	会长	陈乃林	5年换届
		副会长	张存库、周德欣、于基汾、朱之隆、史爱荣、胡凤英	
		秘书长	冯荣坤	
		副秘书长	赵震宇、马良生、车学樟(1997年8月增补为专职副秘书长)。	
五届	2003年至2008年	会长	陈乃林	5年换届
		副会长	胡凤英、殷爱苏、赵小东、马良生、邓其越、刘小群、蔡恒	
		秘书长	车学樟	
		副秘书长	杨向群、王晓天	

续表

届次	时间	职务	姓名	备换届周期
六届	2008年至2015年	会长	陈乃林	5年换届
		副会长	胡凤英、殷爱苏、周新国、马良生、张耀钢、刘炳贵、凌元元、张建勋、陈国俊、郑卫良、唐厚元	
		秘书长	车学樟	
		副秘书长	杨向群、经贵宝	
七届	2015年至2021年	会长	孙曙平	5年换届
		副会长	马良生(常务)、冯艳玲、姜雪忠、牛飚、林伟、程永波、张益彬、陈国宏、赵清、潘东标、胡鹏、高健、唐厚元	
		秘书长	马良生(兼)、张鲤鲤	
		副秘书长	钱旭初、郑青、邵泽斌	
		监事	张晓彦(女)	
八届		会长	孙曙平	5年换届
		副会长	林伟、马良生(常务)、沈晓冬、孙友莲(女)、时晓(女)、吴忠宁、韩顺平、黄晓晔(女)、王华刚、缪世林、刘虹(女)	
		秘书长	郑青(女)	
		监事	张晓彦(女)	

二、协会工作会议

2017年协会工作会议

2017年4月26日,省成协在南京召开2017年年度工作会议,省教育厅副厅长曹玉梅出席会议并作重要讲话,省成协孙曙平会长对省成协工作进行了部署。江苏省教育厅职能部门相关领导、省成协副会长、各市成人教育协会、各专业委员会及高校等有关单位负责人及会员代表500多人参加了会议。曹副厅长在讲话中充分肯定了省成协的工作,省成协紧紧围绕全省教育中心工作和重点工作,以更新观念为前提,以问题导向为切入,以典型培育为抓手,以自身建设为着力点,工作取得明显成效。

孙曙平会长在年度工作报告中强调要充分认识我省成人教育发展面临的新形势,提出要高度重视研究2016年我国出台的两个有关社区教育、老年教育具有跨时代意义的文件,同时要结合我省新世纪以来第三次全省教育工作会议精神和《江苏省"十三五"教育发展规划》等文件精神。孙曙平会长对2017年省成协工作进行了部署:一是主动调研,扩大交流,增强实力。要吃透文件精神,围绕教育行政部门决策、咨询做好必要的调研。二是打造品牌、形成特色、普惠群众。省成协将要承担省、市、县(区)三级社区教育品牌的标准制定,计划每年形成省级社区教育品牌 40 个左右,市、区也要分级培育自己的社区教育品牌。三是强化培训、服务会员、提升素质。培训要讲究实效,切实解决是什么、为什么、怎么做的问题。这次会议的顺利召开,对于全省成人教育战线的同志们进一步明确目标、聚力创新、聚焦富民、撸起袖子加油干,具有重要的意义。会上,还公布并颁发省成协第九次优秀科研成果奖;协会秘书处郑青副秘书长作了"关于实施江苏社区教育品牌建设计划的方案"的解读。社区教育品牌建设、培育、示范、引领将成为我省社区教育发展的一个重要的契机。

2018 年协会工作会议

2018 年 4 月 27 日,省成协在南京召开年度工作会议,省教育厅副厅长曹玉梅出席会议并作重要讲话,省成协孙曙平会长对省成协工作进行了部署。江苏省教育厅职能部门相关领导、省成协副会长、各市成人教育协会、各专业委员会及高校等有关单位负责人及会员代表 400 多人参加了会议。曹副厅长在讲话中充分肯定了省成协一年来服务机关、服务基层、服务一线的工作,表达了对社区教育一线同志们的敬意和问候,展望了我省社会教育工作未来发展的愿景,并且对省成协今后的工作提出了要求。

孙曙平会长在年度工作报告中,总结了一年的工作,分析了发展环境,要求协会在 2018 年要在构建终身教育体系上谋发展,在构建终身学习平台上谋突破,在全民终身学习活动上求实效,在社区教育特色上求推进,在社区教育内涵发展上求提升,在组织外出考察学习中求借鉴。同时,还要做好纪念成人教育改革发展 40 周年的总结和纪念活动,整合资源发展老年教育,重视校外教育培训机构的专项治理,以及落实乡村振兴战略等工作。要力争做到服务大局有高度,建言献策有深度,联系会员有热度,创新工作有力度。

年会还特邀省农委蔡恒副主任,结合中央1号文件精神做了《实施乡村振兴战略　加快推进农业农村现代化》的专题报告,为成人教育服务乡村振兴战略做了很好的指导,为全体会员开阔了视野,明确成人教育工作在乡村振兴战略下的发展方向和行动目标。

为了加大宣传社区教育品牌建设成果,促进社区教育内涵建设,年会还下发了根据2017年评选出的省级社区教育品牌项目,通过挖掘内涵、打造案例、专家点评后正式出版发行的《春华秋实——2017江苏社区教育品牌案例集》。同时,还下发了江苏省成人教育协会2017年"社区教育品牌建设"等十大调研课题的调研报告汇编《新时代新作为》。

2019年协会工作会议

2019年4月23日,江苏省成人教育协会工作会议在南京召开。省教育厅副厅长曹玉梅出席会议并作重要讲话,孙曙平会长作了工作报告,省教育厅职能部门负责人、省成人教育协会副会长、各市成人教育协会、各专业委员会、常务理事、理事单位负责人及会员代表400多人参加了会议。

曹副厅长充分肯定省成协在过去的一年中,能够团结带领全体会员,坚持正确的政治方向,遵循《协会章程》,根据自身特点,强化服务理念,紧紧围绕省教育厅中心工作,大力开展继续教育、学习型社会建设的理论研究和实践探索,做了大量的富有成效的工作,学术力、影响力和凝聚力明显提升。

孙曙平会长回顾了2018年工作:协会坚持服务理念,遵循协会工作特点,提升协会服务能力;紧密围绕中心工作和省厅要求,追求效率与效果,彰显服务作用;全面对接中成协的工作布置和活动安排,有布置有落实,打造江苏品牌。特别是在认真总结成人教育改革发展40年经验,积极创新思路,努力彰显特色。孙会长对2019年省成协工作进行了部署:

在做好日常工作的同时,抓好"全民终身学习活动周"这个抓手,以此全面推进城乡社区教育工作,贯彻落实省厅《加快发展老年教育行动计划(2018—2020)》;重点建设好"科研平台""培训平台",服务会员,服务教育行政部门,服务社会。

年会还特别邀请国家教育发展研究中心原副主任、中国教育发展战略学会常务副会长兼秘书长韩民作了题为《教育现代化2035与学习型社会建设思考》的学术报告。

与会人员深感收获满满,纷纷表示要紧密围绕省教育厅的中心工作,在成教协会的带领下,结合成人教育、终身教育、全民学习的重点、热点、难点问题,抓重点,补短板,强弱项,做出新成绩,作出新贡献,为建国70周年献礼,为办好人民满意的成人教育不断努力!

三、协会品牌建设

江苏省省级社区教育品牌自2016年开始评选：2016年评选省级品牌28个、2017年评选省级品牌38个、2018年评选省级品牌39个、2019年评选省级品牌40个、2020年评选省级品牌42个。每年的省级社区教育品牌，经过专门培训班，统一体例，专家点评，汇编成江苏省省级社区教育品牌项目案例集，以《春华秋实》书名由河海大学出版社出版。

2016年
品牌建设文件

省教育厅办公室　省成人教育协会关于公布 2016年"百姓学习之星"和"终身学习品牌项目"的通知

苏教办社教〔2016〕3号

各市教育局，昆山市、泰兴市、沭阳县教育局，各市成人教育协会：

　　为宣传展示我省社会教育优秀成果和全民终身学习先进典型，根据《省教育厅办公室关于举办2016年全民终身学习活动周的通知》（苏教办社教〔2016〕2号）精神，省教育厅委托省成人教育协会开展了"百姓学习之星"和"终身学习品牌项目"遴选活动。在各设区市申报基础上，省成人教育协会组织专家进行了评审，共遴选出38名"百姓学习之星"、28

个"终身学习品牌项目",现予公布(名单见附件)。

希望获得"百姓学习之星"称号的同志和获得"终身学习品牌项目"称号的单位,戒骄戒躁,再接再厉,为推动全民终身学习再创佳绩。希望各地积极宣传全民终身学习活动中的先进典型,努力推进社会教育深入开展,为完善终身教育体系、建设学习型江苏做出新的更大贡献。

附件:1. 2016 年江苏省"百姓学习之星"名单(略)
   2. 2016 年江苏省"终身学习品牌项目"名单

省教育厅办公室　省成人教育协会
2016 年 10 月 8 日

附:2016 年江苏省"终身学习品牌项目"名单(计 28 项)

品牌项目名称	主办单位
谷里讲坛	南京市江宁区谷里街道教育中心
兴隆国学馆	南京市建邺区兴隆街道社区教育中心
书香江阴	江阴市人民政府
民俗文化传承周	无锡市锡山区云林街道
云品质悦学习	无锡市梁溪区教育局
科普社区行	常州开放大学
启智长廊	常州市武进社区培训学院
学在周市	昆山市周市镇社区教育中心
全民学习在木渎	苏州市吴中区木渎镇社区教育中心
湖畔论坛	苏州独墅湖科教创新区管委会
燕川姐妹学习团	南通市如东县教育局
唐闸科普大讲堂	南通市港闸区唐闸镇街道社区教育中心
周六课堂	南通市港闸区秦灶街道
陈桥金穗国学堂	南通市港闸区陈桥街道党工委、办事处
黄海人家	连云港市连云区墟沟街道办事处

续表

品牌项目名称	主办单位
中云文化大讲堂	连云港经济技术开发区中云街道办事处
伊山放歌德行灌云	连云港市灌云县宣传部
阳光心理	淮安清河区长西街道办事处上海路居委会
书香阁读书会	淮安清河区清隆家园社区
渔家风情洪泽湖	洪泽县高良涧街道办事处
雨润花朵	高邮市车逻镇关工委
社区大讲堂	扬州市江都区大桥镇社区教育中心
健康素养大讲堂	江都区教育局、卫计委
书香云阳	丹阳市云阳镇社区教育中心
魅力京口	镇江市京口区文化体育局
健康教育大讲堂	句容市社区培训学院
智信康大讲堂	泰州市野徐镇人民政府
传统美德在龙庙	沭阳县龙庙镇社区教育中心

2017 年

举办社区教育品牌建设培训班。9月28日至30日,在镇江举办了江苏省社区教育品牌建设课题组成员和2017年江苏省38家社区教育品牌项目建设单位负责人的培训会。目的是进一步培育我省的社区教育品牌建设的意识,加强我省社区教育内涵建设,通过社区教育品牌建设,引领、示范和深化全省社区教育工作,为构建终身教育体系和建设学习型社会奠定基础。

附:2017年江苏省省级"社区教育品牌项目"名单(计38项)

序号	品牌项目名称	主办单位
南京:3个		
1	宣德堂	南京市建邺区沙洲街道社区教育中心
2	湖熟耕学堂	南京市江宁区湖熟街道社区教育中心

续表

序号	品牌项目名称	主办单位
3	王荷波精神教育工作室	南京市浦口区顶山街道社区教育中心
无锡:3个		
4	"三位一体"辅导总站建设	无锡市江阴市周庄镇社区教育中心
5	老伙伴客厅	无锡市梁溪区上马墩街道社区教育中心
6	锡山学习在线	无锡市锡山社区教育学院
徐州:1个		
7	云龙大讲坛	徐州市云龙区教育体育局
常州:3个		
8	瑞文有约——社区行	常州市天宁区茶山街道
9	社区教育特色项目工作室	常州开放大学
10	长荡湖文化品牌的打造与传承	常州市金坛区社区教育办公室
苏州:3个		
11	金港大讲堂	苏州市张家港保税区(金港镇)社区教育中心
12	"山塘书院"讲师团	苏州市姑苏区虎丘街道社区教育中心
13	护航生命——公共安全减灾馆	苏州市吴江区松陵镇社区教育中心
南通:3个		
14	金沙沃土"百花"艳	南通市通州区金沙街道社区教育中心
15	"桑榆未晚 乐龄有道"——老年教育"百千万"工程	南通开放大学
16	扶海社教讲堂	南通市如东社区培训学院
连云港:1个		
17	徐圩新区"东辛文苑"项目	连云港市徐圩新区社区学院
淮安:2个		
18	乡村留守儿童"魅力四季"	淮安市金湖县吕良镇社区教育中心
19	洪泽区水上百合少儿成长乐园	淮安市洪泽区高良涧社区教育中心
盐城:3个		
20	鹿鸣尚学堂	盐城市大丰区草庙镇社区教育中心

续表

序号	品牌项目名称	主办单位
21	"三家春"终身学习发展共同体	盐城市盐都区楼王、大纵湖、北蒋镇社区教育中心
22	东台镇社区教育超市	盐城市东台市东台镇社区教育中心
扬州:2个		
23	扬州江都大桥"留守儿童e家"	扬州市江都区大桥镇社区教育中心
24	江都邵伯养鸡技术培训	扬州市江都区邵伯镇社区教育中心
镇江:3个		
25	润州"炫彩社区"大学堂	镇江市润州区社区培训学院
26	"延陵国学堂"	镇江市丹阳市延陵镇社区教育中心
27	翰墨社	镇江新区姚桥镇社区教育中心
泰州:3个		
28	永丰蟹农服务队	泰州市兴化市永丰镇社区教育中心
29	凤凰太极武龙学堂	泰州市凤凰街道社区教育中心
30	胡庄流动课堂"1+N"	泰州市胡庄镇社区教育中心
宿迁:3个		
31	农村电商培训	宿迁开放大学
32	市民声乐学习体验园	宿迁市宿城区古城街道社区教育中心
33	四点半课堂	宿迁市宿城区幸福街道凤凰社区居民学校
泰兴:1个		
34	世纪风社区科普讲堂	泰兴市世纪风教育中心
昆山:2个		
35	舞动"双丝带"　至爱在阳澄	昆山市巴城镇社区教育中心
36	周庄吃讲茶	昆山市周庄镇社区教育中心
沭阳:2个		
37	草根民乐团　传播正能量	沭阳县南湖街道社区教育中心
38	沭阳农民"学历+技能"双提升培训	沭阳县社区学院

2018年

9月在苏州市召开由苏州终身教育协会承办的"2018品牌建设推进会"

附:2018年江苏省省级"社区教育品牌项目"名单(计39项)

序号	品牌项目名称	主办单位
南京:3个		
1	莫愁家韵	建邺区莫愁湖街道水西门社区
2	东山母亲学吧	江宁区东山街道社区教育中心
3	屏娃才艺学坊	溧水区东屏镇社区教育中心
无锡:3个		
4	"暖心同梦"青少年校外学习教育项目	无锡市梁溪区上马墩街道社区教育中心
5	澄江社区教育工作者智慧成长	无锡江阴市澄江街道成人教育中心校
6	垃圾分类培训项目	无锡新安街道
徐州:2个		
7	睢宁县万人电子商务培训	江苏省睢宁中等专业学校
8	陈楼镇社区教育中心杜村农家书屋	陈楼镇社区教育中心
常州:2个		
9	善学武进	武进社区培训学院
10	"常州终身教育在线"站群系统	常州开放大学
苏州:3个		
11	苏州"三叶草"联盟	张家港市凤凰镇社区教育中心、昆山市周市镇社区教育中心、工业园区胜浦街道社区教育中心
12	吴中高新区百姓摄影大讲堂	吴中区长桥成人教育中心校
13	南丰镇"百姓学堂"	张家港市南丰镇社区教育中心
南通:3个		
14	老年教育"医养教结合"工程	南通开放大学
15	文化养老幸福银龄	海安市高新区社区教育中心
16	社区心理健康教育	如东县新店镇社区教育中心
连云港:3个		
17	梦翔学雷锋志愿者服务中心	海州区洪门街道

续表

序号	品牌项目名称	主办单位
18	墩尚镇静艺轩刻纸艺术	赣榆区墩尚镇社区教育中心
19	西园社区睦邻活力中心	连云区墟沟街道西园社区
淮安:3个		
20	公益教育联盟"周末课堂"	金湖县黎城镇平安路社区
21	留守儿童童眼看家乡主题教育	金湖县吕良镇社区教育中心
22	书香东湖读书节	淮安经济技术开发区东湖办事处
盐城:3个		
23	东台市五烈镇社区教育"移动课堂"	东台市五烈镇社区教育中心
24	情寄花海	盐城市大丰区新丰镇社区教育中心
25	尚庄华泽书社农民读书节	盐城市尚庄镇社区教育中心
扬州:3个		
26	童心圆梦驿站	仪征市新集镇社区教育中心
27	苏公社区大讲堂	宝应县曹甸镇社区教育中心
28	幸福养老大课堂	江都区武坚社区教育中心
镇江:3个		
29	京口区家长学习共同体	京口区社区教育培训学院
30	镇江扬中"金色阳光"品牌项目	扬中经济开发区社区教育中心
31	老年快乐生活加油站	句容市边城社区教育中心
泰州:3个		
32	永丰电商讲师团	兴化市永丰镇社区教育中心
33	野徐镇青少年校外综合实践活动项目	野徐镇社区教育中心
34	幸福教育	泰州市海陵区京泰路街道社区教育中心泰和社区
宿迁:2个		
35	校企结合培训 促进地方经济发展	泗阳县高渡镇社区教育中心
36	建设碧根果产业示范基地高水平服务"三农"	泗洪县峰山社区教育中心

续表

序号	品牌项目名称	主办单位
泰兴:1个		
37	姚王镇社区编藤制作技能培训	姚王镇社区教育中心
沭阳:1个		
38	胡集开华文化大院	胡集社区教育中心
省教育厅社会教育处、省成协会:1个		
39	乡村振兴新天地	省教育厅社会教育处、省成协会

2019年

附:2019年江苏省省级"社区教育品牌项目"名单(计40项)

序号	品牌项目名称	主办单位
南京市:3个		
1	金陵学堂	南京开放大学
2	燕子矶健康养生学堂	栖霞区燕子矶街道社区教育中心
3	白马少年初心堂	溧水区白马镇社区教育中心
无锡市:3个		
4	行善聚爱 善行湖㳇	宜兴市丁蜀镇湖㳇社区教育中心
5	凤阜讲坛 百姓课堂	惠山区玉祁社区教育中心校
6	荣氏文化主题教育活动	滨湖区荣巷街道社区教育中心
徐州市:3个		
7	"书画艺术鉴赏"教育	铜山区汉王镇社区教育中心
8	朝花夕拾 少儿面塑	丰县面人惠少儿面塑研究中心
9	大蒜品格提升工程	邳州市宿羊山镇社区教育中心
常州市:3个		
10	红领巾假期学校	钟楼区白云社区居委会
11	楹联文化	武进区洛阳镇成人教育中心校
12	"家文化"百姓课堂	钟楼区西林街道社区教育中心

续表

序号	品牌项目名称	主办单位
苏州市:4个		
13	融爱学堂	工业园区月亮湾社区教育中心
14	"乐学"共同体	张家港市乐余镇社区教育中心
15	"幸福夕阳"移动课堂	张家港市大新镇社区教育中心
16	翰墨张浦 泽惠万家	昆山市张浦镇社区教育中心
南通市:3个		
17	忠孝润东社	通州区东社镇社区教育中心
18	弘謇书院	海门市常乐社区教育中心
19	"霜桥之梦"全民读书节	如东县双甸镇社区教育中心
连云港市:1个		
20	韩圩村"一碑四谱"	灌云县东王集镇韩圩村
淮安市:3个		
21	诗词鉴赏与创作	淮安区博里镇社区教育中心
22	小白马假日来吧	洪泽区岔河社区教育中心
23	洪泽悦读阅美经典诵读	洪泽区高良涧社区教育中心
盐城市:3个		
24	留守儿童氧吧	东台市南沈灶镇社区教育中心
25	红色文化浸润绿色张庄	盐都区张庄街道社区教育中心
26	西团学苑	大丰区西团镇社区教育中心
扬州市:3个		
27	真州白话社区行	仪征市真州镇社区教育中心
28	邵伯运河廉政文化教育	江都区邵伯镇社区教育中心
29	乐学竹西	邗江区竹西街道社区教育中心
镇江市:3个		
30	丁庄葡惠学习苑	句容市茅山镇社区教育中心
31	丹北悦书坊学习共同体	丹阳市丹北社区教育中心
32	迎江路中心社区爱心辅教	润州区迎江路中心

续表

序号	品牌项目名称	主办单位
社区泰州市:4个		
33	"校外结合"构建"三童"成长乐园	泰兴市济川街道社区教育中心
34	"择善"课堂	高港区口岸街道社区教育中心
35	关爱老人"医养教"服务工程	医药高新区野徐镇社区教育中心
36	泰山社区桑榆乐园	海陵区城中街道泰山社区教育中心
社区宿迁市:3个		
37	耿车镇网络创业技能培训	宿城区耿车镇社区教育中心
38	城厢"三产"融合创新培训	泗阳县城厢街道社区教育中心
39	网络营销培训	沭阳县新河镇社区教育中心
中心联盟:1个		
40	江苏"3D社区教育发展合作联盟"	南京市玄武区社区进修学院、常州市武进社区培训学院、张家港市锦丰社区教育中心、张家港市金港镇社区教育中心、张家港市乐余镇社区教育中心

2020年

10月中旬在苏州举办省级社区教育品牌项目建设推进培训会,交流社区教育品牌建设的行动与成效,深入学习研究社区教育品牌内涵建设,布置社区教育品牌案例编写工作,进一步加强社区教育品牌宣传推广。2020年省级社区教育品牌建设单位、社区教育品牌案例编写特约点评人60多人出席了会议。孙曙平会长作开班动员,肯定了大家为提升江苏社区教育品牌所做的贡献和努力,并鼓励江苏各地要多交流、多学习,以社区教育品牌项目建设为抓手,不断推进全省社区教育的深入发展、内涵发展、可持续发展。常务副会长马良生以"社区教育品牌案例的编写与点评"为题,苏州市吴江区社区培训学院方拥军副院长以"社区教育品牌项目的回顾与展望"为题,进行了专题讲座,副秘书长郑青就"品牌案例编写和案例点评的撰写要求与格式规范"进行具体的工作指导和布置,并对42个案例与点评专家进行了结对分组。省级社区教育品牌项目"扬州市社区教育'富民'品牌项目""百姓原创朗读者""学悦双城"的主办单位负责人分别分享了品牌建设经验,为参会人员做典型示范。全体学员实地考察了太仓市老年大学。

附:2020年江苏省省级"社区教育品牌项目"名单(计42项)

序号	品牌项目名称	主办单位
南京市:3项		
1	百姓原创朗读者	南京市鼓楼区社区教育委员会
2	淳化科技模型小学堂	南京市江宁区淳化街道社区教育中心
3	网众悦学	南京市栖霞区仙林街道社区教育中心
无锡市:3项		
4	"红色向心"吴成革命传统教育项目	无锡市滨湖区河埒街道
5	江阴周庄益家人公益课堂	无锡市江阴市周庄镇社区教育中心
6	鼎城社区"议言九鼎"议事大讲堂	无锡市新吴区江溪街道鼎城社区
徐州市:3项		
7	丰县志坚聋人剪纸	徐州市丰县帮爱之家护理服务有限公司
8	铜山区三堡街道陈德方夫妻电影放映队	徐州市铜山区三堡街道社区教育中心
9	奎园社区"书香社区"	徐州市泉山区奎山街道办事处奎园社区
常州市:3项		
10	书香"悦"读·精彩龙虎	常州市新北区龙虎塘街道社区教育中心
11	非遗公益大课堂	常州市天宁区雕庄街道办事处
12	尚学湖塘	常州市武进区武进社区培训学院
苏州市:4项		
13	学悦双城	苏州市昆山花桥经济开发区社区教育中心
14	七彩课堂 绽放梦想	苏州市高新区枫桥街道社区教育中心
15	少年成长 龙华驿站	苏州市虎丘区浒墅关经开区(镇)龙华社区
16	锦丰镇家庭教育	苏州市张家港市锦丰镇社区教育中心
南通市:3项		
17	赤岸讲坛	南通市海安市李堡镇社区教育中心

续表

序号	品牌项目名称	主办单位
18	成长,无"阅"不欢——全民阅读品牌	南通市启东市海复镇社区教育中心
19	传承非遗,精武健身	南通市通州区石港镇社区教育中心
连云港市:3项		
20	赣榆"互联网＋成人职业高中学历培训"	连云港市赣榆区成人教育协会
21	开启"支部家院"模式 扎牢社区教育之根	连云港市连云区墟沟街道办事处
22	教育联盟——助社区教育起航	连云港市海州区新东街道外仓社区
淮安市:3项		
23	"699"老年教育平台	淮安市中共淮安市委老干部局
24	共和戏舞 居民乐园	淮安市洪泽区共和社区教育中心
25	周日戏相逢	淮安市淮安区车桥雨露艺术团车桥镇社区教育中心
盐城市:3项		
26	建湖淮剧的传承与推广	盐城市建湖县沿河镇社区教育中心
27	盐城智能终端培训基地	盐城市盐都区盐龙街道社区教育中心
28	青少年水乡文化传承	盐城市东台市溱东镇社区教育中心
扬州市:3项		
29	扬州市社区教育"富民"品牌项目	扬州市教育局
30	"幸福安宜天意家政"培训	扬州市宝应县安宜镇安宜社教中心
31	夕阳红乡村老年大学	扬州市仪征市新集镇新集社教中心
镇江市:3项		
32	戴庄"亚夫式"农业培训	镇江市句容市天王镇社区教育中心
33	乐业象山——新市民职业转移培训	镇江市京口区象山街道社区教育中心
34	凤凰社区老年大讲堂	镇江市润州区蒋乔街道社区教育中心
泰州市:3项		
35	留守儿童双休日快乐驿站	泰州市海陵区苏陈镇社区教育学校
36	口岸街道"非遗"传统风筝	泰州市高港区口岸街道社区教育中心

续表

序号	品牌项目名称	主办单位
37	"三童"成长乐园	泰州市泰兴市济川街道社区教育中心
宿迁市:3项		
38	"楚城面塑"技艺培训	宿迁市宿豫区社区培训学院
39	庄圩"农旅一体化"融合创新培训	宿迁市泗阳县庄圩社区教育中心
40	章集街道关爱留守儿童基地	宿迁市沭阳县章集中心小学
江苏开放大学:2项		
41	"江苏学习在线"终身学习公共服务平台	江苏省社会教育服务指导中心
42	江苏开放大学"学习苑"	江苏开放大学

四、协会专项评审

"百姓学习之星""终身学习品牌项目"等评选、推荐工作

自2016年起,协会每年组织"百姓学习之星""终身学习品牌项目""优秀成人继续教育教育院校(培训机构)""美韵秋歌"——社区教育文艺成果评审并上报;共获得全国"百姓学习之星"20个(2016年5个、2017年5个、2018年5个、2019年5个)、全国终身学习品牌33个(2016年3个、2017年10个、2018年10个、2019年10个)、"优秀成人继续教育教育院校(培训机构)26个(2017年10个、2018年9个、2019年7个)、"美韵秋歌"——社区教育文艺成果73个(2017年9个、2018年64个)。省成协被中成协评为首届"美蕴秋歌"——社区教育文艺成果展演优秀组织奖。

2016年评选并推荐全国"百姓学习之星""终身学习品牌项目"

为宣传展示我省社会教育优秀成果和全民终身学习先进典型,根据

《省教育厅办公室关于举办 2016 年全民终身学习活动周的通知》(苏教办社教〔2016〕2 号)精神,省教育厅委托省成人教育协会开展了"百姓学习之星"和"终身学习品牌项目"遴选活动。在各设区市申报基础上,省成人教育协会组织专家进行了评审,共遴选出 2016 年全国"百姓学习之星"总参南京干休所副教授张焕国等 5 人;省"百姓学习之星"南钢集团江苏冶金机械有限公司原工会主席陈锦来等 38 人南京市江宁区谷里街道教育中心"谷里讲坛"等 28 个项目被评为全省"终身学习品牌项目"。

2017 年评选并推荐全国"百姓学习之星""终身学习品牌项目"

在全省学习活动周期间,为宣传我省开展社区教育、老年教育、成人继续教育及青少年校外教育中涌现出来的先进典型和优秀案例,深入发掘全民终身学习的励志人物,发扬榜样引领作用,促进全省终身学习深入发展,推动学习型江苏的建设,在江苏省教育厅的指导下,依据《教育部办公厅关于举办 2017 年全民终身学习活动周的通知》和《省教育厅关于举办 2017 年全民终身学习活动周的通知》精神,省成协下发了《关于推荐评选江苏省 2017 年"社区教育品牌项目""百姓学习之星""社区教育先进工作者""社区教育优秀志愿者"的通知》《关于组织开展遴选 2017 年"优秀成人继续教育院校(培训机构)"的通知》等通知,广泛宣传、组织发动、积极推荐。经专家组评审,全省共评出宣德堂等社区教育品牌项目 38 个;苏州市吴江区社区培训学院等优秀成人继续教育校(培训机构)51 家;梁旻等百姓学习之星 104 人、宋冬梅等社区教育先进工作者 124 人;郑晶等社区教育优秀志愿者 105 人。通过评选,挖掘典型,树立榜样,以榜样的力量感染人,用典型的事迹鼓舞人、借身边人的善行义举带动人,从而营造良好的学习型社会风尚为构建终身教育体系和学习型江苏,为建设"强富美高"新江苏做出新贡献。

2018年评选并推荐全国"百姓学习之星""终身学习品牌项目"

2018年4月省成协下发《关于推荐评选江苏省2018年"社区教育品牌项目""百姓学习之星""社区教育先进工作者""社区教育优秀志愿者"的通知》(省成协〔2018〕11号)",经过各市的培育、遴选共推荐50个品牌评选,最终南京市"莫愁家韵"等39个品牌荣获江苏省省级社区教育品牌称号。

今年39个社区教育品牌项目体现了以下五个方面的特点:一是内涵丰厚,质量较高,充分展示了全省社区教育的水平与风采;二是凸显地方特色,能结合地方特色与历史文化,挖掘地方力量,服务地方社会经济发展;三是政府支持引航,政府的支持与保障是各地社区教育事业得以良好发展的重要条件。今年的社区教育优秀品牌均得到了当地政府的重视与投入,建立了社区教育发展长效机制;四是活动形式多样,满足了不同类型群体的各种学习需求,活动形式包括社区讲座、线上学习、应用体验、实训指导、综合实践等。五是彰显社会价值,教育与社会的融合、教育社会化的实现是社区教育的任务与目标之一。服务社区居民,尤其是弱势群体的终身学习,充分体现社区教育的特点与职责所在。

对于2018年的省级社区教育品牌,我们将继续2017年做法,出版"2018江苏省省级社区教育品牌项目案例集"。

2019年评选并推荐全国"百姓学习之星""终身学习品牌项目"

作为我省全民教育活动的协办单位,省成协于今年4月份就启动了全省社区教育优秀成果和社区教育战线上先进人物的挖掘、遴选和宣传、表彰工作。出台了《关于推荐评选2019年江苏省"社区教育品牌项目"的通知》(省成协〔2019〕13号);《关于推荐评选2019年江苏省"百姓学习之星""社区教育先进工作者""社区教育优秀志愿者"通知》(省成协〔2019〕14号);《关于组织开展遴选2019年江苏省"优秀成人继续教育院校(培训机构)"的通知》(省成协〔2019〕15号);《关于组织开展第三届"美蕴秋歌——社区教育文艺成果展演"的通知》(省成协〔2019〕16号),通过半年省市县三级联动互动的过程,由上而下布置动员,由下而上培育遴选上报,由上而下指导提炼再行打造,最终评选出江苏省社区教育品牌项目"金陵学堂"等40个;江苏省"百姓学习之星"施顺才等109人;2019年江苏省社区教育先进工作者吴蔚群等109人;2019年江苏省社区教育优秀志愿者曹青云等92人;2019年江苏省优秀成人继续教育校(培训机构)南京市建邺区社区学院等40家;2019省级"美蕴秋歌——社区教育文艺成果"表彰的由南京市建邺区莫愁湖街道凤栖苑社区选送的《快乐的老帅哥》等35个节目。

根据中成协文件精神,我们对拟推荐全国表彰单位的申报材料进行逐一指导,重在挖掘内涵,重在展示风采,江苏在今年全国全民终身学习活动周上,受表彰的总量和级别上都是全国领先:获得国家"终身学习品牌项目"的有"金陵学堂"等10个;获得国家"百姓学习之星"的有郝名玲等5人;获得国家"优秀成人继续教育院校"的有南京市建邺区培训学院等7家。特别是在三项表彰中的最佳评选上,江苏更获得了大满贯"金陵学堂"荣获2019年全国特别受百姓喜爱的终身学习品牌项目;郝名玲被评为2019年事迹特别感人的百姓学习之星;南京市建邺区社区培训学院被评为2019年事迹特别突出的优秀成人继续院校。

2020年评选并推荐全国"百姓学习之星""终身学习品牌项目"

在全员抗疫的特殊时期,协会决定提前发布2020年组织江苏省"社区教育品牌项目""百姓学习之星""社区教育先进工作者""社区教育优秀志愿者""优秀成人继续教育院校(培训机构)"等五项评选申报工作的通知,为各地申报工作提供更多的准备时间。首先,根据社区教育工作的推进和发展,以及往年评选工作中的一些细节要求,进行了评选标准的修订,对统计表优化与细化,更加符合评选及上报工作的实际要求。申报文件下发后,组织了多次网上咨询活动,根据评选工作要求,推动各级社区教育机构挖掘先进典型,培育示范样板案例。

各市成协接到"五项评选"申报通知后高度重视,并按照评选范围、评选对象和条件精心组织了推荐评选工作。截至8月初,省成协先后收到2020年"社区教育品牌项目"申报70项、"百姓学习之星"118项、"社区教育先进工作者"125项、"社区教育优秀志愿者"114项、"优秀成人继续教育院校(培训机构)"45项。

经专家组核实、评审,共遴选出"百姓原创朗读者"等2020年省级"社区教育品牌项目"42个;赵应璧等2020年省级"百姓学习之星"117人;王雨穗等2020年省级"社区教育先进工作者"121人;梁美霞等2020年省级"社区教育优秀志愿者"87人;南京市浦口区永宁街道社区教育中心等2020年省级"优秀成人继续教育校(培训机构)"33家。其中,无锡宜兴市的顾涛等5位同志荣获中成协"百姓学习之星"表彰(其中顾涛荣获"事迹特别感人的百姓学习之星"),南京鼓楼"百姓原创朗读者"等5个品牌荣获中成协"终身学习品牌"表彰(其中南京鼓楼"百姓原创朗读者"获"特别受百姓喜爱的终身学习品牌项目"),这是我省连续三年获得全国表彰"双十佳",展示了江苏社区教育发展水平。

五、协会研究工作

2016年6月28日,教育部等九部门发布的《关于进一步推进社区教育发展的意见》要求:重视社区教育理论研究和学科建设。2017年06月26日,江苏省教育厅等十一部门发布关于加快发展社区教育的实施意见,其中指出:加强社区教育理论研究、制度研究和战略研究,指导和推进社区教育工作实践。江苏省教育厅加快发展老年教育行动计划(2018—2020)中强调:开展老年教育专题研究,支持高等学校、教育科研院所、老年教育机构建立老年教育研究基地,开展老年教育基础理论研究、政策研究和应用研究,探讨和解决老年教育发展中的重大理论和实践问题。

江苏省成人教育协会紧紧围绕教育行政部门中心工作,坚持服务大局、服务成教、服务会员的宗旨,积极开展终身教育、社会教育、成人教育理论研究和实践探索,组织开展相关活动,不断提升协会的学术力、影响力和凝聚力,努力打造学习型、创新型、服务型协会,以卓有成效的工作实绩,为完善我省终身教育体系,建设学习型江苏作出新贡献。

1. 批准下发"十三五"研究课题

为更好地发挥协会智囊团和思想库作用,坚持以科研为先导,开展前瞻性、实用性研究,推进"十三五"成人教育与社会教育广泛开展,为"建设'强富美高'新江苏"做出新贡献,2016年5月,协会下发了《江苏省成人教育协会"十三五"社会教育课题研究指南》。到2016年10月份共收到自报课题152项。经专家评审和公示,获准立项课题135项,其中重大课题1项,经费资助重点课题6项,经费自筹重点课题3项,一般课题125项。这些课题特别是重点课题符合当前及今后一个时期成人教育理性思考,融理论与实践结合一体的应用性要求,具有一定的科学性、前瞻性、可行性。

在省教育厅的大力支持下,重大课题,省成协将给予1万元经费资助;重点课题给予0.6万元经费资助。重点课题(经费自筹)相关单位应以不低于0.6万元的经费资助;立项课题所在单位应给予0.2万元以上的经费资助。协会要求各课题主持人,认真按科研工作的要求,切实做好课题研究工作,确保如期完成。

2. 举办"科研能力提升"培训班

为提升我省成协干部和骨干的科学研究能力,推进"十三五"成人教育与社会教育广泛开展,适应新常态下教育改革创新的新形势、新任务,以实践带科研,以研究促发展。2016年7月19日至20日,省成协与江苏省社会教育服务指导中心联合在昆山市委党校举办了成协干部"科研能力提升"培训班。培训对象主要是各市、县(区)成协(学)会干部及申报"十三五"课题负责人。培训主题与内容:马良生常务副会长作"关于科研课题的申报与研究";钱旭初处长作"江苏社会教育研究的现状分析";江苏社会教育研究的经验交流。本次专题研修班主要通过专家讲座、经验交流等形式进行培训,深受与会者好评。

3. 召开了省"十三五"科研课题管理研讨会

2016年6月1日至2日,省成协在镇江丹阳市召开了省"十三五"科研课题管理研讨会。省成协重大、重点、立项课题负责人等共70余人参加了研讨与交流。研讨会通过交流发言,问题研讨,分享经验与做法,实现共享共赢。马良生常务副会长以《课题研究的开题与结题报告》为题作了专题讲座,强调了课题研究的规范性、科学性、理论性与实践性,为课题负责人提供了有益的思考和启示,从而使省成协科研课题管理更加规范。

4. 开展十大调研课题项目研究

为紧紧围绕省教育行政部门的中心工作,服务大局,服务成教,服务会员的宗旨,更好地发挥协会智库作用,协会在2017年年初,结合省教育厅的要求以及新形势下社区教育、成人教育、农村教育发展动态,确立了"关于社区教育品牌建设及相关内容的调研考察"等十个调研考察项目。这十个调研考察项目,既具有理论性与实践性,又有前沿性和前瞻性。目前,各调研考察项目都形成具有咨询和指导意义的调研报告。省成协将召开调研课题项目总结会,并将调研报告汇编成册。

5. 下发关于加强科研课题管理的意见

2017年12月1日,为加强和完善江苏省成人教育协会科研课题的规范管理,切实做好课题研究工作,有组织有计划地推动群众性教育科研,协会下发关于加强科研课题管理的意见(省成协〔2017〕38号)。

一、课题的申报

省成人教育协会教育科研课题分为重大、重点、立项课题三大类,通常在每个五年计划实施的第一年、第三年向全省发布研究课题指南,受理课题申报。申请人可从省协会网站下载教育科研课题申报的有关材料,按要求认真、如实填写,并在指定网页上填写申报基本信息,将相关材料打印后送所在单位审核。

各类课题的研究周期一般为两至三年,最短不少于一年,最长不超过四年。

省成协总体负责教育科研课题研究工作,制订规划课题指南、重大、重点课题和立项课题选题。秘书处具体负责教育科研课题管理工作,其主要职责是组织课题规划的制订和实施、课题评审立项、负责课题日常管理、过程管理、组织学术咨询与交流、组织成果鉴定与评奖、推广科研成果等。

申请重大、重点教育科研课题的负责人应具备副教授以上职称或参加过省级以上课题或市级以上重点课题或主持过市级以上课题的省成协理事单位或常务理事单位;鼓励广大成人教育工作者特别是中青年工作者申报研究课题。负责人必须能够真正承担和负责组织、指导课题的实施,不能从事实质性研究工作的,不得申请。

主持人不得同时申报两项及以上课题,且以往承担的省成协教育科研课题必须按规定结题,未结题者不能申报。

课题负责人为1~2人。课题组成员不超过10人。

二、课题的审批

科研课题是为了搭建群众性教育科研的平台,引领成人教育科学研究的发展方向,充分体现我省成人教育改革与发展的需求。科研课题的审批和研究必须坚持以社会主义核心价值观为指导,着力解决我省与本区域成人教育发展中的理论与现实问题,为成人教育改革和发展服务,为我省成人教育决策提供咨询服务,为繁荣教育科学服务。

三、课题的经费

(1) 重大、重点(经费资助)课题经费由省成协直接划拨至课题主持人所在单位。相关单位应按不低于1∶1的比例给予配套经费资助。

(2) 重点课题(经费自筹)相关单位应以不低于0.6万元的经费资助。

(3) 立项课题所在单位应给予0.2万元以上的经费资助。

课题经费要按照相关规定专款专用。主要用于课题研究人员撰写论文等劳务补贴、相关资料费及专家咨询费等。

四、课题的开题报告

(1) 凡江苏省成人教育协会批准的科研课题均须认真填写《江苏省成人教育××年科研课题开题报告书》,由申报单位负责人签字并加盖单位公章后,于立项之日起30日内报送省成协秘书处。

(2) 封面"课题方向"按《申报课题》中的"指南"类填写;"课题名称"按批准立项原题填写;"课题类别"栏分为"重大资助""重点资助""重点自筹""立项"四类。"课题编号"按立项批准编号填写。

(3) 课题负责人与主要成员的基本信息等,须填写正确、完整。

(4) 课题负责人需承诺:自愿申报江苏省成人教育协会科研课题,接受江苏省成人教育协会的管理,遵守法律法规,遵循学术规范,恪守学术道德,维护学术尊严。

(5)"十三五"科研课题要求在 2019 年第一季度前鉴定结题。课题负责人要负责课题日常管理,实行目标管理与过程管理相结合,重点管理与一般管理相结合,集中管理与分级管理相结合,组建研究团队,明确相关人员的责、权、利。要最大程度地调动广大成人教育工作者积极性,引导和推进群众性教育科研活动的广泛开展。

五、课题的检查

省成人教育协会秘书处对全部课题负有管理职责,对课题研究的过程进行检查和督促。

1. 立项课题

对立项的课题进行必要的检查和不定期抽查,不定期抽查的比例不低于立项课题总数的三分之一。检查和抽查内容包括:队伍状况、档案管理、研究活动、阶段性成果、成果转化等。

2. 重大与重点课题

重大与重点课题是现阶段我省成人教育发展战略和宏观政策研究重点,也是省成协经费资助的研究课题。对重大与重点课题的开题研究,省成协将组织有关专家参加开题研究,协助制定实施方案,确保如期完成。

省成协将对重大与重点课题进行定期的检查和督促,以了解课题进展情况。

六、课题的变更

凡科研课题在开题过程中,确需变更课题负责人、改变课题名称、改变成果形式、对研究内容作重大调整、变更课题管理单位、课题完成时间延期一年以上或多次延期、因故中止或撤销课题的,须由课题负责人提出书面请示,经所在单位同意,报成协秘书处审核批准后方可实施,对未经批准,擅自进行变更的课题,将不予结题。

七、课题的处理

凡有违反国家法律及有关规定;以课题名义进行营利行为;私自篡

改课题名称,对课题进行虚假宣传;第一次鉴定未能通过,经修改后重新鉴定,仍未能通过;剽窃他人成果或弄虚作假;逾期不提交延期申请,或延期到期仍不能完成;严重违反财务制度等,将由省成协秘书处撤销课题,被撤销课题的负责人五年内不得再申请省成协的课题,对省成协资助的课题经费须如数追回。

八、课题的成果

课题最终成果的要求是:重大、重点课题应出版学术专著1部,或者在国家核心期刊上发表3篇论文以上;立项课题应公开发表1篇论文。

九、课题的鉴定

省成协科研课题按期完成后,最终成果均须进行鉴定,通过鉴定后予以结题。

所有课题结题均须填写《江苏省成人教育会教育科研课题结题鉴定书》,提交研究报告。

省成协秘书处负责教育科研课题最终成果的鉴定,成果鉴定要求:

(1)立项课题采用聘请同行专家会议鉴定或通讯鉴定的方式。会议鉴定由课题组负责组织,通讯鉴定由省成协秘书处统一组织,一般每年上半年和下半年各一次。重大、重点课题的成果鉴定主要采用会议鉴定方式。

(2)每个课题的鉴定专家组一般应由3~5名以上(单数)专家组成,并设一名组长。课题组成员(包括顾问)以及所在单位专家不能担任本课题鉴定专家,直接主管部门参与鉴定的专家不能超过专家总数的1/3。重大、重点课题的成果鉴定专家由省成协确定。

(3)课题组提供的鉴定材料,应包括《江苏省成人教育会教育科研课题结题鉴定书》、课题申请材料、开题报告、中期报告、研究报告、研究专著或研究论文。

研究报告重在汇报课题研究的总体概况、研究成果、研究结论、研究反思,体现学术性;研究专著或研究论文内容要与课题名称高度相关。

成果附件包括:与课题研究相关的论文集、实验报告、调查报告、案例集、汇编资料、视频等,要求简明扼要。

十、课题的鉴定形式

1. 会议鉴定

(1) 课题负责人在鉴定会议召开前1个月向省成协秘书处提出会议结题申请,并提交申请表;

(2) 申请提交后1周内,省成协秘书处向课题负责人所在单位作出结题申请批复;

(3) 课题组提前2周向鉴定专家提供全部成果主件和成果附件;

(4) 课题负责人组织召开结题鉴定会:

① 课题负责人就课题研究报告向鉴定专家进行陈述;

② 课题组成员对鉴定专家提出的问题进行答辩;

③ 必要时鉴定专家进行现场考察或召开有关座谈会;

④ 鉴定专家发表个人鉴定意见;

⑤ 鉴定专家匿名投票,由组长计票,根据投票结果确定是否通过鉴定及成果等级,形成课题成果的集体鉴定意见,并在《成果鉴定书》上签名;

⑥ 鉴定组组长宣读专家组集体鉴定意见。

(5) 专家鉴定合格后,将结题材料一式二份报送至省成协秘书处,一份由省成协秘书处存档,一份寄课题负责人所在单位。

2. 通讯鉴定

(1) 课题负责人按通讯结题通知要求向省成协秘书处提交电子版结题相关信息,上传结题材料;

(2) 课题负责人同时把《江苏省成人教育科研课题结题鉴定书》以及与课题有关的申请材料、开题报告、中期报告、研究报告、研究专著或研究论文、实验报告、调查报告、案例集、汇编资料等邮寄协会秘书处;

(3) 省成协秘书处对结题材料进行初步审核,并聘请相关专家对拟结项课题评审;

(4) 鉴定专家匿名投票,由组长计票,根据投票结果确定是否通过鉴定及成果等级,并形成课题成果的集体鉴定意见,组长在《成果鉴定书》上签名。

通过鉴定的课题即可办理结题验收。由省成协秘书处颁发结题证书。

十一、课题成果的宣传和评奖、推广

对有价值的课题,省成协秘书处将采取积极措施加强对成果的宣传、推广和转化,充分发挥其在教育决策和教育改革发展实践中的作用。

十二、课题的评奖

省成协每两年评选一次优秀课题研究成果和优秀课题管理单位,对获奖的科研成果将予以表彰和奖励。

6. 2017年相关市开展科研工作情况

南京 科研引领,"十三五"期间课题研究全面落地生根。为了深入推进我市社会教育理论与实践的研究,促进我市社会教育内涵发展,在2017年上半年我们公布了《关于公布〈南京市社会教育"十三五"课题研究指南〉和〈南京市社会教育课题管理办法〉的通知》两个文件,成立了领导小组。"十三五"期间,由本会成人与继续教育学术委员会负责组织开展全市社会教育课题研究工作。

无锡 开展成教理论研究、提升学术研究水平。围绕我市建立"强富美高新无锡"的要求和我市"十三五"经济优化升级、终身教育体系不断完善等需求开展理论研究及实践总结。

对"十二五"期间已申报的课题做好结题收尾工作

会同市教科院先后举行了"十三五"期间部分立项课题的开题工作

常州 组织课题研究,关注各级各类终身教育课题和项目申报信息,及时在全市做好发动和组织申报工作,多个渠道和级别的课题申报中都有社区教育的重要课题获得立项,其中,9项江苏省社会教育课题获得立项,立项数量为历年来最多;11项江苏省成人教育协会课题获得立项,立项数量在全省名列前茅。

组织了常州市终身教育共同体项目和2016—2017年常州社区教育科研课题的结项评审工作,并根据提交成果的水平和价值进行了评选。在课题组织管理方面强化了过程管理。因此,课题总体质量较以往有所提高,对于深化理论研究,强化终身教育实践具有一定指导作用。

以重大课题为抓手,持续推进全市终身教育理论研究,并引领实践发展。省十二五规划课题《生态学视角下终身教育共同体建设研究——以常州为例》课题进入结题阶段,成果丰硕,已发表论文 11 篇,评出优秀项目 7 个,成果转化工作进展明显,在实践探索中取得了突破性进展。

苏州 市教育局立项的《苏州市社区教育工作者队伍建设》课题结题。

《苏州市社区教育体制改革与创新的实践与政策研究》及省成协立项的《区域构建终身教育体现实验研究》课题全面开展,在全市范围组织开展调研活动和访谈活动,基本掌握我市社区教育的现状。

已完成全市立项的 2016—2017 年 43 个社区教育实验项目的实验工作,并开展全面的总结评估。

受联合国教科文组织中国全委会和中国成人教育协会终身教育与学习研究中心委托,承担的老年教育项目,经努力已出台了"老年教育指南",指导全国各 CLC 项目实验点开展老年教育工作。

组织开展了"学习共同体国际研讨会"和"三叶草"及"三家春"社区教育研讨会。

组织社区教育管理人员赴福建开展终身教育学术交流培训活动。

开展了苏州市社区教育课题研究申报、立项和开题工作。

参与苏州市终身教育立法研究活动。

盐城 学术引领。一年来我会先后组织筛选几十篇有价值的课题、论文提交给省、市有关部门列项评审,同时学会本身针对我市社区教育热点、难点问题,又梳理出十个课题,提交给教育行政部门,得到教育行政部门的认可和支持,市局为此专门下发文件,作为重点委托课题进行专项研究,该项目工作取得的效果显著。

昆山市 实验驱动、科研引领,推动社区教育深度发展。以社区教育实验项目、课题研究等抓手来深化社区教育内涵发展是新时代推动社区教育品质化发展的重要手段。各区镇坚持立足社区,以社区居民发展为核心,在总结社区教育实践的基础上,积极申报、主动承担、认真总结、扎实推广,促进社区教育理论与实践的创新,不断深化社区教育水平。2017年,各区镇社区教育中心单独或联合开展了1个以上社区教育课题和实验项目研究,积极参加了苏州市实验项目评估验收和昆山市社区教育实验项目评比活动。开放大学完成省教育科学"十二五"规划课题《苏南地区社区、学校成人教育资源整合与开发研究(以昆山为例)》和省成教协会"十二五"重点课题《城市现代化进程中社区教育为提升市民素质服务的研究——以昆山为例》结题工作,陆家镇完成省社会教育规划立项课题《新常态下乡镇社区居民学习需求》结题工作,巴城镇完成省社会教育规划课题《社区教育志愿行动"私人订制"模式研究》结题工作。

7. 2018年相关市开展科研工作情况

南京 展示科研成果,开展2018年市社区教育优秀研究成果及优秀论文的评选活动。为展示科研成果,促进学会理论研究再上新台阶,今年开展了自2016年1月1日至2017年12月31日的两年一次的优秀研究成果及优秀论文的评选活动。广大会员踊跃参与,共征集申报论文102篇,经专家评审,评出一等奖6项、二等奖16项、三等奖26项,获奖率达47%,收集研究成果32项,经专家评审出一等奖2项、二等奖3项、三等奖5项、优秀奖7项,获奖面达53%,我们将评选出的27项优秀研究成果汇成册,将48篇优秀论文分期分批刊登在我会会刊《南京终身教育》杂志和发布在南京学习在线,供广大会员和社区教育工作者学习交流。每两年一次的优秀研究成果及优秀论文的评选活动意在调动广大社区教育工作者用探索精神来思考工作,用科学的态度来开展工作,用研究的成果来指导工作。做到边干、边学、边研究。

无锡 积极开展成教、社教论文评比。会同无锡市教育科学研究院开展成人教育科学研究、教育教学改革实验和学术交流活动,指导督促做好成人教育、社区教育论文评比和科研项目(研究课题)申报、立项评审、课题开题、成果鉴定、结题收尾等工作,不断提高研究质量,巩固扩大研究成果,推动终身教育不仅有量的积累,更有质的提升。并做好2014

年立项课题的结题扫尾工作和 2016 年立项课题的中期评估和结题工作，不断提高教研科研能力。

2018 年 10 月，无锡市教育科学研究院和无锡市成人教育协会进行了 2017—2018 年度成人教育、社会教育论文评比，共收到参评论文 165 篇，其中，江阴市 53 篇，宜兴市 42 篇，梁溪区 27 篇，滨湖区 7 篇，锡山区 12 篇，惠山区 13 篇，新吴区 11 篇。经过专家评选，评出一等奖 25 篇，二等奖 48 篇，三等奖 74 篇。

常州 组织课题研究，推动成果转化。密切关注各级各类终身教育课题和项目的申报信息，及时在全市层面做好发动和组织申报工作，2018 年我市有多个课题在不同类别课题申报活动中获得立项。在江苏省社会教育 2018 年度课题中，常州有 7 项课题获得立项，其中 2 项为重点课题，5 项为一般课题，全部获得经费资助，立项情况在全省名列前茅。

组织了 2018—2019 年常州市社区教育科研课题的申报工作，组织专家评审，共有 43 项课题获得立项，2018 年底组织了本年度社区教育课题的结题鉴定工作，吸引并引导了更多的社区教育管理人员和相关教师参与社区教育课题研究，对于提升他们的研究能力，强化终身教育实践具有一定指导作用。

重点关注我市社区教育方面的重大课题，以此持续推进全市终身教育理论研究，并引领实践发展。《生态学视角下终身教育共同体建设研究——以常州为例》课题研究形成的相关成果，在全省首届社会教育（教学）成果评选中，获得全省唯一的特等奖，较为集中地展现了近年来我市社区教育科研所取得的成果。

苏州 加强理论实践研究，发挥学会参谋作用。理论研究是学会的重点工作之一，学会非常注重理论研究、实践探索和教育研讨，以此引领发展。

理论研究方面，学会重视理论研究，发挥参谋作用，认真完成了《苏州市社区教育体制改革与创新的实践与政策研究》课题的结题工作，为苏州市社区教育机制体制改革提出了适合苏州实际的建议,此课题同时作为中国成人教育协会"十三五"重点课题,取得的成果受到中国成人教育协会的肯定,同时将在明年结题;我会承担的省成协立项的《区域终身教育体系》研究已完成,2018年12月顺利结题;我们承担的苏州市社科联立项的《旅游＋市民教育》课题研究已顺利结题,为苏州的市民旅游教育提出了的意见,指导会员单位开展实践课题研究。去年,14个会员单位申报立项的课题进展良好。今年,我们为立项的14个课题分别做了研究指导,组织开展了培训活动,目前这批课题已圆满结题,在他们的研究论文中评出了1个一等奖、2个二等奖和10个三等奖,为我市终身教育、社区教育发展提供了较好的意见和建议。

实践研究方面,受市教育局民办教育与社会教育处的委托,学会在认真研究我国终身教育及社区教育发展方向的基础上,根据本市的实际,出台了申报2018—2019社区教育实验项目的指导意见,发动会员单位申报,确定了苏州市社区教育实验项目63个。2018年9月份,我们对各立项实验项目组人员进行了为期3天的培训,对实验项目的实验过程和研究等作了指导,收到了较好的效果。

资料汇编及书籍方面,我们编印了《苏州市社区教育实验项目案例集》,推出了22个较好社区教育实验项目案例;编印了《苏州市终身教育品牌》,收编了我市的23个国家级和省级品牌,总结他们好的做法,以此为范例,指导会员单位开展工作;《苏州终身教育服务地方经济发展》一书,稿件初审已基本结束,即将出版。

学术研讨方面,合作研讨。我们与中国台湾地区成人与终身教育学会和福建省终身教育推进会建立了长期合作关系。2018年6月18日我们与江苏省成人教育协会一起组织人员参加了在福建省举办海峡两岸终身教育研讨活动,总结了经验,并以"共推乡村振兴 共创美好未来"为主题探讨了乡村终身教育发展方向,提出了发展愿景;交流研讨方面,上半年我们参加了由联合国教科文组织中国全委会举办的"教育2030全民学习背景下的农村发展"研讨活动,研讨会上作为专家发言,针对我国农村地区老年教育我们提出了自己的见解,受到了与会领导和专家们的认可及赞扬;承办研讨方面,下半年由中国教科文全委会秘书处、联合国教科文组织驻华代表处、中国成人教育协会和苏州市教育局主办,苏州市终身教育学会和张家港金港镇承办的"农村积极老龄化培训与研讨会"在金港镇顺利召开,会上我们二个会员单位做了成功案例介绍,学会代表作了主旨演讲,受到了教育部职业教育与社会教育司、中国教科文全委会秘书处和中国成人教育协会领导的表扬,受到联合国教科文组织的认可,会议成果在联合国教科文组织网站展示,为进一步推动我国农村地区老年教育及国际农村老年教育发展作出了我们的贡献。

南通 持续开展各项教育研究,进一步强化了科研引领。在组织和开展课题研究工作中,我们一方面积极做好课题立项工作,广泛发动各级社区教育机构和广大社区教育专兼职教师申报各级课题,并对申报的课题进行了初步的论证。另一方面扎实做好课题开题工作,课题立项后,督促及时开题,尽快进入实质性研究阶段,并严格按照课题研究进度,按时做好上报结题所需的各项资料。在研究方向上,主要侧重于研究促进区域社区教育规范发展和优质发展的工作理念和工作思路,科学制定区域社区教育相关项目建设的细则,探索实施区域社区教育高标准建设的具体策略,帮助广大社区教育工作者在实践层面上明晰社区教育应该"做什么"和"按什么标准去做",促进区域社区教育有序发展、规范发展。纵观全市各类研究课题,创新之处颇多,其中主要有各地区在实验和推广过程中,如何做到因地制宜、分层推进,怎样进行分类试点、典型示范,并达到拓展内涵、完善提升的工作目标等。

盐城 加强理论研究,促进成人教育创新发展。

持续深入做好2018年各类科研课题申报、检查、督促工作,并根据时间节点,及时推荐上报各有关部门。

做好我市成人教育优秀经验和创新成果的交流与共享。

加强和改进我市学习型城市、学习型社区的研究工作。

对全市成人教育、民办教育、社区教育等建设热点问题进行系列调研,为教育行政部门决策提供现实依据。

8. 启动"十三五"课题结题工作

2018年省成协启动"十三五"课题结题工作。为加强"十三五"课题的过程管理和规范结题工作,省成协下发了"课题结题鉴定程序和验收时间的通知"(省成协〔2018〕44号)

为有质有量做好课题结题鉴定工作,加强科研课题的规范管理,更好地推动群众性教育科研。现对省成协重大(点)及一般课题结题鉴定程序通知如下。

一、课题鉴定所需要的材料

1. 填写课题鉴定书

所承担的省成协科研课题按期完成后,课题组均须填写《江苏省成人教育协会教育科研课题结题鉴定书》(附后);

2. 提供结题鉴定材料

鉴定材料包括《江苏省成人教育会教育科研课题结题鉴定书》、课题申请材料、开题报告、中期报告、研究报告、研究专著或研究论文。以及与课题相关的附件,包括论文集、实验报告、调查报告、案例集、汇编资料、视频等。

二、结题鉴定方式

课题结题鉴定,省成协提倡采取会议方式。

1. 课题负责人在鉴定会议召开前1个月需向省成协秘书处书面或口头提出会议结题申请;

2. 课题组提前2周向鉴定专家提供课题全部成果主件和成果附件;

3. 一般课题鉴定专家可由江苏省成人教育协会推荐,也可以由课题组自聘同行鉴定专家3~5名以上(单数)专家组成,并设一名组长。所在单位专家、课题组成员不能担任本课题的鉴定专家。

4. 重大、重点课题结题由江苏省成人教育协会主持鉴定,专家由协会领导推荐。并通知相关承担省成协一般课题负责人参加鉴定会,把课题鉴定与课题培训相结合,推进立项课题的规范管理。

5. 结题鉴定会程序

(1) 课题负责人就课题研究报告向鉴定专家进行陈述;

(2) 课题组成员对鉴定专家提出的问题进行答辩;

(3) 必要时鉴定专家进行现场考察或召开有关座谈会;

(4) 鉴定专家发表个人鉴定意见;

(5) 休会,鉴定专家匿名投票,由组长计票,根据投票结果确定是否通过鉴定及成果等级,形成课题成果的集体鉴定意见,并在《成果鉴定书》上签名;

(6) 鉴定组组长宣读专家组集体鉴定意见。

6. 课题鉴定所需费用(含专家指导费)由相关课题组承担。

三、课题验收时间

课题验收上报省成协秘书处时间安排在每年 11 月 20 日至 12 月 10 日止。通过专家鉴定合格的课题,在规定时间内,将结题材料一式 2 份报送至省成协秘书处。

省成协将聘用专家集中审定验收。因结题验收不收费,又要付给专家相应费用,申请验收的课题会员单位,须按标准交纳团体会员会费。

四、颁发结题证书

对专家审定验收合格的课题,由省成协秘书处颁发结题证书。审定验收中,对具有重要应用价值、重要学术意义的课题,协会将向有影响力的报刊、影视、网络等媒体推荐宣传,并及时报教育决策部门促进成果的应用推广。

(2) 关于对重大、重点课题集中结题的通知(省成协〔2018〕54 号)根据 2017 年 12 月 1 日省成协《关于加强科研管理的意见》(省成协〔2017〕38 号)、2018 年 9 月 13 日省成协《关于重大(点)课题、一般课题结题鉴定程序和验收时间的通知》(省成协〔2018〕44 号)的精神,定于 2019 年 3 月进行"十三五"立项重大、重点课题集中结题。请各课题组按照文件要求认真准备,届时提供纸质材料6套,PPT电子稿,每个课题组汇报10分钟。具体时间、地点另行通知。

两个文件的下发,再次重申课题过程管理的重要性,同时明确了课题鉴定工作要求,包括所需要的结题材料和研究成果,课题结题的方式和结题鉴定会的流程规范;强调了课题成果的整理,课题成果的转化,课题成果对实践指导作用的发挥。同时决定对"十三五"立项重大、重点课题省成协进行集中结题

(3)为加强协会科研课题的过程管理,认真做好"十三五"课题结题工作,更好地推动群众性科研开展和能力提升,3月27日,在淮安市举办了科研课题管理暨重大、重点课题集中结题培训会。各重大、重点课题负责人、特邀专家、一般立项课题负责人及各设区市成人教育协(学)会分管课题负责人计165人参加了会议。会上下发了《省成协科研课题文件汇编》。

采用重大、重点课题集中结题与专家现场点评的形式是协会科研工作史上首次。这既是结题会,更重要的是一次培训会,使课题负责人深度了解了课题开题、研究方向、研究目标、团队作用、理论信息的吸收、成果应用和课题鉴定的基本环节。大家表示,今后一定要结合本地实际,用心、用情、用功研究,用研究新成果,回应新时期工作中的难点和热点问题,克服空洞研究与实际脱节的"两张皮"。目前已完成结题67项情况,占立项课题的近50%。协会科研管理文件、重大、重点课题有关研究成果已汇编成册并出版。

9. 启动了新一轮课题申报工作

为推进新时代社区教育高质量发展,不断把学习型社会建设引向深入,根据教育部《关于加强新时代教育科学研究工作的意见》(教政法〔2019〕16号 2019年10月24日),协会下达了《江苏省成人教育协会2020年社会教育课题申报指南》。(省成协【2019】44号),要求申报课题紧密围绕建设"强富美高"新江苏的目标,着力探索江苏社会教育的理论和实践,更好地发挥协会智囊团和思想库作用,大力推进理论创新、制度

创新和方法创新,积极倡导各单位切合实际开展基础性、针对性、前瞻性研究,以创新思路破解难题,以成功实践丰富理论,努力提升协会科研服务及成果转化能力。

各会员单位积极组织课题申报。为确保课题高质量研究和出成果,更好地为教育行政部门决策咨询服务,经专家集中评审和网上公示,获准立项课题100项。其中重大课题5项,经费资助重点课题8项,经费自筹重点课题3项,一般课题84项。在省教育厅的大力支持下,重大课题,省成协给予10 000元经费资助;重点课题给予6 000元经费资助;课题申请单位按1∶1以上配套经费资助。并明确规定,重点课题(经费自筹)相关单位应以不低于6 000元的经费资助;立项课题所在单位应在3 000元以上的经费资助。

10. 召开"社区教育学习共同体建设研讨会"

2019年6月28日,根据江苏省成人教育协会年度工作计划,"社区教育学习共同体建设研讨会"在苏州市吴江区召开。参加本次会议的有:各设区市教育局代表、成人教育协会负责人;各设区市推荐的有显著成效的学习共同体负责人;有关高校、开放大学方面的负责人;特邀专家等80余人。会议由江苏省成人教育协会常务副会长兼秘书长马良生主持。苏州市教育局民办教育与社会教育处处长张可伟首先致辞,他指出:在建设学习型社会进程中,社区教育有着重要作用。苏州重视和加强学习共同体建设,对社区教育中出现的各种学习共同体,既积极扶持,又规范行为,努力建设绿色社区教育学习共同体。

苏州市终身教育学会副秘书长李斌介绍了苏州社区学习共同体的基本情况及主要做法;吴江社区培训学院方拥军主任介绍了吴江区培育、支持、规范学习共同体方面的制度、评审、培训等工作;苏州市终身教育学会副会长、苏州市姑苏区培训学院院长赵奕一介绍了姑苏区学习共同体的发展情况,她指出行政部门要成为学习共同体的"助学者",要统一目标、深度结合、系统组织、扩大社会影响。马良生副会长对三位代表的发言进行了点评,充分肯定苏州市在学习共同体建设方面的做法和成绩。同时他指出：三位代表发言介绍的是学习共同体中一种纯业务学习的形式，实际在社区教育学习共同体中还形成了另一种带有行政色彩的形式，即社区教育工作联盟。为此，南京市玄武区社区进修学院业冰主任介绍了江苏"3D社区教育发展合作联盟"的主要做法：3D博采众长，"五学"特色让人印象深刻；盐城大纵湖社区教育中心王秀春主任介绍了"三家春"终身学习发展共同体的实践与研究，以"家"文化为内涵的草根社区教育中心联盟展示了农村地区社区教育、终身教育中的创新模式；徐州市邳州市铁富镇社区教育中心以"依托网络平台建设打造品质学习共同体"为题，介绍了"邳州图话文友交流社区"成长纪实。三位社区教育工作联盟代表发言后，马良生副会长指出："3D"社区教育联盟是在城市层面的社区教育工作联盟，而"三家春"、徐州市邳州市铁富镇社区教育中心，则是农村层面的社区教育工作联盟，两个层面联盟的介绍给与会人员都留有深刻的影响和良好的启示。

马良生副会长在总结发言中指出：一、学习共同体是当代教育的一种全新理念。根据教育部、省教育厅文件中"四自（自我组织、自我教育、自我管理、自我服务）三学（自主学习、互助学习、终身学习）"的规定，可以把在社区教育中出现的各类学习共同体，称之为社区教育学习共同体；二、江苏的社区教育学习共同体建设发展较快，形式多样，成效明显，已产生好多品牌。在全省不完全统计汇总的466个学习共同体中，具有内容多、参与人员多、活动范围广、政府重视、草根化等特征；三、要从四个方面着手做好社区教育学习共同体建设工作：一要提高对社区教育学习共同体认识；二要感受社区教育学习共同体活力；三要加强社区教育学习共同体建设；四要扶持社区教育学习共体成长。

本次研讨会，还实地考察了吴江区平望镇学习苑——玫瑰书院，以及当地学习型企业，并听取了现场报告。

六、协会专题培训

2016年培训活动

1. "科研能力提升"培训班

为提升我省成协干部和骨干的科学研究能力,推进"十三五"成人教育与社会教育广泛开展,适应新常态下教育改革创新的新形势、新任务,以实践带科研,以研究促发展。2016年7月19日至20日,省成协与江苏省社会教育服务指导中心联合在昆山市委党校举办了成协干部"科研能力提升"培训班。培训对象主要是各市、县(区)成协(学)会干部及申报"十三五"课题负责人。培训主题与内容:①马良生常务副会长作"关于科研课题的申报与研究";②钱旭初处长作"江苏社会教育研究的现状分析";③江苏社会教育研究的经验交流。本次专题研修班主要通过专家讲座、经验交流等形式进行培训,深受与会者好评。

2. 社区教育干部理论培训班

为认真学习、贯彻教育部等九部门《关于进一步推进社区教育发展的意见》,统一认识,理清思路,全面提高我省社区教育干部的工作能力和理论水平,省成人教育协会、省社会教育服务指导中心于2016年11月8日至9日,在常州江苏理工学院举办社区教育干部理论培训班。培训对象主要是:参加培训的各市县(区)成人教育协会、开放大学、社区大学、社区学院从事社区教育工作的管理干部共计130多人。

福建电大副校长沈光辉、省成协常务副会长马良生、常州市教育局副局长胡鹏分别作了"打造社区教育的品牌和探索""积极发展老年教育""常州社区教育现状与发展思路"的专题报告。镇江市京口区、扬州市宝应县、宜兴市、徐州市云龙区、张家港市的代表也分别在会上作了工作交流。

3. 社会主义核心价值观教育案例专题培训会

为提高社会主义核心价值观教育案例编写的规范性,2016年7月4日,协会在昆山市举办社会主义核心价值观教育案例专题培训会。培训前,代表们参观了昆山市周市镇社区教育现场,并听取推进社会主义核心价值观进社区的做法和经验。本次培训,对案例编写提出来统一要求,提升了社区教育管理干部的写作能力。

2017年培训活动

1. 通讯员培训班

为进一步发挥省成协宣传平台和媒体的宣传、导向和引领作用,更好地交流各地开展终身教育、成人教育和社区教育工作的信息,及时报道介绍、呈现、展示各地创新开展工作的好经验、好做法以及先进典型,省成协于2017年6月5日至6日在南通市进行专题培训,76名通讯员及相关人员参加了培训。培训目的是努力使我省的社区教育发出自己的声音,讲好自己的故事。

2. 社区教育工作者高级研修班

2017年10月23日至25日,在无锡举办全省社区教育工作者高级研修班。来自全省成人教育、社区教育的领导及骨干共150余人参加。开班动员时,孙曙平会长强调按照十九大报告精神,找准结合点、着力点,不断丰富社区教育内容,拓展社区教育载体,创新社区教育形式。以

"优质、多样、温暖"的社区教育服务与管理,努力为每一位社区居民提供适合的教育,切实增强人民群众对社区教育的获得感、幸福感。孙会长还强调社区教育应成为实现"人生出彩"的平台;成为有组织开展"让生活更美好"的教育活动。研修班还邀请了相关专家分别从十九大报告精神、社区治理、政策文件、物联网与智慧城市的相关知识、社区教育调研的经验等方面与参会者进行交流与分享。

3. 全省社区学院院长高级研修班

社区学院(社区大学)在本区域 3 级社区教育网络体系中处于龙头地位。2017 年 11 月 8 日至 10 日,省成协在常州市武进区举办"全省社区学院院长高级研修班",来自全省的社区学院负责人 50 多人参加了研修。研修班旨在进一步提升我省社区学院院长的综合能力素养,提高社区教育资源整合能力,加快社区教育信息化建设进程,进一步加强社区教育内涵建设。孙曙平会长在开班动员讲话中要求大家紧跟时代步伐,办好人民满意的社区教育,希望通过研修培训,厘清思路、找准方向、探索路径、蓄势发力。省教育厅社会教育处副处长李海宁同志做了题为《社区教育让生活更美好,不断满足人民群众日益增长的美好生活需要》的专题报告。研修班课程内容丰富,动静结合,经验与思考同研,实践与理论并存。

2018 年培训活动

2018 年全年共举办培训班 8 场,近千人参加。培训班以需求为导向,强调针对性与实用性,主要聚焦在省级创建项目创建的过程指导。3 月在镇江句容由农林职业技术学院承办 2018 年新申报"教育服务三农"创建单位负责人培训班,8 月在苏州木渎由苏州终身教育协会承办 2018 年新申报省级社区教育示范区和新申报省级标准化社区教育中心等培训班。9 月在苏州市由苏州终身教育协会承办的"2018 品牌建设推进会"。5月在苏州西山由苏州市终身教育学会承办"江苏省教育服务'三农'高水平示范基地建设推进会"。10月在南京由江宁教育局承办"农村教育服务乡风文明建设现场会"。9月在无锡由无锡成人教育协会承办了全省老年教育高级研修（培训）。10在南京由南京大学继续教育学院承办召开了老年教育工作研讨会。通过培训班统一了思想,提高了认识,明确了目标,锻炼了队伍,落实了行动。培训班内容丰富,形式多样,通过省教育厅领导以及协会领导作主题报告、专家讲授、案例培训、经验交流、现场考察等形式,凝聚了正能量,彰显培训效果,受到基层社区教育工作者的好评和欢迎。

2018年,省成协与苏州市终身教育学会和无锡成人教育协会合作,试点建立"品牌建设"和"老年教育"培训基地,以提高培训工作专业性和专项指导性。

2019年培训活动

协会结合省教育厅的工作重点和广大会员单位的需要,举办了"科研课题管理暨重大、重点课题集中结题培训会""老年教育高级研修班""教育富民'三农'高水平基地申报""学习共同体建设""省级社区教育品牌建设推进""通讯员工作实务""手机摄影师资培训"等多期培训班,近1 000人参培。既有传统培训项目,也有新创项目。其中,"老年教育高级研修班"主题就是贯彻落实省厅《加快发展老年教育行动计划（2018—2020）》。省教育厅社会教育处经贵宝调研员作了《全省老年教育资源库建设》的专题报告。无锡开放大学、镇江市老年大学、无锡教育电视台、江苏省夕阳红老年大学等围绕老年教育服务体系构建、学习资源建设、智慧文化康养等进行了交流研讨。全体会议代表现场观看了无锡市夕阳红老年大学的《霞飞漫天——无锡市夕阳红老年大学办学成果展示汇报演出》。18个节目用不同的形式演绎了圆梦、超越和绽放三个篇章。

2020 年培训活动

1. 举办"老年教育""品牌建设"等专项培训班

为进一步落实我省《加快发展老年教育行动计划》(2018—2020),进一步满足老年教育不断增长的学习需求,提升全省老年教育的覆盖面,与老年大学融合发展,并进一步提高老年教育质量,受省教育厅委托,9月和11月先后在无锡举办两期"江苏省老年教育高级研修(培训)班"。来自全省各市(县)区200多名从事老年教育的社区教育工作者济济一堂,先后听取省教育厅语继处经贵宝一级调研员的政策解读,省成协马良生常务副会长的《积极老龄化背景下的老年人权益保障》、省成协牛飙副会长的《"十四五"时期老年教育发展规划探讨》、老年大学协会副会长刘景的《老年大学现代化建设的战略目标和发展路径》讲座,以及办学单位的经验分享、省成协副秘书长郑青围绕《探索社区教育体系与老年教育融合发展》这一主题提出了目标要求和实践指导。与会人员还分别填报了《江苏省老年教情况问卷调查表》,同时与会学员实地考察了无锡市洛社老年大学及万马村老年学校教学点。

10月中旬,在苏州举办省级社区教育品牌项目建设推进培训会,交流社区教育品牌建设的行动与成效,深入学习研究社区教育品牌内涵建设,布置社区教育品牌案例编写工作,进一步加强社区教育品牌宣传推广。2020年,省级社区教育品牌建设单位、社区教育品牌案例编写特约点评人60多人出席了会议。孙曙平会长作开班动员,肯定了大家为提升江苏社区教育品质的提升所做的贡献和努力,并鼓励江苏各地要多交流、多学习,以社区教育品牌项目建设为抓手,不断推进全省社区教育的深入发展、内涵发展、可持续发展。常务副会长马良生以"社区教育品牌案例的编写与点评"为题,苏州市吴江区社区培训学院方拥军副院长以"社区教育品牌项目的回顾与展望"为题,作了专题讲座。副秘书长郑青就"品牌案例编写和案例点评的撰写要求与格式规范"进行具体的工作指导和布置,并对42个案例与点评专家进行了结对分组。省级社区教育品牌项目"扬州市社区教育'富民'品牌项目""百姓原创朗读者""学悦双城"的单位负责人分别分享了品牌建设经验,为参会人员做典型示范。全体学员实地考察了太仓市老年大学。

2. 面向全省开展老年大学情况调研

为贯彻落实中央和省委积极应对人口老龄化中长期规划和实施方案,大力推进"发展老年大学行动计划",受省教育厅委托,对全省设区市(含所设区)范围的所有老年大学、县(市)范围的所有老年大学,进行了全省老年大学布局调研,重点了解每所老年大学的基本信息,为制定我省"十四五"老年教育规划和将老年大学覆盖率纳入对地方政府考核提供依据。目前,已经完成数据采集,收到219份有效样卷,对全省老年大学分布情况、软件配置情况、学员年龄分布情况等,进行了数据统计和分析,并提出了意见和建议。

七、协会重要活动

2016 年

开展首届"江苏省社会教育百强单位"评选活动。经省教育厅同意,由省成人教育协会、省社会教育服务指导中心和江苏开放大学联合主办,江苏省广播电视总台教育频道承办,开展首届"江苏省社会教育百强单位评选"活动。

组织首届"中青年社区教育教学新秀"评选活动。为建立和完善人才激励机制,加强社区教育师资队伍建设,培养社区教育教学骨干,促进中青年社区教育工作者迅速成长,中国成人教育协会会长办公会议研究,决定于 2015 年 12 月组织开展《中青年学术激励计划》系列活动,首先开展首届"中青年社区教育教学新秀"评选活动。对此,协会高度重视,转发了中成协文件,广泛动员,对符合条件的积极组织推荐申报。经中成协批准,我省共有江宁区汤山街道社区教育中心郭军等 26 人被评为全国首届"中青年社区教育教学新秀"。

推荐和组织申报第四批全国学习型城市建设联盟成员。中国成人教育协会 6 月份下发了《关于推荐和组织申报第三批全国学习型城市建设联盟成员城市的通知》(中成协〔2016〕004 号)后,我会请各地对照《通知》要求,结合工作实际,积极做好组织和申报工作,目的是以"联盟"为平台，贯彻落实党和政府关于建设学习型社会的战略目标、《国家中长期教育改革和发展规划纲要》及《教育部等七部门关于推进学习型城市建设的意见》，联系、协调和组织相关城市，共同推进学习型城市建设工作，在完善终身教育体系、建设全民学习、终身学习的学习型社会进程中发挥积极作用。目前，我省先后有常州、苏州、昆山、盐城四市成为全国学习型城市建设联盟成员。多年来，他们在推进学习型城市建设方面有很多有效做法，值得借鉴和推广。

2017 年

召开首次江苏"农村社区学习中心(CLC)能力建设项目创新发展研讨会"。3月18日，省成协在苏州市吴江汾湖高新区召开首次江苏"农村社区学习中心(CLC)能力建设项目创新发展研讨会"。南京市江宁区谷里街道社区教育中心等我省9个参加联合国教科文组织CLC项目点的负责同志参会并交流。研讨会上，中国成人教育协会蓝建教授对江苏各项目实验点取得的显著成效表示了充分的肯定，省成协常务副会长马良生要求各项目点进一步发挥自身优势，贴近百姓需求，积极主动开展活动，让项目惠及于民，使项目能在江苏社区教育可持续发展方面起到示范和引领作用，为建设"两聚一高"新江苏做出应有的贡献。本次会议，各项目点学校之间实现了一次零距离的沟通、交流和研讨，达到了相互学习与借鉴、促进合作、共同发展的目的。

随联合国教科文组织驻华代表处官员到广西龙胜开展调研交流。广西龙胜县是中国成人教育协会终身教育与学习研究中心设立的"农村社区学习中心能力建设"项目最早的成员之一。长期以来，他们积极参与项目活动，为当地少数民族群众的幸福生活和发展做出了不懈的努力。

龙胜是一个多民族的自治县，80%的人口为少数民族，居住着汉、苗、侗、瑶等多个民族。为了实际了解我国少数民族地区 CLC 项目促进当地发展的情况，2017 年 5 月 18 日至 19 日，联合国教科文组织驻华代表处教育项目官员罗伯特、项目官员助理关靖柠、中国成人教育协会终身教育与学习研究中心研究员蓝建、江苏省成人教育协会常务副会长马良生等来到广西龙胜各族自治县农村社区学习中心开展调研交流。

大唐湾少数民族文化传习基地是江底乡社区教育中心民族文化传承培训基地。通过展示、陈列少数民族服装服饰、传统农具和农耕用品，以及侗族歌舞和大歌的排练、传授，在当地传承民族文化传统。经过龙胜 CLC 项目点的扶持，大唐湾已经成为广西一个利用少数民族文化资源创建的民俗文化旅游景区。调研组一行人员通过实际参与排练，并与民族文化传承人交流，了解了当地的文化以及当下面临的困难。由于年轻人外出日益增多，民族文化传承也面临严峻挑战。

泗水乡牌坊屯社区学习点位于龙胜县边远的瑶族群众聚居区，也是一个刚刚建立的村级学习点。村里建有白面红瑶博物馆，通过实物、图片和文字，记载了当地的历史与文化，是不可多得的村级文化承载基地。他们努力传承白面红瑶文化，乡亲们向大家介绍了当地文化，为大家表演了红瑶族传统歌舞，品尝当地特色油茶。罗伯特先生饶有兴致地为他们献上了自己家乡的歌曲。牌坊屯也是当年红军长征走过的地方。调查组一行瞻仰了当年红军留下的遗迹，并纷纷在红军石前留影。

龙胜县社区文化中心的活动一直延伸到小学的校园里。调研组一行来到泗水乡中心小学，观看小学生开展民族刺绣、织布技艺传承活动，学生们兴致勃勃地进行手工操作展示。

老年教育也在这个民族区域红红火火地开展起来。龙胜镇城北社区老年教育协会与农村社区学习中心一起，开展了丰富多彩的老年活动。调研组与这里老年协会的负责人进行了座谈。这里老年教育的一大亮点是男性的广泛参与,并且男性也参加到歌舞活动中,这为其他地区的老年活动树立了榜样。

当得知龙胜组织全民终身学习活动周开幕式时,罗伯特非常高兴地介绍了联合国教科文组织推动各国全民终身学习的理念与要求,介绍了与中国政府合作推动全民终身学习的设想,勉励城北社区老年协会继续做好民族文化传承,加强全民终身学习,享受幸福晚年生活。罗伯特一行对龙胜将农村社区学习中心(CLC)项目辐射到农村自然村屯,传承瑶族文化习俗;辐射到中心小学,从小培育和传承民族非遗技艺;对将农村社区学习中心(CLC)项目与老年教育协会合作的做法与经验给予高度赞赏。

和平乡黄洛瑶族社区教育学校是全国农村成人教育先进单位、广西非物质文化遗产保护与开放示范基地、广西少数民族传承文化与工艺培训基地,罗伯特一行参观了CLC项目助推长发村打造洗发产品的案例,并与"全国识字女状元""全国百姓学习之星"和非物质文化传承人潘继凤交谈,对龙胜项目点开展文化技能培训,提升居民素质,促进农民致富的经验和成果感到高兴。这里的妇女纷纷向调研组表示,过去她们是连自己名字都不大写的农村妇女,现在她们都成为了家庭的顶梁柱,文化的传承人,致富的能手,内心的喜悦无法表达。

调研期间,考察组还在龙胜县教育局召开了联合国教科文组织农村社区学习中心(CLC)项目交流汇报会,会议由江苏省成人教育协会常务副会长马良生主持。龙胜县教育局唐晚秋副局长在致辞中首先介绍了龙胜经济、社会和教育的基本情况,接着汇报了区教育局把开展CLC项目放在民族教育工作的战略地位,十分重视总结CLC项目的做法和经验。龙胜教育局杨杰军股长代表项目点做了题为"让社区学习中心的春雨洒遍龙脊"的汇报,全面介绍了龙胜项目点以服务民生为出发点,以CLC为抓手,不断提升群众的综合素质,促进农村社区教育发展的做法与成效。泗水乡社区学习中心校长向各位介绍了当地开展功能性扫盲,并根据当地情况将功能性扫盲确定为八个方面的工作情况。龙胜65岁的CLC项目受益人——竹藤工艺传承人现身说法，让所有与会人员动容。中国成人教育协会张竺鹏在讲话中介绍了中国CLC项目的发展历程，充分肯定了本次调研交流的成果，一是看到了龙胜项目点得到政府的重视支持，项目实施工作扎实创新，老百姓积极参与，项目给老百姓带来了幸福感；二是搭建了项目的交流、沟通和分享的平台，促进了东西部携手共同发展。罗伯特先生发表了演讲，他深有感触的说："龙胜CLC实验项目让人印象深刻，是中国执行文化传承、终身学习的成功案例。"他指出，我们所做的工作不是孤独的，是和国家发展目标一致的。教科文组织驻华代表处将持续关注社区教育，关注社区学习中心的运行成效，他希望大家注重知识和技能培训，依靠好的项目，服务有需求的人群；要加强学习中心建设、加强联系，加强教材建设，保护好民族文化；要让每一个中国人知道，只有提升学习竞争力，国家才能有进一步的发展。马良生会长最后做总结性发言，他说："CLC项目在中国的美誉度不断增加，引起了政府的关注，让老百姓得到了实实在在的实惠。通过这次调研交流，看到江苏和龙胜项目点所取得的成就和探索出来的经验，对实现全民学习、终身学习，对整个人类的文明进步有着非常重要的意义。希望各项目点努力做到资源共享、创新发展，这项工作前景远大，大家要充满信心。"

组织开展《中青年学术激励计划》系列活动。为建立和完善人才激励机制，培养成人（继续）教育学术带头人和科研骨干，促进中青年成人（继续）教育科研工作者迅速成长，中国成人教育协会于2017年3月至6月组织开展《中青年学术激励计划》系列活动之第二届"中青年学术新秀"评选活动。省成协积极响应，依据标准，认真组织、发动、宣传和初选，并在规定时间上报中成协，经中成协审核评选，我省共有7人获得中成协第二届"中青年学术新秀"。

组织申报第五批全国学习型城市建设联盟成员。为了贯彻落实党的十八大提出的"积极发展继续教育，完善终身教育体系，建设学习型社会"要求，全面贯彻教育规划纲要提出的到2020年基本形成学习型社会的战略目标,我省依据教育部职成教司、中国成人教育协会与中国教科文全委会秘书处共同发起成立"全国学习型城市建设联盟"要求,下发了《关于转发中国成人教育协会〈关于推荐和组织申报第五批全国学习型城市建设联盟成员城市的通知〉的通知》,大力宣传,营造氛围,组织申报,积极推进学习型城市建设。

举办美蕴秋歌——社区教育文艺成果遴选、展演活动。中国成人教育协会下发了《关于举办首届"美蕴秋歌——社区教育文艺成果展演"的通知》(以下简称《通知》)。据中成协的《通知》要求,从 2017 年起,我省也将持续举办美蕴秋歌——社区教育文艺成果遴选、展演活动,并按照单年举行动态展演,双年举行静态书画等展示规则运行。2017 年,我省首次通过各设区市协会(学会)组织发动、宣传、申报,省成协共遴选省级优秀作品 11 个。推送中成协的《夜深沉》《沙漠玫瑰》《印象龙虬》《淮海戏情》《洗衣歌》5 个项目被中成协评为优秀节目。其中《夜深沉》《印象龙虬》等在江苏省全民终身学习活动周上进行了展演。无锡市《沙漠玫瑰》和镇江润州区的《夜深沉》还代表江苏参加了全国的展演,都获得一致的好评。省成协也被中成协评为首届"美蕴秋歌——社区教育文艺成果展演"优秀组织奖。

组织开展全国社区教育示范街道(乡镇)申报与评审。为认真执行《教育部等九部门关于进一步推进社区教育发展的意见》的任务要求,不断推动街镇更加重视社区教育,扎实推进社区教育内涵发展,有效提高社区教育整体水平,持续改善社区教育惠民实效,根据中成协社区教育专业委员会《关于申报全国社区教育示范街道(乡镇)的通知》的工作要点与部署,我省继续组织开展了全国社区教育示范街道(乡镇)申报与评审工作。全省共推荐了 53 家单位上报中成协,经中成协组织专家评选与实地抽查,我省共有 45 家荣获全国社区教育示范街道(乡镇)称号。据悉,这是全国一次性通过最多的省份。今年,全国共有 218 家获得此殊荣,江苏一省就占了 20.6%,这是对我省社区教育的肯定与鞭策。

2018 年

为认真总结成人教育改革发展40年经验,在新的历史起点上,开启新征程。省成协隆重举行纪念江苏成人教育改革发展40年活动。

江苏的成人教育与改革开放40年相同步,紧密结合经济建设和社会发展需求,对人才培养和智力支撑作出了重要贡献。江苏成人教育40年的发展,大致经历了拨乱反正与恢复发展阶段(1978—1986);改革与发展阶段(1987—1998);调整与深化阶段(1999—2008);转型与创新阶段(2009—2018)四个阶段。40年的发展过程,高标准完成了扫除青壮年文盲重任,带领农民科技致富奔小康;职工教育迅猛发展,职工素质得到极大提高;成人高等教育走出了人才培养新路,培养了大批社会急需的实用型人才;民办教育事业跨越发展,成为成人教育不可或缺的补充;社区教育蓬勃发展,充满了生机与活力;老年教育事业如日之升,老年大学如雨后春笋。

在认真学习习近平总书记在"庆祝改革开放40周年大会"重要讲话,深入贯彻落实全国教育大会精神,探讨新时代继续教育发展方向之际,江苏省成人教育协会于2018年12月21日,在南京双门楼宾馆隆重召开了新时代成人教育改革发展研讨会。省教育厅、经信委、农业农村厅等领导以及全省成人教育工作者350余人参加了会议。中国成人教育协会常务副会长张昭文到会致辞,省教育厅厅长葛道凯作了重要讲话。

葛厅长在讲话中指出:教育是国之大计、党之大计。成人教育是江苏教育事业的重要组成部分。长期以来,全省教育行政部门和广大成教工作者积极争取地方党委政府支持,开拓创新,积极进取,坚持以需求为导向,以服务为宗旨,以质量为根本,以创新为动力,农村成人教育取得新的成绩,社区教育继续保持全国领先地位,老年教育健康有序发展,民办非学历教育成果丰硕,内涵发展水平不断提升。在服务经济社会发展,满足人民多样化教育需求,推进终身教育体系和学习型社会建设等方面作出积极贡献。

葛厅长强调:加快我省成人教育改革发展,要以习近平新时代中国特色社会主义思想为指导,深入贯彻落实全国教育大会精神,紧紧围绕构建终身教育体系和学习型社会为目标,坚持以人为本,以改革创新为动力,以现代信息技术为支撑,广泛调动社会力量,积极创新体制机制,充分依托现有教育资源搭建终身教育"立交桥",全面提高成人教育质量与效益,不断增强全民学习能力、职业能力和创新能力,为建设人力资源强省提供支持和保障。

孙曙平会长对江苏成人教育40年发展历程做了认真总结,对四个阶段的特点和重点工作作了回顾,指出江苏成人教育改革发展40年取得的基本经验是:一是党委政府重视,统筹规划,保证了成人教育持续、快速发展;二是遵循成人教育发展规律,走符合国情省情的江苏成人教育特色发展之路;三是以阵地建设和队伍建设为抓手推动成人教育不断发展;四是适应时代需求,服务党委政府中心工作,有作为方能有地位;五是强化法制建设,完善体制机制。最后,对今后成人教育的发展方向、路径和措施提出了要求,描绘了美好的发展愿景。

大会进行了表彰和颁奖。常务副会长马良生宣读了表彰决定:表彰了从事成人教育工作40年、30年及20年突出贡献奖309人;表彰了江苏省成人教育"改革发展40周年40佳社教单位";表彰了纪念成人教育改革发展40年征文获奖者。

面对新时代新起点,为开启成人教育新征程,促进全民终身学习深入开展,协会还聘请了4位专家从社区教育学习共同体建设、新时代社区教育改革发展、高校继续教育转型发展等方面进行了讲座。与会者表示:本次会议是总结经验、改革创新、明确方向、鼓劲加油的大会,决心在新征程中继续奋斗,再创江苏成人教育新辉煌。

为纪念江苏成人教育改革发展40年,总结经验,宣传成果,扩大影响,激励广大成人教育工作者在新时代不忘初心,牢记使命,奋发进取,开启成人教育工作新局面,营造良好的继续教育环境,为建设学习型社会、"强富美高"新江苏做出新贡献。省成人教育协会组织编写了《江苏省成人教育改革发展40年》(以下简称《40年》),《江苏成人教育改革发展40年》是记述江苏成人教育人奋斗足迹和江苏成人教育事业创新发展轨迹的文集。《40年》上起1978年改革开放,下迄2018年6月30日。本着存史、资政的原则,力求反映江苏成人教育历史原貌和发展脉络,展现江苏成人教育改革发展40年的成就。《40年》采用板块条目体。设农村成人教育、企业职工教育、成人高等教育、广播电视大学教育(1979—2012年)、开放大学教育(2012—2017)、高等教育自学考试、社区教育、民办非学历教育和老年教育九大板块。

为做好《40年》的编写工作,协会专门成立了孙曙平、马良生为组长的项目组,组织相关人员,进行资料收集,分类整理,文稿撰写,征求意见,讨论修改,专家审定。同时选编了部分成人教育工作者的论文(经专家审定后确定40篇),并将两部分内容合编成《江苏省成人教育改革发展40年纪念文集》,在新时代成人教育改革发展研讨会上发给与会领导和各位代表。

持续推进CLC项目,召开"农村积极老龄化培训与研讨会"。9月18日,"农村积极老龄化培训与研讨会"在江苏张家港保税区(金港镇)顺利召开。教育部职成司城乡社会教育处副处长蔡妍、联合国教科文组织中国全委会教育处处长遇晓萍、联合国教科文组织驻华代表处项目助理赵天鹇、中国成人教育协会常务副会长谢国东,以及来自全国各地CLC老年教育项目组的专家、学者、各子项目点负责人及广大老年教育工作者150余人参加了本次研讨会。省成协常务副会长马良生主持会议开幕式并作"积极应对老龄化"专题讲座。苏州终身教育学会被确定为"城市社区学习中心CLC能力建设"总项目组,同时作为CLC农村社区学习中心《通过老年教育提升老年生存能力》项目负责单位,研讨会安排了专家报告、经验交流、汇报展示、小组讨论、实地考察等环节。

2019 年

喜迎70华诞,系统联动,以社区教育文艺成果歌颂祖国。2019年是新中国成立70周年的大庆之年,为弘扬伟大祖国的辉煌成就,省成协分别举办了《"美韵秋歌"——社区教育文艺成果展演》和《我和我的祖国·2019年江苏省摄影大展》

《"美韵秋歌"——社区教育文艺成果展演》活动于9月13日在无锡教育电视台演播大厅隆重举行。江苏省成人教育协会孙曙平会长、江苏省成人教育协会常务副会长兼秘书长马良生、江苏省教育厅语言文字与继续教育处处长沈晓冬、江苏省成人教育协会副会长、江苏开放大学副校长张益彬,以及省内11个设区市成协的有关领导、演职人员、基层社区文艺骨干和老年大学学员代表等近800人参加了活动。展演从全省报送的63个节目中遴选出16个精品节目,节目分别来自9个社区教育中心、4所老年大学和3所院校,体现出全省社区教育文艺工作的艺术水准,富有艺术感染力和能量表现力,为全省社区居民带来了一场难忘的文艺盛宴,用社区教育成果的艺术形式向建国70周年献上了一份厚礼。

本次活动还评选出10个"优秀组织奖"、13个"精品节目奖"和1个"突出贡献奖",郑青副秘书长就本次活动接受了无锡教育电视台的专访,当天演出盛况和专访视频在无锡电视台教育频道进行了宣传报道。全程演出盛况已被刻录成光盘并将发送至各个市成协、演出单位及相关部门。

《我和我的祖国·2019年江苏省摄影大展》紧紧围绕庆祝中华人民共和国成立70周年这一主线,深入贯彻落实习近平新时代中国特色社会主义思想,以"个人"与"社区""国家"的关系为视角,用影像生动展现70年来新中国从站起来、富起来到强起来的伟大飞跃,大力弘扬爱国主义精神,繁荣社区文化,唱响礼赞新中国、奋进新时代的昂扬旋律,用摄影作品表达人民群众对祖国的赤子之情。

2020 年

发挥通讯员队伍作用,唱响"抗疫"主旋律。为宣扬防控战疫过程中涌现出来的好人好事,协会下发了《关于切实做好抗击新型冠状病毒肺炎感染疫情宣传报道的通知》(省成协〔2020〕2 号),要求省成协通讯员在各地挖掘发现典型,对涌现出甘于奉献、大爱无疆的感人事迹、非常时期的特殊举措和先进典型案例,积极撰写新闻报道稿,宣传抗击新型冠状病毒过程中感人事迹,报道在非常时期涌现出的优秀社区教育项目活动。同时,要求通讯员提供、收集当地为抗疫前线最美的新闻图片。这些材料省成协均及时在公众号专栏报道。

在此次疫情防控中,广大基层社区教育工作者在义无反顾坚守各社区隔离点、医院等抗疫一线的同时,用手中的纸笔、镜头讲好抗疫故事,积极收集、整理新闻素材,撰写新闻报道并向省成协公众号投稿,至 2020 年 6 月 10 日,省成协共收到稿件 425 篇,报道宣传了抗击新型冠状病毒肺炎的感人事迹,在非常时期涌现的优秀社区教育项目活动,展示了本地区抗击新型冠状病毒肺炎的典型案例和事迹。

为表彰先进、弘扬典范、鼓舞斗志,省成协对南京市栖霞区栖霞街道社区教育中心等 20 个疫情防控宣传先进工作单位予以表彰。

"我和我的祖国"摄影展现社区居民爱国心。为庆祝中华人民共和国成立 70 周年,大力弘扬爱国主义精神,繁荣社区文化,唱响礼赞新中国、奋进新时代的昂扬旋律,根据江苏省成人教育协会于 2019 年 12 月下发的《关于举办"我和我的祖国"摄影大展的征稿通知》(省成协〔2019〕40 号)文件精神,各市成协进行广泛组织发动,对照条件、按程序积极推荐,2020 年初,共收到相关作品 288 篇。在疫情期间,成协成立了"我和我的祖国"摄影大展的专家组,经专家评审,共遴选出《70 华诞》等 10 幅金奖作品;《赤子之歌》等 17 幅银奖作品;《青春圆舞曲》30 幅铜奖作品;

《唱响红歌砥砺前行》等38幅优秀奖作品;镇江市职业教育和成人教育学会等三家单位获得优秀组织奖。

所表彰的作品,都紧紧围绕庆祝中华人民共和国成立70周年这一主线,深入贯彻落实习近平新时代中国特色社会主义思想,以"个人"与"社区""国家"的关系为视角,用文艺的形式生动展现70年来新中国从站起来、富起来到强起来的伟大飞跃,生动展现了在中国共产党领导下国家、家乡取得的辉煌成就,生动展现了全省人民为追求幸福生活而努力奋斗的精神风貌,生动展现了全省社区教育工作者积极工作及社区百姓勤奋好学的精神风貌,用摄影作品表达了人民群众对祖国的赤子之情。由于疫情这个特殊原因,本次摄影展的获奖作品在"江苏省成人教育协会"微信公众号上进行了连续展播。

八、协会学习考察

2016 年

（1）组织部分成人（社区）教育中心校负责人赴福州参加"闽台社会治理创新智库论坛"。由福建省全民终身教育促进会等单位联合在福州共同举办"第三届 6·18 闽台社会治理创新智库论坛"，论坛的主题为"发展社会企业，促进乡村社会创新"。为了更好地探讨社会企业的理论和实践，进一步促进社会企业与乡村建设的结合，协会组织了 42 位成人（社区）教育中心校负责人赴福州参加"闽台社会治理创新智库论坛"。

本次论坛，分别听取了浙江大学苗青教授和台湾地区的静宜大学岑淑筱教授演讲，他们的演讲主题分别是"迎接社会企业的七色彩虹"和"善心良意的实践：社会企业的商业模式"。同时还参访金翼之家，观看了专题片，听取了"凤亭村整村推进社会创新试验规划"介绍，参访了霞浦乡村成人中心学校。

（2）组织参加社区教育工作者（长三角地区）专题研讨班。为提升教育行政部门、社区学院（校）有关负责同志的社区教育发展理念、管理水平和专业能力，华东师范大学根据上海、浙江、江苏等长三角地区社区教育的成功实践案例和研究成果，针对资源整合的实践与创新开发了针对性的专题研讨班。根据本次培训活动的相关要求，结合我省各地区社区教育工作的现状,由孙会长带队,安排南京教育局、苏州市教育局等单位15人参加培训班。此次培训以区域资源整合为主题,通过江、浙、沪实地体验学习,亲历相关案例缘起、创意、孵化和运作的历程,探究其资源整合中的既有模式、创新思路和可行方法,通过与行政、管理、实践等不同角色的深入交流,探讨难点问题、突破路径和可借鉴经验。通过学习,让学员能够充分领会和把握社区教育中资源整合的规律,深入挖掘资源整合工作在社区教育工作中的方法和路径,进一步拓展视野、更新观念,促进各地社区教育资源整合的经验交流和策略开发,以整合促融合。为学员工作的进一步创新和突破提供专业支持。

2017 年

(1) 探讨交流,求经河北。近年来,河北省出台了《河北省终身教育促进条例》《河北省社区教育三年行动计划》(2016年至2018年)等文件。为借鉴他们在推动全民学习终身学习,深化成人继续教育领域综合改革等方面发展模式和运行机制,省成协组织了37位会员于6月22日至25日,赴河北师范大学参加江苏、河北省成人教育协会、河北省社区教育指导中心共同举办的"社区教育培训交流会",两地参会人员共计50余人。培训交流会期间,江苏代表实地考察了河北师大、宁安街道日间照料中心及全国农村成人教育先进学校温仁镇成人学校。并分别聆听他们整合社区教育资源,满足当地社区居民学习需求的先进经验和成功做法。通过交流考察,既开阔了工作思路,增进了与河北同行们的合作与交流,又收获了河北省开展终身教育和社区教育先进理念。

(2) 社教游学,问道成都。游学项目,在成都各地如火如荼般开展,在全国也久负盛名。7月22日至7月27日,协会组织全省部分社区教育工作者到四川成都市考察学习社区教育工作的开展情况。考察团在成都社区大学参观了市民学习体验馆、生态菜园等,听取成都开放大学唐主任介绍成都市社区教育开展情况和《成都市社区教育促进条例》这一地方法规出台背景和实施情况,并与之进行交流。在都江堰,听取该市社区教育经验介绍,到社区教育游学体验基地"茶溪谷"体验学习,并参观大观镇社区学校、大观镇欣禾社区和安龙镇盆景艺术游学基地。通过参访与游学,大家感受到成都社区教育人用不同的方式给江苏的会员展示了精彩纷呈的"以社区善学促进社区善治"的"成都表达",大家感受到了社区教育游学项目的"核心价值"与"根本路径"。

(3) 海峡峰会,创新理念。12月4日,以"新时代加快学习型社会建设与社区治理创新"为主题的"第十四届海峡两岸终身学习峰会"在苏州工业园区成功举办。此次峰会由省成协、苏州市终身教育学会、福建省全民终身教育促进会、台湾地区成人及终身教育学会主办。峰会聚集了台湾、福建、江苏、上海、苏州的知名学者和从事终身教育、社区教育的管理者和一线工作者近200人。峰会中专家们围绕终身学习、社区治理、学习型社会等主题先后作专题演讲,从多种角度介绍社区教育发展及学习型城市建设经验。峰会上,江苏与福建、台湾签署终身教育合作联盟,联盟的成立将进一步推动我省终身教育发展及学习型城市的建设。

2018 年

(1) 组团赴台湾考察。应台湾地区成人及终身教育学会的邀请,经省台办、省教育厅批准,省成协组团一行19人于2018年6月24日至6月30日在台进行了为期7天的考察、学习和交流。分别对云林县义峰职业高中、台东大学、台东社区大学、花莲慈济大学、空中大学等学校和教育机构进行了参访,重点对终身教育的法制建设、终身教育理念下的学习型城市建设、乐龄教育、社区大学教育、志工队伍建设、学分转换认证的主题理念和做法等方面进行调查研究,形成了调研报告并按时向省台办和省教育厅上交了调研报告。报告认真总结了调研的收获,从加快终身教育立法,推进社会教育依法持续发展;社会教育需要更多的专业化、高素质的教师队伍建设;以行政推动和市场参与等多种方式推进社区教育体制机制创新;面对人口老龄化,发挥终身学习的作用,让老年人生活品质得到进一步提升;发挥学习型团队和民间组织的活力,社区教育融入社区治理;以项目为抓手,加强苏台两地社区教育之间的更加广泛和深入的交流等方面,为我省社区教育发展提出了积极的建议。调研报告内容详实全面,分析研究深入,建议具体并具有针对性,受到省台办和省教育厅的高度认可。

(2) 考察大庆市学习型城市建设。为进一步加强区域成人教育合作交流,高质量发展成人继续教育,扎实推进学习型城市建设,深入实施乡村振兴战略,省成人教育协会于6月8日至6月13日组织会员单位代表共43人,先后重点学习考察了大庆市学习型城市建设和齐齐哈尔市工程学院成人教育及甘南县职教中心新型职业农民培养的经验和做法。通过学习考察,深切地感受到了大庆市、齐齐哈尔市围绕社会经济发展,以铁人精神面对挑战,推动学习型城市建设,强化新型职业农民教育培训,推进美丽乡村建设,促进城乡社会教育创新发展的新理念、新思路、新作为和新经验。团员们一致认为,这次学习考察活动安排得很及时,开阔了视野,学到了真经,是一次满载收获之行。

(3) 赴福建合作交流。2018年6月19日,省成协组织了近40名团体会员单位赴福建省参加"共推乡村振兴,共创美好生活第五届6·18闽台社会治理创新智库论坛",学习培训、专题研讨和合作交流。大家听取了专家的"乡村振兴的文化底蕴从哪里来""乐龄学堂促进健康养老,助推乡村振兴"等10个专题报告。并参观考察了三明市沙县、马尾区社区教育现场。大家深切体会到:福建省终身教育走在全国前列,并在领跑终身教育方面做了许多开创性和创新性工作。特别是在深化两岸终身教育学术和实务交流合作中,创建了两岸终身教育共同体,开办了终身教育大讲堂、终身教育学院、闽台共建小康村等系列品牌项目,引起很好的启发和思考。

2019 年

（1）到贵州和重庆参观学习交流。为学习借鉴兄弟省市开展社区教育的好模式、好经验，在 2019 年的 5 月和 9 月先后两批组织会员单位前往贵州和重庆参观学习交流。

贵州的考察正值 2019 中国国际大数据产业博览会在贵阳召开，结合大数据产业发展特色，考察团走进数博会，先后考察了云上贵州双创中心、贵州大数据产业园。利用大数据提供防汛抗旱的项目"东方祥云"与提供制造业与互联网融合的创新区块链企业让参会人员感受到了信息化、智能化时代发展的惊人速度，也感受到了大数据在民生特别是在社区治理，社区矫正方面的应用。听取了贵州理工学院大数据学院大数据教研室主任、瑞典耶夫勒大学访问学者杨剑锋教授以"贵州省大数据产业发展概况"为题介绍从大数据政策到大数据与民生服务、乡村振兴、社会治理深度融合的贵州实践。

重庆考察组在渝中区和九龙坡区考察，学习考察的主要内容包括：重庆市社区教育发展现状与管理模式，渝中区和九龙坡县社区教育、老年教育品牌的培育与打造，高校继续教育的转型与推进学习型社会建设的构建，参观老年大学、社区市民学校及爱国主义教育基地等。重庆市社区教育服务指导中心副主任邓学红、渝中区社区教育学院院长张静、老干部局局长包海燕等人作专题报告，介绍了重庆社区教育和老年教育的创新和成效，使我们深受启发。

（2）接待来访。5 月 7 日至 8 日，我们还接待了北京市成人教育学会代表团来江苏考察。双方就如何准确把握协会的作用，增强做好协会工作的使命感和责任感，突破制约协会发展的瓶颈，把握协会工作的特点和规律，激发协会活力，增强协会凝聚力，提高协会贡献度以及做好换届工作方面进行了深入探讨。

九、协会机构调研

关于我省基层成协组织及相关工作内容的调研考察报告
——基层协会组织调研考察项目组

（2017 年 11 月）

为系统了解我省基层成人教育协会工作现状和存在问题，进一步明确协会的地位作用，提出协会发展的政策建议，加快协会的培育和提高，项目组 2017 年根据江苏省成人教育协会《关于我省基层协会组织及相关内容的调研考察》的要求，认真制定了调研考察方案，采用问卷调查和实地考察的方法进行工作。2017 年 8 月 31 日，项目组向全省各市成人教育协（学）会下发了《成人教育协（学）会基本情况表》，进行问卷调查。按照省成协 2017 年 19 号文件"关于确定承担省成协 2017 年调研考察项目牵头单位的通知"精神，省成协常务副会长马良生等项目组成员，于 9 月 19 日、11 月 1 日、11 月 2 日和 11 月 7 日先后赴常州市、南通市、扬州市、南京市对基层成协组织及相关工作内容进行了实地调研考察。通过对问卷调查（全部回收）的分析，结合实地调研考察的情况，对全省成教协（学）会基层组织的现状、主要工作成效和存在问题有了基本的了解，提出了推进基层成协发展的对策和建议。现报告如下：

一、全省基层成协组织的基本情况（见附表1、附表2）

全省13个设区市教育局除了扬州市、泰州市外，都先后成立了市级成人教育协（学）会组织，名称不一。其中，南京为"成人教育学会"，苏州、常州为"终身教育学会"，徐州、盐城为"职业教育与社会教育学会"，宿迁为"职业教育与成人教育协会"，其余7家为"成人教育协会"。各市成协是基层各类成人教育团体和成人教育工作者自愿组成的群众性、学术性社会团体，是非营利性社会组织。其主管部门都是当地教育局，并接受当地社科联和民政部门的业务指导和监督管理。各市成协的会长人选不一：南京市成人教育学会由市教育局副局长潘东标担任会长；常州市终身教育学会由市教育局机关工委书记陈海军担任会长；宿迁市成人教育协会会长由市教育局副局长欧阳超英兼任；南通市协会由南通开放大学张建锋书记担任会长；淮安市会长由淮安开放大学黄少基书记担任；无锡市、连云港市、盐城市职业与社会教育学会会长由市教育局分管成人教育的副局长退休后担任；还有的是市教育局职社处相关领导兼任。各市协会都设秘书处或办公室对外开展工作，成协专职人员配备多数是1至5人，有的是聘用行政部门从事成人教育工作退休后的人员，有的是向社会招聘成人教育专业的大学生、研究生。也有的市成协没有专门人员，具体工作由市教育局职社部门相关在职人员兼任。

各市成协办公条件逐年完善，盐城市、宿迁市、镇江市协会办公地点设在市教育局办公大院内，南京市、无锡市、南通市、常州市办公地点设在当地开放大学办公楼内，办公室一般1至3间。各市成协基本没有固定的经费来源，大多采取活动由教育主管部门报销为主，有的通过接受政府相关委托项目，获取一定的经费补助，只有常州市终身教育学会收取了少量会费为补充。各市成协还设有一定数量的专委会。如南京市成人教育学会就成立了社区教育专业委员会、妇女教育专业委员会、职工教育专业委员会、农村教育专业委员会、学术研究专业委员会5个专业委员会。南通市成人教育协会就成立了社区教育专业委员会、老年教育专业委员会、开放大学及继续教育专业委员会和国际交流专业委员会

4个专业委员会。

二、全省基层成协组织的主要工作及成效

各市成协自觉按照国家对社团的有关法规和协会章程,坚持服务宗旨,团结和组织协会成员,积极履行职能,开拓进取,勤奋工作,围绕行政部门中心工作确定目标任务,整合成人教育资源,积极开展对基层会员单位工作的指导,加强信息调研,组织业务培训,开展学术研究,为成人教育工作者和成人学习者服务,为推动全省成人教育改革和发展,为建设社会主义新农村发挥了积极的作用。

1. 积极组织开展全民终身学习活动周活动

终身教育和终身学习是当今国际社会发展的重要趋势,"建设全民学习、终身学习的学习型社会"是党和国家的重要战略任务。各市成协始终致力于将全民终身学习活动周活动打造成推动全民终身学习的重要载体,打造成推进终身教育体系建设和学习型社会建设的重要品牌,精心组织、周密策划每年的活动周开幕式。活动周开幕式既是对过去一年推动全民终身学习工作的总结,又是对下一年工作的再布置、再推动。无论是承办国家、省级终身学习活动周开幕式,还是本市活动周开幕式活动或者指导参与会员单位的开幕式活动,各市成协都不断寻求多样化的全民终身学习新载体、新平台、新办法、新途径,把开幕式办成再鼓劲、再加油、再造势的活动,年年有新意、届届有特色,在当地产生了广泛而持续的社会影响。把贯彻终身学习理念和学习型城市建设不断推向新高度,营造了全民学习、终身学习的良好氛围。

一 成协工作的实践与研究

附表 1　全省成人教育协会（学会）各市会长、秘书长、联系人及办公地址总表

协会名称	会长	现任职务	秘书长	现任职务	联系人	电话	办公地址	邮编
南京市成人教育学会	潘东标	副局长	黄子亮	处长	刘茂泉	13951954569	南京市游府西街46号0616室	210004
无锡市成人教育协会	张志新				刘霞芳	15365239359	无锡市学前街27号812室	214000
徐州市职业教育与社会教育学会	张建勋				李尼位	13852090968	徐州市湖北路68号311室	221100
常州市终身教育学会	陈海军	书记（市机关工委）	王中	处长	陈莺	13961291763	常州市钟楼区劳动西路256室	213000
苏州市终身教育学会	张可伟	处长	屠家洵	副处长	蒋根兴	13862118872	苏州市吴中区木渎文昌路31号	215128
南通市成人教育协会	张建锋	书记（开放大学）	李俊华	处长	李俊华	13814600899	南通市中远路169号	226006
连云港市成人教育协会	郑波	院长（开放大学）	韩洪友		李和	15961398258	连云港市苍梧路23号310室	222006
淮安市成人教育协会	黄少基	书记（开放大学）	孙智敏		孙智敏	18912088866	淮安市清江浦区明远路	223002
盐城市职业教育与社会教育学会	郑英骅	书记（高专）	昉艾磊	处长	成浩	17351558683	盐城市平安路2号710室	224001
镇江市成人教育协会	赵玨		林雨生	处长	刘娟	13775368596	镇江市健康路15号	212000
宿迁市职业教育与成人教育协会	欧阳超英	副局长	张用录	处长	李凤英	13951362768	宿迁市太湖路261号	223800
扬州市成人教育协会	—	—	—	—	—	—	—	—
泰州市成人教育协会	—	—	—	—	—	—	—	—

128

附表2　全省成人教育协会(学会)基本情况汇总表

协会名称	会员数量 单位会员	会员数量 个人会员	会长 领导兼任	会长 专职	副会长数	秘书长 专职	秘书长 兼职	工作人员 专职	工作人员 兼职	分支机构数	办公场所 间	办公场所 面积 m²	经费来源 拨款	经费来源 会费	经费来源 自筹	自办刊物	是否按时换届	是否正常活动
南京市成人教育学会	112		1		5	1	1	3	3	5	3					季刊	按时	正常
无锡市成人教育协会	99			1	3	1		2	4	3	2					一期	按时	正常
徐州市职业教育与社会教育学会	79			1		1		1										
常州市终身教育学会		226	1		5		1		4	6	2					季刊	按时	正常
苏州市终身教育学会	134	9	1		10			4		3	2						按时	正常
南通市成人教育协会	40	1 000	1		5		1	12	8	3	5						不定期	
连云港市成人教育协会			1		3													
淮安市成人教育协会	5	15		1	3	1		5	5									

129

一 成协工作的实践与研究

(续表)

协会名称	会员数量 单位会员	会员数量 个人会员	会长 领导兼任	会长 专职	副会长数	秘书长 专职	秘书长 兼职	工作人员 专职	工作人员 兼职	分支机构数	办公场所 间	办公场所 面积M2	经费来源 拨款	经费来源 会费	经费来源 自筹	自办刊物	是否按时换届	是否正常活动
盐城市职业教育与社会教育学会	117	261		1	2			2									按时	正常
镇江市成人教育协会	70		1					3									按时	正常
宿迁市职业教育与成人教育协会	47	104	1		2		1		13								按时	正常
扬州市成人教育协会	—	—	—	—	—	—	—	—	—	—	—	—	—	—	—	—	—	—
泰州市成人教育协会	—	—	—	—	—	—	—	—	—	—	—	—	—	—	—	—	—	—

130

2. 当好教育主管部门的助手和参谋

（1）协助配合教育行政部门，紧紧围绕成人教育、社区教育、老年教育、终身教育的重点、热点、难点问题，开展调查研究，向教育部门和有关政府行政部门提出工作或政策建议。南京市成人教育学会于2015年至2016年，开展了《终身教育促进条例》立法调研及课题研究工作。各市成协也主动配合当地教育行政部门参与省社区教育示范区建设，建设规范化社区学院，创建省、市标准化街道（镇）社区教育中心及提升工程项目等工作。较好地发挥了参谋助手作用，在当地产生了广泛而持续的社会影响。苏州市终身教育学会紧紧围绕《国家中长期教育改革和发展规划纲要（2010—2020年）》中"构建灵活开放的终身教育体系，基本形成学习型社会"的战略目标，以全新面貌开启新的工作，快速建立了学会的网络宣传平台和微信公众平台，加强学会信息化建设，宣传终身教育学习理念，提升学会社会影响力。无锡市成协还采取购买服务的方式，为市教育局行政工作服务，并获得经费的支持。淮安市成人教育协会主动配合协助行政部门，加强社会教育机构的规范管理，起草淮安市民办非学历教育机构评估细则；指导各民办教育机构完成自查，接受民办教育机构年检申请材料；开展年检、等级评估和信用信息归集等工作；聘请专家，协助教育行政部门组织开展了社会教育培训机构的年检工作，对被检单位下发规范办学工作的指导意见书，公布年度检查合格民办教育机构名单；组织相关人员，常年不定期到现场检查培训机构的规范办学情况。新一届协会领导，将努力适应形势发展对社团组织建设提出的新要求，着力加强自身建设。

（2）接受教育部门的委托，组织专家和经验丰富的管理干部对会员单位开展咨询服务。徐州市成人教育协会受行政部门委托，组织专家，加强社区教育基础能力建设，指导县区社区培训学院工作，重点帮助各社区教育中心策划培训特色项目，打造培训品牌，逐步形成社区教育"一镇一特色"、"一乡一品牌"。不断提高社区学院的规范化水平。在推进数字化学习社区建设中，徐州成协认真学习和贯彻《成人教育培训服务三项国家标准》,以县区社区培训学院和各社区教育中心网站为依托,积极建立数字化学习网站,至2016年先后开发100种以上针对不同人群需求的网络课程(课件)资源,初步形成了社区教育课程特色。《江苏社会教育》、"江苏学习在线"和徐州各新闻媒体分别介绍了徐州社区教育工作的新进展、新亮点和特色、经验成果等。连云港市成人教育协会积极主动配合教育行政部门,引领指导各级社区教育机构开展工作,配合社区需求,协调各类资源统筹整合力度,逐步理顺社区教育四级管理网络体制与机制,畅通开展社区教育工作有效渠道。同时,建立了一支高素质、专兼结合的师资队伍;广开渠道吸纳社会各界人士加入志愿者队伍,不断增强社会教育工作者的影响力、知晓度和美誉度。

3. 加强会员单位成人教育工作者专业培训

各市成协举办的成人教育专业培训主要有三类。一类是国家形势政策方面的理论学习,如"供给侧改革与江苏'十三五'经济发展战略""提高江苏农业科技竞争力""建设和谐社会与精神文明建设"等,使参训者从宏观层面、全局视野,了解社会发展的形势及其走向。一类是成人教育发展趋势方面的,如"成人教育改革发展及成人教育的地位与作用""成人教育发展与和谐社会建设""终身学习与创建学习型城市"等,让参训者了解成人教育发展的全貌及改革发展的理念、重点。另一类是适时开展社区教育工作者岗位培训,如"开发社区教育的课程和教材开发、项目和品牌建设等培训",也有的采取年会、研讨、培训、考察相结合的方法,适应需求,注重实效。努力把协会办成人教育工作者的精神家园和加油站。淮安市成人教育协会积极协助组织全市社区教育工作者培训,实施面向不同群体的"菜单式"培训;制定并实施"全民阅读计划",推进"书香淮安、人文淮安"建设;协同各有关部门,指导各县(区)开展多种形式的社区教育活动。宿迁市职成教育学会围绕创建省级社区教育中心、市级社区教育中心、省高水平农科教结合富民示范基地,聘用专家学者,开展国家级社区教育实验区实施情况、省级社区教育中心建设情况调研，制定县域社会教育工作评价标准；征集社区教育实践创新工作项目案例。调研退伍军人、返乡农民工培训情况。调研农科教结合示范基地。为行政部门提供决策依据献计献策。

4. 整合资源，为基层会员单位培训工作提供服务

各市成协积极整合多方资源，及时帮助会员单位解决教育培训活动中遇到的问题和困难。如，南京市成人教育学会农村教育专业委员会依托教育局组建"农科教讲师团"开展工作，围绕"促就业、助致富"培训工程要求，在各区县教育局和街道（镇）成人中心校的支持下，按照"农民出菜单，街镇成校编菜单，区县教育局汇总单，讲师团接单，政府买单"的工作流程，深入南京各街镇和居民学校，为农民致富培训提供师资。农科教讲师团具备深厚的理论基础和较高的生产实践水平，熟悉南京地区农业发展的现状和趋势。十六年来，讲师团落实每位专家开展一项课题研究、推广一项重点技术、落实一个联系点（企业、农户、项目等）、发表一篇专业技术文章、争取获得一项科技成果制度，持之以恒的坚持免费给农民进行新技术培训和技术服务，真正实现农业、科技、教育部门的深度融，2011年被江苏省十一个部委评为三下乡先进集体，2016年被评为全国特别受百姓喜爱的终身学习品牌。淮安市成协也制定并实施"全民阅读计划"，推进"书香淮安、人文淮安"建设，并会同各有关部门，指导各县（区）开展多种形式的社区教育活动。苏州市终身教育学会积极参与苏州市"学在苏州"云平台课程建设，编写精品案例汇编，推进课程开发，在提升社区教育各类课程建设中发挥引领作用。南通市成人教育协会在大力推进学习型社会建设中，打造了"老年教育工程""非遗进社区、文化有传承工程""万名青年志愿者服务社区教育工程""全民阅读进社区工程""名人名师工作室进社区工程""社区教育体验中心建设工程""全民终身学习活动工程""非学历教育规模扩大工程"8大工程，各项活动的开展有声有色，协会的能力和活力有了极大增强。镇江市成人教育协会整合职教学会和成人教育协会资源，合并组建"镇江市职业教育和成人教育学会"，协助行政部门研究制定"学习型城市建设指导意见"，组织开

展"书香镇江"建设各项活动,结合镇江教育云平台上线,推动学习型网站的资源扩容。镇江成协把协助开展省级以上社区教育示范区、标准化社区教育中心、居民学校、市教育现代化先进社区教育中心等项目的创建作为常态化工作,推进社区教育讲师团建设,开展农村妇女"网上行"培训、面向农村的实用技术培训、新型持证农民和劳动力转移等培训活动,健全退役士兵培训质量考核办法。研究学分银行的实施,启动各级开放大学学习点的布点工作。推动镇(街道)组建社区教育综合体,引导社区内企业、学校、机关单位和各类组织加入综合体,共同推进综合体内社区教育活动的开展。

5. 开展理论研究,助推成人教育内涵发展

开展学术研究活动,提升内涵发展水平是协会的生命力所在。各市成协通过定期下发课题研究指南和实验项目评选、品牌培塑等形式,引领会员单位走内涵发展之路。如,常州市成协每年坚持做好常州社区教育科研课题的组织申报、中期检查和结题鉴定工作,并根据课题完成质量进行评优活动,以课题研究服务行政决策,以实践调研指导基层实践,以论文评审奖励引导一线科研工作的持续开展,以更好地引领和推动工作实践的创新发展。在抓好重点课题的研究中,丁伟明局长主持的《生态学视角下终身教育共同体建设研究——以常州为例》课题目前已发表论文10多篇,得到了华东师范大学叶澜教授的充分肯定。在第九届、第十届全国成人教育优秀科研成果评选中,课题论文共获得二等奖4个,三等奖7个。浓厚的终身教育理论氛围,主题鲜明、立意深远,体现了时代性与先进性的高度统一。他们取得的经验和做法,得到原教育部鲁昕副部长的充分肯定。盐城市职业教育与社会教育学会紧紧围绕国家和省、市中长期教育改革与发展规划纲要,围绕本市职社教育改革发展中的热点、难点问题,持续推进职社教育理论研究和实践探索;组织各有关专业委员会会员单位申报省职教学会2015—2016年度课题,对立项的课题进行跟踪督查和服务;学会在做好省级课题跟踪服务的基础上,着手开展市级社会教育类论文、课题的筛选和立项工作。多形式推广职社

教育改革实践中的新经验、新成果。镇江市成人教育协会注重加强对社区教育理论和实践研究,重点开展运行保障机制、师资队伍建设、学习模式创新、各类教育培训衔接融通、社会机构作用发挥等方面的理论研究和实践探索,以举办论坛、承接课题研究和特色教材评审为抓手指导社区教育实践,提升社区教育层次。

各市成协积极推动和组织与全国各地区和境外成人教育组织、机构的学术交流与合作。南京市成人教育学会组织了有关人员,参加了第三届闽台社会治理创新智库论坛,并考察了福建的终身教育、社区教育,收获颇丰。苏州市终身教育学会组织联合国教科文"CLC社区学习能力建设项目"研究,成果颇丰。蒋根兴秘书长还参加了亚太地区国际交流会,介绍了相关经验。

此外,南京市、无锡市、常州市、苏州市、南通市定期或不定期地编印社区教育的简报或信息动态,总结宣传推广各地社区教育的新经验、新典型、新成果、新信息。南京、常州、无锡三市成协组织都有自己的刊物,定期出版发行,宣传成人教育法律、法规和国家的方针政策,传递工作信息和各地先进工作经验,宣传成人教育、社区教育、老年教育、终身教育的意义和作用,推动社会各界关心和支持成人继续教育,成为理论研究、学术交流的重要平台。

6. 定期开展丰富多彩的学习成果评优展示活动

随着社会治理体系的改革完善,教育行政部门职能转变,各种创建、评比受到限制。各市成协充分利用协会组织的民间性和灵活性,定期开展丰富多彩的学习成果评优展示活动,开展了以表彰"百姓喜爱的终身学习活动品牌""学习之星"和"社区教育优秀志愿者"活动。每年在活动周开幕式上展示"学习之星"的微视频,不断扩大成人教育的影响,增强成人教育的吸引力和凝聚力。

三、江苏省成人教育协会功能与作用

江苏省成人教育协会于1983年3月经江苏省教育委员会(现江苏省教育厅)批准,在江苏省民政厅注册成立,是全省各类成人教育单位、部门和成人教育工作者自愿组成的群众性、学术性社会团体,是非营利性社会组织。江苏省成人教育协会办公地点在南京市鼓楼区北京西路15号省教育厅办公大院内。江苏省成人教育协会下设社区教育、开放教育、农村教育、职工教育、民办培训机构、成人高等教育、学术研究、招生考试、老年教育9个专业委员会,并明确了各自职责。

江苏省成人教育协会主要负责宣传成人教育、终身教育意义,指导并组织开展成人教育科学研究和学术交流活动,对全省成人教育管理干部和理论研究人员进行培训,为省教育厅及各市县教育行政部门的决策提供咨询和建议,组织编辑出版发行有关成人教育报刊和资料,开展对各类成人的丰富多彩的继续教育和岗位培训等工作。

多年来,江苏省成人教育协会在省教育厅的领导下,在省民政厅、省社科联的指导和关心下,在各级教育行政部门、广大会员单位和全体成人教育工作者的大力支持下,自觉按照国家对社团的有关法规和协会章程,按照协会的工作规律和特点,认真贯彻要求,紧紧围绕教育部和省教育厅的中心工作,坚持正确的政治方向,围绕中心、服务大局、服务成教、服务会员的宗旨,积极开展终身教育、社会教育、成人教育理论研究和实践探索,组织开展相关教育活动,努力加强自身建设,积极履行职能,不断提升协会的学术力、影响力和凝聚力,为"推动全民终身学习,建设学习型江苏",为推动全省的成人教育改革和发展作出了应有的贡献。协会多次被江苏省社科联评为"先进单位"和"全省优秀社团",还被中国成协评为"全国成人教育先进社团"称号。

1. 认真完成教育行政部门交办的任务

认真完成教育行政部门、中国成人教育协会交办的任务是协会工作的一大特色。2006年,为了总结和展示我省社区教育发展的最新经验和成果,接受省教育厅职业教育与社会教育处委托,组织编写《江苏省社区教育案例选》和《第五届长三角社区教育发展论坛文集》。2007年11月,"第五届长三角社区教育发展论坛"在我省举办,协会为成功举办做了实质性的准备,受到了职社处的赞誉。2006年,参加成人高教调研,草拟《省教育厅成人高教改革与发展意见》,参与远程教育开放教育评估、高校校外教学点规范办学调研,并撰写小组调研小结。2016年,组织编写了全省58篇社会主义核心价值观教育案例,并组织编印江苏全国实验区、示范区社区教育特色材料。

自2004年以来,在协助教育厅成功举办"江苏省全民终身学习活动周"中,得到了中国成协的充分肯定。曾多次获得中国成协颁发的优秀组织奖。在中国成协2017年年会上,对2016年全国全民终身学习活动周的先进单位进行了表彰,共表彰5大类520个单位,其中江苏省在三大类中有37个单位获得表彰,总获奖比例占全国为7.12%。特别值得一提的是:江苏省荣获省级"2016年全民终身学习活动周优秀组织奖"。我省共有7个设区市、29个区、县获得表彰。其中,4个设区市、9个区县获得全国"2016年全民终身学习活动周优秀组织奖"。3个设区市、20个区、县获得"2016年全民终身学习活动周成功组织奖"。

受省教育厅社会教育处委托,近几年参与省教育厅组织的"省级社区教育示范区及标准化社区教育中心"申报工作、"江苏省教育服务"三农"高水平示范基地"申报工作创建现场考核。考核结束后,认真撰写报告汇总上交省教育厅。

2. 积极开展协会自身工作

(1)建立例会制度。一是坚持每年年底召开各市成协会长、秘书长会议,由省成协向各市成协汇报年度工作和下年度工作思路,征求大家意见,集思广益,提高决策的民主性和科学性。同时,各市成协相互交流一年工作,总结成绩,针对不足,研讨对策。二是协会坚持年会制度,认真总结前一年工作,明确下一年工作思路和工作任务,并且把每年的年会开成学习贯彻落实党的重要决定(决议)、宣传党的方针、政策的会,紧密联系教育发展和成教工作实际的会,让与会代表了解事业发展趋势和成人教育的新理论、新经验、新成果,把握成人教育的工作发展方向。如2016年度工作年会,就是以五大发展理念为引领,研究分析"十三五"期间全省成人教育面临的形势任务,总结省成协2015年工作,明确"十三五"期间省成协工作改革发展思路,部署2016年工作,推动成协工作努力适应全省经济社会发展和对成人教育工作的新要求,开创成协工作改革发展新局面。这次年会出席会议的代表360多人,省有关厅局职能部门负责同志也出席会议。时任省教育厅厅长对"十三五"教育改革发展的形势和任务作了主题报告,对省成协工作提出新的要求。副厅长曹玉梅出席会议。会长孙曙平代表省成协作了年度工作报告。他要求协会工作要按照社团的工作规律和特点,创造性地开展工作,努力打造学习型、创新型、服务型协会。本次会议明确了新一届成协发展方向和目标定位,明确了各市成协及专业委员会的工作要求,一致认为:未来五年是成人教育协会改革发展的关键机遇期,要在第七届理事会的领导下,始终坚持"围绕中心、把握大局、立足服务"的工作方针,紧密围绕"积极发展继续教育、完善终身教育体系、建设学习型江苏"的中心任务,不断增强使命感和责任感,牢固树立新的教育发展理念,紧紧围绕教育行政部门的中心任务,为完善我省终身教育体系,建设学习型江苏作出新贡献。

(2) 积极开展理论研究。为更好地发挥协会智囊团和思想库作用,坚持以科研为先导,开展前瞻性、实用性研究,每个五年计划的第一年和第三年,协会都研究下发年度课题研究指南,内容包括综合性研究、农民教育、行业与企业教育、成人高等教育、社区教育、现代远程教育、重大课题和重点课题等。2016年5月,协会下发了《江苏省成人教育协会"十三五"社会教育课题研究指南》,到10月底,共收到自报课题166多项。经专家评审和公示,获准立项课题137项,其中重大课题1项,经费资助重点课题6项,经费自筹重点课题3项,一般课题127项。这些课题特别是重点课题符合当前及今后一个时期成人教育理性思考,融理论与实践结合一体的应用性要求,具有一定的科学性、前瞻性、可行性。省成协分别给予重大课题一万元经费资助;重点课题六千元经费资助;重点课题(经费自筹)相关单位应给予不低于六千元的经费资助;立项课题所在单位应给予两千元以上的经费资助。协会要求各课题主持人认真按科研工作的要求,切实做好课题研究工作,确保如期完成。为规范科研项目的管理,保持课题研究立项工作管理的规范性、严肃性,省成协向各课题负责人下发了《关于加强科研课题管理的意见》。每两年开展一次优秀论文(专著)评选,并给予一定奖励。

省成协孙曙平会长 2016 年承担教育部职成司关于社区教育体系和体制建设调研课题:江苏社区教育体系和体制建设调研报告。于 2017 年 1 月报送,受到了职成司的赞誉。同时,孙会长还承担了省教育厅第五批教育改革和发展战略性与政策性研究课题:"十三五"期间江苏统筹推进社会教育发展的政策研究。

此外,为成教工作者收集成人教育相关文件和信息,成协先后编辑印发《成教学习资料》和《社区教育学习资料》共 14 本计五百多万字,供大家学习之用。

为总结交流我省全国社区教育 28 个实验区、示范区社区教育工作内涵发展的经验,更好地宣传各实验区、示范区工作特色和经验,促进与兄弟省市相互间学习与交流,2016 年,协会征集了全省 28 个全国社区教育实验区、示范区的特色材料,并汇编成册。材料概述了各个单位主要做法、特色和亮点,具有良好的示范作用与推广价值。对推动新形势下城乡社区教育工作不断取得新进展和新成绩具有良好的启迪作用。

(3) 拓展成人教育交流平台。组织研讨、考察活动也是协会一项经常性的工作。为拓宽成教工作者的视野,汲取多方面的经验,针对基层需求,协会适时举办各种论坛和培训。每次论坛或培训都邀请教育部职成司、教育厅领导和有关专家作专题报告。每次论坛和培训内容都紧跟工作实际,有新意、有启发,对更新观念、开启思路、指导实践具有榜样启示作用。此外,针对社区教育发展中的瓶颈问题,省成协组织会员参与社区教育工作者(长三角地区)专题研讨交流活动,参加"闽台社会治理创新智库论坛",做到理论学习与实践分享相结合,取得了提升发展理念、管理水平和专业能力的目的。

为推动两岸交流,开展江苏成人教育的对外交流与合作,扩大江苏成教影响。自 1999 年以来,协会先后组织了 8 次计近 150 人成人教育管理者赴台学习考察,台湾地区也先后10次230人到江苏考察成人教育、社区教育、老年教育的经验与做法。实现了省成协与台湾地区成人及终身教育学会的互访。相互借鉴两地社区教育和终身教育的先进理念和成功经验。2016年11月26日至12月2日,省成协组织了以会长孙曙平为团长的15人赴台湾地区考察。考察内容主要是,台湾社区教育的理论和实践研究的最新成果;台湾促进社区教育发展的法规、政策;台湾社区教育中民间社团、社区自主的运作机制。考察返回后,认真撰写了考察报告,报省台湾事务办公室和省教育厅有关领导。2017年7月,在南京财经大学签订了苏台成人教育合作协议,建立了江苏台湾两地社区大学(学院)联盟,通过这个学习与研究的平台,相互交流、相互借鉴,通过互访、论坛等形式促使联盟成员间优势互补、合作共赢,帮助联盟成员突破发展瓶颈,提升社区教育水平。

(4) 加强成人教育工作的各类培训,主要是国家政治、经济、社会发展方面的理论学习、报告,如"学习十八大、十九大辅导报告""新型工业化道路与江苏'十三五'经济发展战略""科技决胜未来,提高江苏农业科技竞争力""建设和谐社会与精神文明建设"等。为及时学习贯彻党的十九大精神,深入学习并贯彻落实《中共中央、国务院关于加强和完善城乡社区治理的意见》及江苏省教育厅等11个部门《关于加快发展社区教育的实施意见》等,进一步提高全省成教条线及社区教育工作者业务素质及管理水平,在无锡市举办"全省社区教育工作者高级研修班"。使与会者从宏观层面、全局视野,了解政治、经济、社会发展的形势及其走向;在成人教育方面如"成人教育改革与发展及成人教育的地位与作用""成人教育发展与和谐社会建设""创新成人教育与建设和谐社会""终身学习与创建学习型城市"等,使成教工作者了解教育发展的全貌和成人教育改革发展的思路、重点。另外,还适时结合实际,举办校长论坛。例如:为进一步加强我省社区教育内涵建设,通过社区教育品牌建设,引领、示范和深化全省社区教育工作,为广大群众提供更加丰富的终身学习资源和学习机会,为构建终身教育体系和建设学习型社会奠定基础。在镇江举办了江苏省社区教育品牌建设项目组成员和2017年省级社区教育品牌建设单位(38家品牌项目名单见附件1)负责人的培训会。培训会主要内容:就社区教育品牌内涵建设、社区教育品牌案例编写、品牌案例专家点评要求及推进社区教育品牌建设等进行了专题辅导。在常州市举办"全省社区学院院长高级研修班",目的是提升我省社区学院院长的能力素养,进一步加强社区教育内涵建设加快社区教育信息化建设进程,提升社区教育内涵发展和整体水平。

(5)积极参与中国成人教育协会的各项工作。2016年,省成协参与中国成协的工作主要是:一是协助组织江苏全民终身学习活动周活动。认真组织评选并推荐全国"百姓学习之星""终身学习品牌项目"。二是组织申报第四批全国学习型城市建设联盟成员。中国成人教育协会2016年6月份下发了《关于推荐和组织申报第三批全国学习型城市建设联盟成员城市的通知》(中成协〔2016〕004号)后,省成协结合工作实际,积极做好组织和申报工作,目的是以"联盟"为平台,贯彻落实党和政府关于建设学习型社会的战略目标、《国家中长期教育改革和发展规划纲要》及《教育部等七部门关于推进学习型城市建设的意见》,联系、协调和组织相关城市,共同推进学习型城市建设工作,在完善终身教育体系,建设全民学习、终身学习的学习型社会进程中发挥积极作用。目前,全省先后有常州、苏州、昆山、盐城四市是全国学习型城市建设联盟成员。多年来,他们在推进学习型城市建设方面有很多有效做法,值得借鉴和推广。三是组织联合国教科文组织农村社区学习中心(CLC)项目江苏成员开展交流研讨活动。2016年3月18日,省成协在苏州市吴江汾湖高新区召开首次江苏"农村社区学习中心(CLC)能力建设项目创新发展研讨会"。南京市江宁区谷里街道社区教育中心等我省9个参加联合国教科文组织(CLC)项目点的负责同志参会并交流。研讨会上,中国成人教育协会蓝建教授对江苏各项目(CLC)实验点取得的显著成效表示充分的肯定,省成协常务副会长马良生要求各项目点进一步发挥自身优势,贴近百姓需求,积极主动开展活动,让项目惠及于民,使项目能在江苏社区教育可持续发展方面起到示范和引领作用,为建设"两聚一高"新江苏做出应有的贡献。本次会议,各项目点学校之间实现了一次零距离的沟通、交流和研讨,达到了相互学习与借鉴,促进合作、共同发展的目的。四是参加中国成人教育协会的相关会议,并多次做交流发言。2016年,先后参加了中成协年度工作会议并作大会交流发言、中成协全民终身学习活动周山东协调会议、中成协全民终身学习活动周深圳现场会议、中成协联合国教科文组织农村社区学习中心项目云南、广西、宁波会议和中成协学习型城市建设联盟上海会议。2017年,中国成协举办首届"全国美蕴秋歌——社区教育文艺成果展演",省成协推荐了《夜深沉》《沙漠玫瑰》等五个项目,均被中成协评为优秀节目,获奖比例为全国之首。

省成协的调查研究、交流信息、总结表彰、出版刊物、科研成果评审等活动的开展既是为政府的决策提供咨询和建议服务,更是为会员服务,较好地发挥了桥梁、纽带、参谋、助手作用。

四、全省基层成协组织发展中存在的问题

在调研过程中,我们发现,各市成协工作虽然各有特色,成效显著,但从总体上看,协会还不能适应成人教育改革发展和终身学习的需要。存在的主要问题有:

(1)认识不到位。协会是适应政府机构改革及职能转变、适应教育改革发展需要,适应全省成人继续教育、特别是社区教育蓬勃发展的形势和需求而成立的,是加强成人教育专业化发展的一项重要举措。有些地方领导,没有认识到协会在推动成人教育中的助手参谋、桥梁纽带、理论引领和中介服务的作用。加上社会治理改革后,各级行政部门把成协工作等同于社会中介机构,是民办组织。成协组织的学习之星、学习型家庭、学习型示范街道、社区教育示范街道和优秀社区教育志愿者等评选与创建,有的地方一律不认。这就让有些领导认为成协组织是为了安排几个老同志而成立的,可有可无。甚至觉得他们无事找事,给自己本来就繁重的工作添麻烦。在这种认识的影响下,上级成协开展的活动、组织的培训和相关评选工作他们觉得可参加也可不参加,甚至一律不准参加。同级成协组织要想开展相关活动也被劝告要少做或干脆不支持、不批准。事实上,由于机构精简,各级教育行政部门人手紧、头绪多,近年来全省成人教育工作开展、终身学习活动和学习型城市建设等,大多由各级成协组织推动。江苏省成人教育协会2016年就认真完成教育行政部门交办的任务,协办"江苏省暨南京市全民终身学习活动周",开展了"百姓学习之星"和"终身学习品牌项目"遴选活动。参与省教育厅组织的三项创建现场考核。承担省教育厅第五批教育改革和发展战略性与政策性研究课题。举办"科研能力提升"、社区教育干部社会主义核心价值观教育案例等专题研讨班,实施省成协"十三五"课题研究,编印江苏及全国社区教育特色材料,组织协会与台湾成人及终身教育学会的互访,组织首届"江苏省社会教育百强单位"评选等务实而有成效的工作。调研中,基层成人教育工作者强烈要求得到成协组织的专业引领和实际指导,呼吁以草根的力量引起各级行政部门对成人教育的重要性认识。有的区县也呼吁成立成协组织。

(2) 组织欠规范。主要表现在:一是各市成协组织名称不统一。二是有些市成协班子没配齐,没有配备专职工作人员,更没有下设专委会等分支机构,难以有效开展工作。三是制度不完善。没有分工制度,分工不明、职责不清;未按协会章程定期组织年会和换届,成协组织形同虚设。四是有的市成协经费未列入预算,会费收入少,无接受委托项目等自筹经费,活动缺乏经费保障。办公场所面积小、设施缺乏。

(3) 发展不平衡。主要表现在:一是机构建设不平衡。无锡市成人教育协会于1983年成立,是市级协会成立最早的。而扬州市、泰州市到现在都未成立成协组织,且各市成协在编制、经费、人员和办公条件等方面还有很大差距。二是工作开展不平衡。如南京、无锡、苏州、常州、南通等市成协组织都主动参与,既努力完成上级成协组织、市教育局、社科联和民政局委托的各项任务和有关工作,又深入基层成人学校指导服务,可以说年年有新意、届届有特色,不仅提升了成协组织的功能作用,也扩大了社会影响力,很好地发挥了协会的桥梁、纽带、参谋和助手作用。而有的市成协组织工作不主动、不活动、不开展正常工作,平时又很少向行政部门汇报,很难得到领导的支持;和横向的部门、单位也不联系,很难进行资源整合;对基层会员单位服务少,得不到会员单位的认同。所有这些问题,严重阻碍了成协组织的发展。

五、全省基层成协组织发展的对策建议

党的十九大提出"办好继续教育,加快建设学习型社会,大力提高国民素质"的新要求。其中,办好继续教育,离不开终身教育和全民教育,就是要建设"人人皆学、处处能学、时时可学"的学习型社会,满足人民多样化的终身学习需求。这给基层成协组织发展创造了发展的机遇。教育部等九部委关于《进一步推进社区教育发展的意见》要求"总结推广全国社区教育实验区、示范区以及各地的典型经验。重视社区教育理论研究和学科建设。坚持办好"全民终身学习活动周",深入宣传全民学习、终身学习的理念,凝聚社会共识,形成发展合力"。又给基层成协工作发展提出了具体要求。为使我省基层成协组织适应时代发展的要求,更好地服务地方经济发展,服务和谐社会建设,服务学习型社会的建成,现提出加快全省基层成协组织发展的对策建议如下:

(1) 提高认识,加大统筹力度是基层成协组织发展的前提。各级领导首先要充分认识成协工作的重要性。社会治理体系改革的基本路径是从单一到多元,社会治理方式将从以行政管理为主到以公共服务为主,社会治理手段将从单一行政干预到若干手段相结合。其中,各级成协组织作为参与社区治理的有效途径,有利于形成社会管理多中心的治理局面;其次,各级成协组织对成人教育较为专业,可提高行政部门公共服务的供给水平;第三,作为政府与社会之间的桥梁,可以提高社会整合度,加强全社会的协同合作。此外,世界发达国家都有通过成协或终身教育协会等社会组织推进成人教育取得巨大成效的范例。可以说,发展社会组织在社会管理中的重要作用是整体体系和治理能力现代化的必然要求。

建议各级政府和教育行政部门把支持、关心成协工作发展提高到提高国民素质、建设学习型社会的高度,统筹安排,全省、全市一盘棋,形成合力。不能说起来重要,做起来次要,忙起来不要。建议各级教育行政部门召开相关会议、开展相关活动尽量给成协一个位子,把成协工作与其他工作目标任务同布置、同检查、同考核。

(2)加强成协自身规范化建设,是基层成协组织发展的基础。全省各基层成协组织要在党委、政府和教育行政部门的正确领导和上级成协及民政部门的具体指导下,以全民学习、终身学习为主线,围绕中心、服务大局,进一步加强基层成协的组织建设、制度建设、队伍建设和阵地建设,努力把各基层成协建设成为组织健全、功能完善、充满活力、作用明显的基层成人教育服务组织,在组织和带领广大成人教育工作者参与经济社会建设、促进人的全面发展和建设学习型社会中发挥积极作用。

一是组织机构健全。基层成协组织名称要尽可能统一。要按照章程,采取民主选举的形式产生协会领导班子,配备专门工作人员,设立专委会等分支机构,形成专兼和志愿者组成的充满活力的成协组织机构。二是规章制度健全。要建立健全学习、活动、研究、管理等制度,制定年度工作计划和长期工作目标,健全管理台账和活动资料。三是活动设施完善。基层成协一般要有固定的办公场所和设施,做到安全实用,管理规范。四是经费保障落实。通过采取多种形式,拓宽渠道,建立完善基层成协经费保障机制,保障活动的正常开展。五是活动开展正常,职能作用明显。

(3)开拓创新、主动作为是基层成协发展的活力源泉。各基层成协必须大胆创新,努力开拓工作新局面,加强自身建设,完善服务功能,通过卓有成效的工作,真正充当起成人教育和终身学习活动中不可缺少的角色。一要主动争取领导支持。依据社团有关规定,做到规范行事。教育行政部门是协会的主管部门,协会的重大活动均应请示汇报,并主动与有关处室联系和沟通,紧贴协会功能,积极参与调研,积极开展各类活动,完善服务功能。同时,各级成协组织要经常向分管领导汇报各地推动成人教育工作的经验做法,及时向分管领导汇报推动本地成人教育工作发展的设想,每次成协组织的各类会议、培训和活动应提前向主管部门报告,征求领导意见、征得领导同意,尽可能争取领导出场,活动结束后要及时报告活动开展情况和成果。同时,还要认真主动完成政府和教育行政部门交办的各项工作任务,为政府和主管部门领导分忧,使成协工作与教育部门其他工作自然融为一体。二要强化跨界、跨级的合作意识,树立合作共进、互动共赢的理念,各级成协组织要主动与成人教育相关单位、部门和社会组织加强联系、主动沟通、资源共享、抱团发展。南京、无锡、常州和南通4家成协组织通过下设专委会等分支机构与科研院校、工会、妇联等部门、组织资源整合,为成协自身理论研究提升及会员单位各项教育活动服务,取得了明显成效。三要以课题研究、项目打造和品牌培育为抓手,推动成人教育内涵发展。各级成协组织要充分利用自身的专家、专业和信息优势,以问题为导向,组织指导课题研究工作,使当地成人教育发展处在全省、全国的前沿地位。让课题研究切实解决成人教育工作中的实际问题,自觉成为推动成人教育的重要抓手。要着力打造优秀特色成人教育培训项目,加大特色培训项目的总结提炼,使之可复制、可推广、有影响。要组织成人教育"品牌"培育,不能只重评不重育。如"百姓喜爱的终身学习品牌",应该具有相应的标准和地域特色,需要精心培育,用心培养,着力打造,要突出"百姓喜爱",这是一个长期的"品牌"培育抓手。南京市成人教育学会2015年就以2号文的形式出台了《南京市"百姓喜爱的终身学习活动品牌"培育及推进工作方案》。方案对品牌的标准、条件范围、推荐的形式及评比表彰的办法都做了详细的规定及说明。要求各会员单位从助推全市学习型城市建设、不断提升本区域社区教育内涵及市民综合素质出发,提高认识,明确思路,把此项工作纳入本地的社会教育事业发展规划之中。四要加强队伍建设。各级成协组织要树立人才意识。既要加大协会自身的人才强会工作,更要对会员单位的人才培育提供精准服务。要制定成人教育管理队伍和教师的岗位标准,加大培训力度,促进成人教育教师专业化发展。

本次调研中,还征求到对省成协工作的部分意见和建议:

① 省成协发文和组织开展活动最好有"经省教育厅或省社会教育处同意"字样。

② 省成协要进一步扩大业务范围,引领基层组织增加活力。

③ 省成协参加的教育厅"标准化社区教育中心""社区教育示范区"等相关考核要突出项目本身的工作,要把省成协工作如"品牌打造""学习之星"等内容列入考核指标,不能只看硬件,忽视软件。

十九大报告突出强调,要"实施创新驱动战略""加强和创新社会治理""加快建设学习型社会""推动建设学习大国",新时代和新思想为终身教育发展明确了战略定位,这些都与成协组织的使命息息相关。新使命新征程为学习型社会建设开辟了广阔空间,新时代社会主义现代化强国呼唤终身教育体系的构建,在构建终身教育体系的进程中需要成协组织成为引领者、领跑者。新的形势赋予成协组织新的发展机遇和新的挑战。我们相信,在省教育厅及各级教育行政部门的坚强领导下,在社会各界及会员单位的大力支持下,全省各级成协组织一定会焕发勃勃生机,为建设学习型社会贡献更大的力量。

第二篇
省厅交办任务

一、教育服务三农

教育服务"三农"高水平基地建设

自 2016 年起,省教育厅会同省农业农村厅共建教育服务"三农"高水平基地 104 个。通过"做给农民看,带着农民干,帮着农民富"的方式,帮助农民致富,助力脱贫攻坚成效显著。

省教育厅关于创建江苏省
教育服务"三农"高水平示范基地的通知

苏教社教〔2016〕3 号

各市、县(市、区)教育局、农委,各涉农高等院校、科研院所:

"十二五"时期,全省各地进一步加强农村社区教育工作,积极创建高水平农科教结合富民示范基地,广泛开展现代农民培训,大力推广农业科技成果,辐射带动农户增收致富,取得了明显成效。"十三五"时期是我省率先全面建成小康社会决胜阶段和积极探索开启基本实现现代化建设新征程的重要阶段。为进一步发挥教育功能,积极服务"三农",省教育厅、省农业委员会决定在"十三五"期间开展教育服务"三农"高水平示范基地创建工作。现将有关事项通知如下。

一、指导思想

深入学习贯彻习近平总书记重要讲话精神，自觉践行新发展理念，以"三农"发展需求为导向，以培育新型职业农民为重点，以改革创新为动力，通过创建教育服务"三农"高水平示范基地，大力实施农科教协同育人，不断提升农民综合素质、生产技术和经营能力，为发展现代农业、增加农民收入、建设"强富美高"新农村提供有力支撑。

二、主要目标

"十三五"时期，充分发挥教育、农业、科技资源优势，实施项目引领，支持乡镇社区教育中心通过基地改造、功能拓展及自建、共建、合作等方式，创建100个左右江苏省教育服务"三农"高水平示范基地。

三、重点任务

（1）发挥农科教协同育人示范作用。乡镇社区教育中心以示范基地为载体，探索与农林高校、科研机构以及地方农业、科技单位协同育人的新途径、新模式。开展农科教结合试验，集人才培训、项目试验、科教推广、信息咨询为一体，与家庭农场、专业大户、农民合作社、农业产业化龙头企业等新型农业经营主体紧密合作，以点带面，示范辐射，为广大农民提供示范，促进农业增效、农民增收。

（2）加快培育新型职业农民队伍。充分发挥基地的教育培训功能，积极开展农业生产技能培训，吸引帮助愿意投身现代农业建设的大中专学生、返乡农民工、基层农技推广人员和退伍军人等加入新型职业农民队伍。不断提高培训的针对性和有效性，培养一批生产经营型、专业技能型和社会服务型职业农民。做好新型职业农民培育与学历教育的衔接，为发展现代农业提供强有力的人力资源保障和人才支撑。

（3）大力开展创新创业培训。深入开展创新创业培训进乡村活动，对有创业要求和培训愿望、具备一定创业条件的返乡大学生、农民工、退役士兵及处于创业初期的创业者开展创业培训。积极开展"大学生村官""新型职业农民""农产品经纪人""乡村生态旅游负责人"等人员创业培训和农民上网培训。加强农村电子商务人才培养,推广"创业培训+电子商务"模式,鼓励返乡创业人员参加电子商务就业技能培训,培育一批农村电子商务经纪人。

(4)积极推动农业科技成果转化。依托农林高校、农林科研机构的科技、人才优势,集成推广现代农业技术,实行农科教、产学研结合,加快农业科技成果引进、吸收、集成和创新,为研发集成新技术,培育壮大农业新产业项目创造条件,力争把基地建设成为农业新技术成果转化的示范窗口,成为提高农业经营集约化、规模化、组织化、社会化、产业化水平的样板。

四、创建条件

(1)政府高度重视。乡镇政府统筹协调,形成统一部署、分工负责、合力推动的良好局面。制定"十三五"农科教协同育人行动计划,把新型职业农民培育纳入教育培训发展规划,基本形成新型职业农民教育培训体系;乡镇政府在政策、资金、土地流转、人员调配等方面给予支持。

(2)科技水平先进。示范基地的生产项目符合国家、省、市和当地引导扶持的农业产业化发展方向,能够推广运用先进、成熟的农业新技术、新品种、新模式和新设施等,项目科技含量较高,市场前景广阔,在本地区同行业中处于领先地位。

(3)人才队伍健全。具有一支素质优良、甘于奉献、扎根乡村、专兼结合的技术人员队伍,其中专职技术与管理人员3~5人。有相对稳定的农林院校和科研院所作为技术依托单位,常年有专家教授担任基地顾问,指导生产经营、科技推广和教育培训等工作。

(4)基地规模较大。规划布局合理,有一定的生产经营规模,农业产业化、集约化、现代化水平高。具有能满足品种试验、科技培训、生产示范、成果推广需要的试验区、示范区和辐射区,其中种植业和水产养殖业核心示范区占地面积不少于50亩,土地流转协议签3年以上;养殖类达到规模标准;农副产品加工类年产值达50万元以上。

(5)培训实效明显。运用现代信息技术手段实现精准培养培训,能够面向当地农民开展农业实用技术、经营管理等培训,基地每年至少免费培训1 000人次以上。建立电子网络公共服务平台,及时通过新媒体发布培养培训对象信息、教学资源信息及新产品、新项目、新技术等致富信息。

(6)示范作用显著。在推动当地农业结构调整和发展方式转变中发挥重要作用,积极拓展生态保护、休闲农业、文化传承等新型功能,经济效益、社会效益、生态效益明显,在当地有一定的代表性、示范性,示范带动3个新型农业经营主体,示范农户年收入递增10%以上。

(7)服务功能较强。示范基地每年能够扶持一批新型职业农民走产业化、专业化、组织化的发展道路,推动形成"一村一品""一镇一业"和产供销一体的产业链。示范基地每年至少为500名农民提供信息、技术、销售等服务。

(8)运行机制良好。以政府投入为主,多渠道筹措建设发展经费,基地具有良好的发展态势。实行标准化建设、项目化管理、市场化运作、社会化服务的运行机制,基本形成"基地+公司(专业合作组织)+农户"产业运作模式。

(9)管理科学规范。有健全的管理机构,职责清晰,要求明确,规章制度健全,检查、监督与管理机制科学规范,健全产权清晰、权责分明且可持续发展的保障体系。

(10)群众满意度高。基地创建得到当地党委政府、广大农户和社会各界的好评,农户知晓率、认同感和满意度高。

五、申报、认定及管理

(1)申报程序:由乡镇社区教育中心提出申请,经乡镇政府同意,县(市、区)教育局、农委审核,推荐至市教育局、农委,由市教育局统一报送至省教育厅。

(2)申报范围:教育部门自建、共建、合作的示范基地,以及其他具备条件的示范基地。"十二五"期间省教育厅认定的55个高水平农科教结合富民示范基地原则上不再申报,在认真总结、检查评估的基础上,合格者由省教育厅发文重新认定。

（3）论证评审：省教育厅、省农委建立项目观察员和咨询委员会制度。在各市、县（市、区）先行考察论证的基础上，每年3月1日前向省教育厅报送相关材料（今年推荐时间截止9月30日），省教育厅、省农委组织项目观察员和咨询委员会专家进行实地考察和论证评审，提出评审意见。

（4）认定批准：在论证评审的基础上，省教育厅每年发文认定20个左右江苏省教育服务"三农"高水平示范基地，并给予一定经费支持。

（5）项目管理：示范基地应在当地教育、农业部门的指导下，及时撰写基地年度绩效报告，于每年12月10日前报省教育厅。省教育厅、省农委组成联合检查组，定期或不定期对示范基地发展建设情况进行实地考察和检查评估，检查评估结果将作为调整各市次年项目的主要依据。检查评估不合格的基地，由联合检查组提出整改意见，整改不合格的，撤销称号。

（6）经费管理：各地教育部门要加强对基地专项经费的管理，省级专项经费主要用于新型职业农民培训、农业科技成果推广，不得用于基本建设。要建立完整的资金报批、使用档案，接受审计部门的审计。对于截流、挪用专项资金的，按财务规定和管理权限逐级追究责任。

省教育厅　省农业委员会
2016年7月8日

附：2016年度江苏省教育服务"三农"高水平示范基地名单
1. 南京市六合区竹镇镇无公害林果生产示范基地
2. 南京市高淳区阳江镇有机螃蟹养殖基地
3. 江阴市月城镇红专农业专业合作社（橄榄树实验基地）
4. 宜兴市张渚镇茗悦绿色果蔬种植示范基地
5. 丰县顺河镇农科教结合示范基地（奶牛养殖）
6. 邳州市车辐镇车辐山高效设施农业示范园

7. 常州市武进区洛阳镇常洛果品教育服务三农示范基地
8. 常州市金坛区朱林镇现代畜牧产业基地
9. 张家港市凤凰镇凤凰水蜜桃产业园
10. 昆山市张浦镇商秧梨业专业合作社
11. 如东县曹埠镇双羊芦笋生态种植示范基地
12. 南通市通州区十总镇禽蛋生产示范基地
13. 东海县黄川镇草莓种植示范基地
14. 连云港市赣榆区沙河镇葡萄栽培示范基地
15. 洪泽县三河镇苏淮山羊养殖示范基地
16. 金湖县塔集镇特种水产生态立体养殖示范基地
17. 盐城市大丰区草庙镇教育服务"三农"高水平示范基地
18. 宝应县泾河镇棚室西瓜种植示范基地
19. 扬州市江都区吴桥镇现代设施蔬菜示范基地
20. 句容市宝华镇仓头绿色果品稻米基地
21. 兴化市薄壳山核桃特色林果种植示范基地
22. 泗阳县盛世桃园教育服务"三农"示范基地
23. 泗洪县双沟镇富华特种水产养殖基地

2017 年

根据省教育厅、省农委《关于创建江苏省教育服务"三农"高水平示范基地的通知》与省教育厅办公室《关于做好 2017 年江苏省教育服务"三农"高水平示范基地申报工作的通知》精神要求,省成协受省教育厅的委托,于 3 月 21 日在江苏农林职业技术学院成功举办 2017 年江苏省教育服务"三农"高水平示范基地负责人培训班。来自全省的新申报单位负责人共计 45 人参加了培训。通过培训使新申报单位准确掌握了材料申报以及现场考察事项,特别是基地创建及内涵建设等方面要求,从而使申报和创建工作更加顺利进行。最终有 19 家基地被确定为 2017 年度江苏省教育服务"三农"高水平示范基地。

附件:2017年度江苏省教育服务"三农"

高水平示范基地名单

1. 南京市浦口区星甸街道赭洛山茶文化基地
2. 江阴市周庄镇雪峰农业产学研基地
3. 徐州市贾汪区汴塘镇恒之盛智能温室大棚科技示范园区
4. 丰县大沙河镇教育服务"三农"高水平示范基地
5. 常州市新北区奔牛镇润土瓜蔬教育服务"三农"示范基地
6. 溧阳市社渚镇青虾高效养殖示范基地
7. 常熟市董浜镇高效蔬菜示范基地
8. 海门工业园区优质葡萄示范基地
9. 海安县大公镇优质梨栽培示范基地
10. 东海县石梁河镇葡萄种植示范基地
11. 连云港市赣榆区金山镇教育服务"三农"有机茶生产高水平示范基地
12. 金湖县金南镇叶家湾芡实泥鳅立体种养示范基地
13. 滨海县现代农业产业园区随耕教育服务"三农"示范基地
14. 射阳县洋马镇鹤乡菊海现代农业产业园示范基地
15. 高邮市卸甲镇惠万家花卉种植示范基地
16. 仪征市枣林湾社区教育中心农科教结合苗木示范基地
17. 丹阳市珥陵镇碧云天农业标准化种植基地
18. 泰兴市黄桥镇祁巷创意观光农业示范基地
19. 沭阳县南湖街道虞美人瓜果专业合作社示范基

2018年江苏省教育服务"三农"高水平基地名单

1. 南京市江宁区横溪西瓜高效栽培技术运用与推广基地
2. 南京市溧水区白马镇中亮有机种植基地
3. 无锡市惠山区洛社镇尚田六次产业园示范基地
4. 江阴市华士镇鹏程农业产学研基地
5. 苏州市吴中区甪直镇澄湖水生蔬菜（水八仙）基地
6. 常州市武进区礼嘉镇武南现代农业产业园教育服务"三农"基地
7. 常州市金坛区直溪"健倡"红香芋种植教育服务"三农"基地
8. 扬中市三茅街道江之源高效渔业基地
9. 丹阳市云阳街道江苏吟春碧芽农业标准化种植基地
10. 海门市余东镇无公害蔬菜种植基地
11. 扬州市江都区丁伙镇农科教结合花木基地
12. 泰兴市元竹镇江苏弘泰生态循环农业基地
13. 兴化市永丰镇梦水乡河蟹生态养殖基地
14. 徐州市贾汪区康田农产品营销专业合作社
15. 盐城市盐都区张庄街道应时鲜果生态基地
16. 建湖县恒济镇"九龙口冲浪鱼"生态养殖基地
17. 淮安市洪泽区岔河镇有机稻米基地
18. 连云港市赣榆区黑林镇有机蓝莓种植基地
19. 连云港开发区朝阳街道乡村旅游基地
20. 泗洪县峰山乡碧根果产业基地

2019 年江苏省教育服务"三农"高水平基地名单

1. 南京市江宁区优势水稻种植技术示范与推广基地
2. 南京市八卦洲街道果蔬种植教育服务"三农"高水平基地
3. 江阴市南国花木专业合作社基地
4. 徐州市徐庄镇广浩食用菌专业合作社基地
5. 徐州市泉山区火花服务"三农"高水平种植基地
6. 常州市银河现代渔业基地
7. 溧阳市欣龙生态园茶果种植示范基地
8. 苏州市吴中区金庭镇青种枇杷基地
9. 如东县洋口镇家禽养殖示范基地
10. 启东市南阳镇现代农业产业园
11. 连云港市赣榆区墩尚镇无公害淡水养殖高水平基地
12. 东海县农民水晶加工营销培训基地
13. 淮安市洪泽区三河湖鲜水产品养殖及加工示范基地
14. 大丰区刘庄镇中草药稻虾生态种养教育服务三农高水平基地
15. 扬州市神居阁水产养殖高水平基地
16. 扬中市润裕种养殖专业合作社基地
17. 句容市白兔镇茗苑农业（茶叶）高水平基地
18. 泰州市高港区金泰莱生态农业示范基地
19. 泰兴市泰之农高效农业基地
20. 宿迁市宿城区罗圩乡蔬果种植高水平基地
21. 宿迁市泗阳丰兴农业产业高水平基地

2020年省教育服务"三农"高水平基地名单

1. 南京市溧水区华成蔬菜种植基地
2. 南京市浦口区桥林街道"南京好大米"产学研基地
3. 新沂市棋盘镇满藤香果蔬种植专业合作社
4. 沛县鹿楼镇盛凯源果蔬种植家庭农场基地
5. 徐州市铜山区郑集镇绿色无公害出口蔬菜基地
6. 常州市新北区奔牛镇蔬果种植示范基地
7. 溧阳市上兴镇白露山生态园蓝莓产业示范基地
8. 苏州市太湖雪蚕桑文化产业基地
9. 连云港市海州区农业产业示范园果蔬种植示范基地
10. 东海县桃林镇设施蔬菜种植高水平示范基地
11. 金湖县吕良镇永祥种鸡养殖基地
12. 盐城市大丰区万盈镇特种水果种植基地
13. 建湖县"稻虾共作"生物防虫生态种植基地
14. 射阳县凤凰农谷现代农业产业园高水平基地
15. 扬州市江都区仙女镇扬派盆景制作培训基地
16. 镇江市丹徒区明兰瓜果种植高水平基地
17. 句容市郭庄镇农业机械服务粮食种植加工高水平基地
18. 江苏新港农业果菜类高品质栽培示范基地
19. 泰州市姜堰区娄庄镇高效生态农业示范基地
20. 江苏泰兴烨佳梨园示范基地
21. 苏台(沭阳)花木产业示范园

二、检查验收工作

受省教育厅社会教育处、语言文字和继续教育处委托,省成协组织专家分别对"申报省级社区教育示范区的单位""申报社区教育机构标准化建设的单位""申报教育服务'三农'高水平示范基地的单位"进行现场考核和检查验收。

2016 年

按照省教育厅办公室《关于做好 2016 年省级社区教育示范区及标准化社区教育中心申报工作的通知》(苏教办社教函〔2016〕2 号)和《关于做好江苏省首批教育服务"三农"高水平示范基地申报工作的通知》(苏教办社教函〔2016〕5 号)要求,受省教育厅社会教育处委托,省成协于 11 月上中旬组织专家分六个组对"申报 2016 年度省级社区教育示范区的单位""申报 2016 年度教育服务'三农'高水平示范基地的单位""申报 2016 年度社区教育机构标准化建设的单位"进行现场考核。考核结束后,各组认真写好报告上交省教育厅。

附1：

2016年省级社区教育创建项目现场考核情况小结
——第一组（南京市、常州市）情况汇总

2016年11月24日

按照省教育厅相关文件精神，第一考核组于2016年11月1日至11月17日，对南京市、常州市申报创建省社区教育示范区、省标准化社区教育中心和教育服务"三农"高水平示范基地进行了现场考核。现将考核情况汇总如下：

一、现场考核总体安排

本组考核的两个市为南京市和常州市，两个市被考核对象共31个，其中南京市19个，常州市12个。

在赴现场考核前，专家组对各申报单位的电子申报材料提前进行了熟悉，并于2016年11月1日下午三点召开了专家碰头会，传达朱处长、李副处长对考核工作的要求，特别是考核纪律方面的要求；商定现场考核的具体安排、分工；明确本组考核工作要求。在现场考核阶段，本组专家们严格按照考核程序和要求，认真听取相关负责人的汇报；实地查看申报单位的内涵建设、硬件条件、建设成效及示范作用的发挥；认真查核相关资料；召开座谈会了解创建工作情况及主要成效；召开反馈交流会，对各申报单位的创建工作进行总结和提出具体的指导性意见。

二、考核总体印象

（1）两个市教育局和各申报单位都非常重视本次现场考核工作。两个市教育局都专门制定了现场考核工作日程安排，并由相关职能处室负责人全程陪同专家组赴各个被考察点，做好各项沟通和协调工作。不少申报单位也制订了现场考核工作方案，当地政府及教育部门负责人积

极参与现场考核工作。

（2）各申报单位所在地政府都重视开展社区教育工作，并采取有力措施推进各项创建。不论是市（区）级，还是乡镇和街道级政府，都非常重视开展社区教育工作，将社区教育工作作为民生工程，纳入本地经济和社会发展规划，成立当地社区教育委员会，制定社区教育发展规划，明确社区教育理念，健全社区教育管理体制和工作机制，采取有效措施，促进社区教育持续、规范、深入发展。还有部分地方制定并印发了创建工作实施意见，明确创建工作指导思想、总体要求、具体目标、主要任务、保障措施等，并加大检查考核力度，保证创建工作正常进行。

（3）各地的相关创建工作都取得了一定的成效。各地坚持以评促建、以创促建，以创建工作为契机，加快发展社区教育，完善社区教育管理体制，基本形成了符合当地实际的社区教育网络体系；注重整合社区教育资源，充实壮大社区教育队伍，推进社区教育专业化发展；积极推进社区教育信息化，搭建社区教育学习平台，增强了社区教育工作的实效；积极开展各种社区教育活动，将社区教育与社区治理结合起来，提升社区教育服务水平和社区管理水平；加大理论研究，探索本区域社区教育发展规律；结合当地实际，挖掘和打造特色品牌，创新社区教育运行模式；开展优质服务，满足社区居民多样化学习需求。通过以创促建，提高了居民参与社区学习的积极性和对社区教育的满意率，促进了经济社会的和谐发展。

三、考核中发现的相关问题及建议

（1）有些地方社区教育专职教师和管理人员配备不足，且职业化和专业化程度偏低，建议积极推进社区教育教师职称评定的单列，促进社区教育教师的职业化、专业化发展。检查中发现，不少社区的专职教师和管理人员一是配备不足，二是在现有的队伍中，教师和管理人员分工不够明确，存在人员相互交叉、工作相互重叠的现象。且教师的职业化和专业化程度偏低，有的教师从事社教工作十多年没有实现职称的晋升，这非常不利于社区教育各项工作的开展。造成这种情况的原因，主要是社区教育工作者大多是各地从中小学校调剂过来的老师,从事社区教育工作后,他们的职称评审或者被较为繁重的社区教育教学和管理工作所耽搁,或者因不符合现行的中小学教师职称评定具体要求(如必须在岗在编,工作量的要求等)而受到限制。针对这种情况,建议省教育厅统筹考虑社区教育工作者的职称晋升和个人职业发展问题,积极推进社区教育教师职称评定的单列,促进社区教育教师的职业化、专业化发展,稳定和吸引更多优秀人才从事社区教育工作。

(2)城乡社区教育发展不均衡,尤其在相关指标方面两者相差较为悬殊,建议在相关考核标准的制定方面,能进一步细化并实现分类指导。在考核中发现,城乡社区教育发展不均衡,除了活动开展各有侧重以外,主要表现在中心场地大小、人员配备等方面。经了解,乡镇一级的社区教育中心主要是由原来的乡镇成人中心校转设而成,而当时的乡镇成人中心校有场地、有机构、有人员的编制,因而在场地和人员的配备上基本能够满足现行考核标准的要求;而市区街道社区教育中心没有之前的编制,加之地处寸土寸金的城区,在场地的配置、专职教师和管理人员的配备上确实存在现实的困难。因此,建议在相关考核标准的制定方面,能进一步细化并实现城乡分类指导。

(3)各地社区教育初步形成了一定的特色,但特色的凝练有待加强。各地在推进社区教育发展中,都能积极结合地方实际,挖掘和打造社区教育的特色和品牌,但特色的凝练还有待进一步加强,尤其是在以特色创品牌,提升社区教育整体发展水平上仍需要进一步下功夫。

(4)各地的社区教育工作都取得了一定的成效,但宣传工作不到位,社会影响力小,不利于工作开展。

四、本组考核评分情况和建议名单

经过现场考核和集体评议,本组对南京市和常州市31个社区教育工作被考核对象形成了如下检查结果,得分情况如下(社区教育中心按检查前后顺序排序)(略)

五、本组执行考核纪律情况

本组成员一能认真执行考核工作规定,坚持集体到点行动,集体讨论问题,集体商定反馈意见,集体确定考核分数和排序;二能严格执行考核工作纪律,坚持高标准、严要求,团结一致,加班加点,连续作战,超负荷运作,较好地完成了现场考核工作任务。

附:考核组成员名单

11月1日至11月4日

马良生、杜稼锋、杨宝林、唐新、孟宪辉、罗殷

11月9日至11月11日

马良生、杜稼锋、杨宝林、唐新、张赟、罗殷

11月13日至11月17日

马良生、杜稼锋、杨宝林、唐新、罗殷

附2:江苏省社区教育示范区反馈意见

南京市

1. 栖霞区创建"江苏省社区教育示范区"反馈意见

根据省教育厅有关文件规定,考核组一行6人对南京栖霞区人民政府申报创建"江苏省社区教育示范区"工作进行了现场考核。按照考核程序,考核组听取了区委陈波副书记关于社区教育工作的经验介绍及万震副区长对创建工作的情况报告,观看了社区教育工作视频,实地考察了八卦洲文化教育中心、新闸村社区服务中心、区文化艺术中心,查阅了创建工作的相关资料,召开了由2个街道、3个局和1个校长参加的座谈会,听取并了解了开展社区教育的做法和发挥的示范作用。对照"江苏省社区教育示范区建设标准",现反馈如下:

(1)高度重视社区教育工作。区委、区政府成立了社区教育委员会,明确社区教育理念,健全社区教育工作机制,制定社区教育发展规划,将社区教育工作列为民生工程,采取有效措施,促进社区教育持续、

规范、深入发展。

(2) 积极开展示范区创建活动。区委、区政府印发了省级社区教育示范区创建工作实施意见,明确创建工作指导思想、总体要求、具体目标、主要任务、保障措施等,同时确定社区教育委员会和成员单位的工作职责,并加大检查考核力度,保证创建工作正常进行。

(3) 创建工作成效明显。区委、区政府完善社区教育管理体制,形成了三级社区教育网络体系;整合社区教育资源并积极发挥作用;充实壮大社区教育队伍,增强了社区教育工作实效;形成了互联网属性的新型社区教育模式;取得了一批研究成果,满足了居民多样化学习需求,促进了学习型社会建设。

(4) 对照省级社区教育示范区建设标准,建议:①进一步提高和深化对社区教育工作的认识,完善社区教育经费保障体系并逐年增加投入;② 提高社区教育工作者的素质和专业水平,开发和建设适合本区社区教育的课程,加快建设在线学习平台;③ 继续深化社区教育的理论研究,提升社区教育水平;④ 积极提供全方位的社区教育服务,满足社区居民的学习需求,为栖霞人民快乐学习、幸福生活、精彩人生做出新贡献。

2. 南京化学工业园区创建"江苏省社区教育示范区"反馈意见

根据省教育厅有关文件规定,考核组一行6人对南京化学工业园区申报创建"江苏省社区教育示范区"工作进行了现场考核。按照考核程序,考核组听取了园区楚琢玉副书记创建工作情况汇报;观看了《学在园区》专题片,从"尚学、重学、优学、笃学"等篇章进一步了解园区社区教育工作;实地考察了南化老年大学、园区社区学院、大厂街道社区教育中心;查阅了创建工作的相关资料;召开园区六个单位负责人的座谈会,了解了园区开展社区教育的做法及如何发挥示范作用。对照"江苏省社区教育示范区建设标准",现对创建工作反馈如下:

(1) 创建工作目标明确。园区管委会高度重视社区教育工作,按照园区社区教育工作总的目标任务,围绕"发展社区教育、建设幸福工业城"的要求和坚持"以人为本"的幸福教育理念,深入推进社区教育机构标准化建设,全面开展宽领域、广覆盖和多形式的社区教育工作;在省级社区教育实验区的基础上,积极创建"江苏省社区教育示范区"。

(2) 创建工作措施有力。园区成立了社区教育委员会,负责社区教育的领导、组织、协调、管理、检查、考核等工作;研究制定了社区教育"十三五"发展规划,将创建工作作为园区2016年经济社会发展目标;成立创建工作领导小组,完善工作运行机制,建立社区教育工作考核制度,出台社区教育队伍建设规划;完善办学网络,开发社区教育资源,积极有效地开展工作,保证创建工作落到实处。

(3) 创建工作初见成效。园区建立健全了社区教育工作章程、管理制度、督导检查制度;建立了三级社区教育办学网络,形成了区域性的社区教育体系;加强了三支队伍建设,开放和共享了社区教育资源,注重打造社区教育品牌,增强社区教育活动的针对性和多样化,取得了一批科研成果,提高了社区居民的文化素质和生活质量,使社区教育与和谐社会建设相互促进、共同提高。

(4) 对照省级社区教育示范区建设标准,建议:① 进一步提高对社区教育工作的认识,积极发挥园区社区教育委员会的领导和协调作用,健全管理体制和运行机制;② 逐步加大投入,加强基础能力建设;③ 优化三支队伍建设,加快资源共建共享,推进居民数字化学习,加大品牌建设力度,提升服务能力水平;④ 充分发挥园区社区教育特色,满足居民多样化学习需求,为构建终身教育体系,促进学习型社会建设做出积极贡献,真正做到"住在园区、学在园区、我很幸福"。

3. 六合区创建"江苏省社区教育示范区"反馈意见

根据省教育厅有关文件规定,考核组一行6人对南京市六合区人民政府申报创建"江苏省社区教育示范区"工作进行了现场考核。按照考核程序,考核组听取了区委副书记、区长戴华杰对社区教育工作的情况介绍及副区长焦晓英对创建工作的情况汇报;观看了专题片《茉莉芬芳》；实地考察了六合文体中心、社区学院活动场所；查阅了创建工作的相关资料；召开了12个部门负责人参加的座谈会，了解了开展社区教育的做法及如何发挥示范作用。对照"江苏省社区教育示范区建设标准"，现对创建工作反馈如下：

（1）高度重视社区教育工作。区委、区政府在实施"科教兴区"发展战略中，高度重视社区教育工作，充分认识到社区教育发展是加强社区服务，促进和谐社区建设的重要途径，是实现富民强区的重要举措；成立了社区教育委员会，负责领导和协调全区社区教育工作的开展，下发了"十三五"期间社区教育发展的实施意见，明确指导思想、目标任务、保障措施、考核要求等；区政府召开专题会议，研究社区教育工作，落实具体措施，促进社区教育健康、可持续发展。

（2）积极开展省示范区创建工作。区委、区政府将创建工作作为重大民生工程列入六合区2016年十大民生实事之首，印发了创建工作实施方案，明确指导思想、创建目标、工作措施、实施步骤、工作要求等；进一步完善管理体制，整合教育资源，加强队伍建设，扎实推进社区教育工作，提高社区成员文化素质，保证创建工作各项措施落到实处。

（3）以创促建，积极发展社区教育。以创建工作为契机，采取有效措施，提升社区教育基础能力；加强师资队伍建设，积极开展各类社区教育互动；打造社区教育品牌项目，努力提高社区教育水平；实施社区教育督导评估，促进全区社区教育工作深入开展，满足了居民培训学习、文化休闲、修身益智和继续教育的需求。由于区委、区政府的重视和各方面的努力，创建工作扎实有效，已取得明显成效，进一步促进了社区教育的发展。

（4）对照省级社区教育示范区建设标准，建议：① 进一步提高对社区教育工作的认识，健全管理体制，积极发挥社区教育委员会作用；② 继续加大投入，提升基础能力，提升服务水平；③ 加快课程资源建设和数字化学习网络建设，提高居民数字化学习比例；④ 加强理论研究，积极探索社区教育新方法、新途径。

常州市

1. 金坛区创建"江苏省社区教育示范区"反馈意见

根据省教育厅文件规定,考核组一行5人对常州市金坛区人民政府创建"江苏省社区教育示范区"工作进行了现场考核。按照考核程序,考核组听取了刘明仁副市长对创建工作的情况介绍;观看了专题片《乐学金沙》;实地考察了儒林镇社区教育中心、东城街道社区教育中心、区老年大学等;查阅了创建工作的相关资料;通过交流、面谈、走访等形式,了解了开展社区教育的做法及如何发挥示范作用。对照"江苏省社区教育示范区建设标准",现对创建工作反馈意见如下:

(1) 高度重视社区教育工作。区委、区政府高度重视社区教育工作,把促进社区教育与社区治理多元融合作为改善民生、为民办实事、推进学习型金坛建设的重要内容;健全社区教育管理体制;建设三级社区教育组织管理网络;完善社区教育发展规划;完善社区教育各项制度;举全区之力,聚全民之智,营造人人皆学、时时能学、处处可学的学习环境。

(2) 积极开展示范区创建工作。成立并及时调整社区教育委员会,加强领导;制定了创建工作实施方案,明确任务;成立了创建工作领导小组,确立了"规划导航、整合资源、项目驱动"的工作思路,做到有计划、有布置、有检查、有落实、有考核,扎扎实实开展创建工作;努力让社区教育工作进入"新体制、新常态、新境界",积极实现"一年一个样、三年大变样、五年就是不一样"的目标。

(3) 创建工作取得明显成效。加强统筹协调,建立了社区教育管理体制;强化政府领导,健全了三级组织管理网络;努力实践,探索形成"城市先行、农村跟进、以城带乡、城乡融合"的社区教育发展新模式;推进教育信息化,搭建了社区教育学习平台;整合了社区教育资源,推进社区教育专业化发展;打造特色品牌,提升社区教育服务水平;关注老年教育,老年教育红红火火,一座难求;重视理论研究,探索本区域社区教育发展规律;开展优质服务,满足社区居民多样化学习需求。通过以创促建,形成了具有金坛特色的社区教育新格局,促进了居民素质的提高。

（4）对照省级社区教育示范区建设标准，建议：① 进一步提高对社区教育工作的认识，更加科学地规划社区教育任务。② 更大力度地投入社区教育经费，建设高标准、高水平的社区教育中心。③ 加快队伍专业化水平建设，加强资源建设，促进居民数字化；④ 加大研究力度，积极探索适合本区社区教育的新思路、新方法。

2. 溧阳市创建"江苏省社区教育示范区"反馈意见

根据省教育厅文件规定，考核组一行5人对常州市溧阳市人民政府创建"江苏省社区教育示范区"工作进行了现场考核。按照考核程序，考核组听取了郁平副市长对创建工作的情况介绍；观看了专题片；在市委常委、宣传部长张爱文带领下，考察了社区教育培训基地（宏达电梯培训中心）；在市教育局长汤洪强陪同下，实地考察了别桥镇社区教育中心、市老年大学、燕山南苑社区居民学校；查阅了创建工作的相关资料；经过走访和个别访谈，了解了开展社区教育的做法及如何发挥示范作用。对照"江苏省社区教育示范区建设标准"，现对创建工作反馈意见如下：

（1）市委、市政府高度重视社区教育工作。市委、市政府高度重视社区教育工作，确立了"政府统筹、社会参与、资源共享、共育人才"的指导思想，积极宣传开展社区教育的重要性；将社区教育纳入经济社会发展规划，每年都有切实可行的工作计划和创新举措，完善管理体制，成立社区教育工作委员会，定期召开联席会议，解决发展过程中的问题。

（2）积极开展示范区创建工作。以促进人的全面发展，构建和谐社会为宗旨，将创建工作列入全市2016年教育工作第5项工作目标，制定创建实施方案，明确指导思想、总体目标、工作重点、责任分解、工作要求、督导考核等；成立创建工作领导小组，召开专题工作会议，具体布置创建任务，以创促建，努力搭建社区教育更高更优的工作平台，努力实现社区教育水平和群众满意度的全面提升。

（3）创建工作成效显著。以创建为契机，将社区教育融入全市创建江苏省和常州市文明城市的大局中，同部署、共创建；完善了三级社区教育网络，大力推进居民数字化学习；整合开发社区教育资源，加快社区教育特色课程和品牌建设;加强队伍、经费、制度保障,积极开展未成年人、老年教育,积极开展各种社区教育活动;加大理论研究,创新社区教育运行模式,打造乡镇社区教育联合体,活动被中国教育报等多家媒体报道,产生了良好的社会效益;提高了居民参与社区学习的积极性和对社区教育的满意率,促进了经济社会的和谐发展。

(4)对照省级社区教育示范区建设标准,建议:① 进一步提高对社区教育工作的认识,全方位推进社区教育工作;② 继续加大投入,努力建设高标准社区教育中心;③ 加快社区教育队伍建设,提升专业化水平,加强社区教育课程资源建设和品牌项目建设,提高居民数字化学习比例;④ 加强理论研究,创新社区教育工作机制、方法。

附3:

教育服务"三农"高水平示范基地反馈意见 (南京3个+常州2个)

南京市

1. 南京市高淳区阳江镇社区教育中心

按照省教育厅办公室《关于对2016年度教育服务"三农"高水平示范基地建设申报单位进行现场考核的通知》要求,以马良生同志为组长的第一组一行6人,11月2日上午现场考察了南京市高淳区阳江镇社区教育中心申报的教育服务"三农"高水平示范基地(高淳区阳江镇有机螃蟹养殖基地)。通过听取汇报、实地察看、查阅资料、召开座谈会,检查组评审意见如下:

一、基地总体情况

基地地处高淳区永胜圩国家生态示范区、高淳水慢城内,东临烟波浩渺的固城湖,场内绿树成荫,自然环境优美,全年四季分明,雨量充沛,日照充足，沟渠纵横，水资源丰富，水质清新无污染。阳江镇有机螃蟹养殖基地占地1 514亩，其中农科教结合示范基地120亩。基地内有独立的进排水系统，专用养殖设施齐全，为集科研、培训、技术推广、生产管理于一体的机构。

阳江镇党委和政府高度重视基地的建设工作，对创建基地有较高的认识，建立了创建领导小组，由镇长任组长，分管副镇长任副组长，成人学校和农科站负责人为组员。基地由镇长亲自负责，示范基地的有机螃蟹养殖生产项目符合国家、省、市和当地引导扶持的农业产业化发展方向，能够推广运用先进、成熟的农业新技术、新品种、新模式和新设施等，科技含量较高，市场前景广阔，在本地区同行业中处于领先地位。基地在推动当地农业结构调整和发展方式转变中发挥重要作用，积极拓展生态保护、休闲农业、文化传承等新型功能，经济效益、社会效益、生态效益明显，在当地有一定的代表性、示范性，示范带动3个新型农业经营主体，示范农户年收入递增10%以上。基地创建得到当地党委政府、广大农户和社会各界的好评，农户知晓率、认同感和满意度高。

二、社区教育中心参与基地建设情况

镇教育中心以示范基地为载体，是金陵科技学院、江苏省农科院等科研院所与地方农业、科技单位协同育人的新途径、新模式。开展教育富民"三农"结合有机螃蟹养殖试验，集人才培训、项目试验、科教推广、信息咨询为一体，与家庭农场、专业大户、农民合作社、农业产业化龙头企业等新型农业经营主体紧密合作，以点带面，示范辐射，为广大农民提供有机螃蟹养殖示范，促进了农业增效、农民增收。

三、基地建设总体目标与任务

（1）把有机螃蟹的开发和推广放在基地工作的首位。产品和技术的创新是不断开拓市场，推动产业发展的真正动力。只有不断开发新品种，才能不断充实水产养殖业的内容，丰富消费者的需求，增强发展的后劲。

（2）进一步加大投资，扩大技术和经营规模。搞好对辐射农户的技术培训,并进一步办好特种水产养殖与科技咨询服务中心,真正使农科教示范基地的辐射农户得到效益。

(3)实现基地的企业化、集团化管理,以管理促规模,向管理要效益,按照市场配置资源的原则,制定基地短期目标和中、长期规划,组织领导全镇的特种水产产业的生产和经营,改变生产中各自为政、松散无力的局面,实现以基地为中心的集约化发展。

四、社区教育中心与基地合作培训状况及作用发挥

社区教育中心充分发挥基地的教育培训功能,积极开展农业生产技能培训,每年定期与不定期开办有机螃蟹养殖培训20多期,并不断提高培训的针对性和有效性,培养一批生产经营型、专业技能型和社会服务型新型有机螃蟹养殖的职业农民。推广"创业培训+电子商务"有机螃蟹营销模式,培育一定数量的农村电子商务经纪人。

五、问题与建议

(1)进一步探索蟹虾共作、蟹鱼共作的新型生产模式,提高有机螃蟹养殖的经济效益和生态效益。

(2)增加优质蟹苗的供应,掌握好螃蟹生长活动规律,增强防灾减灾能力。

(3)加强对周边农民的培训,提高示范辐射作用。

(4)加强网站建设,推广"创业培训+电子商务"有机螃蟹营销模式。

2. 南京市江宁区江宁街道社区教育中心

按照省教育厅办公室《关于对2016年度教育服务"三农"高水平示范基地建设申报单位进行现场考核的通知》要求,以马良生同志为组长的第一组一行6人,11月2日上午现场考察了南京市江宁区江宁街道社区教育中心申报的教育服务"三农"高水平示范基地(优势水稻推广试验与示范基地)。通过听取汇报、实地察看、查阅资料、召开座谈会,检查组评审意见如下:

一、基地总体情况

"优势水稻推广试验与示范基地"是江宁街道社区教育中心精心培

植、重点打造的教育服务"三农"的实验基地,中心指导基地在社区的协助下对家庭农场进行布局规划,精准设计目标愿景:2014年进行了土地确定、签发合同、完备档案,由陆郎社区李维林转包本村土地,创办家庭农场;2015年,农场在中心的指导下,进行了基础设施建设、农田有机改造、田地水源布局、场舍翻建出新等;2016年,中心以农场为源头,确立了优势水稻推广试验与示范实验项目,种植50亩多胚孪生超级水稻,开展"稻禽结合""谷蔬搭配""农渔配套"等方面的实验,同时大力推广优势水稻种植技术,竭尽所能为农户提供必要的帮助。

2017年,将投入60万元,进行"中心＋农场＋农户"运作,在本街道率先实施智慧农业智能化生产,通过家庭农场实验田的示范,辐射带动周边1 000亩农田,让更多农民得到实惠;争取在2018年、2019年辐射带动区域内5 000亩农田,以推动街道水稻新品种种植产业化发展。力争三年内,把"优势水稻推广试验与示范基地"打造成融生态农业、生产示范、旅游观光为一体的"省教育服务'三农'高水平示范基地"。

二、社区教育中心参与基地建设情况

近年来,中心依托金陵科技学院(市讲师团)的技术和人才优势,先后举办水稻种植大户、示范户、辐射户培训班,开展科技推广活动。根据水稻生长季节和生产进程、机械维修等确定授课内容,按"实际、实用、实效"的要求设置课程,采用"边理论,边实践,理论与实践相结合"的培训方式,精心编制培训讲义,巡回到田间地头现场授课。培训时间机动灵活;时间服从培训质量;质量服从农民需要;以贫困劳动力为培养目标,最终实现农民脱贫致富。

几年来,中心共撰写技术材料3 000多份,传播信息200余条,年培训农民1 000多人次。农村产业结构调整,智慧农业、生态农业和高效农业给广大农民带来了巨大的实惠,使农民人均年收入递增16%。基地创建,使农业增效、农民增收得到了更有效落实。调查统计表明,凡参与基地建设的农户年平均每户纯收入比上年净增28.4%。基地带动大批农民响应产业结构调整,发展现代农业。

三、基地建设总体目标与任务

教育服务"三农"高水平示范基地——优势水稻推广试验与示范基地目前已逐步实现生产经营向科研示范推广的转变,正朝着融生态农业、生产示范、旅游观光为一体的生态农庄型方向发展。在基地蜕变提升的进程中,定能为"三农"作出更大的贡献!

四、社区教育中心与基地合作培训状况及作用发挥

(1) 政策导向。由中心牵头,成立由街道农服中心、三产办和劳保所联合组成的领导小组,共同起草相应文件,社区教育中心具体运作,制定切实可行的培训计划,落实课程内容和项目培训活动,广泛开展各种形式的培训,使广大农民朋友坚定信念,掌握新技术,拓展新思路,增强致富能力。

(2) 专家引领。依托金陵科技学院和市级讲师团的资源优势,发挥团队力量,针对农户生产管理中出现的共性难题,邀请专家开展相关培训。

(3) 典型示范。一是培植了5家示范户,精心组织示范户开展生产技术、专业技能及经营素养等多方面的教育培训,突出实用性和特色化,以此作为典型在全街道辐射推广,推动农业产业化发展;二是组织农村致富骨干、带头人、种植能手组成科技服务队,开展服务,宣传致富经验,促进农民朋友之间的科技信息交流与实践技能沟通。

(4) 模式操作。通过"会场集中型、典型示范型、现场传导型、媒体传播型、咨询服务型、常驻辅导型、临时特派型、固定书屋型"等8种培训形式,采取"知识问答""作品展示""现场示范""专题演讲"等多种培训手段,构建"精准培育、动态管理"的培养模式和"典型示范、全面推进"的推广模式。

五、问题与建议

(1) 突出社区教育中心的核心地位,加强经费投入,把现有基地建成高标准农田,以方便水稻全程机械化生产。

(2) 加强水稻新品种引进,采用新技术、新模式栽培。探索稻鱼、稻

虾共作等新型生产模式,提高经济效益和生态效益。

(3) 加强对材料的总结提提炼,进一步完善已开展的工作。

(4) 进一步加强对周边农民的培训,提高示范辐射作用。

(5) 建设好网站,运用"创业培训+电子商务"的营销模式。

附4:省级标准化社区教育中心反馈意见——常州市8个

1. 武进区遥观镇社区教育中心

根据省教育厅文件规定,考核组一行5人对常州市武进区遥观镇社区教育中心创建"省级标准化社区教育中心"的工作进行了现场考核。按照考核程序,考核组听取了邹红利副镇长对创建工作的情况介绍,实地考察了镇文体教育活动中心、社区教育中心,查阅了创建工作的相关资料,通过座谈了解了开展社区教育的做法。对照"江苏省标准化社区教育中心建设标准",现反馈如下:

(1) 政府重视开展社区教育工作。遥观镇重视开展社区教育工作,成立了由镇长任主任、分管镇长任副主任的社区教育委员会,具体负责社区教育的管理、组织及协调工作,统筹社区内各种教育资源,积极推进社区教育工作。

(2) 社区教育理念清晰、条件完备。镇社区教育中心确立了"发挥主体优势、整合教育资源、服务社区居民、提高全民素质"的社区教育理念,不断拓展社区教育路径,积极创建学习型社区,推动社区教育各项工作的开展。

(3) 社区教育内容丰富、形式多样。遥观镇以社区教育中心为龙头,以各村(社区)村民(居民)学校和企业职工培训部门为基础,坚持以"满足社区居民学习需求"为宗旨,组织开展了包含青少年校外教育、各类成人教育、家长学校、老年教育、党建培训等形式多样、内容丰富的学习活动,取得了明显成效。

(4) 社区教育初步形成了特色。社区办成立了常州市唯一的市级农民书画院——常州东吴书画院,积极开展以书画为特色的社区教育,努力构建镇社区教育"一镇一品"的特色项目。

（5）对照"江苏省标准化社区教育中心建设标准"，社区教育中心在以下方面仍存在不足，一是专职教师、管理人员的配备不足；二是对当地占比较大的外来人口的培训不足。建议在今后的工作中，一是要加强对三支队伍的建设力度，配齐配强教师队伍；二是要结合当地人口实际，加强对外来人口的培训力度，增强全体居民对社区教育的认同感和满意度。

2. 武进区南夏墅社区教育中心

根据省教育厅文件规定，考核组一行5人对常州市武进区南夏墅社区教育中心创建"省级标准化社区教育中心"的工作进行了现场考核。按照考核程序，考核组听取了街道张永波主任对创建工作的情况介绍，实地考察了街道社区教育活动中心，查阅了创建工作的相关资料，通过座谈了解了开展社区教育的做法。对照"江苏省标准化社区教育中心建设标准"，现反馈如下：

（1）在创建中认识有高度。街道高度重视发展社区教育，坚持贯彻落实"科教兴街，教育先行"战略，将社区教育纳入了街道经济社会发展十三五规划，并认真制定了社区教育十三五规划和三年主动发展规划。街道领导对社区教育有深入的思考和整体的把握，把社区教育与民生工程、终身教育、社会治理、学习型社会结合起来统筹规划、系统推进。

（2）社区教育工作有力度。在推进社区教育工作中，街道有规划、有投入、有队伍、有评价、有特色。街道社区教育初步形成了"以强化领导为抓手，以健全网络为基础，以完善功能为重点，以教育活动为载体"的社区教育新格局；社区教育管理制度和考核机制健全；中心积极开展各类社区教育培训活动，不断挖掘社区课程资源，开发和建设了社区道德讲堂等特色课程。

（3）社区教育成绩有显示度。南夏墅社区教育中心注重整合资源，引进和培育相关社会组织，成立了"残疾人就业创业培训中心"和"现代社会组织培育发展中心"，探索"1＋23＋X"的社区教育模式，使社区教育覆盖全体居民、影响全体居民,努力将社区教育中心办成"居民家门口的学校"。

(4) 对照"江苏省标准化社区教育中心建设标准",社区教育中心在以下方面仍存在不足,一是专职教师、管理人员配备不足;二是社教中心面积、图书数量不达标。建议在今后的工作中,一是要加强社区教育师资队伍的建设力度,配足配齐配强教师队伍;二是要积极完善办学硬件条件,加快补齐短板;三是要进一步整理和挖掘现有特色,真正形成具有南夏墅特色的"1+23+X"的社区教育模式。

3. 武进区牛塘镇社区教育中心

根据省教育厅文件规定,考核组一行5人对常州市武进区牛塘镇社区教育中心创建"省级标准化社区教育中心"的工作进行了现场考核。按照考核程序,考核组听取了冯云娟副镇长对创建工作的情况汇报,实地考察了牛塘一社区、青莲园、牛塘二社区教育活动中心,查阅了创建工作的相关资料,通过座谈了解了开展社区教育的做法。对照"江苏省标准化社区教育中心建设标准",现反馈如下:

(1) 创建工作有目标。镇政府重视开展社区教育工作,成立了由镇长任组长的社区教育委员会,确立了"以人为本、主动服务"的社区教育发展理念,不断强化社区教育中心的基础能力建设,积极谋求社区教育的跨越式、可持续发展。

(2) 创建工作有基础。中心硬件条件好、基地全、场地大,经费投入充足、制度保障合理,有较为丰富的课程资源和专业水平高的师资队伍,建有社区教育三级网络体系,建有社区教育信息服务网且利用率较高。

(3) 创建工作有成效。中心注重建设社区教育网络,积极开展各类社区教育培训活动:如农村实用技术培训、职工技能培训、企业文化培训、企业管理培训、党员干部教育、中老年教育、居民文化娱乐教育、青少年文化艺术教育等,让居民共享教育资源,让社区教育较好地服务于社区的群众,丰富居民精神生活,满足了居民对现代学习不断提高的要求,居民认同度和满意度较高。

（4）对照"江苏省标准化社区教育中心建设标准"，社区教育中心在以下方面仍存在不足，一是专职教师、管理人员的配备不足；二是社区教育中心主阵地作用发挥不足。专家组建议：一是要加强社区教育师资队伍的建设力度，配足配齐配强教师队伍；二是要在整合资源的同时，进一步加大和突出社区教育中心的主阵地作用；三是要加强特色项目建设，建议中心在雕刻、书画等方面凝练特色、形成品牌，积极打造具有牛塘镇特色的现代社区教育。

4. 钟楼区邹区镇社区教育中心

根据省教育厅文件规定，考核组一行5人对常州市钟楼区邹区镇社区教育中心创建"省级标准化社区教育中心"的工作进行了现场考核。按照考核程序，考核组听取了丁副镇长对创建工作的情况汇报，实地考察了杨庄村委及居民学校、镇文体中心和社区教育活动中心，查阅了创建工作的相关资料，通过座谈了解了开展社区教育的做法。对照"江苏省标准化社区教育中心建设标准"，现反馈如下：

（1）创建工作有目标。镇政府重视开展社区教育工作，将社区教育纳入地方经济社会发展规划，制定了邹区镇社区教育主动发展五年规划和近期可行性计划，且对创建工作进行了专门部署。

（2）创建工作有基础。邹区镇创建工作有基础，2012年已通过常州市级社区教育中心验收，省标准化社区教育中心创建工作开展以来，全镇以"提高全民整体素质和文化素养"为宗旨，以"学有所教，教有所获"为目标，进一步健全网络、加大投入、整合资源、开展各类培训，积极推进社区教育各项工作。

（3）社区教育形成了品牌。邹区镇社区教育积极探索，充分挖掘具有本地特色的社区教育工作，通过品牌引路，整体推进，不断丰富社区教育载体内涵。社区依托邹区灯具城，积极打造特色灯文化品牌，联合中心小学开展《一盏灯点亮一个镇》特色课程开发，形成了具有地方特色的社区教育品牌。

（4）创建工作有成效。通过创建工作，邹区镇社区教育健全了体制机制、搭建了平台、整合了资源、优化了队伍,群众对社区教育的认同度和满意度进一步提高,社区也努力做到让居民"学有场所,学有方向,学有特长"。

(5) 对照"江苏省标准化社区教育中心建设标准",社区教育中心在以下方面仍存在不足,一是专职教师、管理人员的配备不足,且相关人员的职责划分不清;二是社区教育中心主阵地作用发挥不足。专家组建议:一是要继续加强领导,进一步发挥社区教育委员会领导、组织、协调和管理职能;二是进一步加大投入,着力提升师资队伍水平,加大数字化学习资源建设;三是要强化实施,进一步发挥社区教育中心的主阵地作用,确保各项教育培训工作取得实效;四是要创新发展,积极打造具有邹区特色的现代社区教育。

5. 新北区三井街道社区教育中心

根据省教育厅文件规定,考核组一行5人对常州市新北区三井街道社区教育中心创建"省级标准化社区教育中心"的工作进行了现场考核。按照考核程序,考核组听取了街道副符刚国主任对创建工作的情况汇报,实地考察了三井街道社区教育中心,查阅了创建工作的相关资料,通过座谈了解了开展社区教育的做法。对照"江苏省标准化社区教育中心建设标准",现反馈如下:

(1) 领导重视社区教育工作。三井街道重视开展社区教育工作,成立了由街道主要领导任主任的社区教育委员会,建立健全社区教育管理体制和运行机制,将创建"江苏省标准化社区教育中心"纳入街道工作整体规划,并纳入绩效考核。

(2) 社区教育中心设施完备。中心硬件条件好、经费投入充足,有较为丰富的课程资源和专业水平高的师资队伍,建有社区教育三级网络体系,建有社区教育信息服务网且利用率较高。

(3) 社区教育活动内容丰富。中心积极组织开展亲子、早教、老年人、下岗人员就业培训、家长学校等各级各类教育培训,培训方式多样,覆盖面广量大,成效显著。

（4）创建工作成效明显。中心下辖8个社区均为常州市示范社区，中心学习氛围浓厚，群众热情和参与积极性高。通过创建工作，社区教育整体工作水平和社区文明程度实现了整体提升，且初步建成了全民学习、终身学习的学习型社区。

（5）对照"江苏省标准化社区教育中心建设标准"，社区教育中心在以下方面仍存在不足，一是对指标体系的解读不规范；二是专职教师的培训学时不足。专家组建议：一是要认真研读指标，明确指标内涵和要求；二是进一步加大投入，着力提升师资队伍专业化水平；三是要凝练特色，进一步挖掘和发挥地域特色，积极打造具有三井特色的现代社区教育体系；四是要进一步创新社区教育的工作方法和工作思路，使三井社区教育成为真正有品味的社区教育。

6. 金坛区薛埠镇社区教育中心

根据省教育厅文件规定，考核组一行5人对常州市金坛区薛埠镇社区教育中心创建"省级标准化社区教育中心"的工作进行了现场考核。按照考核程序，考核组听取了胡国英副镇长对创建工作的情况汇报，观看了专题片，实地考察了薛埠镇社区教育中心，查阅了创建工作的相关资料，通过座谈了解了开展社区教育的做法。对照"江苏省标准化社区教育中心建设标准"，现反馈如下：

（1）社区教育中心体制健全。薛埠镇制定了省标准化社区教育中心创建意见，完善了"党政统筹领导、教育部门主管、有关部门配合、社会积极支持、社区自主活动、群众广泛参与"的社区教育管理体制和运行机制，为创建工作提供了制度保障。

（2）中心开展社区教育的条件有保障。中心活动场所健全，设施设备完善，配备了有专兼职教师和管理队伍，建有相应的课程资源和校本课程。

（3）社区教育各项活动正常。中心坚持最大可能地提供服务，满足社区成员日益增长的物质文化需求；最大限度地提高社区内人口素质，推进社区的文明与进步。中心组织的各类教育培训活动丰富，居民参与率较高。

（4）对照"江苏省标准化社区教育中心建设标准"，社区教育中心在以下方面仍存在不足，一是专职教师和管理人员数量不足；二是社区教育中心的地位不突出，主阵地作用发挥不足。专家组建议：一是要高度重视，进一步提高对社区教育的认识，将社区教育纳入当地经济社会发展规划中；二是要认真研读指标体系，在场地、教室、图书、人员配备等方面对照建设标准，进一步加大投入力度；三是要突出社教中心地位，体现社区教育的主阵地作用；四是进一步丰富培训内容、加大培训力度，加大下岗人员和在岗人员的培训；五是增强创建工作信心，建议将中心的创建纳入金坛市创建省级社区教育示范区的工作中统筹推进。

7. 溧阳市天目湖镇社区教育中心

根据省教育厅文件规定，考核组一行5人对常州市溧阳市天目湖镇社区教育中心创建"省级标准化社区教育中心"的工作进行了现场考核。按照考核程序，考核组听取了彭胜秋副镇长对创建工作的情况汇报，观看了专题片，实地考察了三胜村居民学校、天目湖镇社区教育中心，查阅了创建工作的相关资料，通过座谈了解了开展社区教育的做法。对照"江苏省标准化社区教育中心建设标准"，现反馈如下：

（1）创建工作有目标。天目湖镇将创建省级标准化社区教育中心纳入2016年镇精神文明和社区建设重点工作，并率先提出要建设学习型乡镇，以此为目标，积极构建和完善社区教育体系，满足社区成员接受多样化教育的需求。

（2）创建工作有措施。上兴镇党委、政府十分重视社区教育工作，成立了社区教育工作领导小组，制定了社区教育工作考评办法和经费保障等制度，构建了三级社区教育网络，完善各类文化体育设施，开展各类活动，积极开展课题研究，促进创建工作。

（3）创建工作有成效。天目湖镇社区教育中心各类教育培训丰富，居民参与率高，营造了"学习生活化、生活学习化"的学习氛围，得到了社区居民的高度认可和广泛好评。

（4）对照"江苏省标准化社区教育中心建设标准"，社区教育中心在以下方面仍存在不足，一是专职教师数量和管理人员数量不足；二是经费投入组成不规范；三是社区教育中心建筑面积、教室数量不达标；四社区教育中心的地位不突出，主阵地作用发挥不足。专家组建议：一是要高度重视，进一步提高对社区教育的认识；二是加大投入，在硬件建设和三支队伍建设方面对照建设标准，进一步加大投入力度；三是拓展内容、突出特色，在拓展天目湖旅游资源方面突出地域性特色；四是创新发展，积极探索社区教育工新思路、新模式，努力使天目湖镇的社区教育与天目湖齐名。

8. 溧阳市上兴镇社区教育中心

根据省教育厅文件规定，考核组一行5人对常州市溧阳市上兴镇社区教育中心创建"省级标准化社区教育中心"的工作进行了现场考核。按照考核程序，考核组听取了宗萍副镇长对创建工作的情况汇报，观看了专题片，实地考察了镇社区教育中心，查阅了创建工作的相关资料，通过座谈了解了开展社区教育的做法。对照"江苏省标准化社区教育中心建设标准"，现反馈如下：

（1）有明确的社区教育工作指导思想。上兴镇社区教育中心确立了"创新思路，以人为本，立足社区，强镇富民"的教育理念，并以理念为先导，构建和完善社区教育体系，满足社区成员接受教育的需求。

（2）有开展社区教育的必备条件保障。上兴镇党委、政府十分重视社区教育工作，把实现教育社会化和社会教育化的目标列为建设现代化特色镇的一项重要内容，成立了由书记、镇长任职的社区教育工作领导小组，在社区教育的组织、硬件条件、队伍配备等方面提供了必备的保障。

（3）开展了有特色的教育内容。上兴镇社区教育中心以提升广大居民综合素质为己任，广泛开展形式多样、覆盖面广、丰富多彩的社区教育活动和各类教育培训，教育对象涵盖了不同年龄、不同层次的社区居民和外来就业人口，得到了社区居民的高度认可和广泛好评。

(4) 有明显的教育成效。形成了"人人是学习之人、处处是学学之所"的学习氛围,社区成为没有围墙的大学;整合优质资源,打造乡镇社区教育联合体,成立了北山教育培训集团,实行管理模式共建、培训资源共享、优势项目互补、师资团队互助的合作模式,最大程度地发挥了教育资源的作用,最大限度地满足了社区居民的需求。

(5) 对照"江苏省标准化社区教育中心建设标准",社区教育中心在以下方面仍存在不足,一是社区教育中心的地位不突出,主阵地作用发挥不足。二是申报材料中相关数据的严密性和规范性不足。专家组建议:一是提高认识,认真研读指标体系要求,进一步提高对社区教育的认识;二是增加投入,在硬件建设和三支队伍建设方面对照建设标准,进一步加大投入力度;三是优化内容,在打造上兴慢城方面突出地域性特色;四是创新发展,积极探索社区教育工新思路、新模式,使上兴的社区教育与当地经济社会发展同步。

2017 年

5月上旬,组织专家配合完成全省示范基地验收工作。

11月15日至26日,组织专家配合完成对全省省级社区教育示范区、省级标准化社区教育中心验收。

2017年,省教育服务"三农"高水平示范基地现场考核(第三小组)

按照《省教育厅办公室关于对2017年度教育服务"三农"高水平示范基地及部分高水平农科教结合富民示范基地进行现场考核的通知》要求,5月21—27日,由省成协马良生常务副会长带队,江苏农林职业技术学院何任红、省农委科教处毕冬梅组成的现场考核第三小组,按照要求,采取听取创建工作情况汇报,实地查看社区教育中心和基地现场,查阅档案台账和网页,对徐州、宿迁、连云港三市示范基地进行了现场考核,并现场反馈专家意见。总的看来,各地高度重视创建工作,切实加强组织领导,建立和完善相关管理制度,强化社区教育中心管理,广泛开展培训宣传,工作开展逐步走上正轨。

一、教育服务"三农"高水平示范基地

本组对 5 个示范基地进行现场考核,总的看来均符合创建条件。一是乡镇政府高度重视创建工作。各地大力支持社区教育中心发展示范基地,组建基地领导小组,设立基地管理办公室,监督示范基地运行。丰县大沙河镇政府无偿划拨土地 40 亩用于丰县鑫丰食用菌专业合作社基地建设,东海县石梁河镇建立了镇各部门协作推进机制,形成良好的产学研合作机制。赣榆区金山镇形成了政府统筹、社区教育中民牵头、各职能部门分工负责的创建组织体系。二是基地建设条件较成熟,各中心申报的示范基地具有一定的生产经营规模,基础设施配套齐全,推广运用品种、技术、设施等较先进。贾汪区汴塘镇基地的产业定位准确,以种植荷兰长茄、长沙牛角椒等设施蔬菜为主,是镇十三五农业产业发展规划的重要产业之一。丰县大沙河镇利用农业废弃物种植食用菌,实现了农作物秸秆的高效资源化利用,实现农业的循环发展。沭阳县南湖街道基地建立了试验区、示范区和辐射区,引进了 9 个新品种,推广了葡萄限根栽培、水肥一体化等新技术 3 项。赣榆区金山镇基地是农业部认定的国家现代农业技术标准化示范基地,建有茶叶审评室、化验室、培训室、茶艺表演室等。三是人才队伍较健全,各中心有驻点教师参与基地培训管理,有较稳定的农林院校和科研院所作为技术依托单位。四是基地示范辐射带动作用明显。围绕地方产业特色,贾汪汴塘设施蔬菜基地、丰县大沙河食用菌基地、沭阳县瓜果基地、石梁河葡萄基地、赣榆金沙有机茶基地等均符合当地引导扶持的农业产业化发展方向,通过开办专业培训班、编印发放专用教材、送技术到田头等,将示范基地建设与新型职业农民培育结合,做给农民看,带领农民干。沭阳瓜果基地创立的"虞美人"商标远近闻名,生产的产品被中绿食品中心授予"绿色食品"。石梁河葡萄基地的辐射引领作用显现,举办培训班 30 期,年培训 6 000 人次,辐射 1.3 万户农民,推广面积达 15 000 亩,示范户年收入平均递增 16%。

专家组认为,需进一步加强社区教育中心自身建设,突出农业科技

培训、成果推广等功能,切实发挥中心在示范基地建设中的主导作用。要加强对社区教育专职教师的培训,不断提高服务能力和水平,要充分发挥网站的宣传培训功能,不断更新基地建设相关内容。

二、高水平农科教结合富民示范基地

本组对3个示范基地进行现场复核,总的看来均正常运行并发挥了较好的示范带动作用。一是基地定位准,符合当地农业发展方向。贾汪区紫庄镇以设施果蔬种植为主,基地已成为紫庄镇"十三五"农业发展规划的重要核心区。宿城区龙河镇利用农作物秸秆发展养羊产业,符合农业结构调整、现代农业绿色发展方向。灌云县南岗乡陡沟基地以芦蒿种植为主导产业,现已成为连云港市菜篮子生产基地、连云港科技素质培训示范基地、县芦蒿高产栽培示范中心、新型职业农民培训中心。二是基地组织构架健全,建立了职责明确的规章制度,运行管理规范。贾汪区紫庄镇基地采用"龙头企业＋合作社＋农户"的经营模式,基地在新品种引进、新技术推广以及农民培训方面发挥了重要作用。灌云县南岗乡政府争取各方支持先后投入1 300多万元用于基地基础设施建设,道路水利设施、办公条件、培训条件进一步得到改善。三是示范带动作用显现。贾汪区紫庄镇基地辐射种植面积现已达2万亩,农户年均增收1万元以上,基地产品已通过中国绿色食品发展中心的绿色食品A级认证。宿城区龙河镇养羊基地养殖规模达2 000多只,引进新品种2个,推广新技术1项,年举办培训班18期,培训2 800人次。灌云县南岗乡社教中心组织编写乡土培训教材10余种,开展专题技术培训42期,培训农民9 730人次。

专家组认为,已创建的高水平农科教结合富民基地要按照新的要求,进一步加强为农服务能力,充分发挥现有建设成果的示范带动作用,进一步规范过程管理,完善相关档案资料,做到事事有记录,件件有落实。

具体意见:

1. 贾汪区紫庄镇农科教结合富民示范基地(2013年)

基地产业定位明确,以果蔬设施种植为主,符合现代农业发展方向,基地已成为紫庄镇"十三五"农业发展规划的重要核心区。

基地组织构架健全,有章可循,运行管理较规范。

基地采用"龙头企业＋合作社＋农户"的经营模式,基地在新品种引进、新技术推广以及农民培训方面发挥了重要作用。

基地的辐射引领效果显著,种植面积现已达 2 万亩,农户年均增收 1 万元以上,基地产品已通过中国绿色食品发展中心的绿色食品 A 级认证。

社区教育中心的阵地建设需进一步加强,服务能力和服务水平需进一步提高。

档案资料的管理需进一步规范、科学。

2. 贾汪区汴塘镇教育服务"三农"高水平示范基地

政府高度重视基地的创建工作,有较详细的基地规划及实施方案,建立了各部门协作推进机制。

基地的产业定位准确,以种植荷兰长茄、长沙牛角椒等蔬菜为主,是镇"十三五"农业产业发展规划的重要产业之一。

基地的辐射引领作用显现,先后引进新技术 5 项,推广新品种 3 个,年培训 1 500 人,举办培训班 12 期,辐射 365 户农民,编写乡土教材 2 本,示范推广面积 1 500 亩,示范户年均递增 12%。

基地的基础设施建设、科技水平需进一步提升。

社区教育中心的阵地建设需进一步加强。中心的科技服务水平和能力建设需进一步加强。

3. 丰县大沙河镇教育服务"三农"高水平示范基地

政府高度重视基地的创建工作,镇政府无偿划拨土地 40 亩用于丰县鑫丰食用菌专业合作社基地建设,成立了领导小组和工作小组,有详细的创建规划及实施方案。

基地的产业定位准确,符合当地产业结构调整和发展方向。利用农业废弃物种植食用菌,实现了农作物秸秆的资源高效化利用,实现农业的循环发展。

基地科技水平较高,以杏鲍菇种植为主,基地每年利用秸秆等 30 余吨,产鲜菇 20 吨,年产值达近亿元。先后引进新品种 3 个、推广新技术 5 项。

辐射引领作用显现,举办培训班 24 期,年培训 2 600 人次,辐射 500 户农民,编写乡土教材《食用菌种植技术》,带动新型农业经营主体 3 个。

基地和社区教育中心的网络建设和运行管理较好。

基地及社区教育中心的软件和硬件建设等需进一步加强。

4. 宿城区龙河镇秸秆养羊示范基地(2013 年)

基地产业定位明确,利用农作物秸秆发展养羊产业,符合农业结构调整和现代农业绿色发展方向。

基地组织构架基本健全,运行管理较规范。

基地在新品种引进、新技术推广以及农民培训方面发挥了较好的作用。引进新品种 2 个,推广新技术 1 项,养殖规模达 2 000 多只,年举办培训班 18 期,培训人员 2 800 人次。

社区教育中心的阵地建设需进一步加强,服务能力和服务水平需进一步提高。

5. 沭阳县南湖街道教育服务"三农"高水平示范基地(虞美人瓜果专业合作社)

政府高度重视基地的创建工作,成立了创建领导小组和工作小组,基地规划科学,创建方案具体,资料翔实。

基地的产业定位准确,符合当地产业结构调整要求和发展方向。

基地有良好的基础,基地规模达 2 200 亩,建立了试验区、示范区和辐射区,引进了 9 个新品种,推广了葡萄限根栽培、水肥一体化等新技术 3 项。

基地辐射引领作用显现,举办培训班 5 期,年培训人员 1 600 人次,辐射 2 100 户农民,推广面积达 1 840 亩,编写乡土教材 8 本,示范户年收入平均递增 11%。

基地的影响力彰显。基地创立的"虞美人"商标远近闻名,生产的产品被中绿食品中心授予"绿色食品"。基地创建人先后获得省市劳动模范、全国百姓终身学习之星等荣誉称号。各级领导也多次视察基地。

基地和社区教育中心的网络建设和运行管理较好。

建议进一步发挥社区教育中心的培训功能,以及基地的示范引领作用。

6. 东海县石梁河镇教育服务"三农"高水平示范基地(石梁河镇葡萄种植示范基地)

政府高度重视基地的创建工作,成立了基地创建领导小组和工作小组,建立了镇各部门协作推进机制,以及良好的产学研合作机制,基地有详细的产业规划,创建目标明确,实施步骤具体。

基地的产业定位准确,基地核心区胜泉村具有40多年的葡萄种植历史,葡萄种植是当地农民致富脱贫的重要抓手,符合当地产业结构调整要求和发展方向。

基地具有良好的基础,基地核心区规划面积1 000亩,建立了试验区、示范区和辐射区,引进阳光玫瑰、早黑宝等葡萄新品种8个,推广了葡萄避雨设施栽培、葡萄限根栽培、水肥一体化等新技术6项。基地基本实施了标准化栽培,基地的基础设施条件较好。

基地的辐射引领作用显现,举办培训班30期,年培训6 000人次,辐射1.3户农民,推广面积达15 000亩,示范户年收入平均递增16%。

基地的影响力和品牌效应突出。基地所在的村先后被列为苏北葡萄第一村,连续举办五届的"中国·东海(石梁河)葡萄节",石梁河葡萄也获得国家地理标志,各级领导也多次视察葡萄基地,对基地的建设和发展给予了高度评价和肯定。

基地和社区教育中心的网络建设和运行管理较好。

进一步加强社区教育中心阵地建设,提升社区教育中心的服务能力和水平,做好示范推广工作。

7. 赣榆区金山镇教育服务"三农"高水平示范基地(金山有机茶生

产基地)

政府高度重视基地的创建工作,成立了基地创建领导小组,形成了政府统筹,社区教育中心牵头,各职能部门分工负责的创建组织体系。基地规划科学,创建目标明确,实施步骤具体。

基地的产业定位准确,符合当地产业结构调整要求和发展方向。发展有机茶产业是当地精准扶贫的重要抓手和举措。

基地科技水平较好。基地已被农业部认定为国家现代农业技术标准化示范基地,建成了绿茶、红茶、黑茶清洁化生产线 3 条,建有茶叶审评室、化验室、培训室、茶艺表演室等。基地积极采用茶园绿色防控、防霜冻技术、节水灌溉技术等新技术。

基地的辐射引领作用彰显。基地为我省最北端茶区,基地现有茶园 2 000 多亩,辐射面积超 10 000 亩,年产干茶 30 万公斤,建立了"南茶北引"试验区、示范区和辐射区,引进了福鼎大白、黄山种等新茶品种 4 个,年举办培训班 10 期,年培训 2 000 人次,编写乡土教材 2 本,示范户年收入平均递增 15%。

基地的影响力不断扩大。基地生产的茶叶具有"叶片厚、香气高、耐冲泡"等特点,产品通过国家有机产品认证,金山徐福茶已成为连云港知名商标,先后获得"陆羽杯"一等奖、"花果山杯"金奖,品牌效应显著。

社区教育中心阵地建设需进一步加强,社区教育中心的服务能力和水平仍需进一步提升。

8. 灌云县南岗乡陡沟农科教富民示范基地(2014 年)

政府高度重视基地的建设。政府积极筹措资金,争取各方支持,先后投入 1 300 多万元用于基地基础设施建设。基地建成了新品种展示区 30 亩、新技术展示区 50 亩、无公害示范区 170 亩,基地的道路水利设施不断完善,基地的办公条件、培训条件基地进一步得到改善,基地建立了完善的农产品溯源系统。

基地有良好的基础。基地以芦蒿种植为主导产业,产业定位明确,是当地实施农业结构调整的重要举措和抓手。基地现已成为连云港市菜篮子生产基地、连云港科技素质培训示范基地、县芦蒿高产栽培示范中心、新型职业农民培训中心。

社区教育中心的作用得到体现。编写乡土培训教材10余种,开展专题技术培训42期,培训农民9 730人次;开展新型职业农民培训16期,培训新型职业农民985人;辐射农户1万余户。

基地采用"专家进基地、基地带大户、大户带小户、农户帮农民"的经营模式,标准化建设、项目化管理、市场化运作、社会化服务的运行机制。基地组织构架健全,建立了职责明确的规章制度,运行管理科学规范。

基地的辐射引领作用显著,自2014年创建以来,基地规模不断扩大,现有种植户3 400多户,种植面积1.5万亩,种植大户年收入超过12万元,项目区年人均收入突破1万元,是非项目区的3倍,年递增12%以上,脱贫186户。

社区教育中心网络建设运行良好,数字化资源丰富。

进一步加大示范推广力度,惠及较多农民,提高种植效益品牌建设。

2018年

根据省教育厅"省教育厅办公室关于做好2018年江苏省教育服务"三农"高水平示范基地申报工作的通知(苏教办社教函〔2018〕2号)"和"省教育厅办公室关于做好2018年省级社区教育示范区及标准化社区教育中心申报工作的通知(苏教办社教函〔2018〕5号)"文件精神,经过省教育厅社会教育处同意,省成协组织了三期新申报单位负责人培训班("关于举办2018年江苏省教育服务"三农"高水平示范基地负责人培训班的通知(省成协〔2018〕4号)""教育厅关于举办2018年江苏省省级标准化社区教育中心负责人培训班的通知(省成协〔2018〕24号)"和"关于举办2018年江苏省省级社区教育示范区负责人培训班的通知"(省成协〔2018〕25号)),共计160个单位300余人参加了学习培训,培训班按照解读创建标准、成功案例解剖、过程建设指导、实地验收准备、现场参观学习等五个单元进行培训,同时建立专家队伍进行全程跟踪、接受咨询,实施以评促建,以评促上,重在建设省级创建准备工程,确保认真落实省教育厅工作要求。同时,省成协还承担了"教育服务三农"申报材料审核及三项创建的现场验收工作。

2018年,配合省教育厅在江苏理工学院举办全省社区教育干部高级研修班,社区教育专委会在常州举办了两期现场教学活动,共接待来自全省各地的社区教育干部160人观摩现场,介绍常州办学经验。

组织相关专家,参与省教育厅2035教育现代化继续教育部分研讨工作,组织编写《江苏省教育服务"三农"高水平示范基地绩效报告汇编》。2018年5月,为认真总结经验,提高创建效益,根据省教育厅、省农委《关于创建江苏省教育服务"三农"高水平示范基地的通知》(苏教社教〔2016〕3号)精神,省教育厅对2016年和2017年创建的42个省教育服务"三农"高水平示范基地的工作绩效开展了督查。在各设区市教育局督促下,各示范基地认真总结工作经验和业绩成效,并形成绩效报告报送省教育厅。按照省教育厅要求,省成协将42个示范基地的绩效报告汇编成册,并在"新时代成人教育改革发展研讨会"上发放。

2019年

举办新申报教育服务"三农"高水平基地的负责人培训班,组织新申报单位学习文件,了解要求,并掌握材料上报要领,有近70人参加了培训。孙曙平会长进行开班动员,省社会教育处李海宁副处长做了关于《三农高水平示范建设政策的解读》的讲座,江苏农林职业技术学院何任红教授以《江苏省教育服务"三农"高水平基地申报材料准备与编制技巧》为题作专家讲座,葛国君教授以《现场考核中若干问题的思考》为题作专家讲座。本次培训班的亮点在于走进了丹阳云阳街道社区教育中心、江苏吟春碧芽农业标准化示范基地、句容丁庄葡萄小镇进行了三场现场教学,新申报单位成员亲身感受基地建设的管理和工作过程。

为了加强已经创建成功的教育服务"三农"高水平基地的动态管理,继编写了2017年的绩效报告后,2019年协会又对2016年至2018年创建的62个基地启动"2018年江苏省教育服务'三农'高水平基地绩效报告"编写工作,要求各示范基地要对照苏教社教〔2016〕3号文件提出的4项重点任务和10项创建条件认真组织自查,在此基础上,全面回顾总结2018年工作开展情况(有具体量化数据说明),包括省级专项经费使用情况,分析存在的问题和不足,提出工作改进措施。

三、示范县的创建

国家级职成教示范县创建

积极创建国家级农村职业教育和成人教育示范区县,共建成 15 个:
第一批:昆山市、如东县、南京市江宁区
第三批:如皋市、常州市武进区、扬中市、宜兴市
第四批:宝应县、溧阳市、南通市通州区
第五批:常州市金坛区、扬州市江都区、海门市、丹阳市、太仓市

2018 年

2018 年,受教育厅社会教育处的委托,参与教育厅检查组赴江都、扬中、丹阳、金坛、武进,对国家级农村职业教育、成人教育示范县进行现场考核,撰写现场考核报告。

附:教育部关于开展国家级农村职业教育和成人教育示范县创建工作的通知(教职成〔2013〕1 号)

各省、自治区、直辖市教育厅(教委),新疆生产建设兵团教育局,各有关单位:

为深入贯彻《国家中长期教育改革和发展规划纲要(2010—2020年)》,落实教育部等九部门联合印发的《关于加快发展面向农村的职业

教育的意见》(教职〔2011〕13号)关于组织开展国家级农村职业教育和成人教育示范县创建活动要求,引导地方各级政府切实履行好发展面向农村的职业教育职责,推动县域职业教育和成人教育又好又快发展,现就示范县创建工作有关事项通知如下。

一、指导思想和目标任务

紧紧围绕教育规划纲要确定的战略目标和任务要求,通过示范县创建活动,落实县级政府发展职业教育和成人教育责任,强化职业教育和成人教育资源的统筹协调和综合利用,深化改革创新,提升农村职业教育和成人教育基础能力,为县域经济社会发展、产业发展提供人力支撑。树立一批农村职业教育和成人教育典型,充分发挥示范县引领辐射作用,推动全国农村职业教育和成人教育改革发展。

二、创建范围

县、市及涉农区人民政府。

以县、市为主,兼顾涉农区及新疆生产建设兵团、黑龙江农垦总局下辖县级单位。涉农区系指区内常住人口中农业常住人口所占比例超过30%的区,包括地级市的区、副省级城市所辖区、直辖市所辖区。

示范县创建工作向农、林、牧、副、渔、水利、粮食等大县(市、区)以及农业社会化服务开展较好的县(市、区)倾斜。

三、组织实施

5年内创建300个国家级农村职业教育和成人教育示范县。分年度创建工作的组织实施将另文通知。

1. 有意愿参加创建工作的县(市、区)以县级人民政府名义向省级教育行政部门申报。参与申报的县(市、区)要加强对县域职业教育和成人教育工作的组织领导,健全组织管理、运行机制、体系建设、经费筹措等方面制度,切实解决制约职业教育和成人教育改革发展的重大问题。

2. 省级教育行政部门对自愿申报的县(市、区)开展评估,并将评估意见报送到教育部职业教育与成人教育司。省级教育行政部门负责本

> 成协工作的实践与研究

地区示范县创建工作,要依据《国家级农村职业教育和成人教育示范县工作要求》,结合本地实际研究制定具体实施办法,深入开展宣传推广活动,充分发挥示范县的辐射作用,推动当地农村职业教育和成人教育迈上新台阶。

3. 教育部组织对省级教育行政部门评估意见进行审核并公布国家级示范县名单。

示范县创建涉及面广、政策性强,各地要高度重视,做好组织实施工作。在示范县创建过程中有任何问题和建议,请及时与职业教育与成人教育司联系。

附件：

国家级农村职业教育和成人教育示范县工作要求(试行)

		示范要求
组织领导	政府统筹	职业教育和成人教育纳入县域经济社会发展总体规划
		县域产业发展规划明显体现职业教育和成人教育人力支撑作用
		制定县域职业教育和成人教育中长期发展规划
		开展三农人才需求预测,科学规划三农人才培养培训工作
		促进农科教结合,有机整合县域职业教育培训资源
		加强基础教育、职业教育和成人教育统筹,保持高中阶段在校生职普比大体相当,保障成人教育与其他类型教育协调发展
	体制机制	成立由政府主要领导任组长,相关部门为成员的职业教育部门联席会议(或相应职成教育领导机构),明确相关部门促进和保障职成教育发展的职责,下设专门办事机构,统筹县域职业教育和成人教育发展
		完善管理制度,建立督促检查、考核奖惩和问责机制,职成教育发展纳入政府相关部门工作考核
	政策措施	贯彻落实国家、省加快发展农村职成教育要求有政策,有措施
		对农村职业学校改革发展及开展涉农培养培训工作给予政策倾斜
		职业教育和成人教育纳入县乡年度工作计划,并进行督导考核

续表

		示范要求
条件保障	队伍建设	职业学校教师队伍数量充足、结构合理、专兼结合、相对稳定。职教生师比不超过20∶1,"双师型"教师占专任教师比例不低于60%。教师队伍培养培训规划落实
		乡镇成人文化技术学校按不低于乡镇常住人口万分之一的比例配备专职人员,且每校不得少于3人,编制要落实
	经费投入	县级政府设立职业教育专项经费,统筹用于县域职业教育培训。城市教育费附加用于职业教育比例不低于30%,职业教育免学费和助学金政策地方配套经费足额到位,督促企业落实按照职工工资总额的1.5%~2.5%足额提取职工教育培训经费
		县级政府设立成人教育专项经费,按县域常住人口人均不少于1元筹措,纳入年度财政预算
		中等职业学校生均公用经费标准不低于普通高中。财政安排专门的教师培训经费,专项经费不低于职成教育教师工资总额的1.5%
		职业教育和成人教育经费使用情况监测制度完善、执行有力。经费使用的绩效评估方法科学、软硬件投入比例合理
	网络构建	构建起以县级职业教育中心为龙头,乡镇成人文化技术学校为骨干,村级成人文化技术学校为基础的县域职业教育培训网络,网络运行机制良好。乡村成人文化技术学校覆盖率达到相当比例
		加强职业教育和成人教育资源库建设,开展远程教育,不断提升信息化水平
		推动职业教育集团化办学,提高职业教育办学质量。广泛开展校企合作,社会效益显著
	实训条件	加强职业学校实训基地建设,实训设备总值不少于2 000万元,生均仪器设备值高于4 000元,能满足校内教学和"三农"人才培养培训要求
发展水平	规模结构	职业学校数量与当地人口和经济社会发展要求适应。中等职业教育与普通高中招生比例大体相当
		注重培训成果,职业学校积极开展各种类型的社会培训,人次达到学历教育学生数2倍以上
	质量效益	县域内至少有1所国家级中等职业教育改革发展示范学校或国家级重点中等职业学校
		实施分类培训,基本满足群众就业创业、增收致富和社会文化生活需求。农村实用人才数量基本满足现代农业发展需求
		专业设置与县域主导产业、特色产业和现代农业紧密对接,服务地方经济发展能力强,满足本地经济社会发展需要
		每个农户家庭至少有一名劳动力通过培训掌握1~2项实用技术,人民群众对职业教育和成人教育满意度较高

续表

示范要求	
特色(创新)	创建示范县过程中,在组织管理、运行机制、体系建设、经费筹措、产教结合、人才培养、社会培训等方面有创新举措,效果显著,在省市内有较大影响,具有示范推广价值
	县域设立涉农专业发展专项经费,对涉农专业教师的配备与培训有倾斜政策,在农业生产主产区建有稳定、一定规模的涉农专业校内外实训基地,产教结合成果突出
	县域乡镇成人文化技术学校具有独立法人地位,实现独立建制、独立校园

附:国家级农村职业教育和成人教育示范县创建单位现场考核报告

根据省教育厅办公室《关于对部分国家级农村职业教育和成人教育示范县创建单位进行现场考核的通知》精神,第一组专家3人于2018年1月23日至26日,对第三批国家级农村职业教育和成人教育示范县常州市武进区、镇江扬中市进行合格认定;对第五批国家级农村职业教育和成人教育示范县申报单位常州市金坛区、镇江丹阳市、扬州市江都区进行评估,现将相关情况汇报如下:

一、第三批合格认定单位

常州市武进区、镇江扬中市在国家级农村职业教育和成人教育示范县创建入围以来,继续以创建促建设,以创建促发展,认真落实创建目标,科学制定政策措施,积极完善工作机制,加强政府统筹力度,大力夯实建设内涵、努力拓展发展外延,有效提高了职业教育、成人教育服务经济社会发展的能力和水平。

(一)常州市武进区

主要成绩方面:

(1)政府全面统筹、管理体制清晰。在全区国民经济和社会发展的重大规划中,将包括职业、成人教育在内的各类教育进行了全面的规划设计。政府主要领导任组长,组成工作委员会并建立联席会议制度。

(2)政策项目具体、指标落实到位。出台一系列促进教育发展的政策文件,确立了开展职业、成人教育的工作目标、任务、项目、指标,明确职责,狠抓落实。

（3）基础条件完备、工作成效显著。职业教育、成人教育办学网络完善，师资队伍配备到位，工作目标任务明确清晰，能够结合农村实际、部门需要、农民需求广泛开展各类教育培训活动。

建议：

继续加大创新力度，深化职业教育、社区教育教学改革，积极为各类人群提供满意的教育、培训服务。

（二）镇江市扬中市

主要成绩方面：

（1）政府重视、保障到位。建立了政府主导、相关部门参与的全市职成教育工作管理机制，出台了一系列促进职成教育事业发展的利好政策，有力地保障了职成教育事业发展。

（2）立足统筹协调，进一步彰显职成教育发展的公平和均衡。进一步提标办学条件；进一步完善教育网络；进一步建设实训基地。

（3）提升职成教育发展的层次和品质。构建了具有地方特色的职教专业群；培养了社会认可的技术型人才；探索了职成教课程改革的新路径；职业教育、成人教育服务经济社会发展的能力显著增强。

建议：

政府要进一步加强对职业教育、成人教育工作统筹，加大投入，提供保障，深化教育教学改革，促进成人教育向社区教育转型，推进全区职业教育、成人教育又好又快发展。

二、第五批现场考核单位

常州市金坛区、扬州市江都区、镇江丹阳市高度重视职业教育、成人教育发展，积极落实国家发展职成教育的相关要求，在政策制定、经费投入、物质保障等方面积极保证，强化教育资源的统筹协调和综合利用，职成教育各项指标已达到国家级农村职业教育和成人教育示范县申报要求。

（一）常州市金坛区

主要成绩方面：

（1）政府重视、措施有力。政府坚持统筹规划，强化责任主体，把职成教育作为经济社会发展的基础性、先导性工程。强化政府主导、创新管理制度、整合区域资源、改善基础条件等多措并举，着力推进示范县的创建工作。

（2）目标明确、思路清晰。政府确立了"规划导航、整合资源、项目驱动"的思路，制定创建示范县"实施方案"，采取"一年调研差距、二年调整思路、三年调优指标"的工作策略，指导全区上下开展示范县创建的各项工作。

（3）工作踏实、稳步推进。通过研读文件、研究差距、研讨策略，分阶段、定目标、定任务、明责任、勤督查等方法和手段，踏实工作，稳步推进示范县的创建工作。

建议：

进一步创新职业教育、成人教育管理体制、创新工作思路、创新项目特色，在创建中寻求突破，在突破中起示范作用。

（二）扬州市江都区

主要成绩方面：

（1）政府重视。围绕创建国家级职成教育示范县，政府下发专门文件，召开专题会议，成立专门机构，下派专项任务，进行专项督导和督办。

（2）措施具体。政府统筹了全区职成教育事业发展重大规划、计划，整合了职成教育各方面的资源，制定了支持全区职成教育发展的政策措施，建立了有相关部门共同参与的管理体制和工作机制。

（3）职业教育依据产业转型升级的需求，合理设置专业，打造精品专业，突出特色专业，职业教育吸引力在区域内逐步增强。

（4）成人教育三级办学网络全面建成，覆盖率达到100%。

建议：

进一步加大财政经费对职业教育、成人教育的投入；进一步加强社区教育师资的专业化能力建设。

（三）镇江市丹阳市

主要成绩方面：

（1）政府重视。把创建工作列入本市重大奋斗目标之一，出台了一系列政策文件,加大领导力度(分管市长挂帅),加大工作要求(签订工作任务书),加强过程管理(现场调研指导工作)。

(2)条件保障。职业教育学校建设水平高,政府对成人教育专项经费的投入力度大,人均已达到4元标准;全区镇(街道)成人教育学校100%达到省级标准。

(3)创新发展。重视职业教育、社区教育的理论研究,以课题引领工作实践。开展系列化的各类创新活动,不断提升职业教育、社区教育发展的内涵。

建议:

要进一步完善成人教育管理体制,加强成人教育师资能力提升和专业化队伍建设。

三、认定评估结论

通过对第三批国家级农村职业教育和成人教育示范县创建入围单位常州市武进区、镇江扬中市的现场考核,对照《国级农村职业教育和成人教育示范县工作要求(试行)》,专家组认为已达到合格认定标准。

通过对第五批国家级农村职业教育和成人教育示范县申报单位常州市金坛区、扬州市江都区、丹阳市的现场评估,对照《国级农村职业教育和成人教育示范县工作要求(试行)》,专家组认为已达到申报标准。

第一考核组:

马良生　省成教协会常务副会长

王广礼　南京市教育局原调研员

万　炜　省教育厅职业教育处副主任科员

2018年1月29日

2018年下半年,我参与教育厅检查组赴通州、宝应、溧阳对国家级农村职业教育、成人教育示范县进行现场考核,撰写现场考核报告。

附:国家级农村职业教育和成人教育示范县创建单位现场考核报告

根据省教育厅办公室《关于对第四批国家级农村职业教育和成人教

育示范县创建单位进行现场考核的通知》精神，专家组一行4人，于2018年11月30日至12月2日，对第四批国家级农村职业教育和成人教育示范县常州市溧阳县、南通市通州区、扬州市宝应县进行合格认定，现将相关情况汇报如下：

一、第四批合格认定单位概况

常州市溧阳县、南通市通州区、扬州市宝应县从国家级农村职业教育和成人教育示范县创建入围以来，继续以创建促建设，以创建促发展，认真落实创建目标，科学制定政策措施，积极完善工作机制，加强政府统筹力度，大力夯实建设内涵，努力拓展发展外延，有效提高了职业教育成人教育服务经济社会发展的能力和水平。

（一）常州市溧阳县

主要成绩方面：

（1）政府统揽全局、优化谋划，建立完善了高效的组织体系。特别是能抓住创建国家级农村职业教育和成人教育示范县的契机，将职业和成人教育纳入社会事业发展的工作大局，成立了县社区教育委员会，完善了全县工作联席会议制度，强化了部门工作目标与责任。

（2）优化了师资队伍，加大了财政投入，职业学校"双师型"教师和社会教育专职教师比例远超标准，一支优质的职业教育和社区教育队伍已初步形成。职业教育和成人教育专项经费列入市财政预算，确保到位、专款专用，并做到逐年增长。出台了一系列文件，进一步规范了经费的立项、审批、管理、考核与发放，确保了经费使用的效益。

（3）突出了职教集团的龙头示范带动作用，形成了以职教集团、开放大学和老年大学为主体的三大成人学历教育平台，职业教育、成人教育办学网络完善，工作目标任务明确清晰，能够结合农村实际、部门需要、农民需求广泛开展各类教育培训活动。

建议：

继续加大职业学校与企业合作力度，促进产教融合，做强职成教育在高素质技术技能人才培养、服务产业转型升级和构建终身教育体系等方面的功能,不断提高教育服务地方经济社会发展能力。

(二)南通市通州区

主要成绩方面:

(1)政府统筹到位,制度供给充分,把职业教育和成人教育事业纳入了国民经济和社会发展规划,列入政府重点工作,优先审批立项,确保国家的各项政策落实到位,出台了一系列服务"三农"工作意见及文件,科学实施人才培养工程,为职业教育和成人教育发展提供了有力保障。

(2)能够坚持科学发展观,出台了一系列促进基础教育、职业教育和社区教育统筹发展的文件,区域职成教规模、结构合理;社会教育注重特色品牌建设,职业教育开展"双场合一"教学模式的研究,形成了以企业产品作为教学内容的载体,以企业生产监控方式为教学评价的主要方式,使学习过程与企业生产过程有机融合。

(3)扎实推进特色创新行动,职业教育构建了具有地方特色的职教专业群,培养了社会认可的技术型人才;探索了职成教课程改革的新路径。社区教育的培训模式有创新、内容有特色,职业教育、成人教育服务区域经济发展的能力明显增强。

建议:

政府要进一步创新职成教体制、机制建设;进一步推动职成教育与产业对接、与市场对接,推动产教深度融合;全面提升居民职业技能和综合素养。

(三)扬州市宝应县

主要成绩方面:

(1)政府重视,成立了职业教育和成人教育工作领导小组,科学谋划职成教育;在经济社会发展规划中,明确了职成教育的发展目标和任务;不断优化财政支出结构,保障了职业教育公用经费足额拨付,社区教育经费年年提升。

(2)出台一系列促进职成教发展的政策文件,优化了资源配置,加大了基础设施投入,加强了人才队伍建设。开展各类社教活动,提升了农村居民素质。

（3）职业教育积极推进学生创业基地建设，创新工学结合、校企合作、顶岗实习人才培养模式，培养了一批高素质技能型人才。成人教育根据区域产业特色，及时组织菜单式培训，积极实施教育服务"三农"计划，有力地促进了富余劳动力的转移。

建议：

进一步加强职成教育品牌建设，进一步打造农村职业教育和成人教育特色亮点，进一步提高办学效益，不断扩大办学影响力。

二、认定评估结论

通过对第四批国家级农村职业教育和成人教育示范县创建入围单位常州市溧阳县、南通市通州区、扬州市宝应县的现场考核，对照《国级农村职业教育和成人教育示范县工作要求（试行）》，专家组认为已达到合格认定标准。

考核组：

马良生　省成教协会常务副会长

罗厚礼　省教育厅社会教育处调研员

仲卫华　省教育厅职业教育处

丁卫东　镇江润州区社区培训学院院长

2018 年 11 月 2 日

根据中成协的安排，我参加国家级职业成人教育示范县材料评审工作，赴新疆阿克苏进行国家级农村职业教育、成人教育示范县复查工作。

附：国家职成司复检专家组一行在五团复检第四批国家级农村职业教育和成人教育示范县工作

2018 年 10 月 9 日上午，由江苏省成人教育协会副会长、教授马良生带领的第四批"国家级农村职业教育和成人教育教育示范县"复检专家组一行 7 人，在兵团及师领导陪同下，在五团开展抽查复检工作。专家组先后来到五团机关、学校、三连、二连、十三连、春风路社区等 6 个单位开展检查调研工作,通过听取汇报、与少数民族学生现场交流、入农户、与连队"两委"成员座谈、参观矮化密植红富士苹果示范园等方式,详细了解了五团的区域特点、发展状况、人口现状、自然资源、特色产业、文旅资源、民族融合情况、农民及职工的培训工作,充分肯定了五团职业教育和成人教育工作。

近年来,五团沙河镇积极贯彻落实国家发展职业教育和成人教育的方针政策,团镇职业教育和成人教育事业得到了长足发展,形成了团场农业技术推广＋农业广播电视学校＋少数民族农民职业技能、国语培训＋连队技术指导相结合的团域职成教育网络。培养了一大批会技术、懂管理的专业人才,有力地促进了团镇经济社会发展。

五团沙河镇还特别重视农民增收项目培训,通过举办培训班,举办科普宣传,印发科技小报等途径,积极开展技能培训,使参训职工、少数民族农民技能水平和语言水平均得到了明显提高。大力推广生态高效农业、科学养殖种植,培养团场致富骨干,每年完成上万人次的实用技术培训,提高职工种植养殖技术,每个家庭至少有1名劳动力掌握1—2项实用技术,帮助农民增收。同时,还通过开展创业培训,培养农民成为示范户、专业户、经纪人、小老板,培育创业示范点,带动职工增产增收。

2019 年

根据教育厅《关于做好国家级农村职业教育和成人教育示范县创建工作总结和第五批示范县抽查复检工作的函》文件精神,2019年8月5日—7日,在金坛召开江苏省"国家级农村职业教育和成人教育示范县"创建工作总结交流会。来自全省10个已创成示范县和5个第五批入围县的职成教分管局长和负责人共计38人参加会议。江苏省成人教育协会会长孙曙平、副会长马良生、省教育厅语言文字与继续教育处副处长李海宁到会。已创成的10个(区、市)职成教示范县作了创建经验交流,睢宁县中等专业学校副校长袁保倩作了题为《万人电商培训,助推乡村振兴》的分享发言。金坛作为第五批示范县入围单位的代表作创建工作情况汇报。全体与会人员现场考察了金坛中等专业学校等5个职成教基地。

附一：关于做好国家级农村职业教育和成人教育示范县创建工作总结和第五批示范县抽查复检工作的函

有关县(市、区)教育局：

根据教育部职业教育与成人教育司《关于开展国家级农村职业教育和成人教育示范县创建工作总结暨第五批示范县抽查复检的通知》(教职成司〔2019〕68号)要求，现就做好我省国家级农村职业教育和成人教育示范县创建工作总结和第五批示范县抽查复检工作函告如下：

一、认真做好创建工作总结

请各示范县(市、区)教育局按照有关要求认真做好工作总结并遴选优秀案例，总结材料、优秀案例的电子稿请于2019年8月5日前报我厅语言文字与继续教育处，邮箱：Jsscjxh2017@163.com。

二、抓紧做好抽查复检准备工作

请常州市金坛区、扬州市江都区、海门市、丹阳市、太仓市根据教育部文件要求，抓紧做好复检准备工作，我厅将于8月7日至9日组织专家组进行现场检查指导，具体时间另行通知。

三、积极参与优秀分平台和优秀信息员评选

各示范县(市、区)要根据国家开放大学《关于开展2019年国家级农村职业教育和成人教育示范县展示与交流平台优秀分平台和优秀信息员评选活动的通知》(国开办〔2019〕52号)要求，积极开展评选工作，并按期提交相关材料。

四、召开示范县工作交流会议

定于8月6日在常州市金坛区召开我省国家级农村职业教育和成人教育示范县工作交流会议，交流各地工作经验做法、面临的困难和问题以及对策建议，请常州市金坛区、扬州市江都区、海门市、丹阳市、太仓市教育局分管局长和职能科室负责人以及其他示范县(市、区)教育局职能科室负责人出席会议。8月5日会议报到，会议地点在金坛区颐丰大酒店（丹阳门中路 188 号），请参会人员于 8 月 2 日前将《参会回执》发送至邮箱 Jsscjxh2017@163.com，联系人：郑青，电话：13851812637。请各示范县（市、区）将交流材料打印 30 份带到会上。

附二：创建工作情况汇报

加快发展职成教育，积极助推乡村振兴
——江苏省 10 个国家级农村职业教育和成人教育示范县创建工作情况汇报

目前，江苏省已完成创建任务的国家级农村职业教育和成人教育示范县（以下简称"示范县"）有 10 个，其中，第一批 3 个（昆山市、如东县、江宁区）、第三批 4 个（如皋市、武进区、扬中市、宜兴市）、第四批 3 个（宝应县、溧阳市、通州区）。面对加快建设现代化教育强省的新形势，在省教育厅的统筹指导下，各级党委政府从增强"四个意识"，坚定"四个自信"，做到"两个维护"的政治高度，积极巩固示范县创建成果，持续加强农村职成教事业的基础能力建设和体系建设，努力提升农村职成教促进城乡经济社会发展、助力产业转型升级的能力，为决胜高水平全面建成小康社会、建设"强富美高"新江苏作出新的更大贡献。

一、注重区域整体规划，持续加强机制创新

针对加快推进区域经济社会协调发展和教育现代化建设的任务，各地党委政府积极谋划思路，制定措施，深化改革，破解难题，持续做好顶层设计，大力完善职成教事业的领导机制，出台一系列政策措施，推进县域经济社会发展总体规划、县域产业发展规划与职成教育事业的融合发展。县域内职业学校数量与当地人口和经济社会发展要求适应，确保中等职业教育与普通高中招生比例持续保持大体相当。2019 年，宜兴市出台《市政府办公室关于深化产教融合的实施意见（试行）》、武进区出台了《武进区企业新型学徒制校企合作实施方案》；如皋市先后出台了《关于进一步健全中等职业教育经费保障机制的意见》《关于进一步加强职业教育促进经济社会发展的意见》《关于进一步加强社区教育工作的意见》等一系列文件；通州区出台《关于大力实施富民工程高水平全面建成小康社会方案》，2019年，区教育体育局与区编委会对全区社区教育中心人员独立成建制，统一职称评定、岗位竞聘、评先评优、统一考核，并加强督导；江宁区出台《江宁高等职业技术学校、社区学院年度评估方案》《街道社区教育中心年度评估方案》，2019年8月，区委、区政府又划拨70亩教育用地，扩建江宁高等职业技术学校；如东县完成创建任务后，仍然坚持继续对照示范县标准，将职成教工作纳入县政府机关部门工作考核内容，促进创建工作持续推进。

二、完善财政保障机制，持续加大投入力度

各地把职成教育作为统筹城乡的基础工程、惠及百姓的民生工程，持续加大财政投入，对农村职业学校改革发展及开展涉农培养培训工作给予政策倾斜，确保职成教经费足额到位，在财政支持上保持政策的连续性。城市教育费附加用于职业教育比例不低于30%，职业教育免学费和助学金政策地方配套经费足额到位，中等职业学校生均公用经费标准按照不低于普通高中的标准拨付，县级政府设立成人教育（社区教育）专项经费，纳入财政预算，按县域常住人口人均不少于4元筹措，并进行督政考核。2018年，宜兴市投入8 000万元建设产教融合孵化园；近两年，武进区认真落实城市教育费附加用于职业教育比例不低于30%的要求，保持在3 000万元以上，2018年，中职免学费配套2 022万元，落实职成教教师培训经费150万元，超过了1.5%的要求；昆山市坚持每年安排2 000万元补助农民参加职业技能培训，对新建、改建和扩建的职成校市财政按每平方米2 500元的标准予以补助；通州区投入2.9亿元建设通州中专二期；扬中市投入2 600万新建扬中中专实训大楼；江宁区的区、街道财政按照常住人口人各4元（累计达人均8元）的标准足额拨付成人教育专项经费。

三、加强资源共建共享,持续完善体系建设

以需求为导向,继续以现代职业教育体系和社区教育三级网络体系建设为抓手,统筹共享职业教育与成人教育资源,构建起以县级职业教育中心为龙头,乡镇社区教育中心为骨干,村级居民学校为基础的县域职业教育培训网络。根据当地骨干产业发展的人才需求,各示范县均举办中专＋普通本科、中专＋普通专科的中高职衔接人才培养模式；职教中心的专业设置与县域主导产业、特色产业和现代农业紧密对接,服务地方经济发展能力强,满足本地经济社会发展需要；积极开拓涉农专业和涉农课程,比如,宜兴根据产业特色和需求,开设农村会计、旅游农业、制茶技艺、畜禽养殖、果树栽培等涉农专业,依托涉农专业,5年来培训社会学员4 500多人；如皋市增设农村电气技术、农业机械使用与维护、工艺美术、园林技术及现代农业等涉农专业；加强国际交流与合作,宜兴中专成为国家"1＋X"证书制度试点学校,宜兴各职校与韩国明知大学等多所高校合作举办,推进了职业教育的国际化,溧阳市加强国际合作,职业教育集团成立了中德工业4.0人才培训中心、中德国际教育培训学院,统筹县职教中心(中专)与开放大学、社区学院一体化发展,推进全口径的青少年校外教育、现代职业农民培训、企业职工教育、成人学历继续教育、老年教育等多元需求的社区教育。加强老年教育工作,如东县出台《如东县老年教育三年行动计划(2017—2019)》。通州区形成了以通州开放大学为主体,各镇、街道社区教育中心为骨干的县域职业教育培训网络,技能培训、终身学习网络覆盖率达100%。

四、提高人才培养质量,持续优化队伍建设

坚持立德树人,持续建设一支高素质的职成教管理队伍和师资队伍,通过组织调配、人才引进、社会招聘,优先保证职业教育需求,合理安排成人教育师资,职教生师比不超过20∶1,"双师型"教师占专任教师比例高于60%,街道、乡镇社区教育中心按不低于乡镇常住人口万分之一的比例配备专职人员,且每校不少于3人,编制落实。目前,江宁区"双师型"教师占专任教师比例达到81.2%,初步形成了国家级名师、省

特级教师、省市区级优秀教师、骨干教师梯队；如皋市实施职教名人工程，建立健全职业学校教师赴企业实践制度，加快双师型教师队伍建设步伐；武进区鼓励教师深造，提升学历和技能，每年选派优秀教师出国培训和参加省级以上高层次培训；宜兴市率先在全国实施农村成人教育骨干教师队伍培养培训工程，出台了《宜兴市社会教育骨干教师评选认定方案》；溧阳市制定师资队伍建设目标，通过名师工作室、导师培养等载体，实现师资队伍水平的稳步提升。

五、对接区域经济发展，持续加强产教融合

各地把农村职业教育、成人教育服务经济社会发展列入重要考核指标，把职业教育、成人教育服务"三农"作为重要的发展方向，在资源配置上，从政策、专业、师资、基地、设备、经费等方面优先向服务区域经济、服务"三农"建设倾斜。比如：武进区累计成立3个职教集团和1个成教集团，对接180多家企业，覆盖全区主要企业、支柱企业、新兴产业；扬中市大力推动专业与产业、课程与职业标准、教学过程与生产过程的"三对接"，建立了双基地、工学交替、订单培养等多种校企结合模式；通州区因地制宜，依托农业生产示范基地积极开展各类培训，共推广农业技术11项、实验项目25个，培训职工15万人次、农村实用技术13万人次；昆山市成立了由中高等职业学校、政府部门、行业企业组成的职业教育联合体，专业与产业的匹配度达98%以上，2018年，培训"新昆山人"近200万人次；如东县实现了农科教结合示范基地全覆盖，建成示范基地和服务项目30多个；多地依托江苏省教育服务"三农"高水平示范基地的创建，以项目为抓手，培训实用技术，建设现代农业。

示范县创建验收以来，江苏省各地农村职成教工作马不停蹄，取得了丰硕的成果。教育承载着人民群众对美好生活的向往，办好人民满意的教育迫切需要教育高质量发展，迫切需要加快建设教育现代化强省。我们始终坚持既定的奋斗目标，展望未来，各地将进一步提高对农村职成教事业重要性的认识，进一步发挥职成教事业对地方经济社会发展的支撑作用；进一步健全职业教育和成人教育发展的领导协调机制，针对新的发展形势,加强顶层设计和政策调整,提高统筹发展、协同发展的力度;进一步完善职成教事业的投入保障机制,加大财政投入力度,促进农村职成教事业的创新发展、高质量发展,争取在江苏教育现代化建设进程中作出更大的成绩。

附:金坛区成功承办江苏省"国家级农村职业教育和成人教育示范县"创建工作总结交流会

2019年8月5日—7日,江苏省"国家级农村职业教育和成人教育示范县"创建工作总结交流会在我区召开。江苏省成人教育协会会长孙曙平、副会长马良生、省教育厅语言文字与继续教育处副处长李海宁、常州市教育局终身教育处处长丁皓、金坛区教育局分管领导王三龙,以及全省10个已创建示范县和5个入围县的职成教负责人参加会议。金坛区人民政府刘明江副区长、常州市教育局王华刚副局长、金坛区教育局廖伟文局长与省厅领导、专家组就金坛创建工作推进情况进行了多维度的深度交谈。

会前,全体与会人员现场考察了我区中等专业学校、朱林镇社区教育中心、江苏鑫品茶业有限公司、薛埠镇仙姑村村民学校和江苏一号农场科技股份有限公司等5个职成教基地。其中,江苏省金坛中等专业学校是一所集金坛开放大学、江苏城市职业学院金坛办学点、常州市金坛区技工学校于一身,融中高职教育、本专科学历教育、高技能人才培养及各类社会培训于一体的综合性职业学校。

金坛区朱林镇社区教育中心是我区社区教育的后起之秀,近年来先后荣获全国社区教育示范乡镇、江苏省标准化社区教育中心、江苏省首批教育服务"三农"高水平示范基地等荣誉称号,下辖9所居民学校全部成为常州市社区教育居民学校标准化建设达标单位。

江苏鑫品茶业有限公司是一个集茶叶生产经营、科技开发和茶文化传播于一体的民营茶叶企业。公司建有多个茶业研究中心,先后被评定为常州市20佳优秀农业高新技术企业、江苏省农业科技型企业、江苏省创新型企业、江苏省农业产业化省级重点龙头企业和中国茶叶产业联盟理事单位。

金坛区薛埠镇仙姑村村民学校以区域内自然山水环境为依托，以道教养生文化为底蕴，以乡村旅游、农家餐饮、农产品推广、农业观光为主要功能，深入推进新型职业农民教育培训工作，建有享誉周边的"一号讲习所"。

江苏一号农场科技股份有限公司围绕一二三产业融合发展，以生产、生活、生态相互协调发展为目标，依托现代有机农业生产，建设创新性有机主题酒店、互联网有机农产品和现代有机农业技术转移对外服务资源平台，打造集有机农业生产、有机主题创意休闲农业、现代物流、电子商务、有机农业科技服务、有机农业资源整合、对外技术转移等于一体的创新性有机农业综合体。与会人员通过参观体验，对我区在职成教改革、教育服务"三农"和深入实施乡村振兴战略等方面取得的成绩留下了深刻的印象。

会上，入选全国第一批、第三批、第四批职成教示范县的10个县（区、市）作了创建经验交流，江苏省睢宁县中等专业学校副校长袁保倩作了题为《万人电商培训，助推乡村振兴》的主题发言。我区作为第五批示范县入围单位的代表作创建工作情况汇报，全面介绍了我区以创建全国示范县为契机，深入推进职成教改革，努力实现职业教育和成人教育助推乡村振兴战略的工作实践与思考。我区表示，自2018年4月成功入围示范县创建单位以来，始终对照创建指标要求，瞄准承诺目标任务，不断强化"政策统筹、协同育人、基地渗透"的运行机制，精准施策服务"乡村振兴"战略，全面提升职业教育和成人教育水平。2018年，我区荣获江苏省社会教育先进集体，2019年，省金坛中专创建成"江苏省现代化示范性职业学校"。目前，全区已建成4个全国社区教育示范乡镇，5个省级高水平农科教结合示范基地（含1个富民基地和2个教育服务"三农"基地），江苏省标准化社区教育中心和常州市标准化居（村）民学校达100%。

8月7日至9日，省教育厅委托省成协组织专家组对第五批入围的常州市金坛区、扬州市江都区、海门市、丹阳市、太仓市进行现场检查指导，完成检查报告并上报教育部。

附：情况汇报

江苏省第五批"国家级农村职业教育和成人教育示范县"现场检查指导情况汇报

根据教育部职成司《关于开展国家级农村职业教育和成人教育示范县创建工作总结暨第五批示范县抽查复检的通知》（教职成司函〔2019〕68号）、省教育厅语言文字与继续教育处《关于做好国家级农村职业教育和成人教育示范县创建工作总结和第五批示范县抽查复检工作的函》文件要求、常州市金坛区全省国家级农村职业教育和成人教育示范县工作交流会议精神，受江苏省教育厅委托，2019年8月5日至10日，以省成人教育协会常务副会长马良生为组长、省教育厅职教处、常州开放大学和南京江宁社区学院等单位领导和专家参加的4人专家组，现场到我省第五批入围的示范县——金坛区、丹阳市、太仓市、海门市和江都区进行现场检查指导。

专家组一行通过听取各家"第五批示范县"创建入围以来的工作汇报，观看职业教育和成人教育专题片，查阅职业教育和成人教育创建档案资料，通过深入当地职业学校、中专校、社区教育中心、居民学校、产教融合基地和教育服务"三农"基地等实地查看和专家组现场反馈意见等环节，全面现场检查指导我省五批示范县抽查迎检工作。

通过现场检查指导，专家组一致认为，我省第五批入围的5家示范县能认真贯彻落实《国务院关于加快发展现代职业教育的决定》提出的"推动一批县（市、区）在农村职业教育和成人教育改革发展方面发挥示范作用"的工作要求,能认真履行创建申报书承诺的目标任务,组织领导有力度,条件保障高标准,职成教发展高水平,特色创新起示范。

对照《国家级农村职业教育和成人教育示范县工作要求》和示范县评估指标体系,专家组还就进一步落实县级政府发展职业教育和成人教育责任,强化职业教育和成人教育资源的统筹协调和综合利用,提升农村职业教育和成人教育基础能力,进一步打造特色,发挥示范,以及进一步认真学习创建文件,填好示范县评估体系自评表(定性指标有呼应、定量指标要达标精准),认真安排教育部专家组考察线路等方面进行了精准细致的指导。

现场检查指导组:

组长:马良生　省成教协会常务副会长

组员:时　敏　省教育厅职业教育处

　　　王　中　常州开放大学副校长

　　　纪永回　南京江宁社区学院办公室主任

2019 年 8 月 26 日

附:5 区市创建工作主要情况

金坛区

金坛区能认真对照国家级农村职业教育和成人教育示范县创建指标要求,瞄准承诺目标任务,不断强化"政府统筹、协同育人、基地渗透"等运行机制,精准服务"乡村振兴"战略,形成了创建就是大宣传、大培训、大创新格局,全面提升了全区职业教育和成人教育基础能力,促进了金坛职成教育大发展。

(一)加强政府统筹

(1)完善管理体制。区委、区政府成立了"常州市金坛区富民增收工作领导小组"(坛发〔2019〕28 号),建立了由区长任组长,教育、财政、人社、发改、农业农村局和各街镇政府等相关部门分管领导为成员的创建工作领导小组,调整了社区(成人)教育委员会成员单位(坛政办发〔2019〕65号),制定了联席会议制度,出台了《金坛区创建国家级农村职业教育和成人教育示范县复检工作实施方案》(坛政办发〔2019〕66号),制定了《金坛区终身教育发展规划2015—2025》(图文读本式)和职业学校"十三五"发展规划以及"十三五"专业建设发展规划、师资队伍建设规划等各项子规划等。

(2)加大经费投入。区政府投入924万元装备了职业学校各类实验、实训场室共65个,实训设备总值达6 600万元以上,其中生均仪器设备值超过10 000元。先后建成2个国家级教育实训基地、2个省级高水平示范性实训基地、1个"江苏省现代化实训基地。2018年,划拨给社区学院和各乡镇(街道)社区教育专项经费170多万元(可用经费近300万元)。各乡镇、街道财政相应配套成人教育专项经费,逐步改善社区教育中心和居(村)民学校基础建设。朱林镇、薛埠镇等也投入160多万元改善社区教育环境。社区教育机构设备总值达530多万元。社区(成人)教育专项经费按县域常住人口人均不少于4元。完善监测制度。出台了《金坛区社区教育专项经费使用管理办法》(坛教字〔2018〕67号)。

(3)整合教育资源。完善"职业学校、行业学校、社会机构"协同推进的运作模式。通过建立督促检查、跟踪监测、考核奖惩和问责机制等途径,统筹区人社局、农业农村局、住建局、卫健局、总工会等行业学校和博学、环球社会培训机构的职成教育资源,多元筹集职成教育培训经费,积极引导社会民间力量参与职成教育事业发展。

(二)创新服务品牌

(1)组建"三类"教育集团,深度校企融合。一是与企业深度合作。依托"企业订单培养""现代学徒制""工学结合""产学研合作"等校企协同育人方式,实施分类培训。紧密对接金坛"三新一特"四大产业链,牵头成立了金坛服装职教集团、常州(金坛)光伏职教集团,创建成电子技术应用、服装设计与工艺、机电技术应用和数控技术应用4个省级品牌专业,专业产业匹配度达 90% 以上,培训需求满足度达 92% 以上,用人单位满意度达 95% 以上。二是与院校紧密合作。与江苏科技大学、常州机电职业技术学院、常州工程职业技术学院、江苏工程职业技术学院、江苏城市职业学院、常州纺织服装职业技术学院等高校合作,搭建中高职及应用型本科人才贯通培养立交桥。紧密对接区域支柱产业和战略新兴产业,成立了智能制造、汽车运用与维修、高端装配、新能源、旅游与酒店、服装、电子与信息技术、新会计等 8 个专业建设指导委员会,新增了"汽车运用与维修""网络与信息安全""工业机器人""新媒体运营"等专业或专门化方向。三是与国际交流合作。与德国 TRIAS 培训与咨询公司、法国力克公司、德国埃马克公司等国外教育机构及行业企业开展国际交流与合作,引进德国双元制汽车人才培养模式、德国 AHK 机电一体化师职业资格认证等国外优质教育资源,服务金坛"德国产业园"建设和"中国服装名城"产业发展。

(2) 认定"三农"示范基地,精准服务"乡村振兴"。一是与家庭农场、专业大户、农民合作社等新型农业经营主体紧密合作,开展"生产加工能手、指导推广能手、经营管理能手"等农民职业化转型的教育培训,从而使越来越多农户家庭中至少有一名劳动力掌握二项以上实用技术或就业技能。二是教育服务"三农"基地建设。开设"一公里"田间课堂,让基地成为示范窗口。通过"一所成校,一个基地"的服务"三农"模式,让田间课堂成为最美风景。三是游学体验基地。职业学校、社区学院和行业学校联合乡镇、街道社区教育中心,通过实施"农业观光"拓展课程研发,加快了一批新型职业农民的成长。一号农场、花谷奇缘、鑫品茶博园、长荡湖水城以及"健倡"红香芋、长荡湖文化传承等游学体验基地,得到了社会各界好评。

(3) 推进"三家"主题教育。坚持"乡土味,教育情"理念,通过"一群社团,一项主题"的方式,让社区学习演绎成最亮场景。一是丰富全民健身日、全民终身学习活动周和全民读书月等"一年三全"传统活动,丰富"20 分钟学习圈、15 分钟文化圈、10 分钟健身圈"。二是培育"一镇三特"乡土文化。围绕"特种产业、特长优势、特色园区"目标,深入推进"法治宣讲进村落"和"非遗文化进校园"等特色项目。三是塑造"一校三优"教育形象。职业学校牵头的职业教育集团和各街镇成校牵头的"养殖业""种植业"社区教育集团以及教育服务"三农"示范基地等全方位合作,促进资源集成共享,满足了就业创业、增收致富和社会文化生活需求。

(三)创建成效显著

(1)队伍建设"智慧型""复合型"。精心组织开展职业教育和社区教育管理干部综合素养、居(村)民学校管理干部信息化能力。3名校级领导被评为省职业教育领军人才,2人担任江苏省名师工作室领衔人,90%以上的中层及以上干部担任省市中心教研组组长及成员(全校共37名)。各乡镇、街道社区(成人)教育中心按要求配备了专职管理人员,7名管理者被授予江苏省社区教育优秀工作者,3人获"江苏省成人教育特殊贡献奖",1人被评为正高级教师(教授级)。职业教育中高级专业技术职称达84.6%,"双师型"教师达82.3%,拥有4个常州市名师工作室,5个金坛区名(技)师工作室,2位教师获"国赛金牌教练"称号,21位教师在江苏省职业学校教学大赛中获奖。

(2)立德树人,创新型人才培养质量高。近三年,职业学校学生在职业技能大赛中屡创佳绩,5人次获全国金、银、铜奖,82人次获省市级金、银、铜奖,17人获省市级创新创业大赛奖,37人获省级文明风采大赛奖,2人获国家级学科竞赛奖,2018年,在VEX机器人亚锦赛中荣获1金1铜的优异成绩。毕业生就业达98.0%以上,对口就业率达92%。新开设"园艺""茶艺""农机""数字化渔场""非遗文化传承"等校外拓展课程,培养了一支懂技术、会管理、有能力、敢创新的现代农民"后继者"。

(3)职成教育得到各级认可。常州市标准化居(村)民学校达标合格率100%;直溪镇社区教育中心创建成江苏省教育服务"三农"高水平示范基地。2018年,区教育局荣获江苏省社会教育先进集体,2019年,省金坛中专校创建成"江苏省现代化示范性职业学校""江苏省智慧校园"。

编印的《现代畜牧业引领者》《做健康杂粮的倡导者》等新型职业农民培训读本 1 万多册,深受各行各业认可。《祁门红茶的冲泡方法》《金坛雀舌的冲泡方法与品饮》《绿茶制作》等微视频课程荣获全国优秀奖,《建昌红香芋起垄覆黑膜机械化栽培技术》荣获 2019 年全国优秀乡土课程。7 个单位、17 人次被评为省市社区教育宣传工作先进集体和个人,区教育局连续三年均被授予省、市社区教育宣传工作先进集体等称号。

丹阳市

突出政府创建,突出示范作用,围绕示范县创建工作要求,抓"三强"建设(强化组织领导、强化条件保障、强化内涵建设),促"三化"发展(标准化、特色化、示范性),做"三项示范"(组织领导、条件保障、发展水平),进行了大量的、卓有成效的工作,促进农村职成教发展,为当地的经济建设和社会发展作出了贡献。

(一)高度重视创建

(1)政府重视。成立由丹阳市政府副市长任主任,教育局、人社局、财政局、农委、发改委等相关部委办局为成员的职业教育和社区教育工作委员会,下发《关于建立丹阳市职业教育工作联席会议制度的通知》,明确相关部门促进和保障职成教发展的职责。委员会和联席会议下设办公室,由教育局副局长兼任办公室主任,统筹县域职业教育和成人教育发展。建立由党政干部、行业专家组成的"示范县"建设顾问团队,制定《重点任务推进单》,进行项目化管理。

(2)制度规划。把"创新发展职业教育"和"加快发展继续教育"列入《丹阳市国民经济和社会发展第十三个五年规划纲要》,根据地方产业发展特色,科学制定县域职业教育与成人教育中长期发展规划。建立责任分解机制、督促检查机制、考核奖惩和问责机制,确保创建工作的科学化、规范化、制度化、程序化。

(3)加大考核。编制"示范县"建设《实施标准》,任务交底、责任到人,目标上墙、挂图作战。"示范县"建设列入市县两级人民政府教育督政内容,采取过程监控和成果考评相结合的办法,由市、县两级政府分别对辖市区和各镇(区、街道)政府(管委会、办事处)责任落实情况进行考核,形成督导报告向社会公示。考核结果与相关单位、相关人员的绩效挂钩。

(二)加大创建力度

(1)确立同等重要地位。坚持职业教育、成人教育与普通教育的"同等重要地位",认真贯彻落实国家和省加快发展职成教育的要求,基本构建了职业教育与基础教育、高等教育相互衔接,成人教育与学校教育相互配合的职成教育体系。

(2)加大经费投入。按职工工资总额的2.5%提取职工教育经费,其中市统筹0.5%用于教育系统。社区教育经费标准每人4元,并纳入财政预算。职业学校生均预算内公用经费每学期1 100,高于省定标准。生均财政拨款标准为21 000元,高于本地普通高中标准。加强职业学校基地建设。投资5亿元,建设占地343亩,建筑面积16.45万平方米的丹阳中专。丹阳中专有实训室151个,实训设备总值4 064.27万元,生均设备值11 138.04元。建立科学的绩效评估办法,提高经费使用的效益。

(3)加强队伍建设。职业教育学校生师比为13.7∶1;从企业高技能人才中聘请了51名兼职专业教师,"双师型"教师占比达85.58%;现有全国优秀教师1人、省333高层次人才培养对象2人、省特级教师1人、省领军人才5人、省中心组成员6人、省名师工作室3个。镇(街道)社区教育中心学校的专职教师123人,占常住人口的万分之一点五。丹阳开放大学和青少年活动中心专职教师23人,社区教育兼职教师479人、志愿者42 458人。

(三)促进内涵发展

(1)以提升办学水平,提高社会贡献度为目标。成立了镇江市现代服务业职教集团,集聚优势、抱团发展;大力推进眼视光与配镜专业的现代化学徒制改革,积极申报省级试点。积极探索职业学校实训基地混合所有制改革，与中国电信、华住酒店集团（汉庭）、景航汽贸等合作建立"校中厂"，学校商贸部和信息部建立创业基地和创客中心，进一步丰富产教融合、校企合作。成人教育依托社区教育中心开展"一校一品"建设，创成3个国家级社区教育示范乡镇（街道）、2个省级社区教育示范乡镇（街道）。

（2）在产教融合、人才培训、社会培训方面下功夫。结合县域产业特色，建成眼视光与配镜、机电技术应用、数控技术应用等5个江苏省品牌（特色）专业。创成眼视光与配镜、机电、数控等5个江苏省高水平示范性实训基地。与南京师范大学中北学院、三江学院、江苏经贸职业技术学院、常州轻工职业技术学院、常州工程职业技术学院合作共建"3＋4"本科、"3＋3"分段培养模式，为地方经济社会发展输送合格人才。职业教育累计培训从业人员50 000余人次，服务社区4 260人次，继续教育学历培养700余人。成人教育以服务"三农"为重点，开展农业实用技术培训、职业农民培训、农村劳动力转移培训累计达42.78万人次。各乡镇社区教育中心建成江苏省高水平农科教结合富民示范基地、江苏省教育服务"三农"高水平示范基地共4个。

（3）积极推进职成教内涵发展。依托丹阳开放大学，搭建终身教育学习平台，通过"退伍士兵培训""名师讲堂"、社区服务、技能鉴定等方式，把学校打造成了丹阳市全民教育和终身学习的阵地。强化丹阳开放大学的统筹指导服务功能，建设一批高水平、示范性社区教育中心；推动城乡社区教育协调发展。注重社区教育课程开发、品牌创建和特色打造。申报省级课题13个，有2个省级社区教育品牌项目，社区教育课程（读本）获省级表彰14种，"学习苑"建设、"江苏学习在线"应用推广等工作受到省级表彰。

（四）发挥示范作用

（1）政府统筹，组织领导作示范。一是做好顶层设计，规范运作。二是构建网络，合力推进。三是强化考核，压实责任。

（2）强化发展供给，条件保障作示范。将原有的7所职业学校逐步整合到市职教中心(省丹阳中专)。构建了以丹阳中专和开放大学为龙头,镇(街、区)社区教育中心为骨干,村(社区)居民学校为基础的职业教育和社区教育网络。

(3) 在发展水平等方面发挥示范作用。职业学校近三年参与生产咨询和技术服务的项目达20个,承担本地区退役士兵技能培训、开放大学学历教育、社区培训、职业技能培训和岗位培训任务,累计培训达26580人次。学校与云南普洱市结对,安排普洱市学生来校求学;支援陕西富平县、子长县职业教育发展,接受挂职培训。2018年,丹阳中专荣获"江苏省社会教育服务先进集体"称号。成人教育以服务"三农"为重点,开展农业实用技术培训、职业农民培训、农村劳动力转移培训累计达42.78万人次;结合文明城市创建,开展"全民终身学习周"等系列主题活动,开展群众性文体活动300余场,不断提升群众的生活质量和城乡居民的文明程度。

太仓市

太仓市政府以今年创建工作为契机,通过以评促建、以评促改、以评促管,大力推进职成教育事业发展,着力培养高素质劳动者和创新创业人才。

(一) 创建工作有举措

(1) 领导重视。成立市委书记、市长任"双组长"的双元制教育发展领导小组,建立职业教育联席会议制度,联合重点行业组建9个职业教育联盟,定期商议职成教发展中的瓶颈问题和破解办法,形成教育合力。

(2) 认识到位。充分认识职成教在县域经济发展与城乡建设中的特殊地位和重要作用,把职成教,摆在产业发展"不可或缺"的战略高度予以定位。以示范县创建为契机,大力推进职成教与地方发展"同频共振"。

(3) 目标明确。把职成教纳入县域经济社会发展总体规划,把高素质技能人才培养纳入全市高质量发展个性化指标予以重点考核。很好地发挥了地方政府发展职成教事业的目标导向与责任导向。

(4) 措施有力。强化激励机制。出台《关于深化产教融合加快双元制教育发展的实施意见》,设立每年 2 000 万元专项扶持资金,对 13 类职成教重点项目进行精准扶持,给予建设双元制培训中心的企业一次性 200 万元资助和每生 1.5 万元培训奖励。

(二) 办学条件有改善

(1) 经费保障。设立职成教育专项经费,城市教育费附加用于职业教育比例达 34%。2019 年,中职生生均公用经费 1 800 元(与普通高中相同),中职生免学费和助学金政策全部落实到位,规模企业职工教育培训经费按比例足额提取,成人教育经费按常住人口人均 4 元标准每年筹措 285 万元并专款专用。

(2) 队伍建设。为职业教育高层次人才引进开辟"绿色通道",对缺编教师招聘实行"备案制"管理并同工同酬,为各镇社区教育中心配备 3~6 名工作人员,支持职业学校、当地企业、社区教育中心、中小学校的专业技术人员互聘共用,职业教育生师比达到 15.59∶1(中职为 11.92∶1),"双师型"教师占专任教师 60.47%,省级以上高层次人才 52 人。

(3) 体系网络。与德国工商行会(AHK)、手工业行会(HWK)、德资企业合作,不断深化中职与高职双元制教育体系。联合东南大学成贤学院、德国巴符州双元制大学启动国内首个中德双元制本科项目,构建了中职—高职—应用本科多层次应用型人才培养体系。顺应学习型社会发展趋势,构建了以开放大学为龙头、社区培训学院和老年大学为两翼的市—镇—村三级社区教育培训网络。

(4) 实践教学。采用政府资助、行业指导、校企共建形式创建国内首个德资企业专业工人培训中心(DAWT)、长三角最大的中德培训中心等 12 个双元制培训平台,建成省级、国家级实训基地 11 个,培养高端制造业紧缺的机电、模具、数控等工种技术技能人才万余名,成为能工巧匠培养的主阵地。

(三) 融合发展有特色

(1) 校企融合——太仓样板。借鉴德国双元制模式,与 512 家企业建立稳定的合作关系,双元制专业教育校企全过程协同育人,学生在企业实训占总学时60%以上,企业分担培养成本每生达6万元以上,学生通过严格考核获得"1+2"证书(1张学历毕业证书+1张德国行会颁发的国际通用的职业资格证书+1张人社部门配发的相应技能等级证书),实现"招生即招工、进校即进企、毕业即就业"。

(2)校培融合——太仓模式。依托职业学校每年开展社会培训2万多人次。特别是退役士兵培养,借鉴双元制模式,为退役士兵"量身定制"培训课程,自主开发培训教材,实现"入伍即入学、退伍即培训、结业即就业",每年助推180名左右退役士兵二次腾飞,实现"参训率、合格率、就业率"三个百分之百,成为太仓双拥工作的靓丽名片。

(3)校农融合——太仓经验。依托职成教资源和农技站、农业园区等8个省级农科教结合示范基地,设置500多种涉农培训项目,实现一位农民学会1项涉农技术、1项经营本领、1项文艺素养的"1+1+1"培训成效。与高职院校合作采用"政府买单、校农联培、定向就业"模式,培养适应现代农业发展的"土专家""田状元""农创客",形成了服务乡村振兴的"太仓经验"。

(四)形成品牌有示范

(1)形成品牌。太仓双元制教育先后获得省级、国家级教学成果奖12项,被誉为国内双元制教育的"样板"和职业教育的"品牌"。《中国教育报》两次进行专题报道。德国《斯图加特日报》对太仓采用"德国标准"培养"中国工匠"的成功经验进行了跟踪报道。

(2)服务地方。职业院校就业率98%以上,89%留在当地就业创业,很多毕业生成为企业的一线技术骨干。双元制教育吸引了德资企业扎堆落户,被李克强总理誉为"中德创新合作高地"。面向企业员工、退役士兵、职业农民、失业工人等每年开展各类培训45万人次以上,促进了富民增收和产业发展,太仓作为高质量发展的典型之一在中央电视台作专题报道。

(3)扩大影响。积极创建教育服务"三农"高水平示范示范基地,精准扶贫起示范带动作用。牵头成立国内唯一的中德双元制职业教育联盟和示范推广基地,带动17个省份90多家职业院校教育改革;对口支援贵州玉屏县、陕西周至县等中西部地区职业教育发展,发挥了太仓职业教育在精准扶贫中的示范带动作用。全国职业教育改革发展现场会上有20多家主流媒体聚焦职成教融合发展的"太仓做法"。

海门市

以创建为契机,发挥优良传统,使职成教服务地方经济和社会发展办学方向,努力培养应用型人才,以创建促提高,推动职成教健康发展,为终身教育体系构建和学习型社会建设作出贡献。

(一)高度重视创建工作

(1)领导重视。成立了以市分管领导任组长,教育、人社、财政等部门主要领导为成员的海门市创建工作领导小组,统筹推进创建工作。强化市政府教育督导职能,将职成教育年度目标任务作为对镇、街道及园区、部门年度考核的基本依据。切实加强年度督导评估,不定期开展职成教育的专项调研、督查,切实强化目标责任的落实,并将考核结果与党政领导政绩考核挂钩。

(2)规划明确。将职成教育发展纳入《海门市国民经济和社会发展第十三个五年规划纲要》。先后出台《海门市教育发展"十三五"规划》《海门市创建国家级农村职业教育和成人教育示范县工作实施方案》等系列文件,制定了《海门市关于进一步加快发展职业教育的意见》《海门市职业教育三年发展规划》等实施性意见。开展调研,形成了《海门市职业学校"十三五"专业建设发展规划》,重视技能型人才引进和培育,科学规划"三农"人才培养培训工作,制定《海门市富民增收五大行动计划》,通过示范、引领、辐射作用带动全市农民科技致富。

(3)制度健全。制定创建工作实施方案,健全政府统筹协调,教育综合主管,部门分工协作,市镇分级管理的职业教育工作联席会议制度,定时召开联席会议,解决难点问题。

（二）努力加大创建力度

（1）设立职成教专项经费。地方教育费附加用于职业教育比例达30％。严格实施中等职业学校国家助学金和免除学费政策，全面落实市级人均1元的农村成人教育专项经费。实际投入农村成人教育专项性经费人均达到3元以上。确保"高于普通高中标准，确保逐年递增"要求，足额保障职业学校公用经费。市财政每年按全市职成教教师工资总额的1.5％安排培训专项经费。

（2）加强师资队伍建设。制定《关于加强教师队伍建设的意见》《教师专业成长三年发展规划实施办法》等文件。职业学校专任教师与学生比为11∶1；"双师型"教师占专任专业教师比例为92.9％。配足配全成人学校教师。创新性的把成人学校教师编制放在海门社区学院，统一管理使用，进一步激发了他们工作的责任感、主动性和创造性。海门职成教现有省特级教师2名，正高级教师3人，国家万人计划教育名师1人，省职教领军人才3名，南通市学科带头人5名，有省级以上教学成果奖4个，省级以上教科研课题18个，发明专利12个，省级以上教育教学竞赛二等奖以上34人次。

（3）构建三级社区教育网络。形成了以海门中专、海门开放大学和社区学院为龙头，镇（街道、园区）成人学校为骨干，民办培训机构为补充，村（居委、骨干企业）居民学校为基础的"市——镇——村"三级办学网络，每一级都完成了标准化建设。乡村成人文化技术学校覆盖率达到100％。

（4）整合优化资源，注重信息化建设。大力推进职成教育信息化建设和资源库建设。全市职成教育信息网络不断更新和完善，实现了市、镇、村、个人之间的互通互联。2018年，全市建成了200多个干部远程教育站点。职业学校已开发10多门数字化或视频化网络课程。

（5）推进集团化发展。2019年，市委市政府将成立职教集团列入政府为民办实事工程。集团成员单位既包括区域性龙头骨干企业，也有一定影响力和较高办学水平的高职院校，促进了教育链、人才链、产业链、创新链的互通互联,构建起政府统筹、行业指导、企业参与、学校发挥主体作用的职业教育集团化办学的新格局。海门中专还先后与加拿大安大略省范莎理工学院、新加坡建设专科学院、AHK(德国工商行会)签署合作协议,实现教师互派、学生互访,并逐步引进国际通用职业资格证书,提升技术技能人才培养的国际竞争力。

(三)积极发挥创建作用

(1)中专校骨干地位彰显。面向地方主导产业、支柱产业和战略新兴产业,做精做强职教主干专业,毕业生本地就业率在99%以上。加强实训基地建设,建成5.2万多平方米,总装备值近1个亿的13个实训中心,同时拥有57个深度合作的校外实训实习基地。建成数控、建筑、电子3个省高水平示范性实训基地,数控技术应用、汽车运用与维修、建筑工程施工与管理三个实训基地被认定为省现代化实训基地。海门中专先后获评首批国家级重点职业高级中学、江苏省首批四星级中等职业学校、江苏省首批高水平示范性中等职业学校、国家中等职业教育改革发展示范学校。

(2)职成教服务三农效益明显。牢固树立服务"三农"意识,做了大量工作,也取得了显著的社会效益。平均每个家庭成员5年内大约参加1.03次培训,每个家庭的每一名劳动力均通过免费培训掌握了1~2项实用技术,不少农民掌握一技之长后走上了致富之路。5个乡镇(街道、园区)获全国社区教育示范乡镇,海门工业园区、余东镇通过了省教育服务"三农"高水平示范基地的验收;三厂工业园区2017年通过了"省学习苑"的验收;全市有57所村居民学校获评省级村居民学校。广大农民对职成教育的满意度不断提升。

(3)培训成效明显。针对本地建筑、电工、机电等支柱产业及家纺、物流等特色新兴产业开展电工、服装制作、财务会计等专业的学历教育培训和劳动力转移培训和CYP、电焊技术、考工考证等项目培训。近5年来,海门职成教育年均培训总量已占从业人口的60%以上。2018年,全市从业人员教育培训总量达25.3万人,占全市劳动力总数的

62.01%。每年外出务工人员的70%都接受了职业技能培训。每年经培训转移农村劳动力0.8万多人次。培养了一大批优秀农民企业家、管理人员、农商,社区成员综合素质和生活质量普遍提高。

(4) 形成特色。一是社区教育中心全部纳入海门开放大学、社区学院统一管理。既彰显了社区学院的龙头作用,也为成人教育实现"五独立",更好地服务"乡村振兴"进行了有益探索。目前,海门91.7%的社区教育中心创建成为省标准化社区教育中心。二是张謇文化传承。从创办"张謇职业技术学院"到海门中专的校园文化,再到海门职成教"张謇纪念馆"德育教育基地,无不彰显在新的历史时期弘扬张謇职教思想,秉承并发展张謇职教理念的价值取向。

江都区

江都区以创建工作为契机,以创建为民、创建富民为发展点和落脚点,坚持职成教服务地方经济社会发展为方向,加大创建工作力度,积极发挥示范作用,努力培养应用型、技能型人才。力争将职成教工作打造成江都和谐发展的品牌项目和亮点工程,为建设学习型江都做出了应有贡献。

(一)高要求重视创建

(1) 领导重视。区政府成立了创建工作领导小组,把职成教育工作、终身教育体系建设纳入经济社会发展和精神文明建设规划,确保职成教育工作目标明确,责任落实。

(2) 制定规划。制定了《江都区职成教育五年发展规划》和《江都区创建国家级农村职业教育和成人教育工作的实施意见》。

(3) 明确职责。按照"政府组织,部门协调,分级实施,全民参与"的方针和"谁主管,谁负责"的原则,对创建各项工作进行责任划分,营造出"一把手亲自抓、分管领导具体抓、社会各界齐参加"的工作氛围。同时,召开创建专题会议进行动员和部署。有效地凝聚各种创建力量。

(4) 检查推进。对创建工作建立问责机制,将创建内容纳入街道和部门考核。领导小组办公室进行创建统筹协调和督查推进,不到位的及时提醒,未落实的进行督办。设立社区教育管理投诉箱,畅通职成教育网站"领导信箱",建立健全社会参与和群众监督机制,对群众反映的问题进行及时有效地解决和反馈。

(二)高标准进行建设

(1)高水平发展师资。在教师招聘计划上向职业教育倾斜,出台《扬州市江都区职业学校兼职教师管理办法》,制定职业学校师资队伍培养培训规划,区职教集团现有正高级讲师3名,省特级教师3名,省级名师2名,省职业教育领军人才3人,扬州市教育名师53人。"双师型"教师占专任教师比为81%。教师获教学大赛国家级一等奖3人,省一等奖3人、二等奖12人、三等奖18人。成人从中小学抽调有专业特长的中青年骨干教师,全区成人教育专职教师102人,占全区常驻人口万分之一点五,建有成人教育师资和志愿者队伍资源库。

(2)高标准投入经费。设立职业教育和成人教育专项经费,统筹用于全区职业教育和成人教育。在经费拨付方式上,由"生均固定标准拨款"变为"全额拨款",拨款金额远超区城市教育附加的30%。区、镇成人教育专项经费都达人均2元,出台了《扬州市江都区社区(成人)教育经费管理暂行办法》。全区企事业单位的职工教育经费按职工工资总额2%提取用于一线职工技能培训。

(3)高规格建设网络。成立江都区职教集团和江都区社区学院,形成了"区—镇—村(居)社区"三级办学网络,至2018年,全区100%的社区教育中心全创建成省标准化社区教育中心,73.54%的村居民学校达市建设标准,54.19%的村居民学校达省建设标准。

(4)高投入建设基地。区职教集团占地面积229亩,建筑面积14.78万平方米,实训基地面积3.46万平方米,建成"数控、建筑、会计"3个江苏省高水平实训基地,"数控、建筑"2个江苏省高水平现代化实训基地,"机电、建筑、会计"3个江苏省现代化专业群。职业学校实训设备总值2 898万元,生均仪器设备6 200元。镇社区教育中心与文体中心整合形成了四个基地,即市民教育基地、文体活动基地、技能培训基地、艺术辅导基地,建立了专用培训室,计算机网络教室、图书阅览室、乒乓球室、娱乐室、健身室等。

(三) 高水平发挥作用

(1) 职业教育办学规模扩大,教育质量高效益。扬州市江都区职业教育集团(江苏省江都中等专业学校),由区域内四所职业学校整合而成。形成了比较扎实的基础和一定的规模。目前,区职教集团占地面积229亩,建筑面积14.78万平方米,实训基地面积3.46万平方米,各类实验实训设备总值2 898.193 7万元,生均设备值超6 000元,固定资产总值32 976.36万元。在校生5 227人,在编教职工440人,每年各级各类社会培训规模近万人。为服务现代制造业、服务业、农业发展和职业教育现代化提供制度保障与人才支持,不断增强职成教育吸引力、凝聚力,推进职成教育向纵深发展。

(2) 成人教育职业技能、实用技术培训满足需求。一是大力开展学历继续教育。全区开放教育学员已超过3 500人,奥鹏远程教育学员在读人数超过1 000人。二是用心开展弱势群体培训。我们针对下岗职工以及外来务工人员教育就业需要,每年举办电脑、家政服务、数控模具、服装缝纫、焊工、叉车工、电工等多期职业技能培训。其中,下岗职工培训占登记在册的70.5%;外来务工培训占登记在册的53.21%。三是务实开展农民实用技术培训和农村劳动力转移培训。2018年,举办了"数控模具加工""服装缝纫工技能培训""花木园艺技能培训""农村妇女网上行""新型农民技能培训""家政服务技能培训""大棚蔬菜栽培技术培训""秸秆还田、机插秧技术培训"等内容丰富的各类培训班689期,共计129 392人。四是合作开展青少年校外教育。开展艺术教育、道德规范教育、安全教育、诚信教育、心理健康教育、法制教育和科普教育,青少年的书法、艺术、体育、珠心算等教学成果在国家、省、市比赛中有200多人次获金、银、铜奖。五是广泛开展老年终身教育培训。2018年,全区有60周岁以上的老年238 691人,参加社区教育学习活动有70 039人,参与率达29.34%。

（3）形成职业教育江都方案、成人教育江都品牌。江都区职业教育集团与江苏开放大学合作共建的全国首家社区教育管理学院，为全省、全国社区教育发展提供了"江都方案"。两年来，先后承办10多期全省、全国社区教育培训班，培训规模超过7 000人次；先后组织两期全国城乡社区教育特色学校遴选工作。举办多场社区教育讲座，受益群众近万人，被评为江苏省2017年度"优秀成人继续教育院校"。成人教育结合课题研究，积极开发江都区社区教育市民游学项目，"走运之旅"被评为省首批游学项目。各镇社区教育中心创建成全国学习型乡镇1个，全国农村社区教育示范镇3个，江苏省社区教育"百强单位"3个，江苏省"老年教育示范点"2个，武坚镇社区教育中心还被表彰为"全国老年教育先进单位"。"社区大讲堂""健康素养大讲堂""养鸡技术培训""留守儿童e家""幸福养老大课堂"被评为江苏省社区教育品牌项目，其中"留守儿童e家"还被评为全国社区教育品牌项目。

9月2日至7日，省教育厅语言文字与继续教育处调研员经贵宝、省成协常务副会长马良生陪同教育部专家组对太仓市、丹阳市创建国家级职成教育示范县进行抽查复检。以黑龙江农垦职业学院副院长李洪亮同志为组长，江苏省抽查复检组一行八人（包括联合创建部门农业与农村部、人力资源与社会保障部、国家林草局的三位同志），分别听取了两市政府关于国家级农村职业教育和成人教育示范县创建工作情况汇报，实地察看了各市的县级职业技术学校（职业教育中心）、部分乡镇成人文化技术学校（社区教育中心），查阅了相关资料，与相关部门、单位有关人员进行座谈交流，全面核查验收各项指标的达标情况。抽查复检组在报告中指出：江苏省及相关地市教育行政部门，高度重视并积极开展示范县创建工作。组建了创建领导小组，出台了工作方案、检查评估等相关文件；建立了示范县创建、评审工作机制，自第三批起，凡申报的县，均需专家组初审合格后上报；积极开展以创促建活动，积极促进地方政府加大对职业教育与成人教育的投入。开展了创建工作前期动员、中期检查、后期验收等活动。特别是根据教育部职成司〔2019〕68号通知要求，对已创建成的10个示范县进行专门总结，并召开经验交流会，相互示范，积极推广，扩大影响。对第五批已入围的5个县，组织专家组专门检查验收，为迎接教育部抽查复检做好准备。示范县创建工作对本省的职业教育与成人教育工作起到了积极的推动作用。特别是江苏省在县、乡镇、村成人教育三级网络建设方面，以需求为导向，统筹谋划，积极构建以市（县、区）开放大学为龙头，乡镇社区教育中心为骨干，村级居民学校为基础的县域成人教育三级网络，实现职成教育网络"全覆盖"。充分发挥各级开放大学优势，积极提供人员培训、课程资源、课题研究、示范教学等方面的服务。在我们这次考察的几个乡镇社区教育中心都有深刻感受。

太仓市和丹阳市都处于我国经济、社会、教育高度发达的长三角核心地区，经济实力雄厚，地方政府也高度重视职业与成人教育工作。总体看来，经过一年多的创建，两市围绕"国家级农村职业教育和成人教育示范县"创建目标，在经济社会发展大局中谋划与推动职业教育与成人教育改革发展，坚持改革创新，增强基础能力，加强内涵建设，培育办学特色，取得了较为丰硕的创建成果，为区域经济社会发展和产业转型升级提供了强有力的技术技能人才支撑。我们认为，江苏省太仓市、丹阳市按照"国家级农村职业教育和成人教育示范县"创建工作相关要求，较好地完成了创建任务，达到了创建目标。

附：

教育部第五批创建国家级职业教育和成人教育示范县江苏省抽查复检情况报告

根据教育部《关于开展国家级农村职业教育和成人教育示范县创建工作总结暨第五批示范县抽查复检的通知》（教职成司函〔2019〕68号）

和《关于对第五批国家级农村职业教育和成人教育示范县抽查复检的补充通知》（中成协〔2019〕30号），江苏省抽查复检组一行八人（包括联合创建部门农业与农村部、人力资源与社会保障部、国家林草局的三位同志），以黑龙江农垦职业学院副院长李洪亮同志为组长，于2019年9月2日至7日，先后对江苏省太仓市、丹阳市进行了抽查复检。抽查复检小组分别听取了两市政府关于国家级农村职业教育和成人教育示范县创建工作情况汇报，实地察看了各市的县级职业技术学校（职业教育中心）、部分乡镇成人文化技术学校（社区教育中心），查阅了相关资料，与相关部门、单位有关人员进行座谈交流，全面核查各项指标的达标情况。

一、基本情况与总体评价

太仓是苏州所辖的县级市，位于江苏省东南部，在长江口南岸，东濒长江，与崇明区隔江相望，南临上海市宝山区、嘉定区。全市总面积为823平方公里，常住人口近72万人。辖1个街道、6个镇和太仓港经济开发区，入驻德资企业320余户，2013年至2015年度中国中小城市综合实力百强县市排第四名。

丹阳市是镇江所辖的县级市，总面积1 047平方公里，常住人口98.16万人。下辖10个镇、1个省级经济开发区（曲阿街道）、1个省级高新区（云阳街道）和练湖度假区，是沪宁线上新兴的中心节点城市。2016年，综合实力和工业经济均列全国百强县第18位，全年实现GDP 1 136.03亿元，一般公共预算收入65.5亿元。经过多年的发展，丹阳已形成眼镜、五金工具、汽车及零部件、木业等传统优势产业，跻身"长三角最强中国制造"县市（区）10强。

江苏省及相关地市教育行政部门高度重视并积极开展示范县创建工作，组建了创建领导小组，出台了工作方案、检查评估等相关文件；建立了示范县创建、评审工作机制，自第三批起，凡申报的县，均需专家组初审合格后上报；积极开展以创促建活动，积极促进地方政府加大对职业教育与成人教育的投入。开展了创建工作前期动员、中期检查、后期验收等活动。特别是根据教育部职成司〔2019〕68号通知要求，对已创建成的10个示范县进行专门总结,并召开经验交流会,相互示范,积极推广,扩大影响。对第五批已入围的5个县,组织专家组专门检查验收,为迎接教育部抽查复检做好准备。示范县创建工作对本省的职业教育与成人教育工作起到了积极的推动作用,特别是江苏省在县、乡镇、村成人教育三级网络建设方面,以需求为导向,统筹谋划,积极构建以市(县、区)开放大学为龙头,乡镇社区教育中心为骨干,村级居民学校为基础的县域成人教育三级网络,实现职成教育网络"全覆盖"。充分发挥各级开放大学优势,积极提供人员培训、课程资源、课题研究、示范教学等方面的服务。我们在这次考察的几个乡镇社区教育中心都有深刻感受。

太仓市和丹阳市都处于我国经济、社会、教育高度发达的长三角核心地区,经济实力雄厚,地方政府也高度重视职业与成人教育工作。总体看来,经过一年多的创建,两市围绕"国家级农村职业教育和成人教育示范县"创建目标,在经济社会发展大局中谋划与推动职业教育与成人教育改革发展,坚持改革创新,增强基础能力,加强内涵建设,培育办学特色,取得了较为丰硕的创建成果,为区域经济社会发展和产业转型升级提供了强有力的技术技能人才支撑。

我们认为,江苏省太仓市、丹阳市按照"国家级农村职业教育和成人教育示范县"创建工作相关要求,较好地完成了创建任务,达到了创建目标。

二、主要做法和经验

(一)太仓市

(1) 发展职业教育和成人教育的体制机制比较健全。太仓市委市政府牵头,多部门联合建立太仓市职业教育联席会议制度,并专门成立正副市长牵头的双组长太仓市"双元制"教育发展领导小组、太仓市新型职业农民培育工程领导小组、太仓市社区教育领导小组、太仓市退役士兵教育领导小组等,形成了富有太仓特点的推进职业教育和成人教育发展体制机制,把发展职业教育和成人教育同太仓市经济社会发展同规划、同部署、同检查,从而为加快发展太仓市的职业教育与成人教育奠定了坚实基础。

（2）对职业教育和成人教育发展的投入保障力度大。太仓市人民政府公开的《太仓市2018年市政府投资项目实施计划》里中职校项目资金是3.38亿,高职投资1.35亿,合计投资达到4.7亿。而且,太仓市还在举办高职教育的同时,实行交钥匙工程,引进两所知名本科院校,体现了太仓市委市政府对发展职业教育和成人教育事业的高度重视。多年来,教育费附加用于职业教育比例超过30%,成人教育经费达到了人均4元,为发展职成教育提供了可靠的经费保障。

（3）职业教育与成人教育网络体系健全完善。成人教育做到了优质全覆盖,形成开放大学为龙头、社区培训学院和老年大学为两翼、乡镇社区教育中心和村（居）市民学校为基础的"市—镇—村"多级职成教育网络体系,与职业院校一起承担本市职业教育和成人教育任务。同时,在职业教育上,随着西北工业大学、西交利物浦大学落户太仓,形成了"中—高—本"多级贯通的职业教育发展体系和高水平现代职业教育发展格局。

（4）把发展职业教育与成人教育纳入政府督导考核体系。太仓市明确了职业教育、社区教育年度工作任务和考核要点,签订了目标责任书,成立了太仓市教育督导队,市政府分管领导牵头、督导员定点划片,全程监督指导,把社区教育发展情况纳入了乡镇政府的考核体系,为发展县域职业教育与成人教育提供了可靠的机制保障。

（二）丹阳市

（1）职成教育体制机制健全。建立了由市主管领导牵头,各个部门协同参与的职业教育联席会议制度,初步形成了部门协同、农科教结合、高效联动的职业教育和培训服务机制。加强了资源统筹。2015年以来,有机整合了县域职业教育和成人教育培训资源,为丹阳市职业教育高水平、高层次发展奠定了基础。明确了各个部门的职责分工,实现"示范县"建设信息实时互联、互通,所有信息第一时间传递,所有事务第一时间处理,所有新闻第一时间发布,大大提高了建设效率,形成了较为有成效的工作机制。

(2) 形成了较好的投入保障机制。丹阳市委市政府在职业教育发展投入上力度较大,形成了较好的投入保障机制。投资了5亿元建设职教园,制定了《丹阳市社区教育专项经费使用管理办法》,社区教育经费标准从每人1.5元提高至每人4元,年拨款375.2万元,并按照要求纳入财政预算。职业学校生均预算内公用经费标准为1 100元/生学期,高于省定标准10%;生均财政拨款标准为21 000元,高于省定标准和本地普通高中标准。

(3) 打造了较为完善的职成教育与培训网络体系。社区教育做到了乡村全覆盖,特别是12所乡镇社区教育中心全部建成为省级标准化社区教育中心和镇江市现代化先进社区教育中心。尤其是社区教育网络体系,在信息化建设上较为突出,社区教育的覆盖面广、信息资源和教育资源丰富。同时,利用信息资源发挥特色作用,如传承历史文化、涉及技术传承的专门乡土教材、国学的传承等,使丹阳市社区教育学习培训的氛围比较浓厚。

(4) 建成了比较完善的管理督查机制。丹阳市在推进县域的职业教育和成人教育过程当中,建成了比较完善的管理督查机制,将"示范县"建设列入了市政府教育督政内容,纳入了对各乡镇的考核,进行严格考核,形成督导报告向社会公示。

三、典型案例

江苏省在创建国家及职业教育与成人教育示范县过程中,创造一批好经验,主要有:

(1) 江苏省推进社区教育发展,形成了由开放大学和成教协会协同统筹推进社区教育的管理体制机制,通过推动社区教育中心标准化,实现乡镇、村全覆盖。

(2) 打造出太仓"双元制"职业教育品牌。依托"德企之乡"优势,服务地方支柱产业,深化产教融合,全面深化"双元制"本土化职业教育创新,助推县域经济高质量发展。通过政府主导,全面投入,创新"双元制"教育发展机制,每年设立2 000万用于"双元制"教育载体、教育资源、人才补助,至 2018 年,累计投入发展资金 17.6 亿元。优化"双元制"教育发展格局,全面推进服务区域产业发展的"双元制"特色品牌专业群建设。坚持"政府主导、主体双元、合同执行、成本分担"原则,形成"政校企行"四轮驱动、"三站互动、分段轮换"的"双元制"教育新模式,在乡镇社区(成人)教育中心推广,建设 8 个覆盖各区镇"双元制"培训站,在企业建立 50 多个"双元制"师资工作站,打造了职教"太仓样板"。

(3) 形成了"5333"太仓退役士兵技能培训长效机制。一是抓好"五个关键环节"。强化组织领导,建立管理机制;加强部门协调,完善运作机制;制定培训目标,建立考核机制;强化特色教学,建立责任机制;提供各项保障,建立激励机制。二是打造了退役士兵职业技能培训基地、退役士兵创业实践基地、退役士兵创业示范基地"三个基地",建设了退役士兵就业服务中心、培训与创业成果展览中心、退役士兵健身活动中心"三个中心",夯实培训基地基础。三是实现与双元制教育模式接轨、与就业创业培育服务接轨、与全日制大学教育接轨的"三个接轨",增强退役士兵技能培训成效。退役士兵职业技能培训项目被国家和省市有关部门及各级媒体多次作为双拥工作特色案例正式报道表扬,成为太仓城市双拥工作的靓丽名片。

(4) 探索了新型职业农民农村带头人培养的"太仓经验"。一是校农联合委培大学生新型职业农民。下发定向农业委培生文件政策,确定培养路线和保障措施,先后与江苏农林职业学院和苏州农业职业学院签约,政府买单、协议选拔、定向委托,每年选拔一批学生,采取"入学即就业"的模式,定向委托培养新农村高素质大学生人才。二是实施"定制村干"选拔工程。在委托培养的大学生中,根据业绩水平和管理能力,选拔优秀大学生人才担任村官,逐步实现村官高学历、高水平、高本领,为太仓现代农业事业跨越发展注入新活力。太仓市通过新型农民培养新模式、新路径,涌现出一批大学生"土专家""田状元""农创客""名村官",多次受到人民日报、江苏省政府、农信网等国家、省级媒体报道和推广。

四、问题与建议

在复检过程当中,专家组严格按照国家级职业教育和成人教育示范县建设指标要求,对照创建方案,着眼于提高示范县创建层次与水平,针对两市在示范县创建过程中存在的一些问题,特提出如下建议。

(1) 政府对示范县创建工作和发展高质量县域职业教育与成人教育的统筹协调还需进一步加强。两市在农村职业教育和成人教育工作上做的都比较到位,做了大量深入细致的工作,也积累了一些成功的经验。但是对推进示范县创建这项工作还重视不够,协同不到位。这也造成了材料准备当中没有做到多部门协同,导致数据前后不一,特色凝练不足。发展职业教育与成人教育和创建示范县的责任主体是政府,绝不仅仅是教育部门和学校的事,应该是在县市政府的统筹领导下,相关职能部门密切配合,各司其职,各负其责,协同推进。

(2) 职业教育服务农业农村上还需进一步加强。两市的职业学校在服务当地加工制造业上成效显著,但是作为农村职成教育示范县的职业学校,在当前全国中职教育涉农专业办学困难的情况下,应当勇于探索、有所作为。应面向服务县域现代农业,开设适合当地的涉农专业,既为当地培养农业科技人才,也储备涉农专业教师队伍,为农村新型职业农民培养、农业技能培训发挥应有作用。

(3) 丹阳市需进一步加强对示范县创建经验特色的凝练提升。作为社会经济各方面都高度发达的地区,希望能在示范县创建过程中总结提炼出更多的模式、特色、经验,在本省乃至全国发挥示范、引领、带动作用。在这方面,太仓市做得很好,如职业教育"双元制"本土化职业教育创新、"5333"退役士兵技能培训长效机制、新型职业农民农村带头人培养的"太仓经验"等。相较而言,丹阳市在示范县创建过程当中对于经验和特色总结提炼不够,无论在材料上,还是在汇报过程当中,特色模式和亮点不突出,已有的一些成功做法还需要进一步挖掘和升华。

(4) 江苏作为我国的农业大省之一,建议省教育行政部门进一步主动与国家层面联合创建的相关部门加强沟通,建立互动机制,共同推进县域经济社会发展。对参与示范县创建的地方给予奖补激励,鼓励更多县参与创建工作,全面推动农村职业教育与成人教育高质量发展,增强其服务区域经济社会发展的能力。

(5)第五批国家级农村职成教育示范县创建任务基本完成,建议江苏省教育行政部门进一步总结推广创建经验,积极探索推进后示范建设创新举措,为全国农村职成教育创新发展提供借鉴和引领。

第五批国家级农村职成人教育示范县抽查复检

第一组(江苏组)

2019年9月11日

附:太仓市通过创建国家级职成教示范县抽查复检(太仓教育)

继8月8日,省教育厅专家组对我市创建第五批国家级农村职业教育和成人教育示范县进行指导后。9月3日—4日,太仓市迎来了以李洪亮教授为组长、教育部一级调研员刘杰等为成员的专家组一行9人,对我市创建国家级职成教示范县工作的抽查复检。省教育厅语言文字与继续教育处调研员经贵宝、省成人教育协会常务副会长马良生、苏州市教育局副局长华意刚等陪同检查。

太仓市人民政府副市长顾建康向专家组汇报了我市示范县创建工作情况。他指出,太仓始终把职成教作为产业发展和农村振兴的助推器,大力推进职成教事业的创新发展、特色发展、融合发展。在创建工作中,坚持高点定位,多措并举抓创建;夯实办学基础,健全体系促发展;瞄准地方需求,多元融合树特色;形成教育品牌,辐射推广做示范。为地方经济社会发展作出了重要贡献,形成了职成教发展"太仓样本"。

专家组还观看了我市职成教示范县创建工作宣传片,并认真核查了相关台账资料。

3日下午和4日上午,专家组一行在太仓市教育局局长王晓芸等的陪同下,先后来到省太中专、退伍士兵培训中心展示馆、德资企业专业技术工人培训中心、健雄学院中德培训中心、太仓市规划展示馆、双凤镇社区教育中心以及东林村、电站村涉农培训基地,就我市职成教示范县创建进行实地考察,全方位、多渠道检查了我市创建的工作成果。

9月4日下午,专家组对我市示范县的创建工作进行了反馈,专家组对太仓的创建工作给予充分肯定,一致认为,太仓市委市政府高度重视,紧密结合太仓市经济社会发展,大力推进职成教工作,创建工作体制机制健全,投入保障力度大,网络体系完善,纳入政府督导考核系统。在创建过程中,形成了值得向全国推广的经验和模式:如双元制职业教育的"太仓样板",退役士兵技能培训的"太仓模式",职业农民培养的"太仓经验"等。同时,专家组在培养培训模式的创新、精品课程的开发、职业教育在县市和乡镇的统筹等方面提出了中肯的意见和建议。

反馈会上,李洪亮组长代表专家组宣布:太仓市创建国家级农村职业教育和成人教育示范县抽查复检通过!

副市长顾建康代表太仓做表态发言,他表示太仓职成教示范县的顺利通过,既是荣誉,更是鼓舞和鞭策,太仓将以此为动力,进一步加大部门协同,完善教育体系建设力度,加大内涵发展建设,继续在太仓未来高质量发展中发挥作用!

附:我市通过国家级农村职业教育和成人教育示范县抽检复审(丹阳教育)

9月5日—6日,国家级农村职业教育和成人教育示范县抽查复检组来我市,全面了解了我市职成教工作成果。通过为期两天的听取汇报、查阅资料、实地考察,抽查复检组昨日召开情况反馈会,宣布我市顺利通过此次抽检复审。副市长刘宏程参加活动。

汇报会结束之后,专家组还查看了我市职业中专的办学情况,考察了延陵镇社区教育中心、云阳街道社区教育中心和珥陵镇碧云天农业基地。

成协工作的实践与研究

近年来,我市把职业教育与成人教育作为推动县一级人才储备的基本手段摆上重要位置,推动职业教育和成人教育向标准化、特色化、示范性发展。在职业教育方面,我市启动了职业学校布局调整工作,将原有的 7 所职业学校逐步整合到丹阳中专;投资 5 亿元的职教园于 2014 年投入使用;成立了镇江市现代服务业职教集团,大力推进眼视光与配镜专业的现代化学徒制改革;积极探索职业学校实训基地混合所有制改革,其与中国电信、华住酒店集团等合作建立的"校中厂",进一步丰富了产教融合、校企合作。在成人教育方面,我市 12 所社区教育中心均被评为省级标准化社区教育中心和镇江市现代化先进社区教育中心,218 个村(社区)全部建有居民学校,其中 166 所为省级标准化居民学校,先后创成省级社区教育示范区、3 个省级社区教育示范乡镇、2 个国家级社区教育示范乡镇、2 个省级社区教育品牌项目,社区教育课程(读本)获省级表彰 14 种;以服务"三农"为重点,开展农业实用技术培训、职业农民培训、农村劳动力转移培训累计达 42.78 万人次,在农业增收、农民增收方面取得了显著成绩。

根据《关于开展 2019 年国家级农村职业教育和成人教育示范县展示与交流平台优秀分平台和优秀信息员评选活动的通知》国开办〔2019〕52 号文件通知,受语言文字与继续教育处委托,成协组织了申报工作和初选工作,推荐了昆山开放大学等 11 个单位为国家级农村职业教育和成人教育示范县展示与交流平台优秀分平台,推荐昆山开放大学邵粘兵等 11 名同志为优秀信息员。

四、特色品牌项目

省社区教育特色品牌建设

2019年,省教育厅为加快社区教育内涵发展、特色发展、优质发展,打造一批社区教育特色品牌项目,全面提升我省社区教育整体发展水平,促进全民终身学习,加快学习型社会建设,专门研究制定了江苏省社区教育特色品牌建设方案。省级社区教育特色品牌项目以各地教育行政部门或各级各类教育机构为申报单位,各设区市教育局择优推荐本区域内特色品牌项目1~2个,普通高校继续教育学院可直接向厅申报。

省级社区教育特色品牌项目收到55个申报项目,省教育厅组织7位专家评审,从55个项目中择优选择22家答辩,22家答辩中从高分到低分选择16家公示后确定。省教育厅要求各项目建设单位要根据项目建设方案的目标要求,细化工作节点及实施方案,丰富完善项目内容,扎实推进项目建设。同时,做好年度成果的汇总和自评工作。各项目建设单位要加大品牌宣传推广力度,不断扩大项目的影响力和示范效应。

附：

省教育厅关于开展社区教育基础能力建设项目申报工作的通知

发布日期:2019-05-09

苏教社教〔2019〕4号

各设区市教育局、各高等院校：

为贯彻落实省政府办公厅《关于印发江苏省"十三五"教育发展规划的通知》(苏政办发〔2016〕87号)要求，建设覆盖城乡、机制完善、功能齐全、优质高效、具有江苏特色的社区教育系统，今年全省将组织开展社区教育基础能力建设项目申报工作，切实提高省级社区教育示范区、省级社区教育特色品牌项目和标准化社区教育中心的建设质量，不断完善社区教育网络系统，规范工作运行机制，提升服务能力和品质。现将有关事项通知如下。

一、省级社区教育示范区以县(市、区)为单位申报。请各设区市教育局按照《江苏省社区教育示范区建设标准(试行)》(见附件1)，对申报单位进行综合考量，并择优推荐1~2个；已列入全国社区教育实验区的县(市、区)可自愿申报，不占用设区市指标。

二、省级社区教育特色品牌项目以各地教育行政部门或各级各类教育机构为申报单位。请各地、各单位按照《江苏省社区教育特色品牌建设方案》(见附件2)，各设区市教育局择优推荐本区域内特色品牌项目1~2个，普通高校继续教育学院可直接向我厅申报。

三、标准化社区教育中心以乡镇(街道)社区教育中心为申报单位。请各设区市教育局按照《江苏省标准化社区教育中心自评表》(见附件3)，对申报单位进行材料初审和现场检查，并对符合条件的申报单位进行排序后统一上报，原则上每个设区市申报数量不超过20个。

四、省级社区教育特色品牌项目的申报材料请于6月5日前报送省教育厅语言文字与继续教育处,申报材料包括《江苏省社区教育特色品牌项目申报表》一式4份及相关佐证材料(可包含图像资料、调查统计材料、获奖表彰证书、新闻媒体报道、领导或社会评价意见等)和建设方案。省级社区教育示范区和标准化社区教育中心申报材料请于8月15日前报送,申报材料包括纸质原件一份(申报表与自评辅证材料需合订成册,正反面打印或复印)和电子稿。

省教育厅将组织专家评审小组对申报项目分别进行材料评审(现场答辩),并根据需要对申报单位进行现场考核验收。凡材料审核(现场答辩)不合格的单位不列入现场考核对象。

联系人:张晓彦,邮箱:zhangxy@ec.js.edu.cn,电话(兼传真):025-83335369,通讯地址:南京市北京西路15号,邮编:210024。

附件:1. 江苏省社区教育示范区建设标准(试行).docx
   2. 江苏省社区教育特色品牌建设方案.docx
   3. 申报表.docx

省教育厅
2019年5月8日

附件2:

江苏省社区教育特色品牌建设方案

为贯彻落实省教育厅等部门《关于加快发展社区教育的实施意见》,加快社区教育内涵发展、特色发展、优质发展,打造一批社区教育特色品牌项目,全面提升我省社区教育整体发展水平,促进全民终身学习,加快学习型社会建设,省教育厅研究制定江苏省社区教育特色品牌建设方案。

一、建设内涵和条件

"社区教育特色品牌"是社区教育机构或其他教育机构作为实施主体，以服务当地经济社会发展和社区居民素质提升为宗旨，针对当地产业转型升级或社区某一类服务对象的学习需求，确定明确的社区教育目标，科学设计社区教育方案，并按方案开发系列化教育培训课程、培训项目和多种学习资源，长期坚持有效组织实施，达到预期教育目标和成效，形成本地特色并产生广泛社会影响的社区教育项目。

"省级社区教育特色品牌"项目必须具有良好的建设基础，且符合下列条件要求：

（1）目标明确。项目规划符合区域经济建设、社会发展和社区居民素质提升的需求，目标明确、内容科学，组织管理机构健全，保障措施到位。

（2）设计科学。项目应为当地已经开展的特色鲜明的社区教育品牌，项目名称要能够体现教育培训活动内容，反映项目特征。名称一般为"地域或群体＋内容或形式"，字数原则上不超过10个字。项目培训方案科学合理，课程设置科学，教学内容紧贴市场发展和社区居民需求且不断更新。

（3）受益面广。项目在本地区要有稳定的参与对象，有明确的教育培训内容和要求，持续开展2年以上；项目具有一定的办学规模和影响力，面向特定人群的建设项目培训量在400人次/年以上，面向区域全体居民的建设项目培训量在1 000人次/年以上，规模效应明显；项目参与者对教育培训活动内容能够普遍掌握，成效明显，用人单位、学员、社区居民满意度达90%以上。

（4）保障有力。项目坚持教育的公益性原则，项目经费有保障，有固定且充裕的培训经费。项目有一支素质较高、结构合理的专兼职教师队伍、管理队伍或志愿者队伍。项目教学培训场地（包括实践教学场地、社会实践基地）设置符合教学和安全要求，教学设施完善、设备齐全，能较好满足教育培训规模和实际培训需求。

（5）管理规范。开发一批具有社区教育特色的课程（每门课程不低于10学时，每个学时分成若干学习单元）、培训项目及辅助学习资源。教学手段灵活多样（线上或线下），教学管理手段先进。教学过程管理严密、科学，制度完善。建立教学质量监控体系，教学督查和评价制度健全。

（6）综合效益高。充分发挥区域内现有各类教育资源的作用，进一步整合职业教育和社区教育资源，并加以改造提升拓展，不断提高综合效益和整体水平。

（7）示范性强。注重项目品牌建设，能组织对项目成果进行研究总结，积极创新有特色、能复制、可推广的项目培训模式。项目具有创新性、可操作性和推广应用等价值，取得了良好的教育效益和社会效益。项目的再投入合理有效，发展前景良好。项目在区域范围内对其他教育机构有示范引领作用，社会知名度和信誉度较高，在县级及以上媒体上有宣传报道。

二、建设主体和范围

"省级社区教育特色品牌项目"建设主体分为两类，一类是设区市、县（市、区）教育行政部门，另一类是各级各类教育机构，包括社区教育机构、开放大学、青少年校外教育机构、老年教育机构、普通高校继续教育学院、成人高校、行业性、专业性社会组织和民办社会工作服务机构等。项目申报单位既可以是一个单位单独申报，也可以联合几个单位共同申报。

三、经费管理和要求

（1）经费支持。入选江苏省社区教育特色品牌建设项目，建设经费以建设主体筹措为主，省教育厅在社区教育专项经费中给予一定的资助。

（2）绩效管理。建立项目建设绩效管理机制，入选江苏省社区教育特色品牌建设项目，建设周期为3年，实行动态监管，项目建设主体单位每年12月底前向省教育厅报送年度绩效报告,实行年度绩效考核,考核通过的,下一年度省教育厅继续给予经费支持,考核不通过的不再支持建设。建设单位要根据建设方案加强建设,确保建设任务如期完成。

(3)经费使用。省财政专项经费主要用于课程等教学资源建设和教学研究工作,建设资金使用要符合《江苏省教育厅、江苏省财政厅关于社会教育专项资金管理暂行办法》的有关要求,项目建设单位要按照有关财务管理规定,加强项目建设资金财务管理,并设置单独账簿进行核算,确保专款专用、专账管理,资金使用不当的将予以追责。

四、组织保障和成效

(1)各项目建设单位要对项目实施过程中取得的典型经验及时进行总结宣传和推广,同时,向省教育厅报送具有推广价值的成果,并向全省推广。

(2)各地、各单位要充分认识开展社区教育特色品牌建设工作的重要性,及时挖掘本地、本单位具有特色的社区教育项目,将其作为推动社区教育内涵发展、特色发展、优质发展的重要手段,不断丰富社区教育功能,扩大社区教育的参与面,有效提升居民的参与度和满意度。

(3)各地、各单位要加强对社区教育特色品牌建设工作的指导,进一步提升全省社区教育的品牌效应,为形成品牌做好服务和宣传工作,通过各种媒体宣传社区教育品牌,使社区教育品牌成为传播先进文化和终身学习理念的途径,促进社区教育不断创新和可持续发展,推进全民学习、终身学习的学习型社会建设。

2019年度省级社区教育特色品牌建设老年教育学习资源库子库建设项目评审结果公示

发布日期:2019-06-21

根据《省教育厅关于开展社区教育基础能力建设项目申报工作的通知》(苏教社教〔2019〕4号)和《省教育厅关于开展江苏省老年教育学习

资源库子库建设目标申报工作的通知》(苏教社教函〔2019〕1号),省教育厅组织专家对各申报单位申报的省级社区教育特色品牌建设和老年教育学习资源库子库建设项目进行了初评(材料评审)和终评(现场答辩),现将评审结果予以公示。公示时间:6月21日至6月27日。如果对评审结果有异议,请以书面形式向我厅反映(联系电话:025-83335536,电子邮箱:76861217@qq.com),并注明本人的真实姓名、单位和电话。

附件:1. 江苏省社区教育特色品牌建设项目入选名单.docx
   2. 江苏省老年教育学习资源库子库建设项目入选名单.docx

省教育厅
2019年6月21日

附件1:

2019年度江苏省社区教育特色品牌建设项目入选名单

序号	申报单位	项目名称
1	苏州工业园区开放大学	公益课程进社区惠民项目
2	常州开放大学	社区教育特色项目工作室
3	扬州工业职业技术学院	扬州志愿者培训
4	睢宁开放大学	睢宁县万人电子商务培训
5	宿迁市宿豫区社区培训学院	"楚城面塑"技艺培训
6	常州工学院	常州社区创意手工培训
7	宜兴市丁蜀镇社区教育中心	紫砂文化传承与推广
8	句容市茅山镇社区教育中心	丁庄葡萄种植培训
9	南京开放大学	金陵学堂
10	如东县岔河镇社区教育中心	燕川葡萄文化流动课堂
11	江苏师范大学	金色年华艺术培训
12	泰兴市张桥镇镇西村青少年校外教育辅导站	青少年校外教育
13	金陵科技学院	南京市农科教讲师团

续表

序号	申报单位	项目名称
14	无锡职业技术学院	滨湖职工技能培训联盟
15	江苏城乡建设职业学院	居民绿色·艺术生活引领
16	常州机电职业技术学院	圣贤文化育幸福家庭

附件2：

2019年度江苏省老年教育学习资源库子库建设项目入选名单

序号	申报单位	项目名称
1	南京视觉艺术职业学院	老年摄影
2	江苏农牧科技职业学院	宠物、中草药与康养
3	江苏旅游职业学院	淮扬菜文化与传统技艺
4	南京市教育局	南京特色文化体验
5	江苏经贸职业技术学院	老年健康
6	无锡工艺职业技术学院	老年信息技术应用
7	南通大学	乐器演奏与欣赏（二胡、古筝、琵琶、笛子）
8	扬州大学	老年护理
9	江苏农林职业技术学院	园林、园艺与康养

2020年

2020年省教育厅办公室发出关于开展2020年省社区教育特色品牌和老年教育学习资源库子库项目申报工作的通知。

附：

省教育厅办公室关于开展
2020年省社区教育特色品牌和
老年教育学习资源库子库项目申报工作的通知

苏教办继函〔2020〕3号

各设区市教育局：

为落实《加快推进江苏教育现代化实施方案（2019—2022年）》提出的目标任务，进一步加快社区教育优质资源和特色品牌建设，增加优质资源的有效供给，发挥特色品牌示范引领作用，今年全省将继续组织开展省社区教育特色品牌和老年教育学习资源库子库项目建设。现将有关事项通知如下。

一、建设要求

对照《省教育厅关于开展社区教育基础能力建设项目申报工作的通知》（苏教社教〔2019〕4号）和《省教育厅关于开展江苏省老年教育学习资源库子库建设目标申报工作的通知》（苏教社教函〔2019〕1号）要求，请各设区市认真做好项目建设和择优推荐工作。

从2020年起，老年学习资源库采用从各市社区教育机构（含老年大学、老年学校等）已经开发成熟的老年资源库中征集遴选直接入库的方式进行申报。每个资源库围绕一个专题，每个专题资源库的学习资源必须基本建成，其学习视频资源总量不少于30单元（每个单元学习视频时长5～10分钟）。

二、申报要求

原则上，每个设区市可报送省社区教育特色品牌和省老年教育学习资源库子库项目各3～5个。省社区教育特色品牌项目申报材料需包含纸质申报表一式三份（见附件1）、相关佐证材料和建设方案，以及所有材料扫描合成的电子文档。省老年教育学习资源库子库项目申报材料需包含纸质申报表一式三份(见附件2)和学习资源包。

请各设区市于2020年6月底前统一将申报材料报送至省教育厅语言文字与继续教育处。联系人：经贵宝、张晓彦；联系电话：025-83335606、025-83335369；电子邮箱：zhangxy@ec.js.edu.cn。

三、其他事项

今年，省教育厅将组织专家对2019年入选的苏州工业园区开放大学"公益课程进社区惠民项目"等16个省社区教育特色品牌项目，南京视觉艺术职业学院"老年摄影"等9个省老年教育学习资源库入选子库项目进行中期检查。检查结果作为工作绩效考核和专项经费分配的重要依据之一，检查发现存在问题的要积极整改，问题严重的将进行通报，直至收回财政专项经费。中期检查的具体时间另行通知。

附件：1. 江苏省社区教育特色品牌项目申报表.docx
      2. 江苏省老年教育学习资源库子库申报表.docx

省教育厅办公室
2020年3月2日

附件1：

2020年度江苏省社区教育特色品牌项目

序号	项目名称	申报单位	项目负责人
1	玄武社区学堂	南京市玄武区社区进修学院	业冰
2	兴隆国学馆	南京市建邺区社区培训学院、建邺区兴隆街道社区教育中心	章学军、胡山堂
3	燕子矶健康养生学堂	南京市燕子矶街道社区教育中心	李瑞
4	东山母亲学吧	南京市东山街道社区教育中心	宗美芳
5	阳羡生态养殖培训课堂	宜兴市高塍社区教育中心	汪军华
6	蚕桑文化传承	无锡市新吴区江溪街道社区教育中心	孙勤慧

续表

序号	项目名称	申报单位	项目负责人
7	"三位一体"辅导项目	江阴市周庄镇成人教育中心校	朱伟
8	锡山在线学习课堂	无锡市锡山社区教育学院	徐世明
9	红色远望学习社	江阴市澄江街道成人教育中心校	黄颖臻、邹耀刚
10	真州白话社区行	仪征市真州社教中心	全庆楼
11	授之以渔——沿湖村新渔民培训项目	扬州开放大学、扬州市邗江区方巷社教中心	汤正友
12	"诗渡瓜洲"学习共同体	扬州市邗江区瓜洲社教中心	孟宪才
13	"苏公假日学吧"青少年校外辅导项目	扬州市宝应县曹甸社教中心	欧同亮
14	邵伯大运河"走运之旅"游学项目	扬州市江都区邵伯社教中心	丁云峰
15	成长,无阅不欢	启东市海复镇社区教育中心	季宏杰
16	文化养老幸福银龄	海安市高新区社区教育中心	张国庆
17	善水文化魅力心港	南通市通州区石港镇社区教育中心	金辉
18	唱响水乡号子传承农耕文化	海安市白甸镇社区教育中心	李贵章
19	科源三农特色教育	如皋市经济技术开发区社区教育中心	章晓忠
20	常州社区传统文化讲堂	常州工程职业技术学院	盛杨
21	洛阳新型职业农民学堂	常州市武进区洛阳镇成人教育中心	言俊
22	养教联动银光课堂	常州市武进开放大学	顾晓霞
23	春雨学堂	常州市新北区西夏墅镇社区教育中心	袁文明
24	直溪乡村留守儿童学堂	常州市金坛区直溪镇社区教育中心	吴明辉
25	木渎镇市民终身学习节	苏州市吴中区木渎镇社区教育中心	赵伟
26	千名教师进社区	张家港市终身教育促进委员会、张家港市社区培训学院	陈勇
27	震泽蚕桑文化学堂	苏州市吴江区震泽镇成人教育中心校	项剑峰
28	百姓摄影大讲堂	苏州市吴中区长桥镇成人教育中心校	黄龙兴
29	博士阳光讲坛	苏州市虎丘街道嘉业阳光城社区	徐璐
30	"699"老年教育平台	淮安市老年大学	曹启瑞

续表

序号	项目名称	申报单位	项目负责人
31	中老年健康生活大讲堂	江苏食品药品职业技术学院	郑虎哲
32	儿童职业体验项目	淮安市开发区社会事业局	仇高兴
33	渔沟花鼓会	淮安市淮阴区渔沟镇社区教育中心	纪成栋
34	汉王书画艺术鉴赏	徐州市铜山区汉王镇成人教育中心	刘强
35	"互联网＋"成人技能培训	连云港市赣榆区成人教育协会	许效法、盛江发
36	卫生健康进社区	连云港中医药高等职业技术学校	胡必梅
37	太极康养进社区	连云港开放大学	王仁祥
38	乐业象山——新市民职业培训	镇江市京口区象山街道社区教育中心	苏红、刘红霞
39	"科教惠民"——村组行	扬中市新坝镇成人教育中心校	高庆
40	戴庄"亚夫式"农业培训	句容市天王镇社区教育中心	周鹏
41	镇江新区翰墨社	镇江市新区社区学院	王祥林
42	关爱儿童教育项目	江苏省丹阳经济开发区社区教育中心	肖华伟
43	"郝氏泥塑"技艺培训	宿迁市宿城区社区培训学院	张升平
44	农村电子商务培训	宿迁开放大学	杜苏民
45	"四阶一体"创业培训	宿迁市宿豫区社区培训学院	张宝琴
46	碧根果产业助推乡村振兴	泗洪县峰山社区教育中心	周立
47	农旅教融合创新培训	泗阳县庄圩社区教育中心	陶峰
48	"移动课堂"助力乡村振兴	东台市五烈镇社区教育中心	吴春才
49	鹿鸣尚学堂	盐城市大丰区草庙镇社区教育中心	田龙翔
50	建湖淮剧的传承与推广	建湖县沿河镇社区教育中心	成晔
51	"筝"情非遗传承	泰州市高港区口岸街道社区教育中心	孙书鸿
52	残疾人实用技术培训	泰兴市河失镇社区教育中心	刘金元
53	"晒家风 亮家训 树新风"	泰州市高港区胡庄镇社区教育中心	田书琴
54	社区教育"爱＋"课堂	泰州市海陵区城南街道社区教育中心	吴会琴
55	方洲社区四点半课堂	泰州市海陵区城中街道方洲社区	吴敏

附件 2：

2020年度江苏省老年教育学习资源库子库项目

序号	项目名称	申报单位	项目负责人
1	文化艺术课程资源库	南京市江宁区东山街道社区教育中心	宗美芳
2	"乐龄"手工学堂——超轻粘土的手工教程	南京市栖霞区燕子矶街道社区教育中心	李瑞
3	影·像四季之美（老年图像处理）	无锡职业技术学院	彭成圆
4	"老有所学"——常州老年教育系列课程	常州开放大学	罗静
5	中国历代名人与垂虹桥	苏州市吴江区教育局	翁春强
6	老年中医养生堂	江苏省连云港中医药高等职业技术学校	胡必梅
7	老年书法教程	淮安市老年大学	曹启瑞
8	老年人与优秀家风家训传承	扬州开放大学	黄瑞、周晟
9	中国画（写意花鸟画技法）	扬州开放大学	陈峰、林久青
10	智能手机使用攻略	扬州市职业大学	张莉、江兆银
11	老年运动与健康	句容市社区培训学院	卜延斌
12	二胡教学	盐城东台开放大学	虞静东

五、全民终身学习

2016年江苏省暨南京市全民终身学习活动周开幕式在南京举行

10月11日上午,江苏省暨南京市2016年全民终身学习活动周开幕式在南京江宁区举行。省政府副秘书长陈少军、南京市政府副市长胡万进等出席开幕式,时任教育厅长出席开幕式并讲话,省教育厅副厅长曹玉梅主持开幕式。时任教育厅长指出,"十二五"以来,全省终身教育、全民终身学习工作取得明显成效。终身教育网络体系不断健全,终身教育资源不断丰富,终身教育工作机制不断完善。通过积极开展终身教育,有力促进了城乡社会文明程度以及城乡居民综合素质的提升。

时任教育厅长强调,在"十三五"时期,各地要深入贯彻落实全省教育工作会议精神,不断推进全民学习、终身学习迈上新台阶。要广泛开展城乡社区教育,着力提升社区教育基础能力,积极创建全国社区教育实验区、示范区。要不断丰富社区教育内容,创新教育形式,提高社区教育的针对性和实效性。要加快整合各类学习资源,真正实现区域资源的共享共通,构建线上、线下相结合、开放式的继续教育培训体系,搭建处处能学、时时可学的终身学习服务平台。要积极发展老年教育,动员更多的学校教育和社会教育资源参与老年教育,发展各类面向老年群体的学历和非学历教育。要鼓励发展社会培训,打造一批市场竞争力强、社会效益好、信誉度高的培训品牌,强化行业自律,建立健全各项管理制度,促进社会教育培训机构规范化发展。

时任教育厅长希望各级政府要把终身教育摆在重要位置,加强领导,统筹谋划;各相关部门相互配合,为全民终身学习提供有效服务;行业、企业和社会各界共同关心支持终身教育发展;全体人民通过学习,不断丰富充实自己,共享人生出彩机会。

本次活动周的主题是"推动全民终身学习,建设学习型江苏"。开幕式上,公布了2016年省"百姓学习之星"和"终身学习品牌项目"遴选结果及南京市"优秀社区教育工作者"和"百姓喜爱的终身学习活动品牌"遴选结果。省教育厅领导为南京市终身教育服务指导中心揭牌并授牌。

省民政厅、人社厅等有关厅局,南京市和江宁区政府及相关部门负责人、教育系统相关负责人共600余人参加了活动周开幕式。

开幕式后,与会代表赴南京市江宁区湖熟街道社区教育中心参观考察。

2017年江苏省暨徐州市全民终身学习活动周开幕式在徐州举行

10月13日上午,由省教育厅主办,省成人教育协会协办、徐州市教育局承办的2017年江苏省暨徐州市全民终身学习活动周开幕式在徐州市举行。本届活动周以"推进全民终身学习,建设学习型江苏"为主题,大力宣传全民学习、终身学习的理念,以推动全民终身学习活动深入开展。王江副省长出席开幕式并宣布活动周开幕,省教育厅厅长葛道凯出席活动周并讲话,曹玉梅副厅长主持开幕式。省文明办、省发改委、省科技厅、省民政厅、省人社厅、省农委、省文化厅、省新闻出版广电局、省体育局、团省委、省科协等部门负责人,徐州市和徐州市云龙区、开发区政府及相关部门负责人,全省教育系统的有关部门负责人,部分社区居民约800人参加了开幕式。

葛道凯指出,完善终身教育体系,建设学习型社会,是党的十八大提出的战略任务,也是国家中长期教育规划纲要提出的三大战略目标之一。中共中央办公厅、国务院办公厅印发的《关于深化教育体制机制改革的意见》提出,要注重培养学生终身学习的意识和能力,以拓宽知识、提升能力和丰富生活为导向,健全促进终身学习的制度体系。去年,省委省政府召开了全省教育工作会议,明确要求加快学习型社会建设,全面提高我省人力资源素质。

葛道凯指出,近年来全省各地各部门在推动全民终身学习方面持续发力、成果丰富,产生了积极广泛的社会影响,终身教育网络体系不断健全,终身教育资源不断丰富,终身教育工作机制不断完善,活动周已成为我省建设学习型社会的重要载体和特色品牌。

葛道凯强调,当前人民群众对教育改革发展成果共享的要求愈发强烈,对个性化、多样化、优质化教育的需求日益旺盛,社会期望值不断提高。要准确把握新的时代背景下不同社会群体在思想动态、生活习惯、兴趣爱好、思维方式以及自我认知方面的新特点、新需求,找准结合点、着力点,不断丰富终身教育内容,拓展终身教育载体,创新终身教育形式。以"优质、多样、温暖"的教育服务与管理,努力为每一位学习者提供适合的教育,为每一位学习者的发展创造更多的机会,努力建设人人、时时、处处能学的环境,切实增强人民群众的获得感、幸福感。要推动高等学校和职业学校面向社会广泛开展教育培训服务,扩大社区教育和老年教育供给,全省开放大学办学系统要主动承担发展全民终身学习的领军责任,积极引导社会教育培训机构健康发展。

葛道凯希望,各地把终身教育摆在更加重要位置,加强领导,统筹谋划,在财政投入、队伍建设等方面创造更好发展条件;期望各相关部门齐心协力,相互配合,为全民终身学习提供有效服务;期盼社会各界更加关注、支持终身教育发展,大力宣传普及人人皆可成才、终身学习等科学教育理念,让全民终身学习蔚然成风;期待更多的人通过终身学习,做到以学固本、以学增智、以学兴业,不断丰富充实自己,共享人生出彩机会。

本届活动周开幕式展示了全省全民终身学习的最新成果,举行了社区教育成果展演,组织遴选了38个终身学习品牌项目、104个百姓学习之星、105个社区教育优秀志愿者、124个社区教育先进工作者、49个优秀成人继续教育院校(培训机构),与会代表参观考察了徐州市社区教育、老年教育现场展示。作为开幕式活动的一部分,12日下午还首次举办了全民终身学习活动周"新闻会客厅"。

近期我省各地将结合各自社区特点和社区文化特色,陆续开展社会主义核心价值观、人文艺术、职业技能、生活休闲等600多场全民终身学习系列活动,并加大对终身学习活动的宣传,营造全民终身学习的社会氛围。

2018年江苏省全民终身学习活动周开幕式在句容市举行

10月27日上午,2018年江苏省全民终身学习活动周开幕式在句容市举行。本届活动周贯彻落实全国教育大会精神,以"推进全民终身学习,服务江苏高质量发展"为主题,大力宣传全民终身学习理念,加快江苏学习型社会建设。省政府副省长王江出席开幕式并宣布活动周开幕,省教育厅副厅长朱卫国讲话,副厅长曹玉梅主持开幕式。省委宣传部、省民政厅、省人社厅、省农业农村厅、省文化与旅游厅、省新闻出版局、省总工会、团省委、省妇联等部门负责同志、镇江市和句容市政府及相关部门负责同志、全省教育系统的有关同志,还有部分社区居民近千人参加了开幕式及系列活动。

在省委省政府高度重视和社会各界大力支持下,通过广大教育工作者共同努力,全省学习型社会建设取得了显著成效。全省终身学习服务体系不断完善,终身学习资源不断丰富。全省共建成55个省级社区教育示范区、1 053个标准化社区教育中心和62个教育服务"三农"高水平示范基地,社区教育网络已基本实现全覆盖。全省老年大学和学校达到8 792所,老年教育参与率超过20%。开展农村妇女"网上行"教育培训活动,去年全省共培训49 592人,有46 389名"网上行"学员获得"现代女性网络技能初级证书",有近5.8万名农民工接受学历继续教育。"江苏学习在线"网站已拥有各类视频学习资源35 343个,合作共建学习联盟成员单位50多家,组建并发布课程1 789门,访问量2 000余万人次,用户获得学分(分值)总计5 000万余分。"夕阳红·空中老年大学"网站共开放5大类31个方向16 454个单元的学习课程。"江苏省终身教育学分银行"建设稳步推进,学分银行用户数已达53万人。

朱卫国强调,到2020年基本形成学习型社会是国家中长期教育规划纲要提出的三大战略目标之一,也是我国教育发展"十三五"规划确定的目标和任务之一。要进一步整合全社会学习资源,除了发挥好社区教育主阵地作用,还要推动各级各类学校向社区居民释放教育资源,推动文化馆、博物馆、图书馆、科技馆、体育馆等公共场馆向公民开放,提供学习机会;支持办好企事业单位职工继续教育基地,支持社会力量举办各类培训机构,引导社会教育培训机构健康发展。构建全民学习、终身学习的学习型社会,是全社会的共同责任。希望各地把终身教育摆在更加重要位置,加强领导,统筹谋划,在财政投入、队伍建设等方面创造更好发展条件;期望各相关部门齐心协力,相互配合,为全民终身学习提供有效服务;期盼社会各界更加关注、支持终身教育发展,大力宣传普及人人皆可成才、终身学习等科学教育理念,让全民终身学习蔚然成风;期待更多的人通过终身学习,做到以学固本、以学增智、以学兴业,不断丰富充实自己,共享人生出彩机会。

本届活动周由省教育厅主办,省成人教育协会、社会教育服务指导中心协办,镇江市和句容市教育局承办。开幕式展示了全省全民终身学习的最新成果,举行了社区教育成果展演,组织遴选了《乡村振兴新天地》等 2018 年省级社区教育品牌项目 39 个,2018 年省级百姓学习之星 113 名,2018 年省级社区教育先进工作者 124 名,2018 年省级社区教育优秀志愿者 75 名,南京老年开放大学等 2018 年省级优秀成人继续教育校(培训机构)59 家,《分田到户(鹅湖镇)》(画)等 2018 年省级"美蕴秋歌——社区教育文艺成果"116 个。

作为开幕式活动的一部分,26 日下午还举办了"推动全民终身学习服务乡村振兴战略"主题研讨会。

据悉,近期我省各地均结合各自社区特点和社区文化特色,陆续开展社会主义核心价值观、人文艺术、职业技能、生活休闲等全民终身学习系列活动,终身学习活动已经覆盖全省所有市、县(市、区)。

2019 年江苏省全民终身学习活动周开幕式在扬州举行

10 月 23 日,2019 年江苏省全民终身学习活动周开幕式在扬州职业大学举行。省政府副省长王江出席开幕式并宣布活动周开幕,省教育厅厅长葛道凯出席并讲话,副厅长曹玉梅主持开幕式。省文明办、省发改委、省民政厅、省财政厅、省人社厅、省农业农村厅、省妇联、团省委、省总工会等部门负责人,扬州市和邗江区政府及相关部门负责人、全省教育系统有关人员、部分社区居民近千人参加开幕式及系列活动。

葛道凯强调,要以贯彻落实国家和省《教育现代化 2035》和《教育现代化实施方案(2019—2022 年)》为抓手,以全民终身学习活动周为契机,在省委省政府的领导下,一是加快建设渠道更通畅、方式更灵活、资源更丰富、学习更便捷的终身学习体系,扩大社区教育供给规模,建立健全全省五级社区教育办学网络,办好家门口的社区教育;二是健全学习型社会的教育治理体系,完善党委领导、政府统筹、社会参与的终身学习工作推进机制;三是积极应对人口老龄化,加快老年教育创新发展,加强规划和政策引领,多路径扩大老年教育供给,丰富老年教育内容与形式,完善养教结合模式,提供开放便利、灵活多样的老年教育服务,到2022年,经常性参与教育活动的老年人占老年人口总数的比例达到25%以上;四是推动社区教育与社区治理深度融合,积极探索社区教育新模式,打造具有区域特色的社区教育品牌,服务江苏经济社会高质量发展,努力为每一位学习者提供适合的教育,努力建设人人、时时、处处能学的终身学习环境,切实增强人民群众的获得感、幸福感。

本届活动周开幕式展示了全省全民终身学习的最新成果,举行了社区教育成果展演,组织遴选了《金陵学堂》等40个江苏省"社区教育品牌项目",施顺才等109人获得江苏省"百姓学习之星",吴蔚群等109人获得2019年江苏省"社区教育先进工作者",曹青云等92人获得2019年江苏省"社区教育优秀志愿者",南京市建邺区社区学院等40家单位获得2019年江苏省"优秀成人继续教育校(培训机构)",南京市建邺区莫愁湖街道凤栖苑社区选送的《快乐的老帅哥》等35个节目获得2019省级"美蕴秋歌——社区教育文艺成果"表彰。

江苏省获得国家"终身学习品牌项目"的有《金陵学堂》等10个项目;获得国家"百姓学习之星"的有郝名玲等5人;获得国家"优秀成人继续教育院校"的有南京市建邺区培训学院等7家。其中,《金陵学堂》为2019年特别受百姓喜爱的终身学习品牌项目;郝名玲为2019年事迹特别感人的百姓学习之星;南京市建邺区社区培训学院为2019年事迹特别突出的优秀成人继续教育院校。

2020年江苏省全民终身学习活动周开幕式在宿迁市举行

11月18日,由省教育厅主办,省成人教育协会和省社会教育服务指导中心协办,宿迁市承办的2020年江苏省全民终身学习活动周开幕式在宿迁科技馆举行。省教育厅党组书记、厅长葛道凯出席并讲话,省教育厅副厅长曹玉梅主持开幕式。我省全民终身学习活动周以"全民智学　助力双战双赢"为主题,充分展示我省全民终身学习成果,点燃全民终身学习激情,推动我省学习型社会建设。

葛道凯表示,近年来,在省委、省政府的坚强领导下,全省高度重视全民终身学习,坚持多措并举、综合推进,取得明显成效。一是社区教育体系建设明显加强。目前,全省建成了一批标准化社区大学、社区学院和社区教育中心,形成了以省开放大学为龙头,省市县乡村五级教育体系,社区教育办学网络基本实现城乡全覆盖。二是社区教育质量水平显著提升。特色品牌加速形成,建成了12个全国社区教育示范区、16个全国社区教育实验区、15个国家级农村职业教育和成人教育示范县、32个长三角地区社区教育品牌,以及一批包括教育服务"三农"高水平基地在内的省级社区教育特色品牌。三是社区教育优质资源供给更加丰富。持续加强"江苏学习在线"和各类学习教育资源库建设,"江苏学习在线"开放共享视频学习资源近4万个,发布课程2 200多门,我省终身教育学分银行存入用户数达78万,用户学习成果数达117万。四是社区教育助力脱贫攻坚成效显著。切实加强与相关部门的工作联动,省教育厅与省总工会联合开展农民工学历与能力提升行动计划,全省30余万名农民工和一线职工报名参加学历继续教育。非学历继续教育年培训量超过1 000万人次。与省妇联共同开展农村妇女"网上行"基础技能培训,6万余名农村妇女参加培训,近5万人获得"现代女性网络技能初级证书"。

葛道凯强调,开展全民终身学习活动周活动,就是要大力宣传终身教育思想,强化全民终身教育、终身学习的观念,促进更多的人和社会机构积极参与到全民终身学习中来。一要着力构建服务全民终身学习的教育体系,有效提高全民族的科学人文素养,促进教育发展成果更多更公平惠及全体人民。二要着力发挥网络教育和人工智能的优势,积极利用现代科技技术推动教育改革,构建包括智能学习、交互式学习的新型教育体系,加快发展面向每个人、适合每个人、更加开放灵活的教育体系。三要着力形成全社会共同参与的教育治理新格局，形成工作合力，打破传统的学校教育单一格局，建立健全家庭教育指导服务体系，大力发展社区教育，实现各级各类教育纵向衔接、横向贯通、密切配合、良性互动，共同服务人的终身学习，促进人的全面发展。

活动周开幕式上，集中表彰了全省2020年"百姓学习之星"和"终身学习品牌项目"，开通了江苏省老年教育平台、江苏老年教育资源库。我省今年有5人获得全国"百姓学习之星"，有5个项目获得全国"终身学习品牌项目"，其中无锡宜兴市顾涛获事迹特别感人的全国十大百姓学习之星，南京市鼓楼区社区教育品牌——《百姓原创朗读者》获特别受百姓喜爱的全国十大终身学习品牌项目，受到全国表彰。

全民终身学习活动周是由教育部、中国教科文组织全国委员会秘书处及中国成人教育协会共同发起组织，至今已连续举办16届。省文明办、省新闻出版广电局、省民政厅、省人社厅、省文旅厅、团省委、省妇联等单位负责人，省发改委、省农业农村厅、省总工会等单位部门负责人，宿迁市政府及相关部门负责人，全省教育系统有关人员，还有部分社区居民参加了开幕式及系列活动。

活动周开幕式期间，在宿迁开放大学举办了"电商培训　助力双战双赢"主题活动，其中的"宿迁市全民终身学习典型案例"宣讲和"乡村电商直播带货达人培训"现场教学会等活动进行了网络同步直播，全国有近15万人在线观看。

省教育厅关于举办2020年全民终身学习活动周的通知

苏教继函〔2020〕1号

各市、县（市、区）教育局：

为加快构建服务全民终身学习的教育体系，根据《教育部办公厅关于举办2020年全民终身学习活动周的通知》要求，现将我省举办2020

年全民终身学习活动周的有关事项通知如下。

一、主题和时间

（一）主题

全民智学，助力"双战双赢"

（二）时间

我省全民终身学习活动周总开幕式拟定于11月上、中旬在宿迁市举行（具体事宜另行通知）。各地结合本地疫情防控实际自行确定今年举办活动周形式，原则上在省活动周开幕式前后1个月内举办。

二、活动要求

因疫情防控常态化要求，今年活动周线上线下结合重点推广"互联网＋终身学习"模式。根据教育部活动周要求，各地要认真做好五个方面的工作。

（一）突出主题，创新线上线下教育培训活动

各地要落实中央"六稳""六保"和省委全力夺取"双胜利"专项行动部署要求，创新"互联网＋社区教育"模式，面向企业职工、农民工、退役军人、青少年及老年人群等广大社区居民，通过线上线下相结合的形式组织开展好各类讲座、论坛、培训、观摩、展览等学习活动，积极开展"国情教育、科学普及、创业再就业、职业技能提升、抗疫防疫、环境保护"等社区教育学习和宣传活动。

（二）促进开放，为社区居民提供丰富多彩课程

各普通高校、职业院校、市县开放大学、成人学校、社区学校、老年大学、科普学校和其他社会教育机构要积极参与活动周，向社区开放教育资源，充分发挥设备设施、教学资源、师资优势，开发当地产业发展和居民急需的课程，利用学习云平台送网课到家、微课到手机，满足社区居民时时处处学习的需求。

（三）创新机制，加快优质学习资源开发利用

各地要积极探索社区教育资源共建共享机制，重点打造一批社区教育和老年教育特色品牌项目，推动优质学习资源进社区。推动图书馆、

科技馆、文化馆、博物馆和体育馆等公共场馆参与活动周,开展各类"主题活动""专题讲座""观摩体验"等学习活动,加强数字化学习资源的利用。积极引导社区居民用好"学习强国""中国社区教育网""老年教育专网""江苏学习在线"等学习平台资源。

(四)全民阅读,共同培育书香社会

鼓励机关、企事业单位、社区、社会组织,组织开展好书推荐、好书诵读、书友会、书香之家等线上线下学习活动,吸引更多的社区居民参与多读书、读好书活动,更好地营造全民参与、全民阅读、全民智学的氛围。

(五)加强宣传,发挥典型引领作用

各地要广泛征集、深入发掘、持续宣传展示一批在疫情防控时期创新方法学习、坚持主动学习、带动群众学习、事迹突出、故事感人的典型人物,充分发挥"百姓学习之星""终身学习品牌项目"的示范引领作用。宣传展示创新教育培训方式,通过互联网+、线上线下结合,在疫情防控的严峻形势中坚持停课不停学,宣传在抗击疫情人民战争、总体战、阻击战中作出贡献的优秀工作案例和典型故事,宣传展示推动社区教育、老年教育、农民教育、从业人员教育等优秀工作案例和典型故事。

三、活动组织

我省全民终身学习活动周总开幕式由省教育厅主办,江苏省成人教育协会、江苏省社会教育服务指导中心协办,宿迁市教育局承办。

各市、县(市、区)要结合疫情防控常态化要求,根据教育部和省教育厅要求,落实落细本地区活动周工作方案。在活动开展过程中,要明确疫情防控主体责任,严格执行我省疫情防控规定,落实各项防控措施。要严格遵守中央八项规定精神和有关要求,节俭、高效办好今年的活动周。

四、新闻宣传

各地要利用本地全民终身学习活动周专题网站(或在相关网站开设专栏),集中宣传当地包括社区教育、老年教育在内的继续教育事业的优秀工作案例和发展成果;宣传展示当地的"百姓学习之星"和"社区教育品牌项目";宣传推广当地优质教育资源,推广社区教育线上学习活动;宣传展示举办活动周的典型做法和生动事例,引导推动全社会为城乡社区居民提供继续教育和终身学习服务,并及时报送省全民终身学习活动周专题网站("江苏学习在线"全民终身学习活动周专栏)。

各地要将本地的全民终身学习活动周专题网站与省和全国全民终身学习活动周专题网站链接,并及时将举办活动周有关情况、宣传案例推送到省和全国全民终身学习活动周官方网站进行宣传展示。

五、其他事项

各设区市负责汇总本市、县(市、区)活动周工作方案,于9月30日前报送省教育厅。活动周结束后,各地要及时形成工作总结,请各设区市于12月15日前,将本辖区的活动周工作总结、典型活动案例和《2020年全民终身学习活动周情况统计表》(含各县(市、区))报送省教育厅,并作为教育部和我厅进行考核表彰的重要依据之一。

省教育厅语言文字与继续教育处　联系人:张晓彦;联系电话:025-83335369;邮箱:zhangxy@ec.js.edu.cn。

省教育厅
2020年9月15日

第三篇

电大开大建设

一、电大开大建设

认真学习小平终身教育思想,努力办好开放大学
——在国家开放大学四川广安研讨会上的发言

马良生

2014 年 9 月 22 日

一、重视系统建设的重要会议

在隆重纪念小平同志诞辰 110 周年纪念活动期间,在小平故里召开研讨会,重温小平同志亲自批示创办电大的战略决策,讨论电大转型升级与学习型社会建设,非常重要,意义深远。作为电大人,总是以小平同志亲自批示创办电大而自豪,有人讲电大出身好,就是指这个,我们永远感激小平同志。而纪念小平同志最好的方式,莫过于继承其精神,践行其理念,秉承其道路,按照小平同志终身教育的思想理念,办好具有中国特色的开放大学。所以说这次会议是电大系统的一次重要会议,也是国家开放大学巩固和发挥电大、开大系统作用的具体体现,因为系统办学是中国电大的办学特色之一。与英国开放大学的地区学习中心的设计不同,中国电大系统采用系统模式,地方电大对应于各级政府的建制,接受同级政府的领导,成为同级政府辖下的高等学校,这一架构克服了高等学校设置长期偏重大城市的倾向,使电大的辐射面和覆盖面迅速扩大

到全国的城市与农村。电大的系统建设打破了传统意义上区域办学的格局,具有鲜明的改革与创新精神。中国的广播电视大学作为世界上最大的远程教育教学系统,是我国发展远程教育的骨干力量,要在建设现代国民教育体系和全民学习、终身学习的学习型社会中发挥重要作用,在广播电视大学基础上建设开放大学,必须高度重视系统建设。

二、电大办学功绩将永载史册

1978年2月6日,邓小平同志以战略家的远见、政治家的胆略、开放性的思维、世界性的目光,亲自批准了教育部和中央广播事业管理局《关于筹办电视大学的请示报告》,同意成立"面向全国的广播电视大学"。经过一年的紧张筹办,1979年2月6日,中央广播电视大学和全国(除西藏、台湾)各省、自治区、直辖市广播电视大学同时开学。广播电视大学教育作为一种新的教育形式,在我国教育史上揭开了远程教育发展的新篇章,标志着我国高等教育事业向现代化方向迈出了新的步伐。

在中国发展电大教育,是邓小平同志从"穷国办大教育"的国情出发作出的富有远见卓识的英明决策,也是他"两条腿走路"发展中国教育事业方针的体现。仅1979年,国务院就批转了两个有关电大建设和发展的重要文件,明确了广播电视大学的性质、任务及其在我国高等教育中的地位和作用,肯定了为发展广播电视大学而制定的一系列重大政策,要求中央各有关部门积极支持电大的建设,使广播电视大学茁壮成长。30多年的电大教育已取得了世人瞩目的成就。实践充分证明:广播电视大学是教育发展史上具有中国特色的伟大创造;电大教育的成功实践,为我们提供了一种投资少、见效快、覆盖面广的新的教育模式。广播电视大学与信息网络技术相结合,为发展我国高等教育开辟了一条重要的途径。对于改革我国高等教育不合理的本、专科层次比例,不合理的专业结构与地理布局和我国经济建设人才奇缺的局面作出了重大贡献。电大适应我国改革开放和社会主义现代化建设的需要,应用各种现代化教学手段,多层次、多规格、多功能、多形式办学,为我国教育事业的发展作出了独特的贡献。电大教育的成功实践,充分证明了邓小平同志教育思想和理论的正确性、科学性,充分证明了国务院为创立和发展广播电视大学所采取的方针、政策和措施的正确性。

实践证明创办广播电视大学是对小平教育思想的伟大实践,是中国高等教育发展史上的伟大创举,是与恢复高考、大量派遣出国留学生同时作出的战略决策。电大的历史功绩,将永载史册。

三、终身教育是一种现代化教育思想

在我国,当终身教育从理念转向实践之际,就为电大转型,办好开放大学提供了极好的机会。因为终身教育是一种现代化教育思想,人的一生都需要学习,中国古老的谚语"活到老,学到老"就体现了人需要终身学习的思想。但终身教育作为一种重要的国际教育思潮,则出现在二十世纪六十年代。1965年,法国著名成人教育专家保罗·朗格朗关于终身教育的提案,打破了传统的教育观念,他主张"应当使教育在每一个人需要的时刻,以最好的方式提供必要的知识和技术"。从而终身教育成了国际课题,并为人们所接受。1982年5月,在德国汉堡举行的国际终身教育会议把终身教育归结为"当代社会的一种绝对必要,是全体人民在未来得到和谐发展的唯一途径,是更新劳动力知识技术的战略投资。"简而言之,终身教育是贯穿一个人生命过程的全部教育。

联合国教科文组织"国际21世纪教育委员会"在题为《教育:财富蕴藏其中》的报告中认为,在迅速变革的时代,终身教育应该处于"社会的中心位置上"。终身教育是进入21世纪的关键所在。终身教育从时间上讲,与人的生命共始终;从空间上讲,与人生活的所有方面都有联系。简而言之,终身教育是贯穿一个人生命过程的全部教育。因此,无论学前教育、学校教育、家庭教育、社会教育、成人教育都应该在终身教育的背景下加以认识。学习将成为一切行动的基础和前提,成为人们生活中的一种良好习惯。

四、在电大基础上建设开放大学

国家中长期教育改革和发展规划纲要的总体要求是:促进全体人员,学有所教,学有所成,学有所用。袁部长的中国教育梦是:有教无类,

因材施教,终身学习,人人成才。按照教育规划纲要中"健全宽进严出的学习制度,办好开放大学"的要求,在实施国家教育体制改革项目中,教育部已批准建立开放大学,建立开放大学是电大面对新环境、新需求、新挑战实施的战略转型。因为开放大学能够实施政府目标工程,推动终身教育体系建设和全民学习、终身学习的学习型社会建设,能够满足社会成员高质量、多样化的教育需求,能够促进教育公平。

(一) 开放大学是一种新型大学

开放大学是20世纪60年代以来,在世界范围内兴起并迅速发展的一种新型大学,是现代远程教育发展到一定阶段的产物。二次大战后,随着新技术、新媒体在教育领域的广泛应用,促进了世界远程教育的繁荣发展。从20世纪60年代末到80年代初期间,世界各国纷纷办起了开放大学。20世纪60年代末70年代初出现的英国开放大学被世界公认为现代远程教育史上的里程碑,它是在终身教育理念影响下,突破传统大学模式诞生的一种新型大学。这种新型大学强调开放教育,强调利用现代信息技术手段和整合优质教育资源,开展远程教育,向一切有意愿、有能力接受高等教育的人提供学习机会和服务。

国内外专家、学者认为:开放大学是为了开展远程教育而独立设置的新型院校;它们拥有完整的教学、考核和学位授予功能;他们代表远程高等教育的新一代主流模式;这类院校最有影响的代表是英国开放大学。这些描述赋予了开放大学独特的大学品质。首先,它是大学,和世界所有的传统大学一样,能够从事高等教育、能够自治、能够教学、能够授予学位……其次,它还有着与传统大学不一样的特点。开放大学由于其独特的教育理念、价值取向和社会效益,越来越受到国际社会和各国政府的高度重视、肯定与支持,已成为世界高等教育改革发展的一个重要趋势。正如联合国教科文组织总干事阿马杜.马赫塔尔·姆博所说:开放大学思想的成功已经使世界上许多国家坚信,建立在应用新技术基础上的远程教育系统,在终身教育的广大领域中能够对高等教育数量的增加和质量的提高作出有效的贡献。

开放大学是大学革新的先行者。教育包括高等教育是基本人权,是进入信息社会和知识社会不可或缺的通行证。开放远程教育是实现全民教育和高等教育大众化、普及化,保护各种弱势群体的最佳教育形式;其开放性、包容性、针对性、灵活性和及时性,代表了教育改革和创新的方向和未来;开放大学代表高等教育改革的方向,可以推动高等教育向灵活、开放、终身转型,解决高等教育需求增长中的平等问题、大学上得起的问题和针对性问题;推动教育社会化、国际化、信息化;在终身教育教学理念指导下,进行高等教育人才培养模式、办学模式、运行机制等方面的改革创新。

开放大学是一所利用现代信息技术,通过整合优质教育资源,向一切有能力、有意愿接受高等教育的人提供学习机会和服务的新型大学。开放大学依法办学;具有专业教学、学位授予和独立办学自主权;具备教学、科研、服务社会等功能;具有远程开放办学特色;具有丰富的开放教育资源,能为全民学习、终身学习提供有效实用的教育资源;具有人人皆学、处处能学、时时可学的服务功能和手段;具有学习认证、学分转换管理功能,在高校之间,在教育与培训之间起立交枢纽作用,能为全体公民终身学习提供优质教育服务。

开放大学的所谓开放主要是指:教育理念的开放、学生入学的开放、课程选择的开放、教学模式的开放、学习方法的开放、学习媒体的开放、学习环境的开放、教学人员的开放。开放大学的主要职能是:开放办学,提供学历教育与非学历教育、专业和学位;社会服务,提供课程资源服务,适应不同人群学习服务,为学习型组织服务,推进专业化发展;社区教育服务,提供行业岗位培训服务,增进职业化发展,促进社会稳定和谐。开放大学的主要任务是:探索健全宽进严出的学习制度;探索学历教育与非学历教育的结合;探索建立终身学习"立交桥";探索建立"学分银行"和学分认证制度;统筹社会教育资源,积极发展社区教育。开放大学的核心竞争力主要表现在:适应经济社会发展,根据社会化、国际化、信息化的要求建设专业和课程的能力;与国内外高等教育、工商业界交流合作的能力;建设并开发一流的课程和资源的能力;对大规模、多样化学习者的学习进行服务和支持的能力;进行大规模、分布式办学的能力。

开放大学成功的要素是指:适应社会需求的课程设置;高质量的教材;高质量的辅导和支持服务网络;丰富的媒体组合;比较高的毕业率;数量适当的教职员工;有影响的研究活动和文化。各国开放大学共同的愿景和使命是:满足政府、社会期望的任何人都有机会学习的需求;让每个学习者时时、处处都可以学习;满足人们适应社会变革,且有能力参与社会变革的需求。开放大学的使命是人人享有优质教育。事实证明:开放大学的产生和发展,对于满足经济社会和社会成员对教育的多样化需求,提升国民素质和综合国力,促进教育公平和社会公平具有重大的历史与现实意义。

(二) 以电大为基础建设开放大学

电大三十多年发展所积累的经验,最核心的是对开放模式的探索,并且具备了成为开放大学的实体型基础和发展型基础。开放大学的理念就是邓小平同志三十多年前创办电大的思想和理念的丰富与发展。2010年7月13日、14日,党中央、国务院在北京召开了新世纪以来第一次全国教育工作会议,印发了《国家中长期教育改革和发展规划纲要(2010—2020年)》,明确提出:健全宽进严出的学习制度,办好开放大学。2010年10月24日,国务院办公厅《关于开展国家教育体制改革试点的通知》中指出:探索开放大学建设模式,建立学习成果认证和"学分银行"制度,完善高等教育自学考试、成人高等教育招生考试制度,探索构建人才成长"立交桥"。

广播电视大学30多年的发展,为我国开放大学的建设奠定了良好的基础。要按照国家提出的"办好开放大学"的目标,制定法规,明确开放大学的性质是开展远程教育的高等学校,要明确其建设条件与标准,在电大基础上建设开放大学是最佳的途径。但是,建设开放大学不应该是简单的现有电大的"翻牌",因为它既要坚持电大主动适应社会和学习者需求,面向地方、基层、农村和边远地区的办学方向,以多层次、多规格、多类型办学方针充分整合利用社会优质教育资源,发挥系统整体运作的办学特色和优势,解决好影响电大持续发展的一些深层次问题。其中一个突出的问题是,开展学历教育方面的办学定位问题。

"办好开放大学"的内涵,就是说广播电视大学从性质上看是开放大学,要在新的历史背景中,适应我国经济社会发展需要和现代信息技术发展趋势,进一步有针对性地改革发展,把广播电视大学办得更好。开放大学强调教育要面向所有社会成员开放,强调教育思想、模式、手段、地点、方法的开放,强调充分利用现代信息技术手段,整合、利用社会优质教育资源,并将优质教育资源输送到广大基层、农村地区、革命老区、边疆和少数民族地区,实现优质教育资源共享,促进教育公平,提升国家人力资源能力。而要实现"办好开放大学"的根本目的,一个很重要的举措,就是要以广播电视大学为基础,构建一所以现代信息技术为支撑,面向全体社会成员,学历继续教育与非学历继续教育并重,办学网络立体覆盖全国城乡,没有围墙的远程开放大学。中央电大校长杨志坚还强调:广播电视大学应抓住办好开放大学的历史契机,以更新观念为先导,以服务国家社会需要为目标,以改革创新为动力,以管理体制与运行机制改革为重点,以新一轮的改革推进新一轮的发展。

以广播电视大学系统为基础组建一所远程开放大学,既是一种战略选择,也是一种现实选择。可以达到投入小、风险小、阻力小的目的,同时达到效益大、较平稳、见效快的目标。这种选择已成为共识并得到中央领导的肯定。2010年9月,郝克明同志在给刘延东同志的报告中提出,"在中央和地方广播电视大学的基础上,整合相关教育资源,组建覆盖城乡的开放大学,是中国推进终身学习的重大战略措施"。刘延东同志明确批示:"建议很好,请教育部认真研究落实"。

国家教育咨询委员会委员、中国教育战略学会会长、国家教育咨询委员会终身教育体制机制建设组组长郝克明指出,开放大学能够推动解决高等教育投入、规模和质量之间的矛盾,能够将信息技术变革和教育改革有机结合起来;郝克明强调,开放大学需要社会共建,有关部门和广大教育工作者要以对民族教育负责的精神,群策群力办出一流的开放大学,发挥信息技术优势,解决我国优质高等教育资源相对不足的问题。

2012年3月8日,中央电大校长杨志坚在通报国家开放大学筹备进展情况时说,以广播电视大学系统为基础组建一所现代远程开放大学,既是一种战略选择,也是一种现实选择。成立国家开放大学不是对广播电视大学的简单更名,而是广播电视大学面对新背景、新需求、新挑战实施的战略转型。组建国家开放大学,能够推动终身教育体系建设和全民学习、终身学习的学习型社会建设,满足社会成员高质量、多样化的教育需求,促进教育公平;能够充分利用现代信息技术,探索科技与教育的深度融合,促进教育信息化、引领教育现代化;能够促进教育改革创新,提高教育教学质量和教育管理水平。国家开放大学将要建成为一所以现代信息技术为支撑,面向全体社会成员开展学历继续教育和非学历继续教育,办学网络立体覆盖全国城乡,没有围墙的远程开放大学。

2012年7月31日国家开放大学、北京开放大学、上海开放大学在人民大会堂正式揭牌成立。刘延东同志指出:在当今时代,当代中国,开放大学是教育服务国家发展,提升国际竞争力的重要抓手;是构建终身教育体系,形成学习型社会的重要举措;是满足人民群众多样化学习需求,促进教育公平的重要途径;是促进教育信息化,推动教育改革创新的重要支撑。因此,有学者认为:开放大学建立标志着中国正走向没有围墙的全民学习时代,"生而有涯,学无止境""活到老,学到老"成为这个时代的生存特质;标志着中国正走向"按需选学"的自主学习时代,学习者可以根据自己所需,自主选学,无论是实用的技能类课程,还是提升自我的修养类课程,都能真正发挥作用,让学习效果最大化。标志着中国正走向信息化学习时代。信息化时代的学习,以学习观念的自主性、学习行为的终身性、学习媒体和手段的先进性、学习模式和过程的民主性、学习内容的丰富性、学习资源的共享性,使其与传统学习方式迥然相异。标志着中国正走向开放学习时代,开放大学以教育观念开放、办学方式开放、学习对象开放、培养模式开放、管理方式开放和教育资源开放,为世界上每一个角落想学习、可学习者提供教育机会和教育服务。

现代教育的重要标志是终身教育思想确立和终身教育制度的建立。终身教育的根本目标是建立学习型社会,学习型社会的特征是人人学习、时时学习、处处学习,学习将成为人们的生活方式。党的十八大把教育放在改善民生之首,提出"积极发展继续教育,完善终身教育体系,建设学习型社会"的重要战略任务,这为电大转型、办好开放大学展示着美好的发展前景!

尽管目前开放大学建设还有许多政策性、体制性障碍,《教育部关于办好开放大学的意见》从原来只对已批准的6所开放大学到面向全国电大的转型升级的要求,历时一年半,至今尚未出台,可见电大转型升级任务艰巨。我们坚信:按照小平同志终身教育思想的理念,习近平主席在联合国"教育第一"全球倡议行动一周年纪念活动贺辞中提出的"努力发展全民教育、终身教育,建设学习型社会"的要求,让学习为每个人实现梦想成真、人生出彩提供智力支撑,在实现中国梦的进程中,电大一定能够顺利转型,再创辉煌,实现惠民生,促公平,增国力的目标,让我们共同努力!

附件:

关于召开邓小平终身教育思想研讨会的通知

在邓小平同志110周年诞辰之际,广安市政府与国家开放大学(中央广播电视大学)定于2014年9月21日至22日在四川广安召开邓小平终身教育思想——广播电视大学转型升级与学习型社会建设研讨会。现将有关事宜通知如下:

一、会议内容

1. 参观邓小平纪念馆

2. 邓小平终身教育思想研讨

二、与会人员

1. 特邀嘉宾

2. 各省级电大与开放大学等相关人员

3. 特邀媒体:光明日报、科技日报、中国教育报

三、会务安排

承办单位:四川广播电视大学、广安职业技术学院(广安电大)

1. 报到时间:9月21日

2. 报到地点:四川省广安玛瑙城国际大酒店(地址:四川省广安市协兴镇牌坊路88号,酒店电话:0826-2688888)

国家开放大学
2014年9月1日

建设开放大学　推进电大转型

开放大学是20世纪60年代以来,在世界范围内兴起并迅速发展的一种新型大学,它利用现代信息技术,通过整合优质教育资源,向一切有能力、有意愿接受高等教育的人提供学习机会和服务。

开放大学代表高等教育改革的方向,可以推动高等教育向灵活、开放、终身学习转型,解决高等教育需求增长中的平等问题、大学上得起的问题和其他针对性问题;推动教育社会化、国际化、信息化;在终身教育理念指导下,进行高等教育人才培养模式、办学模式、运行机制等方面的改革创新。开放大学具有独立办学自主权;具备教学、科研、服务社会等功能;具有远程开放的办学特色;具有丰富的开放教育资源,能为全民学习、终身学习提供有效实用的教育资源;具有人人皆学、处处能学、时时可学的服务功能和手段;具有学习认证、学分转换管理功能,在高校之间,在教育与培训之间起立交枢纽作用,能为全体公民终身学习提供优

质教育服务。开放大学的主要任务是：探索健全宽进严出的学习制度；探索学历教育与非学历教育的结合；探索建立终身学习"立交桥"；探索建立"学分银行"和学分认证制度；统筹社会教育资源，积极发展社区教育。开放大学的使命是人人享有优质教育。开放大学由于其独特的教育理念、价值取向和社会效益，越来越受到国际社会和各国政府的高度重视、肯定与支持，已成为世界高等教育改革发展的一个重要趋势。事实证明：开放大学的产生和发展，对于满足经济社会和社会成员对教育的多样化需求，提升国民素质和综合国力，促进教育公平和社会公平具有重大的历史与现实意义。

教育是实现"两个百年"奋斗目标的重要基础，是实现中国梦的内容。党的十八大报告中强调"积极发展继续教育，完善终身教育体系，建设学习型社会"。党的十八届三中全会决定指出：试行普通高校、高职院校、成人高校之间学分转换，拓宽终身学习通道。《国家中长期教育改革和发展规划纲要（2010—2020）》提出"加快发展继续教育，构建灵活开放的终身教育体系，搭建终身学习立交桥。健全宽进严出的学习制度，办好开放大学。"国务院办公厅《关于开展国家教育体制改革试点的通知》中指出"探索开放大学建设模式，建立学习成果认证和'学分银行'制度，完善高等教育自学考试、成人高等教育招生考试制度，探索构建人才成长'立交桥'"。根据以上要求，开放大学建设和推动电大转型发展必须纳入经济社会发展总体规划，做好顶层设计，同步布局、同步推进，使之成为构建终身教育体系和建设创新型国家的有力抓手

中国的广播电视大学作为世界上最大的远程教育教学系统，三十多年发展所积累的经验，为我国开放大学的建设奠定了良好的基础。要按照政府提出的"办好开放大学"的目标，明确开放大学的性质是开展远程教育的高等学校，明确其建设条件与标准，明确在电大基础上建设开放大学是最佳的途径。当然，建设开放大学不应该是简单的现有电大的"翻牌"，因为它既要坚持电大主动适应社会和学习者需求，面向地方、基层、农村和边远地区的办学方向，多层次、多规格、多类型办学方针，充分

整合利用社会优质教育资源、系统整体运作的办学特色和优势,又要解决好影响电大持续发展的一些深层次问题。要在新的历史背景中,适应我国经济社会发展需要和现代信息技术发展趋势,进一步有针对性地改革发展,充分利用现代信息技术手段,整合、利用社会优质教育资源,并将优质教育资源输送到广大基层、农村地区、革命老区、边疆和少数民族地区,实现优质教育资源共享,促进教育公平,提升国家人力资源能力。为此,广播电视大学应抓住开放大学建设的历史契机,以更新观念为先导,以服务国家社会需要为目标,以改革创新为动力,以管理体制与运行机制改革为重点,以新一轮的改革推进新一轮的发展。

2012年6月21日,教育部下发关于同意在中央广播电视大学基础上建立国家开放大学的批复。刘延东同志在庆祝成立大会上的讲话中指出:"在当今时代,当代中国,开放大学是教育服务国家发展、提升国际竞争力的重要抓手;是构建终身教育体系、形成学习型社会的重要举措;是满足人民群众多样化学习需求、促进教育公平的重要途径;是促进教育信息化、推动教育改革创新的重要支撑。""今天的开放大学,是在新的历史起点上,教育适应经济社会发展和人的全面发展而进行的一次战略转型。"国家开放大学的成立,标志着电大系统拉开了转型升级的序幕。大连广播电视大学副校长刘西平教授认为:在中央广播电视大学基础上建立国家开放大学,转型主要体现在由机构型大学向实体型大学转型;由"人才培养模式改革和开放教育试点"项目向探索"开放大学建设模式"试点项目转型;由学历教育向非学历教育加学历教育转型;从过去的高等教育大众化向继续教育社会化转型等等。

2013年9月25日,习近平主席在联合国"教育第一"全球倡议行动一周年纪念活动贺辞中指出:努力发展全民教育、终身教育,建设学习型社会,努力让13亿人民享有更好更公平的教育。这给开放大学建设指明了方向,也说明开放大学建设任重道远。建设开放大学是我国教育综合改革的重要内容,也是基于广播电视大学系统的我国开放教育的重大转型升级。所以说,开放大学建设是电大系统肩负国家赋予的使命,是继电大开展"人才培养模式改革和开放教育试点"项目后,迎来的第三次跨越式发展,进入全面转型升级的发展机遇。我们一定要建设好开放大学,整体推进电大系统转型升级,发展中国特色的开放教育,搭建终身学习"立交桥",努力让每个人都能享有人生出彩的机会,实现"终身学习、人人成才"的教育梦。

原载 2015.3.20《中国电大报》193 期二版

建设开放大学的内部条件准备

自《国家中长期教育改革和发展规划纲要(2010—2020)》提出"健全宽进严出的学习制度,办好开放大学"后,2010 年 10 月 24 日,国务院办公厅发出《关于开展国家教育体制改革试点的通知》,指出:探索开放大学建设模式,建立学习成果认证和"学分银行"制度,完善高等教育自学考试、成人高等教育招生考试制度,探索构建人才成长"立交桥"。

国家教育咨询委员会委员、中国教育战略学会会长、国家教育咨询委员会终身教育体制机制建设组组长郝克明指出:开放大学能够推动解决高等教育投入、规模和质量之间的矛盾,能够将信息技术变革和教育改革有机结合起来。郝克明强调:开放大学需要社会共建,有关部门和广大教育工作者要以对民族教育负责的精神,群策群力办出一流的开放大学,发挥信息技术优势解决我国优质高等教育资源相对不足的问题。

以广播电视大学系统为基础组建一所远程开放大学,既是一种战略选择,也是一种现实选择。可以达到投入小、风险小、阻力小,同时达到效益大、较平稳、见效快的目的。这种选择已成为共识并得到中央领导的肯定。2010 年 9 月,郝克明同志在给刘延东同志的报告中提出,"在中央和地方广播电视大学的基础上,整合相关教育资源,组建覆盖城乡的开放大学,是中国推进终身学习的重大战略措施"。刘延东同志明确批示:"建议很好,请教育部认真研究落实"。国家决定在电大系统基础

上建设开放大学,电大系统应积极响应,努力做好条件准备,以省级电大为例,主要进行以下工作:

(1) 重视理论研究。要围绕试点项目,设立"建设开放大学专项课题",将理论研究与建设开放大学的实践并行,充分体现研究与实践的双向沟通。思想观念的解放,理论研究的成果,对于开放大学建设有着十分重要的意义。

(2) 发挥系统优势。系统办学是电大的办学特色之一。电大的系统建设打破了传统意义上区域办学的格局,具有鲜明的改革与创新精神。电大办学以来形成的系统优势,已积累了丰富的教育资源和服务经济社会发展的能力,成为建立开放大学的现实基础和实体依托,也是开放大学建设最重要、最可靠的资源保障。在广播电视大学基础上建设开放大学,必须高度重视系统建设,充分考虑并体现系统的诉求和利益。

(3) 加快模式构建。适应经济社会、现代信息技术和远程教育发展趋势,改革传统人才培养模式,探索建立与开放大学人才培养目标相适应,以提升职业能力为核心的新的人才培养模式,以及与之相配套的教学模式和管理模式。

(4) 搭建网络平台。充分利用现代信息技术和互联网,建成一流的网络平台,实现省、市、县三级电大的网络高速连接。加快终身教育公共服务体系建设,搭建终身教育公共服务大平台。

(5) 加强专业建设。在电大开放教育的专业建设基础之上,积极拓展开放大学专业建设。本着重点突出、培育特色的指导思想,开展学历继续教育专业建设。

(6) 整合教学资源。对教学资源建设要重点投入、重在应用。建设一支经验丰富的资源建设团队。制定规范的课程资源建设标准,充分发挥数字图书馆作用,确保有充足的教学资源支撑开放大学的运行,为学习者提供便捷的数字化信息资源服务。

(7) 规范教学行为。要把网上教学的策划、组织与实施作为教学工作的中心,采取一系列措施,落实网上教学过程,细化网上教学支持服务,保证教学质量。一是提高规范管理能力。二是提高教学创新能力。三是提高网上教学能力。

（8）做好支持服务。教学支持服务是开放大学开展教育教学的重要支撑,也是开放教育质量的有力保障。要认真贯彻"以学生为中心"的教学理念,逐步形成贯穿于教学全过程的以"支持服务人性化"为核心的全方位的教学支持服务体系。

（9）严格质量监控。高度重视教学质量监控,形成完善的监控体系、制度措施,建立稳定的教学督导队伍。形成教学管理职能部门监控与教学督导部门监控相结合、常规教学质量监控与督导专项监控相结合、专职督导员与兼职督导队伍相结合、教师评价与学生评价相结合、理论研究与督导实践相结合的教学质量监控机制。

（10）严肃考风考纪。制订管理制度和规定,详细规范从学生报考、组织命题、试卷印刷到组织考试、监控、巡考过程、处理违纪、试卷评阅等每个环节。层层签定责任书,监控考试过程,认真处理违纪行为,接受社会监督,有效维护考试的严肃性。

（11）重视队伍建设。遵循远程教育教学规律,适应开放大学建设发展需要,建设业务精湛、结构合理、特色鲜明的师资队伍,形成以课程团队运作为特征、学习支持服务为特色的教师队伍、教学管理队伍、技术支持与服务队伍,为学习者提供全方位和个性化的远程学习支持服务。

（12）建设学分银行。根据学习者终身学习需要,建设具备学分认证、转换、存取等功能的学分银行系统。通过学分银行系统,为每个学习者建立个人终身学习档案,提供学习跟踪记录服务和学分认证、转换与存取服务。学习者可以按照学分累积规则,零存整取并申请获取对应的课程结业证书、培训证书、职业资格证书,或者相应层次的学历证书,实现学历继续教育与非学历继续教育之间学分互认与转换,促进不同类型学习成果的沟通与衔接。

在广播电视大学基础上组建开放大学,是政府对电大系统办学成绩的充分肯定,是发挥电大系统办学功能的具体体现,是电大系统新的发展机遇。因此,必须强化大局意识、机遇意识、责任意识,改革创新,努力担当,积极做好条件准备,努力办好开放大学,为构建终身教育体系,建设学习型社会作出新贡献。

原载 2015.4.24《中国电大报》195 期二版

坚持学术立刊　服务开大建设
——远程教育学术期刊学术追求的特色

(2015 年 3 月 7 日,在中国远程教育学术论坛会上的发言)

马良生　副校长

2008 年 4 月 20 日,在北京召开的祝贺《中国远程教育》杂志改刊后第 100 期出版座谈会上,我在发言中认为:《中国远程教育》以开阔的视野,改革的意识,创新的思维,平实的风格为特色,自 1981 年创刊,1999 年更名,充分体现了《中国远程教育》敢于迎接时代的挑战,敢于创新探索的勇气和决心。如今,这本由电大人自己办的刊物,已经成为我国远程教育研究领域最具学术影响力的权威期刊。长期以来,《中国远程教育》作为一本国家级核心刊物,面向广大远程教育工作者、研究者、学习者,致力于宣传国家关于发展现代远程教育、继续教育的方针政策,展示国内外开放和远程教育理论及实践研究的最新成果,探讨现代信息技术、网络技术在开放和远程教育中的应用,为各级各类教育机构开展远程教育和信息化教育服务,为推进教育现代化服务,为我国全民学习、终身学习的学习型社会,构建终身教育体系服务。可以说,《中国远程教育》是我国远程教育事业发展的历史见证,也是我们工作的实践指导、研究的参谋助手、学习的良师益友。

今天,在建设开放大学、电大系统整体转型进程中,研究学术期刊的功能定位与特色定位,研讨学术期刊的学术担当等相关问题,非常及时,非常有意义。因为,探讨学术期刊的功能,有助于我们更准确地给刊物定位,把握好刊物发展的方向和路径,从而增强学术期刊的学术意识、创新意识和服务意识,不断提升办刊质量,引领学术繁荣的步伐。那么,远程教育学术期刊在学术追求方面怎样才能形成自身的特色?个人认为应当努力做到:

一、坚持学术立刊

习近平总书记指出,提高国家文化软实力,关系"两个一百年"奋斗目标和中华民族伟大复兴中国梦的实现。学术期刊是国家科研和国家文化软实力的重要组成部分,在繁荣学术研究,推动文化创新,促进经济社会发展和科学技术进步等方面发挥着不可替代的作用。北大校长蔡元培认为:"大学者,研究高深学问者也。""学者当有研究学问之兴趣,尤当养成学问家之人格。"同样,《中国远程教育》"贴近实践,关注进程,深化研究,服务发展"的办刊宗旨,要求我们必须坚持学术立刊,充分展现其在远程教育中的学术成果,传播其学术思想,推动学术积累和学术创新,促进学术转化的重大作用。

《中国远程教育》是展示整个办学系统教学科研水平的窗口,学术交流的桥梁,是提升教师素质、培养学术人才的阵地,是塑造远程教育形象,创设远程教育品牌的途径。个人认为:

(1)《中国远程教育》应成为引领开放大学建设的顶级舆论工具。开放大学是教育服务国家发展,提升国际竞争力的重要抓手;是构建终身教育体系,形成学习型社会的重要举措;是满足人民群众多样化学习需求,促进教育公平的重要途径;是促进教育信息化,推动教育改革创新的重要支撑。在中国建设开放大学有许多特殊的规律需要在实践中探索,在探索中总结,在总结中提高。鉴于各地经济社会发展的不平衡,开放大学需要寻求适应当地经济建设社会发展对人才需要的有效办学途径,这就需要用科研引领实践,用正确的理论方法指导实践,进行"本土化"研究,才能有效保证开放大学的教育效益、社会效益和经济效益。因此,需要动员和号召所有教学、管理、研究、技术人员,根据自身的工作实践,进行实证研究、行动研究,解决存在问题,提高教学质量、管理水平。

杂志必须努力作为，成为开放大学建设的顶级舆论工具。

（2）《中国远程教育》应成为教师成长发展的良师益友。学校以培养人才为中心，质量是永恒的主题。教学质量的提高在教师，教师质量的提高在科研。学习、进修、研究、提高是教师的成长发展过程。杂志作为展示学术水平的窗口，教师可以从中学习借鉴；同样，教师的研究成果可以通过杂志发表，反映推广，这对提高教师研究水平有着十分重要的作用。

（3）《中国远程教育》应成为展示学术成果的主要阵地。广大教职工在远程开放教育实践中辛勤耕耘，创新探索，积累了丰富的经验，形成了一批有推广和应用价值的成果，需要通过杂志展示、介绍、推广。同行专家也期望从杂志中了解开放教育研究前沿，最新成果，借鉴先进做法，启发应用，完善提升。杂志在展示学术成果，进行学术交流的同时，也反映了学校的学术动态和学术水平，体现了学校的学术品位。

二、坚持学术担当

苏辛先生在《中国远程教育》2015年1月的卷首语中指出：国家开放大学作为远程教育新型大学实体，对其主办的这本刊物自然有新的期待。显然，在远程开放教育探索发展，特别是相关学术研究及学科建设进程中，本刊应该表现出更多的学术担当。对此，本人深表赞同。

2014年4月3日，国家新闻出版广电总局在《关于规范学术期刊出版秩序促进学术期刊健康发展的通知》（新广出发〔2014〕46号）中指出：目前学术期刊出版仍然存在着一些问题，主要表现为：整体质量不高，国际竞争力不强，还不能适应科教兴国、建设创新型国家的战略要求；现行的科研人才评价机制造成论文发表需求过旺，学术期刊功能出现异化现象；一些学术期刊片面追求经济利益，放松审核把关，造成学术质量下降；特别是一些不具备学术出版条件的期刊超越业务范围或一号多版、出租、出售、转让出版权给个人及中介公司，刊发质量低劣学术论文以牟利，造成不良的社会影响。丁东先生在《中国大学精神的演变》撰文认为：当前有些大学中学风败坏；教授没有学术冲动，只有利益趋动。学生没有学术兴趣,只有文凭兴趣。绝大部分学报、学刊成为学术垃圾场。绝大多数论文不再是表达新思想、新观点、新发现的载体,而是学位、职称的敲门砖。对此,《中国远程教育》杂志也应高度重视,坚决杜绝。

就远程教育而言,现在国际上已经有许多成功的范例,这是我们必须认真学习和借鉴的。但是如何结合中国的实际,开展本土化研究,这也是至关紧要的。这就需要杂志坚持学术担当的勇气,一以贯之,引导、推进、提升,形成特色,形成理论体系。当前开放大学建设已进入新的历史阶段,尤其要用正确的理念引导,先进的方法指导,成功的实践示范。这就要求杂志承担起学术担当的重任,凝聚正能量,营造好氛围。因此,学术担当是责任,学术担当是勇气,学术担当是坚持。

三、坚持学术质量

远程教育学术期刊是发表学术研究成果的载体、展示科研成果的窗口、促进交流扩大影响的媒介。其使命在于探索远程教育规律,传播宣传远程教育学术理论,求得学术的不断积累,为认识远程教育现象和解决远程教育问题提供理论帮助。质量是杂志健康发展的生命线,必须以质量为主线,不断提升杂志品位。质量因素主要是:

(1)领导科学决策,是杂志质量的保证。学校领导要以办一流开放大学的理念重视杂志工作,完善相关制度,出台有效措施,强化政策导向,加大经费支持力度,使学术氛围日益浓厚,科研成果不断涌现。

(2)坚持政治标准,是杂志质量的基础。政治标准在杂志评价中是一票否决制。在办刊中,要认真执行党和国家的办刊方针,坚持先进文化方向,积极宣传科学理论,倡导科学精神,遵守学术道德,严格学术规范,对刊发的文章做到严把政治质量关,确保正确的政治方向。

(3)提升学术水平,是杂志质量的根本。学术水平是衡量杂志质量的最基本要素。要花力气抓好学科研究文章的学术质量,以提升学术影响力。要加强约请专家、学者撰稿的力度,力争每期刊登反映社会和学界热点问题的重头文章。

(4)注重创新发展,是杂志质量的活力。抓创新就是抓发展,谋创新就是谋未来。老常态的路子、简单粗放的发展路子难以为继。在文化大发展的背景下,杂志将面临竞争激烈的发展环境,必须积极应对,在现有基础上实现新的突破。要从进一步明确定位入手,以提高学术质量、彰显刊物特色为目标,有效开展编辑出版工作。随着现代远程教育的不断发展和开放大学的建设,杂志应密切关注远程教育、开放大学建设改革发展创新实践的新动向;跟踪其研究前沿,努力推进理论建设;聚焦问题研究,提高影响力,提升杂志的学术品位。

远程教育杂志是学校教学、科研、管理工作的有机组成部分,是科学研究的重要支撑。办好开放大学,一定要办好一本有影响的杂志。我衷心祝愿《中国远程教育》在开放大学建设新的发展时期,适应经济发展新常态,坚持学术立刊,高度重视质量,办出特色水平,积极做出新贡献,继续为创办具有国际水平的远程教育期刊而努力。

附件:

中国远程教育学术论坛
远程教育:学术期刊的学术担当
邀请函

尊敬的马良生教授:

《中国远程教育》杂志社和沈阳广播电视大学定于2015年3月7—8日在辽宁省沈阳市举办以"远程教育:学术期刊的学术担当"为主题的"中国远程教育学术论坛",围绕学术期刊的功能定位与特色定位,研讨学术期刊的学术担当相关问题。特诚请您拨冗与会,并做主题发言。

(会议具体日程另行通知)

《中国远程教育》杂志社
2015年2月

探索远程教育服务老年人群新模式
——开放大学发展老年教育的实践

摘要：发展老年教育，不断满足老年人持续增长的教育服务需求，是主动适应经济发展新常态和全面建成小康社会的重要任务。党和政府高度重视老年教育，积极采取有效措施，确保老年群体老有所学、老有所乐、老有所为。开放大学要努力实现社会服务职能，充分利用新型大学办学优势，创设老年教育环境，探索远程教育服务老年人群新模式。

关键词：人口老龄化；老年教育；社会服务；开放大学

我国已进入人口老龄化发展阶段，截至2014年底，我国65周岁以上人口达到1.38亿，占总人口的10.1%。[1]人口老龄化已成为我国经济发展的一个阶段性特征。积极应对人口老龄化，加快发展老年教育，是主动适应经济发展新常态和全面建成小康社会的重大任务。发达国家一般都用大力发展老年教育来应对人口老龄化。因此，积极发展老年教育，对于保障老年人权益，改善民生，促进社会和谐，建设学习型社会，有着十分重要的作用。

一、老年教育：积极应对人口老龄化新命题

人是自然进化与社会发展的产物，人老是生命个体的自然现象。当今世界，全球人口老龄化呈快速发展趋势。所谓人口老龄化，是指总人口中因年轻人口数量减少、年长人口数量增加而导致的老年人口比例相应增长的动态过程。国际上通常把60岁以上的人口占总人口比例达到10%或65岁以上人口占总人口的比重达到7%作为国家或地区是否进入老龄化社会的标准。[2]从国际经验来看，经济发达国家基本是在人均国内生产总值达到1万美元时进入老龄化社会，属于先富后老。而我国

进入老龄化社会时人均国内生产总值为840美元,是世界平均水平的1/6,具有明显的未富先老、未备先老特征。2014年,我国居民人均可支配收入为2.02万元,仍属于中低收入水平的发展中国家,面临着经济发展和人口老龄化的双重压力。[3] 目前,我国是世界上唯一的老年人口超过1亿的国家,也是发展中国家人口老龄化形势严峻的国家。因此,人口老龄化不是简单的人口结构问题和养老问题,而是关系到实现全面建成小康社会宏伟目标的重大战略问题。

党和政府高度重视发展老年教育。《中华人民共和国老年人权益保障法》第七十条规定:老年人有继续受教育的权利。国家发展老年教育,把老年教育纳入终身教育体系,鼓励社会办好各类老年学校。2000年,中共中央、国务院下发《关于加强老龄工作的决定》(中发〔2000〕13号),指出:各地要重视发展老年教育事业,发展广播、电视、网络和函授教育,鼓励和指导社会力量按照有关规定兴办各类老年学校。党的十八大报告中强调完善终身教育体系,建设学习型社会。老年教育是实现终身教育的关键环节,是和谐社会建设的重要力量。国家中长期教育改革和发展规划纲要(2010—2020年)总体要求是:促进全体人民学有所教、学有所成、学有所用。学有所教就是要坚持有教无类,基本导向是教育公平;学有所成就是要坚持因材施教,核心理念是以人为本;学有所用就是要坚持终身学习,根本目标是人人成才。因此,如何创设适应老龄化社会需求的学习环境,将党和政府对老年群体关怀汇集,将教育融入社会人本化发展,体现教育的人文关怀和人本精神,彰显教育创新的价值成为一个值得思考的新命题。如何适应老龄化社会建设的需要,拓展终身教育功能覆盖的范围,在终身教育的服务对象上向老年群体延伸,是教育公平、教育社会化的重要突破和重要任务。习近平主席2013年在联合国"教育第一"全球倡议行动1周年纪念活动贺词中指出:"努力发展全民教育、终身教育,建设学习型社会,努力让13亿人民享有更好更公平的教育。"这显然包含老年教育,也充分体现党和政府高度重视发展老年教育。

发展老年教育意义重大。老年教育是以提高老年人道德修养、科学文化和身体健康素质,满足老年人增长知识、丰富生活、陶冶情操、促进健康、服务社会所实施的教育活动。[4]发展老年教育,有利于老年人顺利地适应新的社会角色和退休生活;有利于老年人晚年生活过得更加充实和丰富;有利于使未受过正规教育的老年人能有机会重新学习文化知识,使过去已受过正规教育的老年人的知识得到更新;有利于提高老年人的社会参与率以及和谐社会的构建;有利于提高老年人的文化素养和有助于老年人的精神文明建设。

二、发挥开放大学优势,创设老年教育环境

老年教育是建设学习型社会、提高全民族思想文化素质的组成部分。《国务院关于加快发展养老服务业的若干意见》(国发〔2013〕35号)指出:(五)完善人才培养和就业政策。充分发挥开放大学作用,开展继续教育和远程学历教育。开放大学是一所新型大学,建设开放大学,对于终身教育体系构建,学习型社会建设,满足社会成员多样化的教育需求,促进教育公平具有重大意义。面对新的机遇和挑战,身处"互联网＋"的时代浪潮,将互联网的技术手段和互联网的思维与老年教育相结合,倡导全民终身学习理念,是开放大学拓展社会功能,实现"把大学办在社会中"的战略选择。为贯彻落实《国务院关于加快发展养老服务业的若干意见》以及国务院副总理刘延东同志"应加大建设老年开放大学的力度,以满足老年人的学习需求"的批示意见,国家开放大学研究制定了《关于推进老年教育的指导意见》,举办了老年开放大学。实践证明,老年大学对促进老年人身心健康有着不可替代的作用。现在的老年人不仅需要吃饱穿好、有病可医,更需要追求精神享受。许多老年人都有"走进老年大学就快乐"的感受,可以说老年人上大学是实现梦想的一个重要渠道,而老年大学则为他们提供了机会和条件。

2015年1月28日,老年开放大学在国家开放大学总部正式揭牌成立并举行理事会第一次工作会议,教育部副部长鲁昕出席会议,对老年开放大学的建设工作提出要求和希望。鲁昕指出,老年开放大学的成立,是教育部、国家开放大学贯彻《国务院关于加快推进养老服务业发展的若干意见》文件精神,落实刘延东副总理有关批示的重要举措,标志着在经济新常态下,教育服务老年人群开启了新模式。国家开放大学推进老年教育、建设老年开放大学,既是国家开放大学倡导全民终身学习理念的重要体现,也是教育部赋予国家开放大学重要的社会服务职能。

2015年5月6日,国家开放大学校长杨志坚在"第四届中国养老服务业发展论坛"做主题演讲时指出 1.:[5]老年开放大学在教育部的支持下,整合老年教育国家政策资源,联合全国老龄工作委员会办公室等单位合作共建,以开放的理念和精神,协同创新,形成合力,立足解决老年教育政策碎片化问题。依托国家开放大学立体覆盖全国城乡的办学组织体系,建设老年开放大学学习培训示范基地和学习中心。2. 探索学历教育与非学历教育一体化的运营模式。围绕老年人群的需求、特点,开设面向老年人的各种课程,探索建设一批适应老年人学习特点的学历教育专业。通过设计一体化、相衔接的证书体系,借助学分互认和转换的学分银行系统,创新学习模式,打通学历教育与非学历教育之间的界限。3. 探索基于互联网的线上学习和线下学习无缝衔接的学习模式,促进"人人、时时、处处"泛在学习的实现。

2015年5月7日—8日,国家开放大学老年教育研讨会在北京召开[6]。国家开放大学校长杨志坚表示,面对日益严峻的老龄化形势,国家开放大学将主动承担国家的使命和期望,进一步开拓新的发展空间,增强服务意识,凝聚共识,树形象创品牌,办好老年开放大学。与会代表认为:在积极老龄化的社会背景下,国家高度重视老年教育,依托国家开放大学覆盖全国城乡的办学组织体系优势和远程教育优势,办好老年开放大学,是对国家开放大学倡导全民终身学习理念的高度认可,是满足老年人"老有所养、老有所学、老有所乐、老有所为"的重要途径。完全可以相信:由国家开放大学牵头,依托全国省级开放大学、电视大学办学体系,一定能在大范围内开展老年教育,创设老年教育良好环境,满足老年群体学习需求。

三、构建有地方特色的老年教育体系

老年教育主要是以提高老年人素质和生活质量为宗旨,坚持政府主导、多方参与、社会支持,走多渠道、多形式、多层次的发展路径,构建有地方特色的老年教育体系,不断满足日益增长的老年人学习需求,造就身心健康、品质高尚、生活智慧、个性多彩、与时俱进的现代老年人。[7]老年教育应坚持老年教育事业与经济社会发展和人口老龄化相适应;坚持公益性为主体,社会办学为补充;坚持不断扩大规模,让更多的老年人受益;坚持从实际出发,以创新促进发展和促进教学质量的提高;坚持统筹规划、分类指导,促进城乡、区域协调发展。为此,必须充分考虑当地实际情况,按照老年教育发展规律,采取有效措施,努力办好老年教育。

1. 提高对老年教育的认识

老年教育是重要的民生工程,是促进社会和谐的具体行动。办好老年教育是党和政府的重大决策,也是社会公众的期待。开放大学要充分认识老年教育是教育事业发展的有机组成部分,主动适应人口老龄化趋势,以终身教育理念为指导,以服务学习型社会为导向,充分利用社会教育资源,采取灵活多样的教学方式,满足老年人精神文化需求,为构建和谐社会、建设学习型社会发挥积极作用。要坚持"以人为本"的办学理念,依托市、县开放大学,有效利用广播、电视、互联网等现代传媒开展老年教育,不断拓展老年人学习活动渠道;积极开展老年人参与度高、社会影响大的文化活动;逐步建立技术先进、传输便捷、覆盖城乡的老年教育网络体系,把更多的老年教育资源配置到基层,为老年人创造良好的学习条件。

2. 遵循地方整体战略部署

党和政府对办好老年教育有一系列重要政策。鉴于各地人口老龄化程度不一样,因此,办好老年教育,必须考虑省情市情,按地方统一要求部署进行。例如,江苏 1986 年就进入老龄化社会,比全国早 13 年。如何应对人口老龄化的挑战,已经成为江苏经济社会发展的重要任务。根据江苏省民政厅发布《江苏省 2014 年老年人口信息和老龄事业发展

状况报告》白皮书显示[8]：截至2014年年底，江苏60岁以上老年人口达到1 579.23万人，占户籍总人口的20.57%，比全国(15.5%)约高5个百分点；65岁以上老年人口1 072.47万人，占户籍人口的13.97%，比全国(10.1%)高3.87个百分点。江苏老龄化比例居全国各省区之首（不含直辖市），这意味着江苏每5人中，就有一位老人。而且2014年老年人口比2013年增加了84.44万人，老龄化比重增加了0.92个百分点，超过了以往任何一年。2013年，江苏省教育厅、民政厅、老龄办等8家单位联合下发《关于进一步加强老年教育工作的意见》(苏老龄办〔2013〕27号)，明确了老年教育工作的指导思想、基本原则、主要任务和保障措施。文件指出：大力发展老年开放教育。江苏开放大学要大力发展老年教育，开发适合老年人多方面、多层次学习需求的非学历和学历课程，充分发挥"江苏学习在线""夕阳红江苏老年学习网"和省广电总台教育频道，采用电视播放、网络覆盖、音像制品发放、社区组织和辅导相结合的形式，与基层社区教育中心、老年学习组织有效对接，为广大的老年人学习创造条件。江苏省教育厅也明确要求江苏开放大学要加快发展老年教育，积极举办面向老年群体的学历教育，同时，以老龄协会等老年社会组织为纽带，加强与社会老年教育机构合作，利用现代传媒技术开展老年教育，把老年教育办到家门口或书桌上。根据省相关文件要求和统一部署，江苏开放大学认真贯彻《关于进一步加强老年教育工作的意见》精神，积极探索老年教育的新途径。

3. 加强老年教育体系建设

办老年教育，必须受众面广，才能有较好的社会效益，因此，体系建设十分重要。为适应老年教育发展形势，江苏开放大学充分利用系统办学优势，高度重视老年教育体系建设。学校专门设立健康与养老教育学院，学院将依据经济社会发展对老年教育的要求，结合老年人不断提升的学习需求，提供更加多元化、多层次的学习渠道和支持服务手段，充分发挥远程教育的优势，努力满足老年人日益增长的学习需求，为造就现代老年人教育作出应有的贡献，使老年教育真正成为老年朋友家中的课堂、身边的大学。按照构建终身教育体系的要求,学校以全省各市、县开放大学为依托,充分运用合作与共享机制,建设覆盖城乡的老年教育体系。

南通开放大学高度重视老年教育,积极实施"百千万"工程:即(1)建设100所示范老年学习苑。制订老年学习苑建设和服务指标体系,在全市社区教育中心中评选挂牌;(2)组织1 000名老年教育名师。挖掘全市优质教育资源,把热心于老年教育事业的人才吸纳进全市老年教育优质师资库,2015年力争师资库拥有专业全、业务强、教学优的老年教育名师1 000人;(3)组织开展十万老年人乐学工程。开放大学系统每年提供老年教育服务2万人次以上,示范老年学习苑每年提供老年教育服务2万人次以上,南通市民学习网和"学在南通"智慧学习平台年均服务老年人8万人次以上。目前,南通开放大学通过将优质教育送到居民家门口,着力构建老年人十分钟学习圈,让老年教育覆盖的范围更广,老年人学习更为便捷,解决了以往集中老年教育存在的报名难、路程远、交通不便等难题。在老年教育模式上实行"三三三"工作法,即内容上重视"三型":知识型、休闲型、保健型;形式上讲究"三化":信息化、多样化、特色化;课程实施上"三接":与居民需求有效衔接、与经济社会发展无缝连接、与社会治理工作全面对接。

无锡开放大学依托自身教育资源,不断探索老年教育新模式。[9] 2015年上半年,在新民路校区举办老年教育,开设太极拳、网络与生活、舞蹈、摄影、歌咏、书画等课程。老年人可以在这里学习自己感兴趣的课程,交往志同道合的朋友,感染轻松愉悦的心情。为保障老年教育课程顺利开班,学校对新民路校区部分区域进行全新装修,打造舒适温馨、安全的学习环境;组建专门的服务管理团队,协调解决老年人学习过程中出现的问题;开放学校图书馆等公共资源;组建活动俱乐部,使老年人课余可以开展活动。无锡开放大学力图通过举办老年教育,为无锡终身教育体系构建、学习型社会建设贡献力量。

徐州市是超千万人口大市,老龄人口多。徐州开放大学作为在淮海经济区内有影响的开展全民学习、从事终身教育的开放大学,有责任也有义务为徐州市及淮海经济区老年教育事业发展提供人才智力服务。为此,徐州开放大学决定设立健康与养老教育学院,旨在整合各方资源,打造人才培养培训、学术研究指导、产业实践的联动机制,将学院建成老年照护人才的培养、老年健康服务的研究以及老年教育的基地。一是培养老年服务人才。利用江苏开放大学专业设置的优势,开设开放教育的家政服务、养老服务与管理、医学营养、健康管理等专业。二是培训养老服务与管理人才。依托学历教育和医科院校、医疗机构、养老机构,聘请省内外相关专家,组建高层次师资团队,重点开展养老机构管理人员、老年服务从业人员的继续教育与培训。三是开办老年教育。根据徐州市政府办公室下发的《关于加快发展养老服务业重点任务分工的通知》精神,积极向徐州市老龄办申请,争取政府支持,创办老年大学。依托徐州市老年大学组建高水平师资团队,开展丰富多彩、老年人喜闻乐见的学历和非学历教育,建设老年活动中心,使老年人老有所学、老有所乐。可以说,徐州开放大学设立健康与养老教育学院,开展老年教育和养老服务专门人才的培养,既是政府赋予的责任,也是学校转型发展的必然趋势。

在建设老年教育体系的同时,还必须建立健全服务老年教育的队伍。一是学校成立由专职管理人员和相关职能部门人员为主的老年教育管理团队,为老年教育及时提供政策和业务服务;二是加强老年教育师资队伍建设,充分利用学校及系统内的优质资源,吸收更多有专业特长、热爱老年教育的青年教师加入老年教育师资库,形成一支强有力的老年教育师资队伍;三是培养老年教育志愿者队伍,老年教育是一项公益性、社会性的事业,对于部分地区老年教育师资不足的情况,各社区都采取聘用相关人员,组织志愿者队伍来帮助老年人进行学习。为了保障老年教育资源建设、教学管理等方面的经费支出,学校专门设立了专项经费保障机制。为鼓励老年人参加学习,学校对首批老年学历教育学员的学费制订了减半的优惠政策,为老年学员提供优质的办学服务。

4. 积极提供优质资源服务

老年教育是朝阳事业,涉及面广,需求量大,资源建设尤其重要,否则不能满足需求。江苏从省情出发,主要进行以下工作[10]:

一是继续发挥空中老年大学作用。江苏省空中老年大学,有着15年的办学历史,十多年来,学校充分利用现代信息技术、努力开设新课程,更新优化教学内容和教学手段,最大限度满足老年群体的学习需求,受到了社会的赞许和老年人的好评。空中老年大学每周一到周六上午10点钟,在江苏教育频道《空中老年大学》栏目播放老年大学课程。2013年7月1日又在江苏教育频道推出《开放大学》栏目,每周一至周日上午9:00播出。栏目的内容以老年人生活和教育为主,由《早读时间》《理财有道》《神游天下》《生活知味》《名医坐堂》《健身有道》等组成,传播老年人普遍关注的社会热点、健康养生、家庭理财等内容,强调知识性、实用性、服务性,该栏目已播出500多期。《开放大学》栏目上线以来,受到广大老年观众的普遍欢迎,收视率不断攀升。

二是完善老年教育网络平台。江苏省空中老年大学网站于2013年改版,改版后的"夕阳红·江苏老年学习网"宣传老年教育政策,报道老年教育信息;加强学习资源库建设,提供优质资源服务。已开放9大类39个方向16 454个单元的学习课程,开发17个学习证书。目前,在"夕阳红·江苏老年学习网"注册的老年学员有5 000多人,最多时达8 000多人,学习积分达60 000多分,其学习成果已全部记入"江苏省终身教育学分银行"。

三是努力提供教育服务支持。社区是开展老年教育的最佳场所和平台,学校在驻地街道设立老年教育联系点,联合举办"银发课堂—公益讲座进社区"系列活动。针对社区老年人的学习需求,设计"菜单"式学习培训内容,邀请专家走进社区为老年人群讲授养生保健、表演艺术、投资理财、手工技能等方面的知识,让居民们在家门口感受到学习的方便与快乐。

四是适时开办学历继续教育。为满足相当一部分老年人追求学历文凭的需要,在江苏省教育厅领导高度重视下,江苏开放大学开办了老年学历继续教育。老年学历继续教育主要对象为(男60周岁,女55周岁以上)身体健康,能够坚持参加学习活动、有需求、有兴趣的老年人。老年学历继续教育属国民教育系列,本科开设文化产业管理(诗词赏析方向、摄影方向)专业,专科开设汉语言文学(诗词赏析)和摄影专业。老年学员可在"江苏省终身教育学分银行"建立个人账户,完成课程学习,成绩合格者,可获得课程结业证书。修满规定的学分,由江苏开放大学颁发毕业证书。老年学历继续教育先行在南京和常州地区进行了试点,首批学员于2014年4月18日举行了开学典礼。2015年又在南通试点本、专科招生66人。老年学历继续教育的开展,是全省教育改革发展特别是完善终身教育体系的一件大事,标志着江苏在全国率先实现老年本科学历继续教育,老年人接受正规学历教育成为现实。

五是完善老年教育学习成果转换。江苏开放大学充分利用"江苏省终身教育学分银行"功能,建立老年学历课程学分互换标准。老年学员在老年大学已获得的课程学分、获奖证书等,可参照江苏开放大学学分替换标准进行学分转换和存储,此举可以提高老年人的学习热情和积极性。

5. 深化老年教育理论研究

办老年教育,满足老年群体的学习需求,争取更多的社会资源关注和服务老年教育,需要在实践中不断探索和总结。针对老年教育的特殊要求和规律,必须加强理论研究,才能形成具有开放大学特色的老年教育方法和思路。为此,充分利用学校的研究力量,开展老年教育现状和发展趋势研究;开展探索有地方特色的老年教育体系、模式研究;开展老年教育有效办学形式、课程体系、学习成果评价等方面的研究非常必要。比如,目前老年教育的主体是老年大学,而老年大学的主管部门又分属于民政、老龄委等单位,由于各部门的标准和要求不同,老年教育呈各自为政、规模小、分散办学的态势。急需通过理论研究,为政府和教育主管部门提供决策咨询,进行终身教育体系顶层设计,统筹老年教育资源,积极推进老年教育和开放大学建设深度融合,从而促进和完善老年教育的发展。

中华民族历来崇文重教,"活到老、学到老"在中国深入人心。建设学习型社会,使终身学习成为全民的一种精神状态和生活方式,帮助每个人梦想成真、人生出彩,这既是中国梦的重要内容,也是实现中国梦的强大支撑。习近平主席在十二届全国人大一次会议闭幕会上指出:"生活在我们伟大祖国和伟大时代的中国人民,共同享有人生出彩的机会,共同享有梦想成真的机会,共同享有同祖国一起成长与进步的机会。"积极应对人口老龄化是国家的一项长期战略任务,老年教育这项"夕阳工程、朝阳事业"肯定会得到各级政府的更加重视,各有关部门和全社会的共同参与。开放大学要贯彻落实《国务院关于加快推进养老服务业发展的若干意见》精神,认真研究老年教育规律,积极探索远程教育服务老年人群新模式,扩大老年教育服务供给,努力办好老年教育,为服务国家老龄化战略,推进学习型社会建设作出新贡献。

主要参考文献:

[1] [3] 国家民政部党组《以养老服务业叩开"银发经济"的大门》民政部网站 http://www.mca.gov.cn/article/zwgk/mzyw/201504/20150400798319.shtml

[2] 人口老龄化 http://www.doc88.com/p-740649221354.html

[4] [7] 江苏省教育厅等八部门《关于进一步加强老年教育工作的意见》苏老龄办〔2013〕27号

[5] 于旻生国家开放大学抢占"互联网+"风口探索教育养老新模式 http://ouchn.edu.cn/News/Default.aspx

[6] 吕倩国家开放大学老年教育研讨会在京召开 http://ouchn.edu.cn/News/Default.aspx

[8] 江苏省民政厅《江苏省2014年老年人口信息和老龄事业发展状况报告》白皮书

[9] 无锡开放大学:老年教育招生全面启动 http://www.wxtvu.cn/news/2014-12-29/20141229160247.htm

[10] 郑青.终身教育背景下开放大学开展老年教育的实践与思考——以江苏开放大学为例《福建广播电视大学》.2014年04期

[11] 中共中央、国务院《关于加强老龄工作的决定》(中发〔2000〕13号)

[12]《国务院关于加快发展养老服务业的若干意见》(国发〔2013〕35号)
[13] 教育部等九部门《关于加快推进养老服务业人才培养的意见》
[14] 江苏省人民政府《关于加快构建社会养老服务体系的实施意见》(苏政发〔2011〕127号
[15] 亓越."夕阳无限好"——西安市城区老年音乐教育现状调查研究《陕西师范大学硕士论文》.2011-06-01
[16]《老年教育的意义》2014-12-11 中老年时报(天津)
[17] 马良生.建设江苏开放大学[M].合肥:安徽人民出版社,2012年
[18] 马良生.转型之路—从电视大学到开放大学[M].合肥:安徽人民出版社,2013年

作者简介: 马良生,研究员,硕士生导师,江苏省成人教育协会副会长,江苏广播电视大学原副校长,主要从事高等教育、开放教育研究(江苏南京 210036)

基金项目: 江苏省教育科学"十二五"规划重大课题"江苏开放大学的研究"(A/2011/14)

原载《中国远程教育》(CSSCI)2015年第9期,人大复印资料G5 2016.3选作索引,国家开放大学时讯 第115期总第714期转载

广播电视大学教育(1979—2012年)

一、广播电视大学的创办

1978年2月6日,中国改革开放的总设计师邓小平同志亲自批准了教育部和中央广播事业管理局《关于筹办电视大学的请示报告》,同意成立"面向全国的广播电视大学"。经过一年的紧张筹办,1979年2月6日,中央广播电视大学和全国(除西藏、台湾)各省、自治区、直辖市广播电视大学同时开学。2月8日,电大正式上课,每周由中央电视台通过微波通信网向全国播出工科课程33课时,由中央电大统一教学计划、统一教材、统一授课时间。学生分散在各地的教学班,通过广播、电视进行教学。电大的建立,标志着我国高等教育事业向现代化方向迈出了新的步伐。广播电视大学教育作为一种新的教育形式,在我国教育史上揭开了远程教育发展的新篇章。

二、江苏电大的发展之路

1978年11月,在全国广播电视大学工作会议期间,教育部决定核拨江苏省教育局编制100人,经费20万,电视机400台,用于创办广播电视大学。1978年12月,江苏省教育局、省广播事业局根据全国广播电视大学工作会议精神,共同筹办了江苏广播电视大学。

1979年1月25日,江苏电大完成首次招生工作,共设置机械、电子2个专业,全省共招收全科学生7 933人,单科学生8 376人。全省设14所分校,设置750个教学班(全科318个),配备辅导教师1 058人(其中专职262人),电视机750台(其中彩电142台)。全省除14个县因微波线路未通,不能收看电视,没有办教学班外,其余市、县都已办起电大教学班。

1979年2月6日,各级教育部门组织全省电大新生参加中央电大举行的开学典礼,时任省委书记胡宏同志发表电视讲话,祝贺江苏电大创办,要求各地重视电大工作,要求学员发扬知难而进的精神,做到学习、工作两促进。

1979年3月12日,江苏省革命委员会根据国务院国发〔1979〕14号《国务院批转关于全国广播电视大学工作会议的报告》精神,以苏革发〔1979〕34号文件发布《批转省教育局、省广播事业局关于举办江苏省广播电视大学的请示报告》,报告指出:举办广播电视大学是多快好省地培养人才,加速提高广大群众科学文化水平的重要途径,各地应予以充分重视。江苏省广播电视大学是面向全省以电视和广播为主要教学手段的高等学校。省校设在南京,地、市设分校,县设管理站,基层办学单位设教学班。

3月30日,江苏省委决定成立中共江苏教育学院、江苏省广播电视大学党委。

7月27日、28日,电大首次进行期末考试(高等数学、化学、英语)。《新华日报》专门刊发电大统一考试消息并介绍电大办学情况。

1979年底,全省电大有教职工620人,其中,教师174人,共用经费41.95万元,有图书0.67万册。省电大有办公室2间,教职工11人,其中,教师3人,共用经费5.7万元。

1980年2月8日,省校在省委办公厅东会议室举行建校一周年座谈会。省委第一书记和副省长、省委副秘书长、办公厅副主任、南京市委副书记、省教育局副局长、省经委、计委、劳动、财政等部门的领导及徐州、苏州、常州等地分校负责人共50多人参加会议。

1981年4月18—26日,教育部、中央广播事业局联合在南京召开第3次全国广播电视大学工作会议,总结交流电大创办2年多来的工作经验。讨论、确定在国民经济调整时期电大工作的方针和任务。教育部副部长臧伯平同志、中央广播事业局副局长李连庆同志主持了会议。省委第一书记到会讲话,江苏电大代表在大会上发言,各地市分校负责人列席了会议。

1982年7月14—26日,省校首届毕业生毕业设计成果展览在鼓楼公园举行。江苏省代省长、省委第二书记、省人大副主任以及省级机关有关厅局的领导和各分校的学生代表共 3 万余人前往参观。

1983 年 3 月 28 日,江苏省成人教育协会成立,朱少香同志当选为会长。

1985 年 10 月 24 日,省委决定在江苏教育学院、江苏广播电视大学分别建立党委。

1986 年 4 月 8 日,省政府发出《批转省高教局、教育厅关于发展广播电视中等专业教育的报告》的通知。确定在省、市电大设中专部,由省电大统一领导和管理,证书由市电大颁发。

5 月 29 日,省高教局发出美籍文教专家罗伯特·道格拉斯·蔡斯先生到职通知书(1986 年 9 月—1987 年 7 月)。

1987 年 6 月 25 日,省教委发出《关于进一步办好省电化教育馆的通知》,确定省电教馆和省电大电教处实行联合。

1993 年 4 月 3 日,省教委、省计经委发出苏教计〔1993〕56 号文,同意在江苏广播电视大学中专部基础上建立江苏广播电视中等专业学校,根据广播电视教育的特点,积极培养应用型专业人才。

12 月 16—18 日,省政府在南京召开第一次全省县级电大工作会议,省委常委、常务副省长、省政府副秘书长、省教委主任、副主任等出席会议并讲话。省教委向江都、吴县、武进、如东等地 17 所在改革发展中取得显著成绩的县级电大颁发"广播电视大学教育先进单位"奖牌。

1998 年 12 月 15 日,江苏省教委发出苏教成〔1998〕65 号文《关于同意建立江苏省空中老年大学的批复》,同意由江苏广播电视大学、江苏省老年大学协会、江苏省老年大学共同创办江苏省空中老年大学。

1999 年 2 月 6 日,省政府办公厅下发 13 号《情况通报》。"同意江苏电大在新校区立项建设总面积为 18 000 平方米的综合楼,在 2000 年底前竣工。"同意江苏电大开展大专五年一贯制(中专起点三二分段)教育试点。

5 月 19 日,江苏省省长季允石为江苏电大 20 周年校庆题词:"积极发展电大教育事业,为江苏现代化建设作出新的贡献"。

8月省委书记、省人大主任陈焕友为江苏电大建校20周年题词:"办好广播电视大学,培养更多四化人才。"省人大副主任、原南京大学校长曲钦岳为江苏电大建校20周年题词:"面向未来,办好电大。"

11月6日,江苏广播电视大学举行建校20周年庆祝大会,省委副书记顾浩、省人大常委会副主任王霞林、教育部电教办主任宋成栋、中央电大党委书记于云秀等领导同志应邀出席大会并讲话。大会由省电大党委书记张存库主持,校长冒瑞林作题为"继往开来,开拓创新,为建设现代远程开放大学而努力奋斗"的致辞。教育部为江苏电大校庆20周年发出贺信。

2002年4月1—2日,江苏电大与江苏省成人教育协会在扬州联合举办海峡两岸"知识经济与成人学习"学术研讨会。台湾地区成人教育学会理事长黄富顺等一行13人应邀与会。中央电大党委书记于云秀、省委教育工委副书记葛高林出席会议并讲话。校长、省成人教育协会会长陈乃林主持会议,党委书记张存库致开幕词。两岸成人教育学者围绕如何适应信息化和知识社会,推进成人学习进行了研讨和交流。

2003年4月14日,省政府下发苏政复〔2003〕38号文,批复同意江苏广播电视大学与南京建筑工程学校合并办学。5月27日,江苏广播电视大学与南京建筑工程学校合并仪式在南京举行,省政府办公厅巡视员何国平宣读了省政府关于两校合并的批复,省教育厅厅长王斌泰、省建设厅厅长周游出席仪式并讲话。

12月26—27日,江苏广播电视大学第一次党代会在南京举行。大会回顾了过去6年的工作,确立了江苏电大事业发展新的奋斗目标:用10年时间,把江苏电大建设成为国际上有一定影响的一流现代远程开放大学。

2004年5月28日,江苏广播电视大学建校25周年庆祝大会在南京隆重举行。校党委书记常征主持会议,校长彭坤明致辞。全体校领导、各市县电大主要领导以及省校全体中层干部出席会议。副省长王湛、中央电大党委书记于云秀、中央电大副校长严冰,省委组织部、省建设厅、省检察院、省高级法院、省经贸委、省农林厅、南京市公安局有关领导,以及南京大学、东南大学、河海大学、南京理工大学、南京师范大学、南京邮电学院等在宁高校领导出席大会并祝贺。

2005年5月29日,《中国远程教育》杂志社和江苏电大联合举办的"中国远程教育学术圆桌会议:现代远程教育与中国'三农'问题——江苏电大实践解读学术研讨会"在江苏电大召开。副省长王湛、中央电大党委书记、副校长于云秀出席会议并讲话。校长彭坤明、副校长马良生分别作学术报告。省政府副秘书长朱步楼、省教育厅副厅长丁晓昌、中央电大副校长、《中国远程教育》主编严冰,各省、市电大和有关县级电大负责人,以及江苏电大中层以上干部出席会议。

2005年,江苏电大购买原南京无线电工业学校定淮门东校区,形成省校一校四区(定淮门、定淮门东、挹江门、应天等4个校区)的布局。

2006年6月5日,省政府苏政复〔2006〕50号文件批准设立江苏城市职业学院。7月4日,江苏省教育厅决定(苏教发〔2006〕60号文):根据省政府"苏政复〔2006〕50号"文件精神,在江苏广播电视大学增挂江苏城市职业学院校牌,实行"一套班子、两块牌子"的运作体制。2007年5月14日,教育部同意江苏城市职业学院备案。

2008年,全省电大现有省校1所、12所市电大、1所直属分校(化工分校)、20所二级学院和47个县(市、区)电大分校(管理站),有教职工9 797人,其中高级职称1 758人。专任教师6 855人,其中高级职称1 375人。聘请校外教师903人,其中高级职称415人。占地面积4 722 776平方米,校舍2 515 735平方米。拥有固定资产295 260万元,图书546.62万册,电子图书359.93万册。

2009年5月20日,江苏电大举行江苏省社会教育服务指导中心成立大会。省委教育工委、纪工委书记蒋吉生和校党委书记彭坤明为"江苏省社会教育服务指导中心"揭牌,校长、江苏省社会教育服务指导中心主任唐金土和省教育厅职社处处长马斌共同开通"江苏学习在线"网站。

10月13日，江苏省教育厅发布苏教高函〔2009〕24号文，批复同意依托江苏电大建立"江苏现代远程教育中心"，要求将江苏现代远程教育中心建设成为社会化的远程教育公共服务体系和教学支持服务公共平台，为我省构建终身教育体系和学习型社会作出贡献。

10月15日，中央电大发布电校规划〔2009〕11号文，公布第一批全国示范性基层电大（教学点）名单。全国共有50所基层电大（教学点）入选，我省电大昆山学院、江都学院、武进学院名列其中。

11月18日，江苏电大建校三十周年庆典活动在定淮门校区隆重举行。省委书记梁保华、省长罗志军为江苏广播电视大学建校30周年发来贺信。副省长曹卫星、校长唐金土、省教育厅副厅长丁晓昌为"江苏现代远程教育中心"揭牌。

11月30日至12月2日，第一批全国示范性基层电大（教学点）授牌仪式暨基层电大发展论坛在江苏南京召开。第一批50所全国示范性基层电大（教学点）被授予了匾牌。

2010年4月21日，江苏电大向青海电大发去慰问信并通过青海电大向玉树电大捐款10万元人民币，支援玉树电大灾后重建。至4月26日上午，全校师生个人捐款总数已达141 379元。

7月20日，中央电大发布电校规划〔2010〕8号文，公布2010年全国示范性基层电大（教学点）名单，全国有34所地市级电大和54所县级电大入选，我省常州电大、无锡电大2所地市级电大和吴中学院、沛县学院、宜兴学院、金坛学院四所二级学院名列其中。

11月19日—20日，"开放大学建设专题研讨会"第一次会议在江苏电大召开，中央电大杨志坚校长、阮智勇书记及参与国家教育改革试点项目的北京电大、上海电大、江苏电大、广东电大、云南电大5所省级电大的书记、校长（或副书记、副校长）和相关人员共计20余人参加了会议，江苏省教育厅副厅长丁晓昌同志出席会议并致辞。

2011年2月18日下午，省教育厅副厅长杨湘宁一行到江苏电大专题调研开放大学建设工作。彭坤明书记、唐金土校长、马良生、叶晓风副校长参加座谈。

7月12日,江苏省社会教育服务指导中心办公室主办的"党在我心中——全省社区教育庆祝中国共产党建立90周年大型文艺汇演"在江苏教育电视台举行。

9月16—18日,江苏电大承办的中美远程教育培训·交流·研究国际会议在江苏南京举行。会议主题是"远程教育:服务全民学习、终身教育的平台"。中国国际青年交流中心副主任阎学谦、美国马里兰大学苏珊·奥迪吉博士、中央广播电视大学党委副书记张少刚、中央广播电视大学原副校长孙禄怡、江苏广播电视大学党委书记彭坤明、江苏广播电视大学校长唐金土出席,来自美国马里兰大学、伊克赛尔斯尔大学、新英格兰大学、俄勒冈州立大学、北弗吉尼亚社区大学、布兰德曼大学、美国公共大学和中央广播电视大学以及全国省市电大、普通高校成人教育学院、网络教育学院等中美两国有关专家、学者近200人参加了本次会议。

9月20日晚,第三届全国道德模范评选表彰颁奖典礼——《德耀中华》在北京举行。江苏电大88届图书管理学毕业生、中央电大2004届法学本科毕业生陈燕萍获全国助人为乐模范提名奖。陈燕萍曾荣获全国模范法官、全国巾帼建功标兵、全国三八红旗手标兵等荣誉称号,是第十一届全国人大代表。

10月28日,国家教育咨询委员会终身教育体制机制建设组郝克明等一行专家在江苏常州专门听取江苏开放大学建设试点工作汇报。省教育厅副厅长杨湘宁、江苏电大党委书记彭坤明、校长唐金土、副校长马良生参加汇报。

11月30日,江苏电大召开《江苏广播电视大学学报》第六次编委会会议暨纪念学报创刊100期座谈会。本次编委会的主题是:回顾总结学报办刊情况,研讨未来发展大计。会议由学报主编副校长马良生研究员主持。学报编委会主任、党委书记彭坤明、校长唐金土和各市电大30余位编委出席了会议。党委书记彭坤明寄语:"展示学术成果,彰显办刊特色,服务内涵建设,提高人才素质。"校长唐金土题词:"办好学报创特色,服务社会出成果。"

12月24日在北京,教育部召开全国继续教育工作会议暨高等教育自学考试制度建立30周年纪念大会。我校被教育部列为全国15个"终身学习公共服务平台建设示范基地"之一,教育部副部长鲁昕授牌。

2012年2月20日,中央电大发出电校规划〔2012〕1号文,公布第三批全国示范性基层电大(教学点)名单全国有24所地市级电大和38所县级电大入选,我省南通电大、徐州电大2所地市级电大名列其中。

2012年6月14日,江苏省发出苏政办发〔2012〕115号文《省政府办公厅关于成立江苏开放大学建设领导小组的通知》,省政府成立江苏开放大学建设领导小组,副省长曹卫星任组长,江苏开放大学建设领导小组办公室设在省教育厅,杨湘宁兼任办公室主任。

10月30日,省政府下发苏政发〔2012〕146号文《省政府关于筹建江苏开放大学的通知》,省政府决定在江苏广播电视大学基础上分别设立市、县开放大学,形成全省开放大学办学系统。并随文印发《江苏开放大学建设方案》,在建设方案中进一步明确了江苏开放大学建设的指导思想、基本原则、建设目标、重点任务、管理体制和运行机制、保障措施等多方面的具体内容。

11月20日,国家教育体制改革领导小组办公室评议专家组6位专家莅临我省考察设立江苏开放大学的有关准备工作。专家组组长为国家教育咨询委员会委员、中山大学原党委书记李延保。在江苏开放大学建设工作汇报会上,副省长、江苏开放大学建设领导小组组长曹卫星致辞。省教育厅厅长、江苏开放大学建设领导小组副组长,省教育厅副厅长、江苏开放大学建设领导小组办公室主任杨湘宁,省电教馆、省教育电视台、省教育厅相关处室的负责人出席了汇报会。校党委书记彭坤明主持汇报会并致欢迎辞,校长唐金土作江苏开放大学建设工作汇报。

到2012年底为止,全省电大设有省校1所、12所市电大、1所直属分校(农垦分校已被合并)、22所二级学院和41个县(市、区)电大分校

(管理站)。

全省电大有教职工 8 245 人,其中高级职称 2 471 人,中级 3 516 人;专任教师 5 871 人,其中高级职称 1 786 人,中级 2 822 人,初级 1 118 人;聘请校外教师 821 人,其中高级职称 321 人,中级 336 人。

全省电大占地面积 6 604 504 平方米,校舍(学校产权面积)3 141 849 平方米。固定资产 546 124.84 万元,其中教学科研仪器设备价值 104 870.8 万元,教学用计算机 39 390 台,语音实验室座位数 10 249 个,多媒体教室座位数 83 025 个,图书 774.86 万册,电子图书 52 940.5 GB。

各类学历教育在校(册)生数 144 859 人(建校以来累计招生 1 005 764 人,毕业 674 932 人),2012 年非学历教育共结业 84 069 人次。

以上数据来自全省电大 2012/2013 学年初高等教育学校(基层)统计报表,统计时间截止到 2012 年 11 月 25 日。

在电大办学过程中,江苏电大人进行了富有创造性的开拓,在全国电大系统形成较大影响。

1980 年 3 月,中共江苏省委转发省教育局党组等《关于我省广播电视大学工作情况和今后打算的报告》。报告指出:一年来我省广播电视大学的工作很有成绩。实践证明,举办广播电视大学是花钱少,效果好,为四化建设培养人才的一条有效途径,是提高广大群众科学文化水平的一项有力措施,是发展高等教育事业的一个新生事物,希望各级党委切实加强对广播电视大学的领导,努力办好现有的教学班,做好今年的招生工作,逐步扩大电视教育的领域。

1980 年 4 月,教育部、中央广播事业局向全国电大转发了江苏省教育局、广播局、广播电视大学《关于我省广播电视大学工作情况和今后打算的报告》。

1980 年 9 月,经省政府批准招收普通专科生 3 000 人。

1981 年,第三次全国广播电视大学工作会议在南京召开,省委第一书记到会讲话,他指出:办好广播电视大学确实是一件大事,办好广播电视大学确实是一件好事。

1984年,省委决定电大伸向农村办学,为农村培养人才。

1986年,经国务院外国专家局批准,江苏电大成为全国电大系统内最早拥有聘请外教资格的省级电大。

1993年,经省教育厅同意,在全国电大系统内率先启动县、市级电大评估,1995年,又率先启动示范性县、市级电大评估,各级政府高度重视,共投入基础设施建设资金4亿元。

1996年,成为全国电大系统内"专升本"和"注册视听生"的试点学校之一。

1999年,经省政府批准,在全国电大系统内率先开展初中后五年制高职教育试点。

1999年,积极参与"中央电大人才培养模式改革和开放教育试点"项目实施,成为首批开放教育试点的省级电大。经过8年的实践,在2007年教育部对中央电大人才培养模式改革和开放教育试点总结性评估中获得优秀。

省电大成立以来已进行过三次大规模的教育质量调查,社会上对毕业生质量的总评价是好的和比较好的。

电大的办学实践充分证明:电大是教育发展史上具有中国特色的伟大创造,对于改革我国高等教育不合理的本、专科层次比例,不合理的专业结构与地理布局,改变我国经济建设人才奇缺的局面作出了重大贡献。党中央和国务院历来十分关心电大教育事业的发展。创立和发展广播电视大学是邓小平教育思想和理论的重要组成部分,也是这一理论与中国国情相结合在实践上的重大举措。江泽民、李鹏同志都十分关心电大教育。在电大建校15周年之际,江泽民同志题词:"办好广播电视教育,提高全民族素质。"李鹏同志曾多次题词,对电大教育的改革和发展作了重要指示。李岚清同志主管教育工作后,亲临电大视察,为电大题词,对电大寄予了厚望,他指出:广播电视大学是教育发展史上具有中国特色的伟大创造;电大教育的成功实践,为我们提供了一种投资少、见效快、覆盖面广的新的教育模式。广播电视大学与信息网络技术相结合,为发展我国高等教育开辟了一条重要的途径。电大教育的成功实践,充分证明了邓小平同志教育思想和国务院为创立和发展广播电视大学所采取的方针、政策、措施的正确性,科学性。

开放大学教育(2012—2017)

2010年8月28日,江苏作为全国高等教育综合改革试验区,在全国率先召开了全省教育工作会议,提出了率先建成教育强省、率先实现教育现代化的宏伟目标。《江苏省中长期教育改革和发展规划纲要(2010—2020年)》中明确提出了建设开放大学的目标,这是江苏省委、省政府发展现代远程教育的重大科学决策。

一、以电大为基础建设开放大学

2010年7月13日,党中央、国务院在北京召开了新世纪以来第一次全国教育工作会议,印发了《国家中长期教育改革和发展规划纲要(2010—2020年)》,文件明确提出:健全宽进严出的学习制度,办好开放大学。2010年10月24日,国务院办公厅在《关于开展国家教育体制改革试点的通知》中指出:探索开放大学建设模式,建立学习成果认证和"学分银行"制度,完善高等教育自学考试、成人高等教育招生考试制度,探索构建人才成长"立交桥"。

以广播电视大学系统为基础组建一所远程开放大学,既是一种战略选择,也是一种现实选择。可以达到投入小、风险小、阻力小,同时达到效益大、较平稳、见效快的目的。这种选择已成为共识并得到中央领导的肯定。2010年9月,国家教育咨询委员会委员、中国教育战略学会会长、国家教育咨询委员会终身教育体制机制建设组组长郝克明先生在给国务委员刘延东同志的报告中提出:"在中央和地方广播电视大学的基础上,整合相关教育资源,组建覆盖城乡的开放大学,是中国推进终身学习的重大战略措施。"刘延东同志明确批示:"建议很好,请教育部认真研究落实。"

2010年11月19—20日,由中央广播电视大学主办,江苏广播电视大学承办的"开放大学建设专题研讨会"第一次会议在南京召开。中央广播电视大学校长杨志坚、党委书记阮智勇,以及批准参与国家教育改革试点项目"建设开放大学"的北京电大、上海电大、江苏电大、广东电大、云南电大5所省级电大的书记、校长(或副书记、副校长)和相关人员共计20余人参加了会议。此次研讨会受到江苏省教育厅的高度重视,江苏省教育厅副厅长丁晓昌到会并做重要讲话。研讨会上,杨志坚校长代表中央电大、胡晓松校长代表北京电大、张德明校长代表上海电大、马良生副校长代表江苏电大、陈鲁雁书记代表云南电大、李江副校长代表广东电大,分别就各校开放大学建设的方案进行了解读和交流。在此基础上,代表们就开放大学建设过程中的焦点问题以及需要协调的问题进行了深入探讨。江苏广播电视大学党委书记彭坤明在研讨会上指出,这次会议是认真贯彻全国教育工作会议精神,落实《国家中长期教育改革和发展规划纲要》目标任务的重要实际行动,也是一次解放思想、与时俱进、改革创新和谋划未来的重要会议。大家以开放的胸怀认真讨论,在交流中提高认识,必将对开放大学的探索产生积极的推动作用。他同时代表5所省级电大表态:一定以开放的理念、开放的心态、开放的手段办好开放大学;在战略上思考,在大局下行动,在协调中运作。尤其要把开放大学的试点与电大内涵建设有机结合起来,在试点过程中保持正常的教学秩序,加强质量管理。

二、建设江苏开放大学

(一)前期工作

2010年11月19日,在南京召开的"开放大学建设专题研讨会"第一次会议上,江苏省教育厅丁晓昌副厅长在讲话中指出:《国家中长期教育改革和发展规划纲要》提出"健全宽进严出的学习制度,办好开放大学"的重要任务,为电大系统改革发展提供了新的重大的历史机遇,同时也对远程教育事业的发展提出了新的更高的要求。丁晓昌副厅长特别强调:在制定江苏教育发展战略过程中,我省十分注重发展现代远程教育,充分发挥电大在构建终身教育体系中的功能和作用。在"九五"至"十一五"期间,就曾经对建立江苏开放大学问题进行过研讨和酝酿。此次,又把建设江苏开放大学列为《江苏省中长期教育改革和发展规划纲要(2010—2020年)》的任务,列为江苏省高等教育综合改革项目之一,并上报教育部,现已经国务院批准试点。

(二)政策依据

2010年8月26日,中共江苏省委、江苏省人民政府颁发的《江苏省中长期教育改革和发展规划纲要(2010—2020年)》中明确指出:"建设开放大学,以广播电视大学开放教育为基础,利用现代信息技术手段,整合各类高等教育资源建立开放大学。逐步取消成人高等教育统一入学考试,实行宽进严出的注册入学制度,形成开放式教育体系。"

2010年12月17日,国家教育体制改革领导小组办公室(教改办函〔2010〕14号)通知江苏省人民政府:江苏上报国家教育体制改革试点项目实施方案共15项,经国家教育咨询委员会评审,同意备案15项。请认真研究,尽快组织实施。对"创建江苏开放大学,加快构建终身教育体系"的评审意见是:此方案的设计比较全面,改革力度较大。建议加快落实。

2011年3月18日,江苏省人民政府办公厅苏政办发〔2011〕26号《关于印发实施国家教育体制改革试点项目重点任务分解方案的通知》对"创建江苏开放大学,加快构建终身教育体系"的试点任务和配套政策是:向教育部申请本科办学权,整合教育资源,探索开放式办学模式。责任单位为江苏省教育厅,试点地区是江苏广播电视大学。

2011年9月9日,江苏省人民政府《关于加快完善终身教育体系的实施意见》(苏政发〔2011〕130号)明确要求:以江苏广播电视大学办学系统为基础,整合相关教育资源举办江苏开放大学,开展成人高等教育和远程网络教育,建设开放的学习成果认证制度。建立体现继续教育特点的质量保障和评价机制,不断提高学历继续教育质量。建立以江苏开放大学为龙头、以社区大学和社区学院为骨干、以社区教育中心和居民学校为基础的社区教育体系,满足各类居民学习提高和修身益智需求。

2011年12月26日,江苏省人民政府办公厅关于印发江苏省"十二五"教育发展规划(苏政办发〔2011〕174号)提出:稳步发展学历继续教育。以江苏广播电视大学办学系统为基础,整合相关教育资源举办江苏开放大学,开展成人高等教育和远程网络教育,实行宽进严出的注册入学制度。广泛开展城乡社区教育,建立以江苏开放大学为龙头、以社区大学和社区学院为骨干、以社区教育中心和居民学校为基础的社区教育体系,满足各类居民学习提高和修身益智的需求。

2011年12月31日,江苏省人民政府办公厅《关于加强继续教育工作推进学习型社会建设的意见》(苏政办发〔2011〕183号)强调:稳步发展学历继续教育。以江苏广播电视大学办学系统为基础,整合相关教育资源组建江苏开放大学,开展成人高等教育和远程网络教育。大力发展城乡社区教育。建立以江苏开放大学为龙头、以市级社区大学、县级社区学院为骨干、以乡镇(街道)、村(居)社区教育中心为基础的社区教育网络体系,满足各类居民学习提高和修身益智的需求。

2012年6月14日,江苏省人民政府办公厅发出《省政府办公厅关于成立江苏开放大学建设领导小组的通知》(苏政办发〔2012〕115号)指出:为加快完善终身教育体系,扎实推进开放大学建设试点工作,省人民政府决定成立江苏开放大学建设领导小组。

2012年10月10日,省人民政府办公厅发出《江苏省人民政府专题会议纪要(第58号)》指出:2012年10月8日上午,曹卫星副省长召开江苏开放大学建设领导小组会议,听取建设方案和试点工作汇报,讨论研究加快开放大学筹建事宜;根据《国务院办公厅关于开展国家教育体制改革试点工作的通知》要求,我省承担开放大学建设试点工作。省中长期教育改革发展规划纲要和加快完善终身教育体系的实施意见明确,以广播电视大学办学系统为基础,利用现代信息技术手段,整合相关教育资源建立开放大学。省有关部门和江苏广播电视大学按照国家和省部署要求,在多次调研、充分论证的基础上研究制定了《江苏开放大学建设方案》,得到国家教育咨询委员会专家组的肯定。

2012年10月30日,江苏省人民政府下发了《省政府关于筹建江苏开放大学的通知》(苏政发〔2012〕146号):省政府决定在江苏广播电视大学基础上筹建江苏开放大学,各地在现有广播电视大学基础上分别设立市、县开放大学,形成全省开放大学办学系统。文件提出:"建立开放教育办学网络。在江苏广播电视大学基础上建立江苏开放大学。各地依托现有广播电视大学,整合部分职业教育、社区教育资源,因地制宜成立市、县开放大学,并根据需要在街道(乡镇)设立学习中心。

在下发一系列政策文件的同时,曹卫星副省长还在2012年11月1日全省教育信息化工作会议上,专门部署了全省开放大学建设工作。曹副省长强调:开放大学的建设与信息化建设密切相关。创建开放大学、加快构建终身教育体系,是我省承担的国家教育体制改革试点项目。省政府已决定在江苏广播电视大学基础上筹建江苏开放大学,各地依托现有广播电视大学,整合部分职业教育、社区教育资源,因地制宜成立市、县开放大学,并根据需要在街道(乡镇)设立学习中心,形成全省开放大学办学系统。

(三)条件准备

建设江苏开放大学,探索开放大学建设模式的工作,按照总体设计、分步实施、突出重点、有序推进的原则进行。根据省教育厅确定的《江苏开放大学建设方案》要求,江苏电大动员全系统力量,认真做好开放大学实体建设工作。用超常规的做法,抓大学核心能力建设,抓系统建设、专业建设、课程建设、资源建设,搭建网络平台,做好支持服务,强化质量保证等工作,努力呈现自身的能力和水平,为建设江苏开放大学,促进电大转型创造条件,奠定基础。主要开展以下工作:① 发挥系统优势。② 加快模式构建。③ 搭建网络平台。④ 加强专业建设。⑤ 整合教学资源。⑥ 规范教学行为。⑦ 做好支持服务。⑧ 严格质量监控。⑨ 严肃考风考纪。⑩ 重视理论研究。

（四）正式批准

2011年10月11日，江苏省教育厅向江苏省人民政府上报了《关于设立江苏开放大学的请示》，同时上报了《江苏开放大学建设方案》。

2011年11月17日，江苏省人民政府在向教育部呈报《关于商请同意建立江苏开放大学的函》中指出：为贯彻《国家中长期教育改革发展规划纲要》和《国务院办公厅关于开展国家教育体制改革试点的通知》（国办发〔2010〕48号）精神，落实《江苏省人民政府教育部共建国家高等教育综合改革试验区合作协议》有关要求，加快完善终身教育体系，商请同意在江苏广播电视大学基础上建立江苏开放大学。

2012年12月26日，教育部给江苏省人民政府下发《关于同意江苏广播电视大学更名为江苏开放大学的函》（教发函〔2012〕285号）。

2013年1月28日，江苏开放大学建设推进会在江苏广播电视大学举行。江苏省人民政府副省长、开放大学建设领导小组组长曹卫星为江苏开放大学揭牌，并发表重要讲话。曹卫星说，江苏开放大学的前身江苏广播电视大学，是在特定历史条件下建立、具有鲜明特色的学校。30多年来，学校认真贯彻党的教育方针，充分发挥远程教育和系统办学优势，开拓创新、锐意进取，建成了较为完善的教育资源和教学支持服务体系，培养了大批应用型专门人才，为加快高等教育大众化进程、促进经济社会发展作出了历史性的贡献。江苏广播电视大学更名为江苏开放大学，顺应了教育改革发展新形势新任务的要求，翻开了我省继续教育发展的新篇章，对完善终身教育体系、构建学习型社会、加快实现教育现代化，将起到有力地推动。曹卫星强调，建设江苏开放大学要科学定位，坚持面向人人，突出办学特色，努力把学校建设成为非学历教育和学历继续教育并重、职业教育和普通教育相互沟通、职前教育和职后教育有效衔接的新型大学，成为全民学习的共享平台和终身教育的支持载体。

2013年2月20日，江苏省人民政府在《省政府关于江苏广播电视大学更名为江苏开放大学的通知》（苏政发〔2013〕26号）中指出：为加快完善终身教育体系，大力促进学习型社会建设，经省人民政府研究并报教育部批准，决定将江苏广播电视大学更名为江苏开放大学。江苏开放大学是以现代信息技术为支撑，面向成人开展远程开放教育的新型高等学校。可以设置本科专业、授予学士学位。

江苏开放大学的成立，标志着江苏电大经过15年的探索实践，终于取得了建设开放大学的阶段性成果，也是对江苏电大34年办学成就的充分肯定，预示着学校发展进入了新的历史阶段。

(五) 系统建设

(1) 系统建设依据。江苏电大历来重视系统建设，省市县三级电大体系建设与时俱进。在制订开放大学建设方案中，就根据江苏的实际情况，做了统一安排。在江苏开放大学成立后，根据《省政府关于筹建江苏开放大学的通知》(苏政发〔2012〕146号)中关于"在江苏广播电视大学基础上筹建江苏开放大学，各地在现有广播电视大学基础上分别设立市、县开放大学，形成全省开放大学办学系统"的精神，学校积极争取政府支持，努力加快系统建设，会同主管部门，提出市、县开放大学建设的指导意见。2013年4月22日，江苏开放大学建设领导小组办公室发出了《关于建设市、县(市、区)开放大学的指导意见》(苏开建办〔2013〕1号)。江苏开放大学建设领导小组办公室文件的下发，标志着江苏开放大学系统建设正式进行。

(2) 系统建设实施。①市、县政府申报。②领导小组审核。③省政府批准。省人民政府批准了62个市、县(市、区)开放大学建设方案，标志着全省开放大学系统建设架构基本确立，系统整体转型发展的组织基础已经具备。

(3) 系统正式运作。2013年1月28日下午，省政府副省长、江苏开放大学建设领导小组组长曹卫星在为江苏开放大学揭牌时的讲话中指出：江苏开放大学作为终身教育体系建设的有机组成部分，承担着重要的职责和使命。省政府将一如既往地支持江苏开放大学建设，为学校改革发展创造良好条件。2013年12月10日，全省社会教育暨开放大学建设推进会在常州召开。副省长曹卫星在讲话中对开放大学的建设和发展提出明确要求。

（六）开拓创新

2013年8月28日，江苏开放大学4个本科、5个专科专业开始招生，11月16日全省36家参与首批招生的办学单位通过网络视频，同步举行江苏开放大学首届新生开学典礼。江苏开放大学实现当年挂牌、当年招生、当年开学，新生数据已全部上报教育部学信网进行电子注册，新型大学的外部形态正式呈现。

2013年12月，省教育厅出台了《江苏省终身教育学分银行管理办法》。2014年4月，"江苏省终身教育学分银行"开始"营业"，启动了10家学分银行管理分中心建设。2014年7月4日，江苏省教育厅厅长、江苏省终身教育学分银行管理委员会主任主持召开管理委员会第一次全体会议，审议了《江苏省终身教育学分银行管理委员会工作规程》《江苏省终身教育学分银行发展规划》等4个文件草案。这些文件的出台将进一步规范学分银行的运作流程，为实现学历继续教育之间、学历继续教育与非学历继续教育之间的衔接与沟通，为构建终身学习"立交桥"提供政策指引和实体依托。

2016年底，学历教育在校生13 905人，国家开放大学在籍学员98 354人，"江苏学习在线"截止到2016年底注册人数为448 000人，2016年全年注册人数127 000人。

6月，学校顺利通过了省学位委员会、省教育厅组织进行的学士学位授权评审。专家组对办学定位、师资队伍建设、学科专业建设、教学条件、办学质量等进行了全面评审，一致同意江苏电大为学士学位授权单位；一致同意农业资源与环境专业等四个专业为学士学位授权专业。

12月，江苏省终身教育学分银行合作联盟成立暨信息系统上线仪式在宁举行，17家联合发起单位代表共同签署了《江苏省终身教育学分银行合作联盟章程》。

"努力发展全民教育、终身教育，建设学习型社会，努力让13亿人民享有更好更公平的教育。"这是2013年9月25日，习近平主席在联合国

"教育第一"全球倡议行动一周年纪念活动贺辞中的要求。2013年度,省政府两次召开开放大学建设推进会,省领导在不同会议上多次强调开放大学建设的重要性,省教育厅召开三次专题厅务会议研究开放大学建设工作,省教育厅分管领导多次到学校现场办公。"江苏开放大学揭牌成立,终身教育体系进一步完善"被评选为"2013江苏教育十大新闻"之首。这些充分说明,省委、省政府以及省教育厅和社会各有关方面对开放大学充满期待、寄予厚望。江苏开放大学要牢牢把握好转型发展的历史机遇,继续解放思想,努力开拓进取,办好新型高等学校,为构建终身教育体系,建设学习型社会作出新贡献。

1979—2020年论文发表目录

序号	篇名	刊名	年·期(日)	备注
1	广大教师积极参加电大学习	江苏教育	1979.6	
2	省广播电视大学举行期末考试	新华日报	1979.7.26	
3	为经济振兴而努力培养人才	中央电大(经济)	1984.2	
4	江苏广播电视大学办到县乡	光明日报	1984.5.21	
5	省广播电视大学计划伸向农村	宣传情况	1984.6.18	
6	江苏电大伸向农村	情况交流	1984.11.30	
7	加快电大建设,发展高教事业	视听之友(政文)	1985.1	
8	加快电大建设,发展高教事业	视听之友(理工)	1985.1	
9	加快广播电视大学发展	电大信息(河南)	1985.4	
10	江苏五所电大分校更名	电视大学报(上海)	1985.16	
11	加快电大建设,发展高教事业	文科园地	1985.5	
12	谈谈电大间的横向联系	电视大学	1986.6	
13	锐意创新的江苏电大	电视大学	1986.7	
14	江苏广播电视高等教育研究	江苏高教	1986.4	
15	提高聘用专家效益	专家工作通讯	1987.8	
16	电大也要加强横向联系	江苏高教	1987.2	省校优秀论文三等奖
17	认真进行教学检查,全面提高教育质量	中国电大教育	1987.6	省校优秀论文三等奖
18	广播电视大学要加强横向联系	中国教育报	1987.3.5	人大《复印报刊资料》G5 1987.2期全文转载
19	电大要十分重视档案工作	中国电大教育	1987.9	省校优秀论文三等奖

续表

序号	篇名	刊名	年·期	备注
20	电大管理体制改革初探,电大要加强横向联系	理论会论文集（上）	1987.3	
21	适应时代需要,搞好继续教育	中国电大教育	1988.2	省校优秀论文三等奖
22	谈谈继续教育	江苏高教	1988.3	
23	《大事记》《校史》	中国电大教育	1988.8	
24	试论"专业证书"制度	中国电大教育	1988.10	省校优秀论文三等奖
25	谈谈大事记、校史的编写	中国电大教育	1988.11	省校优秀论文三等奖
26	广播电视大学是搞好岗位培训的有效途径	中国高等教育	1988.9	省电大首届科研成果论文二等奖
27	转变工作重点,搞好岗位培训	理论会论文集（第二集）	1988.4	省广播电视研究会优秀奖
28	关于继续教育的思考	陕西电大报	1989.4.20	
29	建校十周年,育才七万五	江苏电大报	1989.5.20	
30	关于发展和改革电大教育的思考	中国电大教育	1989.4	省校优秀论文三等奖
31	发挥电大优势,搞好继续教育	继续工程教育	1989.4	
32	谈谈教学计划的编制	中国电大教育	1989.11	省校优秀论文三等奖
33	关于发展和改革电大教育的思考	理论会论文集（第三集）	1989.6	省校优秀论文三等奖
34	浅谈电大教育的发展和改革	江苏高教	1990.1	人大《复印报刊资料》G5 1990.2期选作索引
35	谈谈远距离教育的档案工作	学校档案	1990.1	省校优秀论文三等奖
36	谈谈音像档案的形成和保护	中国电大教育	1990.5	
37	积极伸向农村办学,为农村社会主义建设服务	中国电大教育	1990.8	省校优秀论文三等奖,人大《复印报刊资料》G5 1990.5期全文转载
38	必须增强远距离教育中的档案意识	1990年教师节学术报告论文	1990	省校优秀论文三等奖

续表

序号	篇名	刊名	年·期	备注
39	关于县级电大建设	中国电大教育	1991.1	省电大首届科研成果论文一等奖,人大《复印报刊资料》G5 1991.2期选作索引
40	关于县级电大建设	中国电大教育	1991.2	《中国电大教育》优秀论文二等奖(1992),人大《复印报刊资料》G5 1991.2期选作索引
41	关于县级电大建设	中国电大教育	1991.3	省高教学会优秀论文三等奖(1992),人大《复印报刊资料》G5 1991.2期选作索引
42	关于县级电大建设	中国电大教育	1991.4	人大《复印报刊资料》G5 1991.2期选作索引
43	总结经验、开拓前进	中国电大教育	1991.7	
44	谈谈职业技术教育	中国电大教育	1992.5	省校优秀论文三等奖,人大《复印报刊资料》G5 1992.4期全文转载
45	从乡镇企业的崛起看电大教育的需求与发展	中国电大教育	1992.6	省校优秀论文三等奖,人大《复印报刊资料》G5 1992.5期选作索引
46	必须增强电大档案意识	中国电大教育	1992.8	省校优秀论文三等奖
47	关于建立以电大为龙头的县成教中心的思考	现代远距离教育	1992.3	人大《复印报刊资料》G5 1992.6期全文转载
48	市场经济与电大教育的发展	中国电大教育	1993.7	人大《复印报刊资料》G5 1993.5期选作索引
49	市场经济与电大教育结构的优化	中国电大教育	1993.8	《中国电大教育》优秀论文,人大《复印报刊资料》G5 1993.5期选作索引
50	完善办学机制,适应市场经济	江苏高教	1993.5	人大《复印报刊资料》G5 1993.6期选作索引
51	市场经济与电大教育质量的提高	中国电大教育	1993.10	人大《复印报刊资料》G5 1993.6期选作索引

续表

序号	篇名	刊名	年·期	备注
52	科教兴农与加快县级电大建设	现代远距离教育	1993.4	江苏成人教育优秀论文二等奖(1994),人大《复印报刊资料》G5 1994.1期全文转载
53	市场经济与电大教育的发展和结构优化	成人高等教育改革与发展	1993.5	人大《复印报刊资料》G5 1994.1期选作索引
54	江都模式探秘	中国电大教育	1994.1	
55	深化改革,加快发展	中国电大教育	1994.3	
56	科教兴农与加快县级电大建设	重庆电大学刊	1994.03	
57	市场经济与县级电大的发展	中国电大教育	1994.6	
58	实施远距离教育的新型学校	新华日报	1994.12.4(9版)	
59	论远距离高等教育档案建设	江苏电大学报	1994.3	
60	关于县级电大评估	中国电大教育	1995.01	
61	市场经济与继续教育的发展	现代远距离教育	1995.02	
62	江苏广播电视教育之回顾	江苏高教	1995.02	
63	英国远距离教育概况——赴英考察报告	江苏广播电视大学学报	1995.01	
64	办好广播电视教育 服务"科教兴省"战略	江苏广播电视大学学报	1995.04	
65	论远距离教育中声像档案的形成及其作用	档案与建设	1995.09	
66	办好广播电视教育 服务科教兴国战略	河海大学出版社	1996.3	江苏高教改革与发展论文集
67	论远距离教育中声像档案的形成及其作用	现代远距离教育	1996.01	人大复印报刊资料G7,1996(2)选作索引
68	论发展电视中专教育	江苏广播电视大学学报	1996.03	

续表

序号	篇名	刊名	年·期	备注
69	评估——县级电大可持续发展的重要举措	中国高等教育评估	1996.04	
70	论发展高等职业教育	中国电大教育	1996.02	
71	学习贯彻《职教法》大力发展职业教育	中国电大教育	1996.11	
72	认清形势锐意进取 积极发展电视中专教育	中国电大教育	1996.12	
73	努力思索高等职业教育发展的新途径	中国电大教育	1997.07	
74	抓精神文明建设 促学校事业发展	现代远距离教育	1997.02	
75	发展职业教育 寻求新增长点	江苏广播电视大学学报	1997.02	
76	关于发展我国高等职业教育的若干思考	湖北电大学刊	1997.04	
77	终身教育实施的主力——远距离教育	湖北电大学刊	1998.01	
78	终身教育体系的构建和实施	江苏高教	1998.03	人大复印报刊资料G5，1998(6)全文转载；
79	终身教育思想与远距离教育的发展	现代远距离教育	1998.01	人大复印报刊资料G5，1998(3)全文转载；
80	迎接知识经济挑战 发展现代远程教育	江苏广播电视大学学报	1998.04	
81	终身教育——迈向二十一世纪的关键	中国电大教育	1998.06	
82	迎接知识经济挑战	陕西电大学刊	1998.04	
83	知识经济与远距离教育的发展	现代远距离教育	1998.04	人大复印报刊资料G5，1999(2)选作索引
84	关于筹建"江苏开放大学"的设想	《面向21世纪的远程开放教育》，东南大学出版社	1999.10	

续表

序号	篇名	刊名	年·期	备注
85	发展职业教育 寻求新增长点	《面向21世纪的远程开放教育》，东南大学出版社	1999.10	
86	知识经济与远程继续教育的发展	《中国电大继续教育论文集》，中央广播电视大学出版社	1999.6	
87	知识经济与成人教育的发展	陕西广播电视大学学报	1999.01	
88	远程教育是终身教育实施的主力	福建广播电视大学学报	1999.01	
89	加拿大、美国远距离教育情况考察报告	江苏广播电视大学学报	1999.02	人大复印报刊资料G5，2000(1)选作索引
90	发展高职教育要坚持"三个有利于"	职教通讯	1999.02	
91	开拓创新发展 办好电视中专	江苏广播电视大学学报	1999.04	
92	关于开展五年一贯制大专教育的尝试	中国远程教育	1999.12	
93	关于开展五年一贯制大专教育的尝试	江苏电视中专	2000.01	
94	创新与发展开放教育	江苏广播电视大学学报	2000.01	
95	论发展现代远程教育	江苏高教	2000.02	人大复印报刊资料G5，2000(3)全文转载；江苏省第六届高等教育科研成果三等奖
96	五年一贯制大专教育实践的探索	中国远程教育	2000.12	人大G5 2000年第3期，全文转载
97	终身学习——当今社会发展的必然趋势	江苏广播电视大学学报	2001.02	人大复印报刊资料G5，2001(8)选作索引

— 成协工作的实践与研究

续表

序号	篇名	刊名	年·期	备注
98	发展现代远程教育 实现高等教育大众化	江苏广播电视大学学报	2002.01	人大复印报刊资料G5，2002(7)全文转载
99	日本、韩国远程教育情况考察报告	江苏广播电视大学学报	2002.03	人大复印报刊资料G5 2002(10)选作索引
100	远程教育与高等教育大众化	现代远距离教育	2002.03	
101	努力做好科研工作 促进电大事业发展	江苏广播电视大学学报	2003.02	人大复印报刊资料G5 2003(8)选作索引
102	教育创新与电大教育科研	中国远程教育	2003.09	人大复印报刊资料G5，2003(8)全文转载
103	发展农村远程教育 真心实意服务"三农"	江苏广播电视大学学报	2004.01	人大复印报刊资料G5 2004年第7期,全文转载
104	澳大利亚远程教育情况考察报告	江苏广播电视大学学报	2004.03	人大复印报刊资料G5 2004年第9期,选作索引
105	关于电大系统教学管理职责框架的构建	江苏电大学报	2004年	远程开放教育研究
106	面向农村 探索创新——远程教育服务"三农"的研究	江苏广播电视大学学报	2005.03	人大复印报刊资料G5 2005年第11期,选作索引
107	南非、埃及远程教育情况考察报告	江苏电大学报	2005.02	人大复印报刊资料G5 2005年第8期,选作索引
108	服务"三农":远程教育历史性选择实践与思考	现代远程教育研究	2005.04	人大复印报刊资料G5 2005年第11期,全文转载
109	开放教育:人才培养的有效途径——江苏电大开放教育试点毕业生追踪调查综述	江苏广播电视大学学报	2005.04	
110	发挥远程教育优势,为"高教强省"服务	江苏高教	2005.05	
111	关于远程教育服务"三农"的研究	中国远程教育	2005.08	
112	广播电视大学教育现状调查研究——江苏电大个案报告	江苏广播电视大学学报	2006.01	

续表

序号	篇名	刊名	年·期	备注
113	五年制高职教育试点项目研究报告	江苏广播电视大学学报	2006.04	
114	远程教育的新使命:为建设"新农村"服务	中国远程教育	2006.12	人大复印资料G5,2007年第5期选作索引
115	江苏开放大学建设的理论与实践研究报告	江苏广播电视大学学报	2007.01	
116	高等教育国际化视域下的电大远程教育:问题与对策	中国远程教育	2007.06	人大复印资料G5,2007年第10期选作索引
117	努力创建一流现代远程开放大学——纪念邓小平同志批准创办电大30周年	江苏广播电视大学学报	2008.01	人大复印资料G5,2008年第6期选作索引,2009年3月,省教育厅(二等奖)
118	电大教育持续发展的基本思路与政策保障	现代远程教育研究	2008.02	人大复印资料G5,2008年第7期选作索引
119	社会变革中的中国远程教育:机遇与挑战	中国远程教育	2008.03	人大复印资料G5,2008年第7期全文转载
120	发挥招生龙头作用 促进开放教育发展——关于开放教育招生工作的回顾与展望	江苏广播电视大学学报	2008.04	人大复印资料G5,2009年第2期选作索引
121	穷国办大教育的重大决策——广播电视大学的制度设计	江苏广播电视大学学报	2009.01	
122	中国特色的远程教育形式——广播电视大学系统的创建	江苏广播电视大学学报	2009.02	人大复印资料G5,2009年第8期选作索引
123	政府的重视与关怀:扶植广播电视大学茁壮成长	江苏广播电视大学学报	2009.03	
124	开放式的学习方式——电大自学视听生回顾	江苏广播电视大学学报	2009.04	
125	干部教育的重要措施——电大党政干部专修科回顾	江苏广播电视大学学报	2009.05	
126	改革开放中成长的新型高校——电大在1979—1986发展综述	江苏广播电视大学学报	2009.06	

续表

序号	篇名	刊名	年·期	备注
127	县级电大发展的主要问题与当前任务	现代远程教育研究	2009.06	
128	从经济社会发展需求看创建示范性基层电大的实践意义	中国远程教育（CSSCI）	2009.09	
129	论发展五年制高职教育	江苏广播电视大学学报	2010.01	人大复印资料 G5，2010.8 选作索引
130	建设江苏开放大学的理论与实践	现代远距离教育	2010.05	省第十届高等教育科研成果三等奖　人大复印资料 G5，2011年第1期选作索引 《江苏成人教育改革发展40年》收录（河海大学出版社 2020.6）
131	远程教育的历史使命	中国远程教育（CSSCI）	2010.08	
132	创建江苏开放大学的方案比较	江苏广播电视大学学报	2010.06	人大复印资料 G5，2011.6 选作索引
133	江苏开放大学设置方案的研究报告	江苏广播电视大学学报	2011.3	人大复印资料 G5，2011.9 选作索引
134	质量特色为根本　百期学报展风采	江苏广播电视大学学报	2011.4	
135	建设江苏开放大学	江苏广播电视大学学报	2012.3	
136	建设江苏开放大学的重大决策	江苏广播电视大学学报	2012.6	
137	建设开放大学——江苏电大的探索实践	河北广播电视大学学报	2013.4	人大复印资料 G5，2013.12 选作索引
138	建设开放大学——江苏省政府的重视支持	河北广播电视大学学报	2013.5	人大复印资料 G5，2014.2 选作索引
139	江苏开放大学的系统建设	江苏广播电视大学学报	2014.2	人大复印资料 G5，2014.8 选作索引
140	建设开放大学　推进电大转型	中国电大报193期二版	2015.3.20	

续表

序号	篇名	刊名	年·期	备注
141	建设开放大学的内部条件准备	中国电大报195期二版	2015.4.24	
142	探索远程教育服务老年人群新模式——开放大学发展老年教育的实践	中国远程教育（CSSCI）	2015.9	人大复印资料G5，2016.3选作索引 国家开放大学时讯 第115期总第714期转载《江苏成人教育改革发展40年》收录（河海大学出版社2020.6）
143	开放教育的第三次跨越	《开放 融合创新——开放大学校长论坛文集》国家开放大学出版社	2019.6	根据国家开放大学《开放大学讲坛——"开放大学建设"系列专题讲座》中《开放大学建设:理论与实践》（2014.10.23）讲座录音整理
144	在南京召开的第三次全国电大工作会议	《口述历史——国家开放大学40年的故事》国家开放大学出版社	2019.6	
145	江苏电大伸向农村办学实践	《口述历史——国家开放大学40年的故事》国家开放大学出版社	2019.6	
146	在电大系统基础上建开放大学体系	国开40周年校庆:系统声音《在线学习》杂志	2019.6月刊	
147	广播电视大学教育（1979—2012） 开放大学教育（2012—2017）	河海大学出版社	2020.6	

— 成协工作的实践与研究

1989—2022年著作出版目录表

序号	书名	刊名	年·期	备注
1	江苏电大大事记(主编)	准印书号（JS）2149(专辑)	1989.2	1979—1989年
2	当代交际学(参编)	黑龙江人民出版社	1989.12	人际关系学(21 000字)
3	实用写作学(参编)	江苏教育出版社	1990.8	公文(65 000字)
4	中国电大教育志(副主编)	中央电大出版社	1990.2	江苏电大部分
5	江苏电大教育志(主编)	江苏教育出版社	1990.1	江苏电大稿(22 700字)
6	县级电大建设的理论与实践(参编)	中央电大出版社	1991.4	县级电大建设(29 000字)
7	办公自动化(参编)	南京大学出版社	1994	现代办公设备使用基础(50 000字)
8	中国广播电视大学集锦(副主编)	人民日报出版社	1994	江苏稿,全省电大稿审核
9	中国电大英才录(参编)	中央电大出版社	1994	编委,入选86人(全国之首)稿件终审
10	远距离教育档案管理(编著)	中央电大出版社	1996年12月1版	1997年8月2第2次印刷
11	远程教育的实践与创新(著)	安徽人民出版社	2000.09	江苏省第七次哲学社会科学优秀成果三等奖
12	实用写作(编著)	安徽人民出版社	2000.12	
13	档案管理概论(编著)	安徽人民出版社	2003年7月第1版	
14	现代远程开放教育与人才培养模式改革研究(主编)	安徽人民出版社	2005.9	
15	远程教育的实践与研究(著)	安徽人民出版社	2007.08	2008年全省、全国电大优秀科研成果一等奖)2010年江苏省高校第七届哲学社会科学研究优秀成果三等奖

续表

序号	书名	刊名	年·期	备注
16	创业 创新 发展（主编）	安徽人民出版社	2009.10	
17	建设江苏开放大学（编著）	安徽人民出版社	2012.8	2013年江苏省第十一届高等教育科学研究优秀成果二等奖
18	转型之路—从电视大学到开放大学（编著）	安徽人民出版社	2013.11	
19	建设新型大学——江苏开放大学的实践与探索（主编唐金土 马良生）	江苏凤凰科技出版社	2015.3	2017年第十届全国成人继续教育优秀科研成果（学术著作）二等奖
20	社会教育课题管理与研究（主编孙曙平 马良生）	河海大学出版社	2020.5	
21	江苏成人教育改革发展40年（主编孙曙平 马良生）	河海大学出版社	2020.5	
22	成协工作的实践与研究（编著）	河海大学出版社	2022.2	

二、四十周年校庆

《口述历史—讲述广播电视大学40年的故事》在南京召开的第三次全国电大工作会议

江苏广播电视大学原副校长　马良生

全国广播电视大学第一次与第二次工作会议召开后,在1979年国务院颁发了两个文件,分别是国发14号文件与277号文件,这两个文件都被称为是"指引电大发展之路"的纲领性文件。1981年,在南京召开了第三次全国广播电视大学工作会议,后来有些同志反映,这次会议在电大系统影响不大。我考虑了一下,原因之一可能是因为当时国务院没有发布文件。但是我个人认为,这次会议对电大的继续办学与招收文科专业学生等方面是有很大影响的。

全国广播电视大学第三次工作会议是教育部和中央广播事业局联合召开的。这次会议主要是总结与交流电大创办两年多来的工作经验,讨论并确定在国民经济调整时期电大工作的方针和任务,在国家经济调整时期,电大是继续上,还是停。当时教育部副部长臧伯平[①]同志与中央

[①] 臧伯平(1913—2005.10),男,河北唐县人。北平民国大学毕业。1929年参加工作,1931年加入中国共产党。建国后历任石家庄市市长,北京航空学院党委第二书记,天津大学校长,南开大学校长,教育部副部长。

广播事业局副局长李连庆[①]同志主持了会议。

1981年4月18日至26日召开的全国电大第三次会议,时长共九天。当时我参与了会务组的工作。会议的主题是在国民经济调整时期,根据中共中央、国务院关于加强职工教育工作的精神,讨论电大工作发展的方针和任务。各省市自治区高教或教育厅局、广播事业局的负责同志、国务院有关部门的代表154人出席了会议。因为会议是在江苏召开的,所以江苏电大各分校的负责人也列席了会议。

会议确定,在国民经济调整时期,电大工作的方针是在巩固的基础上稳步前进。这是非常关键的,不是停止,也不是整顿,而是在巩固的基础上稳步前进。会议指出,广播电视大学是一项新型的事业,一定要把这项事业办好。会议提出了五个方面的要求:

第一,要求各级领导重视,各部门大力支持。

第二,要求电视大学的组织要落实,队伍要配齐。

第三,要求努力提高教学质量。

第四,要求围绕教学抓管理,抓好管理促教学。

第五,要求扎实抓好电大的各项建设。

这次工作会议在电大系统建设上是起了很大作用的。当时的省委书记讲了几句话,他说:"广播电视大学两年多来的办学实践,可以归纳为两句话,一是办好广播电视大学确实是一件大事;二是办好广播电视大学确实是一件好事。办好广播电视大学,在加强职工教育,提升企业管理水平,培养青年一代,推动整个社会学习之风等方面,都有很大的好处。我们应当认真对待,努力办好,进一步抓好思想落实、计划落实、组织落实、措施落实。"当时省委第一书记提出这样的要求,在全国也是不多见的。后来教育部与中央广播事业局将这个讲话印发到了各省。

在会上,天津电大、黑龙江电大、新疆电大、江苏电大、江苏广播电视局的代表分别介绍了各自的工作经验。人民日报、光明日报、新华日报、

---

① 李连庆(1924.5—2012.3),男,江苏涟水县人。大学文化,1940年参加八路军,1941年加入中国共产党。曾任外交部代理司长,中央广播事业局第一副局长兼中央电台台长等。

成协工作的实践与研究

南京日报等媒体还专门做了报道。特别是人民日报公布了1982年计划招收文科专业的消息,因为1979年与1980年招收的都是工科专业学生,而1981年就停止招生。所以人民日报头版发布了广播电视大学计划招收文科专业学生的消息后,当时就引起了很大的轰动。

会议结束以后,出席会议的中央电大王亦山校长、张群玉[①]副校长、郝金碌[②]副校长、方铁[③]副校长等,分别到常州、无锡、扬州、镇江、南通、南京等地电大进行调研。此次调研活动,对江苏基层电大的工作给予了很大的鼓舞和促进。我统计了一下,出席第三次全国电大工作会议的有23个省、市、自治区级电大代表,共计56人,这些代表也在会议结束后的27日至5月4日期间,分三批到镇江、无锡、苏州参观,受到了各地、市有关领导以及电大分校负责人的热烈欢迎。代表们参观了电大的中心实验室,还就如何提高教学质量,如何开设实验课和加强毕业设计等专题内容与三地办学、教学人员进行了座谈。

第三次全国电大工作会议在江苏南京的召开,是对江苏电大工作的肯定和鼓励。

原载《口述历史—国家开放大学40周年的故事》 国家开放大学出版社2019.6

[①] 张群玉(1928.05—),女,北京市人。1945年参加工作,1951年毕业于北京大学化工系,1979年1月到中央广播电视大学工作,1980年1月起任中央广播电视大学党委副书记、副校长,1985年起任党委书记、第一副校长。

[②] 郝金碌(1919.11—2007.8),男,河北人,1979年1月到中央广播电视大学任党委副书记、副校长。

[③] 方铁(1924.2—2009.10),男,河北人,华北联大教育学院毕业。1978年5月调到中央广播电视大学工作,1980年4月起任中央电大党委副书记、副校长,1985年2月起兼任中央广播电视大学出版社社长。

《口述历史——讲述广播电视大学 40 年的故事》
江苏电大伸向农村办学的实践

江苏广播电视大学原副校长　马良生

1984 年,江苏省委决定电大伸向农村办学,这是与电大的办学方向一致的。

1984 年 3 月 23 日,省委常委、宣传部长叶绪泰到江苏电大检查工作时提出,电大要伸向农村办学。当时,我们电大还没有思想准备,他就让我们先进行调研。3 月 28 日,宣传部叶绪泰部长就与林敏端副部长一起,专门召开了一次县委书记座谈会,邀请了无锡、武进、金坛、丹阳、如东、东台、淮安、灌云、溧水、吴县、靖江等地县委负责同志参会,讨论电大伸向农村办学的问题。此举引起了相关部门的高度重视。

1984 年 3 月 30 日至 4 月 1 日,江苏电大在南京召开了各分校校长会议,就如何贯彻落实省委的决定进行了讨论。当时的副省长,也是我们江苏电大第一任校务委员会主任杨咏沂专门在会上发表了讲话,他说:"省委决定电大要伸向农村办学,我们就要向下延伸,不要眼睛只盯着城里。农村是需要大量人才的。江苏的乡镇企业要更好地发展,没有人才的保证是不行的。"

这样一来,江苏电大经过紧张的筹备,在 1984 年 5 月 18 日,我们就向省委、省政府上报了关于电大伸向农村办学的请示,5 月 30 日就得到了省政府同意的批复。当年就招收了 3511 人,其中省校直属班 80 人。招生对象主要是乡镇企业职工、回乡知青等。这个招生数量在二十世纪八十年代算是比较可观的。

1985 年 6 月 20 日,我们就在当时的吴县,也就是现在的苏州吴中区召开了一次电大伸向农村办学的座谈会,省委宣传部林敏端副部长到会发表了讲话。

7月27日,江苏电大向省委、省政府上报了关于电大伸向农村办学交流会的报告。报告指出:省委的决定是正确的,江苏电大的执行是坚决的,招收学生与办学教学等方面都是正常的。

8月2日中央电大的《情况交流》第90期专门印发了《江苏电大努力开展电大伸向农村办学的新局面》材料,向全国电大介绍了江苏电大伸向农村办学的详细情况。

此后,电视中专和燎原学校的创办,以及"一村一名大学生计划"的实施,这三项工作进一步促进了电大伸向农村办学,并向更好的方面发展。

1986年4月8日,经过江苏省人民政府批准,在省、市电大设立了中专部。到了1993年,江苏省教委批准在江苏省电大中专部的基础上成立江苏广播电视中等专业学校。这是一所可以发文凭的中专校,我曾经担任过中专学校校长。江苏广播电视中等专业学校的成立目的是根据广播电视教育的特点,培养应用型中等专业人才。

当时,省里确定江苏广播电视中等专业学校是省属成人中等专业学校,由江苏广播电视大学领导和管理,各个市设分校。根据我的统计,从电视中专学校成立到现在,学校共计招生108 414人,毕业84 928人。1986年至1996年,在这十年时间里,正是江苏乡镇企业大规模发展时期,电视中专学校为其提供了一大批中等专业人才。事实证明,中专学校对于县级电大的生存和发展起了非常大的作用。

根据中央电大统一规划,也是为了实施教育部"燎原计划",在1995年1月9日,经过江苏省教委批准,同意在江苏电大成立江苏燎原广播电视学校,主要面向农村培养新型职业农民,这与中央电大的办学方向也是同步的。

下面我重点讲一下"一村一名大学生计划"。2004年2月,教育部决定启动"一村一名大学生计划"试点,它是由燎原广播电视学校组织实施的,面向全国统一招生。2004年9月开始招生,江苏电大是首批参加试点的省级电大。我也担任过燎原学校的校长。从2004年9月开始到

2009年秋季,江苏电大"一村一名大学生计划"有35个教学点,进行了11次招生,累计招生人数达到29 000人,毕业人数达到一万多人。"一村一名大学生计划"既推动了全省电大远程开放教育事业的发展,又为服务"三农"作出了积极贡献。

我们江苏还有一个特殊情况,就是开展了五年一贯制专科教育试点工作。

1999年,经过江苏省政府批准,江苏电大率先在全国电大系统内进行五年一贯制专科教育试点。五年一贯制是以招收初中毕业生为起点的,以培养专科学历层次的高素质、高技能人才为目标。五年一贯制教育的形式,应该说是融合中等职业教育和高等教育于一体的一种职业教育。毕业生按照文件规定统一颁发国家承认的专科文凭。

当时在江苏,只有教育部批准的10所国家级示范中专校才可以实行五年一贯制教育的试点。那么,江苏电大为什么要进行这个试点?实际上,电视中专教育的实施巩固和发展了县级电大。同时,随着江苏乡镇企业的发展,苏南模式的形成,学历要求更高,乡镇企业规模化发展等,需要专科文凭以上的人才。由于当时普通高校招生数量有限,所以要培养留得住、用得上的人才,还是需要通过电大大批量来培养。在这种情况下,经省政府批准,由江苏电大作为试点,面向全省招生,开展五年一贯制教育试点。

所谓五年一贯制,第一是指招收初中毕业生。我们国家规定初中后分流,升高中与升职业学校的比例称为普职比,要求是1∶1。也就是说100个初中毕业生,50个升普通高中,50个升职业学校。那么,初中后分流的学生就可以进入五年一贯制教育,我们当时有句口号叫做"一步圆你大专梦",即初中毕业后进入五年制教育,可以拿到大专文凭。而上了高中还要参加高考,虽然当时江苏省的高考录取率比较高,但也不是每个高中生都可以考上大学的。

五年一贯制教育,就是前三年是中专的课程,学业结束之后可以发中专的毕业证书;后两年则转为专科的课程学习,毕业了就可以发专科的毕业证书,我们叫做三二分段教学。

第二,生源充足,学生、家长都愿意,因为它可以拿到专科文凭。

第三,基层电大希望通过办五年一贯制教育,继续让县级电大可持续发展。第一年的招生人数就达到了1.5万人,而且五年一贯制教育一直持续发展到现在。

关于教学质量。我们完全是参照中央电大"五统一"的要求进行。我当时就反复讲,我们中央电大的"五统一"非常好,应该说保证了全国范围内电大的教学质量。

关于经费,当时电大学生是没有生均经费的,而五年一贯制学生是有经费的。其中,中专阶段学生是免费上学,也就是前三年不对学生收费。后两年是按照国民教育大专系列经费标准由政府拨款,也收取学生一部分费用。所以,我认为五年一贯制教育,不仅是培养了人才,更是对江苏的市县电大发展起到了积极的作用。

自1984年江苏电大伸向农村办学,到后来开展的电视中专教育、燎原学校教育、五年一贯制教育的实践、"一村一名大学生计划"的实施,应该说江苏电大为广大农村培养了一大批留得住、用得上的应用型人才,也为农村经济社会发展作出了巨大的贡献。

原载《口述历史——国家开放大学40周年的故事》国家开放大学出版社 2019.6)

开放教育的第三次跨越

马良生

2014 年 10 月 23 日,国家开放大学"开放大学讲坛·开放大学建设"系列讲座正式开讲,江苏广播电视大学原副校长马良生研究员以《开放大学建设:理论与实践》为题,从"实现政府目标工程""借鉴国际成功经验""建设江苏开放大学"3 个方面,重点探讨了为什么建设开放大学、怎样建设开放大学两个问题,同时提出了建设什么样的开放大学的理论探讨。

2010 年 10 月 24 日,国务院批准国家教育体制改革试点项目:探索开放大学建设模式。2012 年 7 月 31 日,国家开放大学成立,开放大学的建设已经取得了阶段性的成果。在建设开放大学的过程中,本着边研究、边实践、边总结、边探索的宗旨,面对出现的许多新情况,需要我们去认真研究解决。今天讨论这个问题很有意义,因为建设新型大学、广播电视大学(简称"电大")转型,应该说是任重道远。我作为基层工作者,特别是一个老电大教育工作者,也是江苏开放大学建设的亲历者,我试图说明两个问题,留下一个研究问题。第一个问题是为什么要建设开放大学?因为我们开放教育进入常态以后,应该说发展势头很好,招生也很好,教育效益、社会效益、规模效益都非常好,那为什么我们要建设开放大学呢?这是一个问题。第二个问题是我们怎样来办开放大学?特别是一个省级电大怎样办?第三个问题是建怎样的开放大学?这也是各位领导要考虑的问题。所以我想,本着前面两个问题——为什么建开放大学?怎样建开放大学?我把建设江苏开放大学的整个过程给大家汇报一下。我想说明:国家开放大学建设很不容易,省级开放大学建设也很不简单。大有大的难处,小也有小的烦恼。但不管怎么说,我们大家齐心协力,为着一个共同的目标——建设开放大学而努力。

— 成协工作的实践与研究

一、建设开放大学是实现政府目标工程

过去建开放大学,好像都是我们电大人内部的事情,好像只有电大人要建开放大学。但是我现在想换一个角度,我认为建设开放大学是政府目标工程。就这一问题我从下面几个方面来阐述:因为教育是实现两个百年目标的重要基础,也是实现中国梦的内容。全国人民代表大会常务委员会原副委员长成思危讲过三句话:经济只能保证我们的今天,科技可以保证我们的明天,只有教育才能保证我们的后天。我觉得很有道理。只有教育才能保证我们的后天,因此说教育是第一位的。党的十八大报告中特别强调:积极发展继续教育,完善终身教育体系,建设学习型社会。这是一个非常重要的目标。

党的十八届三中全会决定指出,深化教育领域综合改革,大力促进教育公平。试行普通高校、高职院校、成人高校之间学分转换,拓宽终身学习通道。我想这对于开放大学来说是一个很好的契机。因为这是普通高校、高职院校、成人高校之间的学分转换,它的目标是拓宽终身学习的通道,而这对开放大学来说,确实是一个很好的机会。在依靠教育促进经济转型升级和发展方式转变的背景下,我国的教育形态变化可能有这样几个方面:一是终身教育从理念转向实践。过去我们讲终身教育都是基于一种理念,从现在来看,它从理念转向了实践。二是远程教育从试点转向常态。三是开放教育从特色转向模式。四是电大教育从电大转向开大(开放大学)。我认为这是一个宏观的背景。教育工作会议上将教育目标概括为"学有所教、学有所成、学有所用"。学有所教指教育公平;学有所成是要以人为本;学有所用是要人人成才。第一个标题"实现政府目标工程",就是从这个角度来讲的。因为《国家中长期教育改革和发展规划纲要(2010—2020年)》提出:加快发展继续教育,构建灵活开放的终身教育体系,搭建终身学习"立交桥";健全宽进严出的学习制度,办好开放大学。

《国家中长期教育改革和发展规划纲要(2010—2020年)》提出要构建终身学习立交桥,最关键的是健全宽进严出的学习制度,办好开放大学。2010年10月24日,国务院办公厅《关于开展国家教育体制改革试点的通知》也提出:探索开放大学建设模式,建立学习成果认证和"学分银行"制度,完善高等教育自学考试、成人高等教育招生考试制度,探索构建人才成长"立交桥"。国家教育体制改革项目是一个政府目标工程,它的目标是要构建终身教育体系,建设学习型社会。办好开放大学当时是教育部门的一个热门话题,也是电大人的期盼。电大人的期盼可总结为三句话:第一办学自主权;第二与国际接轨;第三要名正言顺。王一兵先生写过论文进行比较,发现中国开放大学和国际开放大学相比有自身的软肋和短处。我认为办学自主权可能是最主要的,俗语说"名不正则言不顺,言不顺则事不成"。开放大学建设是开放教育第二次跨越之后的又一次大的机遇。按照江苏的情况看,我觉得这是第三次飞跃。因此,也有人说,这是我们整个电大系统进入了第三次跨越式发展。郝克明先生曾经讲过:开放大学需要社会共建,有关部门和广大教育工作者要以对民族教育负责的精神,群策群力办一流的开放大学。我想所有办开放大学的人都会感谢郝克明先生在2011年9月18日座谈会上的讲话,她对开放大学的定位提出了独到的见解或者说更高层次的要求。杨志坚校长在南京第一次开放大学建设会上也提出来这样两句话:要把开放大学建设成我国高等学校体系中一种新型的巨型大学,世界开放大学中具有中国特色的一流大学。国家开放大学成立的时候,刘延东同志揭牌并做了重要讲话。她指出:在当今时代、当代中国,开放大学是教育服务国家发展、提升国际竞争力的重要抓手,是构建终身教育体系、形成学习型社会的重要举措,是满足人民群众多样化学习需求、促进教育公平的重要途径,是促进教育信息化、推动教育改革创新的重要支撑。

有专家提出在中国建立开放大学是几个标志:一是标志着中国正走向没有围墙的"全民学习"时代。这是一个终身学习的时代,"生而有涯,学无止境""活到老,学到老"成为这个时代的生存特质。二是标志着中国正走向"按需选学"的自主学习时代。学习者可以根据自己所需自主选学,无论是实用的技能类课程,还是提升自我的修养类课程,都能真正发挥作用，让学习效果最大化。三是标志着中国正走向信息化学习时代。信息化时代的学习，以学习观念的自主性、学习行为的终身性、学习媒体和手段的先进性、学习模式和过程的民主性、学习内容的丰富性、学习资源的共享性为特征，使其与传统学习方式迥然相异。四是标志着中国正走向开放学习时代。开放大学强调教育观念开放、办学方式开放、学习对象开放、培养模式开放、管理方式开放和教育资源开放，为世界上每一个角落想学习、可学习者提供教育机会和教育服务。专家们总结的这几个方面是非常到位的。

目前我国提出了建设文化强国的目标，文化这个软实力在建设现代化强国过程中发挥着重大作用。开放大学诞生在我国提出建设文化强国之际，也负有提升国家"软实力"的历史使命，在建设社会主义文化强国的路上，应当高歌奋进。我们正赶上这个时期，应该说开放大学有很好的发展前景。

开放大学是20世纪60年代以来，在世界范围内兴起并迅速发展的一种新型大学。开放大学是一所利用现代信息技术，通过整合优质教育资源，向一切有能力、有意愿接受高等教育的人提供学习机会和服务的新型大学。学习机会和教育服务正是新型大学和普通大学的不同之处。建立开放大学是国际教育发展的重要趋势。目前，世界上有50多所以开放大学命名的学校，具有开放大学性质的学校和机构多达1 400多个。

我们可以总结为：

第一，开放大学是实现全民教育和高等教育大众化、普及化，保护各种弱势群体的最佳教育形式，其开放性、包容性、针对性、灵活性和及时性代表了教育改革和创新的方向和未来。我们的普通高等教育、高职教育在边远地区的普及，恐怕还不如开放大学。因此，开放大学是实行全民教育的最佳教育形式。开放大学有四个理念：开放、灵活、全纳、终身，也有人说三个，因为"全纳"这个理念可能多用于普通教育。但是郝克明先生和王一兵先生都非常重视全纳教育，他们认为开放大学是全民教育,当然要全包括在里面。义务教育就是要人人受教育,不受教育就要受处罚。既然是全民教育的话,那当然要纳入这个范畴。因此,我们现在还是用这样四个理念。

第二,开放大学代表高等教育改革发展的方向,推动高等教育向灵活、开放、全纳、终身转型,解决高等教育需求增长中的平等问题、大学上得起的问题和其他针对性问题,推动教育社会化、国际化、信息化。在终身教育教学理念指导下,进行高等教育人才培养模式、办学模式、运行机制等方面的改革创新。开放大学可能代表着高等教育改革发展的方向。开放大学的开放包括教育理念的开放、学生入学的开放、课程选择的开放、教学模式的开放、学习方法的开放、学习媒体的开放、学习环境的开放、教学人员的开放。这里我想特别说一下教学人员的开放。开放大学的教学人员并不是指本校的人员,也可以指普通高等教育的人员。郝克明先生最近提出,开放教育不一定是搞精英教育,但是可以借鉴精英教育的师资和技术优势。

开放大学能够发展壮大,它的支撑力首先应该是立法。我们国家的终身教育法,千呼万唤还没有出来。国外先进的开放大学为什么能办得非常红火,我认为立法是最主要的。因此,开放大学应该是利用现代信息技术开展远程教育的新型大学,按照《高等教育法》享有独立办学自主权,具备教学、科研、服务社会、文化传承功能,具有远程开放办学的特色,包括开放的理念、对象、资源、服务与手段等。这些《国家开放大学建设方案》里面已经阐述得很清楚。开放大学是办学实体,是能够提供专业和多层次的学位,有办学自治权,可以为一切有能力、有意愿接受高等教育的人提供学习机会和服务的新型大学,具有更多远程教育内涵,无"围墙",使学习者和教育资源的介入更具广泛性,适应资源和学习者的流动;具有人人、处处、时时学习的服务功能和手段;具有丰富的开放教育资源,能为全民学习、终身学习提供教育服务;具有学习认证、学分转换管理功能,在高校之间,在教育与培训之间起立交枢纽作用。

开放大学的内涵和要求,应该是大家都认同的。开放大学的主要职能,一是开放办学,提供学历与非学历课程、专业和学位,为一切有能力、有意愿接受高等教育的人提供学习机会。二是社会服务,即课程资源服务适应不同人群学习服务;学习型组织服务推进专业化发展;社区教育服务促进社会稳定、和谐;行业岗位培训服务增进职业化发展。相对于普通高等教育而言,社会服务可能是开放教育的一个大头。因此,我们是开放办学,社区教育是我们的大头。

开放大学的任务如下所述:第一,要探索健全宽进严出的学习制度;第二,学历教育和非学历教育相结合;第三,建立学分银行、学分论证制度、终身学习的立交桥;第四,信息技术与教育教学深度融合。第五,发展社区教育。

关于开放大学的核心竞争力,我认为包括以下几个方面:首先,它应该是专业;其次,它有一流的课程和资源的能力;再次,它有和外界打交道的能力;最后,要满足大批量、多样化学习者的需求。

开放大学有很多成功的要素,我在这里也列出了几条:适应社会需求的课程设置、高质量的教材、高水平的辅导和支持服务网络、丰富的媒体组合、比较高的毕业率、数量适当的教职员、有影响的研究活动和文化。

开放大学的教育质量如何来保证?开放大学是不是应该和普通高等教育采用一样的标准?有学者提出来,既然都是国民教育系列,应该标准是一样的。但是很多专家认为,应该看学习对象,普通高校是什么样的学生进来,开放教育学生的生源情况怎样,这里要讲究一个质量标准体系,当然这个质量标准体系也不是由我们一家来制定,应该由社会、公众、第三方来共同确立。所以,我们这要强调一个比较高的毕业率,为什么呢?从我们基层的经验来说,现在普通高校成人高等学历教育门类很多,如果说开放大学没有较高的毕业率,可能我们的生源会大受影响。当然这样做并不是要降低考核标准。

另外,再谈一下研究活动和文化。各国开放大学共同的愿景就是满足政府、社会期望的任何人都有机会学习的需求,让每个学习者时时、处处都可以学习,满足人们适应社会变革,且有能力参与社会变革的需求。开放大学的使命是人人享有优质教育。人人享有优质教育,这是我们追求的目标,虽然字很少,但是要真正做到恐怕是很难。

二、办好开放大学可以借鉴国际成功经验

(一)英国开放大学

办好开放大学还应该借鉴国际成功的经验,比如说英国开放大学。1994年我曾去考察过英国开放大学,这是一所按传统方式建立、按现代远程教育理念运作、具有独立办学自主权、学科结构较齐全、特色鲜明、社会声誉良好、办学成就显著的公立的全球性的高等教育机构,是英国和欧洲最大的大学。英国开放大学是各国开放大学的鼻祖,它有一种比较成功的运作模式,值得各国开放大学学习借鉴。但是如何来学习借鉴,如何按照中国的国情来做,这是我们要考虑的问题。英国开放大学是1963年提出初步设想,1967年建立规划,1969年获得批准,1971年开始播课,前后历时8年。英国开放大学影响力较大,它有很多成功的经验,它的成功关键在于以下几个方面:一是多媒体教材;二是对每个学生给予个别辅导,这恐怕是我们目前还很难做到的事情;三是有效的服务体系,我们称之为支持服务;四是教师积极开展研究。当然,现在我国的开放大学也非常重视研究,但是我们现在的教师研究能力还没有达到英国开放大学的这种水平。

(二)日本放送大学

日本放送大学是日本文部省所属的通过广播、电视等手段进行远程教育的国立大学。作为一所新型大学,日本放送大学创办于1983年,由日本文部省终身学习政策局指导,政府资助,辅以自身的学费收入。日本放送大学我去过两次,我觉得它在日本还是非常有影响力的,它的一些运作模式也值得我们借鉴。日本放送大学起到了日本终身学习核心机构的作用,日本文部省把办好日本放送大学作为它的一个终极目标。

(三)韩国国立开放大学

韩国国立开放大学于1972年建立,先隶属汉城大学,1982年独立建校,为韩国空中函授大学,1991年更名为韩国国立开放大学,是世界10所最大的开放大学之一。韩国开放大学有16个地区学习院校和35个学习中心,校本部下设13个"道"学习中心,34个"郡市"学习馆,与国内各大学合作,学分互认,其他高校的学生可以转来插班学习,学分10年有效。我也去过两次韩国开放大学,好多地方应该说是比我们要好,但也有些地方不如我们。

(四)美国凤凰城大学

美国凤凰城大学于1976年由约翰·斯珀林在亚利桑纳州州府凤凰城创办,并于1978年获得了美国中北部大学协会的认可,其母公司是阿波罗集团。目前,美国凤凰城大学注册学生30多万,在美国、波多黎各、加拿大共有90个校园、154个学习中心,成为全球最大的盈利性高等教育机构,是当今全球远程教育引领者。它有实用性很强的课程,面授学习占30%,其余在线学习或混合式学习;辅导教师近1万人兼职在线;200多个校区和学习中心分布在美国42个州和加拿大2个省;学生超过42万,军队学生超过3万人。凤凰城大学是一个盈利性的高等教育机构,办远程教育很成功,原因就在于它的运作模式。现在中国的很多开放大学的校长,包括普通高等教育学校的领导都去过凤凰城大学考察,它确实有它的独到之处。

三、建设江苏开放大学

江苏开放大学是如何建起来的?我将从建设背景、政府重视、建设方案、条件准备、建设目标、建设过程、正式批准、挂牌成立、系统建设、实体运作十个方面进行阐述。江苏是全国第一个召开全省教育工作会议,也是第一个颁布中长期教育发展规划纲要的省份。2010年8月26日,中共江苏省委、江苏省人民政府颁发《江苏省中长期教育改革和发展规划纲要(2010—2020年)》,文件指出:以广播电视大学开放教育为基础,利用现代信息技术手段,整合各类高等教育资源,建立开放大学。江苏省委、省政府专门颁发了文件,而且把它列入江苏向国家教育部上报的十个教育体制综合改革项目。江苏电大很荣幸参加了这个试点,也得到了国家教育体制领导小组办公室的正式批准。2010年10月24日,国务院办公厅《关于开展国家教育体制改革试点的通知》明确提出"创建江苏开放大学,加快构建终身教育体系",并将其列入国家教育体制改革试点项目(项目编号04-110-101,试点范围:全省)。现在开放大学已经建立,信息技术利用水平也不错,已经有了良好的开端。但是有一条,江苏开放大学还需要考虑整合各类高等教育资源的问题。我们在建江苏开放大学过程中,突破这一条是非常难的。整合各类高等教育资源,不是江苏开放大学一家能够做到的事情,可能要从国家层面上来考虑,这也不是一所省级电大能够做到的事情。江苏开放大学党委书记彭坤明教授说:建设好开放大学,将成为改善民生的有效途径,将成为教育强省的显著标志,将建立起人才培养的立交桥,将使人人皆学成为可能,学有所教成为现实。因为这个学习型社会意味着"人人、事事、处处",那么,终身教育体系构建、学习型社会建设由谁来承担?它通过什么样的途径来进行?我想开放大学是一个很好的途径。因此,我们肩负着这样一个使命,而且我们说建设江苏开放大学应该是全体电大人的意愿,也是全省电大教职工的共同诉求。所以说,我们是举全省之力来办好开放大学。我们在第二次党代会上提出来:经过5年的努力,到2013年建成现代远程开放大学。那是2008年提出来的,教育部2012年12月26号批准,我们是2013年挂牌,正好5年的时间,实现了党代会提出来的目标。所以说这是全省电大教职工的共同诉求和强烈期盼。

现在我向大家介绍一下江苏开放大学的整个建设过程。

(一) 建设背景

建设背景可分为方案论证、理论研究和实践探索三个方面。

1. 方案论证

方案论证也是"九五"期间的基本设想。1997年,我们就提出了筹建方案,当时分管教育的副省长提出来要建江苏开放大学;到"十五"期间,又出了一个组建方案,到"十一五"期间就是这次的综合改革方案。因此,可归纳为"九五"期间的基本设想,"十五"期间的组建计划和"十一五"期间的改革项目,共经历了三个阶段。所谓"九五"期间的基本设想,是因为 1995 年 8 月 18 日,国家教委《关于转发〈关于广播电视大学贯彻中国教育改革和发展纲要的意见〉通知》中提出:到本世纪末至下世纪初广播电视大学发展的总目标是"努力建设成具有中国特色的现代远距离教育开放大学",既然国家教委提出来这个目标,那么,江苏省人民政府也提出了这样的要求。江苏省人民政府、省教委 1997 年 12 月就要求在江苏电大和自学考试办公室的基础上,筹建江苏开放大学。这在当时来说,可能还是全国第一家。这个方案首次对江苏开放大学的性质、任务、设置原则、招生对象及办法、专业设置、教学形式及播出手段、课程、教材建设、学籍管理、考核和发证、师资、专业技术、管理人员队伍建设、编制、经费等提出了建议和说明。这是一个很完整的方案,也收录在《面向 21 世纪的远程教育》这本专著里面。"十五"期间就是 2001 年提出的组建方案,江苏省教育厅在"十五"计划里面确定了依托电大、高等教育助学机构、自学考试和教育电视台组建开放大学的方案。"十五"期间,作为"十五"计划里面的一项重点任务就提出来要建开放大学。在 2001 年的组建方案里面阐述了组建江苏开放大学的指导思想、办学定位、基本框架。在管理体制上明确江苏开放大学按本科院校建制设置,开放学院按专科学校建制设置。把江苏开放大学的建设列入省政府重大建设项目,列入省教育厅"十五"规划重点项目,进行重点投入,建议由江苏省政府发文,明确江苏开放大学的管理体制。我们要求开放大学是本科院校建制,开放学院是专科学校建制,当时讲的开放学院实际上就是指市、县电大。当然这个方案实际上也没有完成。"十一五"期间,在 2010 年提出综合改革方案,这一次是正式建成了。2010 年 6 月,江苏省教育厅将建设江苏开放大学列为高等教育综合改革项目,总体目标是创建独立设置的、具备本科办学权的江苏开放大学。阶段目标分三年执行,提出了十项改革措施。在配套政策中要求制定《江苏开放大学章程》,赋予江苏开放大学本科办学权,并出台学分积累、转换及认证的相关规定,解决学历证书网上注册事宜,提出了风险分析及应对预案。这个高等教育综合改革项目经国务院体制办批准后就是政府目标工程了。所以,我反复讲建开放大学是一个政府目标工程,它是有一系列的文件依据的。

2. 理论研究

建开放大学是一项全新的工作,我们要进行理论探讨研究。我们在2001年申报了江苏省教育科学"十五"规划重点课题,省教育厅批准立项(B/2001/01/038),这也是江苏电大得到的第一个省教育科学规划的重点课题,题目是《江苏开放大学建设的理论和实践研究》,我们按时结题,研究报告收录在《远程教育的实践与研究》专著中,该书获2008年全国广播电视大学优秀科研成果一等奖。在这次综合改革项目之后,2010年学校又确定了开放大学专项课题,分为两类,一个是重点课题,一个是一般课题,也都按时结题,成果出了两本论文集。在这个过程中,我们又申请了江苏省教育科学"十二五"规划的重大课题,全省一共12个重大课题,我们是其中之一。这个课题立项非常不容易,是由外省专家进行盲审,然后当面答辩。

3. 实践探索

(二) 政府重视

建设开放大学如果没有政府重视,工作是做不下去的。从1997年到2001年,再到2010年、2011年,江苏开放大学的建设全部是按照政府的要求来进行的。当江苏省委下发正式文件,明确建立开放大学,将此事正式提到议事日程后,我们心中便有底了。2012年10月10日,江苏省人民政府办公厅发出《江苏省人民政府专题会议纪要(第58号)》,文件指出:2012年10月8日上午,曹卫星副省长召开江苏开放大学建设领导小组会议,听取建设方案和试点工作汇报,讨论研究加快开放大学筹建事宜。我计算了一下,省政府为办好开放大学一共下发了12个文件,还专门成立领导小组,开专题会议,发布专门的纪要。国家教育咨询委员会、综改办的领导也经常检查指导,我们也定期汇报。教育部高校设置专家组也进行了实地检查考察。我们的主管部门江苏省教育厅,做了很好的顶层设计,先后组织了五次专题会,分管的副厅长在两年内

12次进行专程调研、座谈论证,在深入调研和充分论证的基础上,进行了科学的顶层设计,制定了《江苏开放大学建设方案》,江苏省教育厅向省政府专门上报了关于申请举办江苏开放大学的文件。后来这个文件就变成了《江苏开放大学建设方案》。

(三)建设方案

《江苏开放大学建设方案》实际上是指导江苏开放大学建设的一个纲领性文件。江苏省政府决定在江苏广播电视大学基础上筹建江苏开放大学。各地在现有广播电视大学基础上分别设立市、县开放大学,形成全省开放大学办学系统。这个文件出来以后,经过多次专家组论证,引起了比较大争议。争议焦点是现在我们是"5+1"所开放大学,可是江苏一下子把市、县电大都批成了开放大学,这个到底是怎么回事?在专家组的论证会上我们是这样解释的:第一,江苏省在1984年经省人民政府批准,各市都已经独立更名为某某市广播电视大学,这在全国是绝无仅有的。因为按照电大的管理体制,广播电视大学是统筹规划、分级办学、分级管理,应该是江苏广播电视大学南京市广播电视大学分校、无锡市分校等。但江苏考虑到要调动地方政府办学的积极性,就把这个分字去掉,直接称为地方广播电视大学。如果说是分校,就是省政府的事情;如果说是地方性的学校,地方政府部门就要重视投入,这是它自己的事情。因此,1984年我们就更名为某某市广播电视大学。在这一次办开放大学的时候,省政府之所以反复研究,就是不想走回头路,反正是一个名称问题。因为市广播电视大学不存在、不具备独立发证权,发证权只有一个江苏开放大学。专家组虽然有很多不同的意见,但是省委、省政府还是按照市、县开放大学这样一种名称来定。《江苏开放大学建设方案》的主要内容有:

1. 指导思想

坚持以邓小平理论和"三个代表"重要思想为指导,深入贯彻落实科学发展观,着眼于满足经济社会发展和人的全面发展需要,以终身教育理念为先导,以现代信息技术为支撑,以体制机制改革为动力,积极探索具有江苏特色、灵活开放的学习制度和办学模式,着力提高开放大学建设水平,为完善终身教育体系、实现教育现代化作出重要贡献。

2. 基本原则

基本原则包括四个方面:首先要根据江苏的省情,其次要改革创新;再次要强化特色;最后要稳步推进。

3. 建设目标。江苏开放大学的建设要按照教育部批准的综合教育体制改革项目来进行。2013年,江苏开放大学正式建立,成为非学历教育和学历继续教育并重、职业教育和普通教育相互沟通、职前教育和职后教育有效衔接、具有独立法人资格和本科学历授予权的新型大学。各地相应在现有广播电视大学基础上分别设立市、县开放大学,形成全省开放大学办学系统,使之成为全民学习的共享平台和终身教育的支持载体。

4. 重点任务

重点任务有这样几个方面:第一要有一个能够适合开放大学办学的网络;第二要创设开放性的办学模式。开放教育搞了十多年,我们的办学模式可能还要进一步开放,要改革人才培养的模式,还要建立有效的支持服务体系。

5. 管理体制和运行机制

管理体制和运行机制是市、县电大非常关注的问题,也是我们在运行过程中遇到的比较难的问题。江苏开放大学为本科院校建制,由江苏省政府举办、江苏省教育厅主管,成立由分管副省长任理事长、江苏省有关部门和单位负责同志参加的理事会,负责江苏开放大学建设发展重大事项的决策、指导和协调。因为电大是开放办学、社会办学,开放大学也是社会办学。市、县开放大学隶属于市、县政府,接受江苏开放大学业务指导;省辖市开放大学对本行政区域内县(市、区)开放大学开展非学历教育进行业务指导;学历教育由江苏省开放大学直接管辖。江苏开放大学的管理体制分为扁平式和层级式两种。扁平式的管理指学历教育,层级式的管理指非学历教育。江苏开放大学举办本、专科学历继续教育,颁发江苏开放大学学历证书；举办非学历教育，颁发相应的非学历教育证书。江苏开放大学负责对市、县开放大学进行教学指导、师资培训、质量评估和学分审核等。当然，它还有一个重要的职能，这个也是过去电大所不具备的，就是受教育行政部门委托，承担社区教育有关事务和信息资源管理等任务，为江苏全省推进学习型社会建设提供指导和决策咨询服务。我们认为江苏省政府考虑建江苏开放大学的时候，把这一政府功能放到开放大学来也确实有它的指导意义，在实际运行中我们确实也是这样做的。市县开放大学首先是受江苏开放大学的委托，承担相关学历继续教育的日常管理，在当地政府领导下，利用区域教育资源开展各类非学历教育。因此，我们的学历教育是扁平式管理，一直管到下面的二级学院。市一级开放大学要承担管理所属的市县学历或非学历教育的任务，这个在我们体制里面就规定了。

6. 保障措施

我们从三个方面来考虑保障措施，即组织保障、政策保障和经费保障。大家知道组织保障是非常关键的，因此，我们成立了建设领导小组定期开会，在建设过程中应该说效果非常明显。组织保障要根据省政府的文件制定设立市县开放大学的方案，经过批准以后再进行。应该说到目前为止，有73个市县（区）建设方案都得到了省政府批准，要建设一个全省开放大学系统。从政策保障上来讲，首先，作为省级教育行政部门，应该加强与国家教育部门的联系，力争尽快建立江苏开放大学，这是当时文件的要求，该任务已经完成。其次，要建立学分积累转换互认的指导意见和开放教育质量评价标准，这个任务也已完成，江苏省教育厅专门下发了关于学分银行的文件，质量评价标准体系也已经出来了。当然，还要有一个专兼结合的高素质的教师队伍，新型大学必须要有一流的教师。再次，经费保障，我们认为经费保障是整个开放大学建设方案设计中的一个亮点。这里主要是从几个方面来考虑：第一，它的建设经费纳入统一财政预算，现在我们电大办了三十多年，在江苏有些县还没有纳入统一财政预算，这个必须要保证；第二，要保障经常性的人员经费,因为教师都是绩效工资,因此这个要保证;第三,对学历继续教育要实行生均拨款制度,这一点我们做得最好。从今年开始,江苏开放大学招收的学生,政府已经按照生均拨款了。我们的标准是参照普通高等教育夜大学、函授教育三个人折合一个学生的标准来拨款,真正实施过程中是按照两个人的标准来拨款,比如说普通高校一个本科生政府拨款一万二,那么我们就得到拨款六千,应该说这个政策执行得相当好。我们专家组在起草《教育部关于办好开放大学的意见》时,我一直在坚持这条,教育部现在仍保留生均拨款制度,应该说还是充分考虑到了开放大学的这个共性特征。而过去的电大教育,至少在江苏来说是没有生均拨款的。因此,我们认为,这是整个建设方案中的一个亮点。当然,非学历教育也要给予适当补助,为什么呢? 学习型社会建设,不是开放大学一家能够承担的任务,开放大学可以做资源建设,可以组织,但是政府必须出钱。因此,经费一定要保障。当然,在网络设施、系统平台、教育资源软件、硬件要立重点项目。

(四) 条件准备

我们建开放大学到底具备了什么条件? 就江苏来说,电大30多年发展所积累的经验,最核心的是对开放模式的探索,具备了成为开放大学的实体基础和发展基础。第一,我们有覆盖全省的办学系统,江苏有11所市县电大被中央电大评为示范性电大,第一批示范性电大现场研讨会就在江苏举办的;第二,我们的网络平台能够满足需要;第三,专、兼职教师队伍符合开放教育的要求;第四,我们的人才培养模式在开放教育总结性评估中为优,我们的教学模式、三化管理模式、社会服务应该说还是开展得比较好的。从20世纪80年代开始,我们就为"三农"服务,原《中国远程教育》杂志社冯总编曾在我们学校开过"现代远程教育与中国'三农'问题"学术圆桌会议。江苏电大老年教育这一块也做得比较好,我们原来的省委老书记是老年大学的名誉校长。另外,江苏开展了一个复转军人的人才培养工程,这也是全国的首创,得到了国务院军队转业干部安置办公室的表彰。我们招收了将近5万名的复转军人,其中 3 万 4 千人拿到了毕业证书,这项工程应该说社会反响比较大。另外,我们开展了很多非学历教育项目,也培养了很多人才。当然,对于开放教育、远程教育这两个最主要的方面,我们也有有效的保障措施。总的来说,我们有较好的规章制度,也有较明确的责任主体,当然也有学校、政府包括社会第三方的监控机制,可以保障办学质量。江苏电大从 1980 年就开始招收普通专科学生,全国电大是 1986 年才招收普通专科学生的。我们从 1984 年伸向农村办学,特别是 1999 年经省政府批准,开始招收普通本科学生,到现在还在继续招收普通本科学生,这在全国电大中也是绝无仅有的。另外,1999 年我们在全国电大最先施行了五年一贯制学历教育,这也是在国民教育系列里面的。五年一贯制学历教育实际上在电视中专教育招生不景气的情况下,稳定了县级电大的发展。在江苏,即便在苏北,它的用工制度当时叫做学历高移,所谓的打工人员必须要专科以上学历,因此,五年一贯制教育很受欢迎,现在还在招生。当然,我们现在是以江苏城市职业学院的名义来开展五年一贯制教育的。从 2006 年起,教育部停止电大招收普通生,我们申请建立江苏城市职业学院,也是全国电大系统里面唯一的一所当年批准、当年挂牌、当年招生的学校。我们用江苏城市职业学院的名义和普通高校联办普通本科教育,到现在还在进行,应该说我们具备了本科意义上的办学能力。特别是我们和中央电大、北工大联合培养硕士生。我们在给教育部高校设置专家组汇报的时候,组长就说,江苏电大 1980 年就开展普通专科教育,1999 年办普通本科教育,现在要申请有本科办学级别的开放大学,我们认为条件具备了。当时我们从七个方面向专家进行了汇报。第一,江苏电大具备本科以上的办学能力,这是我们的办学实力。第二,我们也有较强的科研能力:出版远程开放教育研究专著、编著 20 余部;公开发表论文 1 500 余篇,其中发表在 SCI、EI、核心期刊上的论文 400 余篇;承担教育部、江苏省等各级各类课题 110 余项;在各类科研成果评奖中有 80 余项获奖;江苏电大远程开放教育研究所也获得多种荣誉。第三,我们还成立了多个远程教育的研究团体,书记、校长都是亲自带头开展工作。第四,我们也按照对一所高校的要求积极开展对外交流,成功举办中外远程教育论坛。第五,江苏电大办学33年来累计招生96.36万人,向社会输送了64.41万名本(专)科毕业生,非学历教育超过1000万人次,对江苏高等教育大众化做出了一定贡献。第六,江苏电大现在的教职工、专兼教师等,在国家教育部统计的数字中数量也相当可观。第七,现在我们在校生数量包括开放教育和普通教育的学生,共有19万人。

(五) 建设目标

江苏开放大学建设的最终目标是:

第一,为完善终身教育体系提供支持。满足人民群众多样化受教育需求,促进经济发展方式转变和经济结构战略调整,实施民生幸福工程。

第二,为全民学习构筑共享平台。为全民学习提供平台,为资源共享提供便利,为终身学习提供支持。

第三,为实现"学有所教"的目标提供保障。致力于满足基层、农村等地区的教育需求与发展,满足社会各类群体、个体日益增长的多方面的学习需求,关注残疾人、老人等弱势社会群体,为实现"人人皆学、时时能学、处处可学"的目标提供保障。

第四,进行开放教育模式的探索与创新。在模式上:创立注册入学、过程服务、选择自由、学有所教,学习者自主学习与个性化支持服务相结合为主的开放模式。在体制上:构建开放大学办学系统统一管理、系统运作、合作共建、协调发展的新的运行体制。在机制上:探索区域内普通教育、职业教育、继续教育和自学考试之间的沟通机制。在制度上:建立为学习型社会建设提供学习制度支持的学员学分积累、转换与互认制度。

第五,拓展远程教育服务社会的整体功能。江苏开放大学建设拓展远程教育服务社会的功能,主要体现在:以远程教育和继续教育公共服务平台为依托,实现社会、高校、行业等优质教育资源的共享;构建多学科、多类型和全方位支持服务的学习网;满足全民终身学习,特别是社区教育、职业教育、农民教育和老年教育的需求；推进终身教育的信息化，拓展终身教育发展的广度和深度。

第六，落实教育体制改革试点项目。江苏开放大学试点是落实教育体制改革试点项目的重要内容。因此，江苏开放大学的建设目标定位于创建新型的大学，即江苏开放大学是一所面向全体社会成员，以开放教育为基本特征，学历教育和非学历教育并举，为全民学习提供支持，为终身教育提供服务，探索构建灵活开放的、具有江苏特色的学习制度和办学模式，整合相关教育资源，社会化合作、系统化运作，信息技术与教育深度融合的新型大学。

（六）建设过程

一是确定江苏开放大学建设的六个新定位：即"新理念、新目标、新功能、新模式、新机制、新文化"。新理念指让教育在开放中服务社会，让公众在学习中改变生活。新目标是学有所教的现实途径，人本发展的重要依托。新功能为全民学习构筑平台，为终身教育提供支持。新模式指信息技术与教育教学的深度融合、开放制度与远程手段的高度同步。新机制指广泛的社会合作与有序的系统运作。新文化以优质服务赢得社会信誉，以改革创新彰显发展特色。二是培育开放大学的特色文化，电大也好、开放大学也好，它们既有自身的特殊规律，但是也必须遵循普通高等教育的普遍规律。当然，也讲究开放大学的特色文化，比如说按照江苏实际提出开放大学的校训、校风、教风、学风。校训为"知识改变生活，学习完美人生"；校风是"创业、创新、责任、奉献"；教风是"服务促进发展，过程追求质量"；学风为"自主学习，学以致用"。三是创建了适合江苏省情的四个特色学院，即新型职业农民教育学院、城市学院、社区教育学院、老年教育学院。这是按照教育部咨询组专家的意见实施的。比如，江苏是农业大省，新型职业农民教育学院应该面向广大农村；城市学院是为新市民考虑，因为现在城镇化建设、城市化进程加快，新市民需要进行培训；社区教育学院要承担社区教育任务；创建老年教育学院是因为我们进入了老年社会的行列，而且江苏的老年人口的比例高于全国的比例,江苏省教育厅在老年教育这方面的要求尤为强烈,我们在全国也是首开老年本科学历教育的。第四,按照教育部和国家开放大学"错位发展"的要求,结合江苏的实际完成四个本科专业建设准备。当然,这四个本科专业,既要错位,又要结合江苏的实际。这四个本科专业包括农业资源与环境专业、环境工程专业、工程管理专业、文化产业管理专业。

(七)正式批准

2012年12月26日,教育部教发函(〔2012〕285号)同意江苏广播电视大学更名为江苏开放大学,学校代码为51255。它确定了江苏开放大学的性质,江苏开放大学是以现代信息技术为支撑,面向成人开展远程开放教育的新型高等学校。江苏开放大学要坚持非学历继续教育和学历继续教育并举,可以设置本科专业,可授予学士学位。学校过渡时期采取"老人老办法、新人新办法",江苏广播电视大学的在校学生仍按原有关规定管理;江苏开放大学挂牌以后新进入学习的学生,按照新政策执行。文件要求学校解放思想、更新理念、深化改革、科学定位、提高质量、办出特色,努力满足人民群众多样化、个性化的学习需要,为构建灵活开放的终身教育体系作出应有的贡献。

(八)挂牌成立

2013年1月28日,江苏开放大学建设推进会召开,江苏开放大学挂牌成立。江苏省副省长、江苏开放大学建设领导小组组长曹卫星揭牌,同时对开放大学建设提出要求:江苏广播电视大学更名为江苏开放大学,顺应了教育改革发展新形势新任务的要求,翻开了我省继续教育发展的新篇章,对完善终身教育体系、构建学习型社会、加快实现教育现代化,将起到有力的推动作用。省委教育工委书记、省教育厅厅长、江苏开放大学建设领导小组副组长指出:建设江苏开放大学是我省高等教育综合改革试点取得的一项重要成果,也是加快建设教育强省、推进教育现代化的有力举措。作为一所新型大学,江苏开放大学既是开放性的大学实体,又是全民学习的重要基地、终身教育的服务平台。他要求全省各级教育行政部门要切实加强组织领导,全力支持江苏开放大学各项改革和建设。各市、县(市、区)教育行政部门要积极争取当地党委政府的关心支持,稳步推进当地开放大学建设。2013年2月20日,江苏省人民政府下发了江苏省政府《关于江苏广播电视大学更名为江苏开放大学的通知》(苏政发〔2013〕26号),文件指出:为加快完善终身教育体系,大力促进学习型社会建设,经省人民政府研究并报教育部批准,决定将江苏广播电视大学更名为江苏开放大学。江苏开放大学是以现代信息技术为支撑,面向成人开展远程开放教育的新型高等学校,可以设置本科专业、授予学士学位。到这里,作为一所新型的高等学校,江苏开放大学从审批程序、报办批准等一系列手续都已经完成了。

(九) 系统建设

系统建设是现在省级开放大学都面临的一个非常关键的问题。我们专门出台了一个关于建设市、县开放大学的指导意见。当然这个指导意见主要是按照开放大学建设方案,按照省政府的文件来拟定的,对市、县开放大学的建设提出了更加具体的要求。《关于建设市、县(市、区)开放大学的指导意见》(苏开建办〔2013〕1号)强调:省辖市人民政府要加强对区域内市、县(市、区)开放大学建设的总体规划,做好顶层设计、发展定位、资源统筹、合理分工等工作,指导县(市、区)做好开放大学建设方案。市、县(市、区)开放大学由市、县(市、区)人民政府举办,为独立法人单位,业务上接受江苏开放大学的指导和管理。2013年12月9日,省政府办公厅下发《关于同意部分市县开放大学建设方案的通知》:同意南京市等12个市开放大学,江阴市等50个县(市、区)开放大学建设方案。省政府要求各地要高度重视开放大学建设工作,进一步加强组织领导和统筹协调,切实发挥好开放大学在完善终身教育体系、建设学习型社会中的主阵地作用,努力把开放大学建成全民学习的共享平台和终身教育的支持载体。江苏省政府要求开放大学要发挥在建设学习型社会中的主阵地作用,对开放大学的建设寄予厚望。在年底又一次召开开放大学建设推进会,曹卫星副省长在讲话中强调:今后我省将把促进学习型社会建设的领军责任交给开放大学,紧紧依靠开放大学办学系统推进全省终身教育体系的完善。江苏省政府一年两次召开开放大学建设推进会,足以证明对建设江苏开放大学的重视。我们也深感责任重大,压力也很大。在会上,南京等12市50个县都表态要建好开放大学。曹卫星副省长要求我们在开放上面做文章,思想观念要开放,组织体系要开放,教育教学要开放,支持服务要开放。说起来很简单,但是做起来确实困难很大,当然这是目标,必须要努力去完成。

(十)实体运作

开放大学的建设,不论申请、报批、审批、批准最终都应按照一所新型大学来整体运作。江苏开放大学的实体运作用以下标尺来进行:首先,我们在11月16号举行全省开放大学首届开学典礼,36个二级学院的36个招生点同时通过远程视频会议系统进行开学典礼。首届新生开学典礼标志着开放大学进入了实体运作的阶段。其次,江苏省终身教育学分银行正式落户我校。2013年12月9日,江苏省教育厅印发《江苏省终身教育学分银行管理办法(试行)》,对学分银行的建设宗旨、功能任务、组织机构、账号注册、学分管理和学分应用等都做了明确规定和要求。根据该管理办法,我省将成立学分银行管理委员会,管理委员会由江苏省教育厅及相关政府部门、有关高校领导和专家组成。管理委员会委托江苏开放大学构建"江苏省终身教育学分银行"网络服务平台,并负责日常运行、维护工作。江苏以省教育厅下发文件,把学分银行放在江苏开放大学。因此,我们说2013年江苏开放大学实现了当年挂牌、当年招生、当年开学,最主要的是学生数据全部上报教育部学信网进行了电子注册。开放教育的数据只有进了学信网,才算是进了国民教育证书的系列。我们说新型大学的外部形态正式呈现就是从这两个方面来考虑的。江苏每年都评十大教育新闻,在2013年的江苏教育十大新闻中,江苏开放大学建立是作为十大新闻之首的,应该说江苏省对此还是很关注的。2014年4月18日,江苏开放大学首届老年学历继续教育新生开学。确定了"学有所用,学有所乐"的培养目标;确定本、专科两个层次;摄影和诗词赏析两个专业;确定在南京和常州两市开展首期试点工作;

确立了自主学习、网络教学和面授辅导相结合的"三位一体"学习方式。需要强调的是,这是国民教育系列的学历教育。大家都知道,我们非常重视老年教育,但是学历教育到目前为止正式批准的恐怕还没有。阮书记带队到江苏调研,我向他汇报:我们江苏通过省教育厅的努力,经过教育部批准新办了两个专业,现在在全省进行试点。2014年9月23日,省政府又发了文件,同意盐城市以及10个县(市、区)建设开放大学。到现在为止,全省13个省辖市、60个县(市、区)全部建设开放大学。目前,江苏开放大学已经初具规模,将努力成为江苏构建终身教育体系、建设学习型社会的先行者和主力军。实践证明:建设开放大学这一科学决策和创新举措,对加快建设学习型省份、人力资源强省、教育强省,有着极其重要的战略意义和实践价值。

我认为建设开放大学,就是一个目标、两项探索、三个条件、四个关系、五条措施。一个目标指完成政府目标工程;两项探索即探索宽进严出的学习制度、探索开放大学的办学模式;三个条件,简单讲就是教育部门放权、政府部门给钱、电大系统办事,这是三个必备的条件。四个关系我认为有下面四项:第一,政府要办的开放大学和电大人期待的开放大学之间的关系。大家知道,政府目标工程是构建终身教育体系,建设学习型社会,在完成政府目标的同时,还要强调开放大学的办学自主权,这两者需要统一。第二,国家开放大学和省级开放大学之间的关系。江苏开放大学是国家开放大学的分部,在建设中国开放大学体系过程中,我们必须要处理好开放大学总部和分部的关系。我认为,过去中央电大是龙头,龙头动起来,龙身龙尾才能摇起来。同样建设开放大学,国家开放大学是龙头,分部也好学院也好,必须要按照总部的统一要求、体系来进行,才能真正构成一个具有中国特色的开放大学体系,而只有这样一个体系才能和世界其他国家的远程教育相比较。我理解国家开放大学和省级开放大学之间的关系,用杨志坚校长的话来说就是合作共赢、互惠互利、共同发展的关系。第三,电大和开放大学之间的关系。开放大学是在电大的基础上建立的,这是很关键的一句话。在江苏就有两个市、三个县提出另建开放大学，这是不可以的，开放大学必须在电大的基础上建。第四，电大和普通高校成人教育之间的关系。在整合各类高等教育资源这一问题上，教育厅有些领导就提出，既然办开放大学，过去我们把自考和电大结合起来，那么现在还要不要普通高等教育的成人教育，因为开放大学是国家办的，普通高等教育就办自己的主业，开展普通教育，为什么还要办成人教育呢？实际上，普通高等教育办成人高等教育，也是高等教育法赋予的职能。五条措施就是出台一个文件，即一个好的建设方案；成立一个机构，就是领导小组；开通一个渠道，就是经费来源；落实一个政策，就是要电大自主办学；搞好一个过渡，就是电大和开放大学之间的关系，要平稳过渡，不能大起大落。

  总之，我认为建设开放大学是我们整个电大系统的一个新起点，我们肩负着一个新的使命，必须要有新的思路，更要有新的举措，开放大学一定会在原来的基础上取得新的辉煌。2013年9月25日，习近平主席在联合国"教育第一"全球倡议行动一周年纪念活动贺辞中提出：努力发展全民教育、终身教育，建设学习型社会，努力让每个孩子享有受教育的机会，努力让13亿人民享有更好更公平的教育。我觉得总书记这一段话，对开放大学建设特别有利。建设学习型社会，开放大学应该是责无旁贷、任重道远。开放大学建设是与时俱进的伟大事业，也是电大转型的宏大工程。建设开放大学，它是惠民生、促公平、增国力的一件新事、大事，也是一件喜事，更是一件好事。它将为国家构建终身教育体系，建设学习型社会作出我们应有的贡献。

  原载《开放 融合 创新——开放大学校长论坛文集》国家开放大学出版社2019.6）

在电大系统基础上建开放大学体系

北京报道/《在线学习》杂志首席记者　刘增辉

在广播电视大学40年的发展历程中,有两个核心概念——电大系统、开放大学体系。从电大系统到开放大学体系,两个概念的演变一定程度上反映了广播电视大学的发展轨迹和本质特征。两个概念的内涵是什么? 相互之间又有怎样的联系? 本刊记者就此采访了江苏省成人教育协会常务副会长兼秘书长、江苏广播电视大学原副校长、江苏城市职业学院原副院长、南京师范大学硕士生导师马良生。

系统办学是穷国办大教育的必然选择

马良生首先从系统、体系的基本词义谈起。在《现代汉语词典》里,系统一词的解释为:系统是同类事物按一定关系组成的整体;体系一词的解释为:体系是若干有关事物或某些意识互相联系而构成的一个整体。"从定义上看,系统与体系从词意上相接近,两者都是描述部分如何构成一个整体。"他表示,按照钱学森先生对系统的描述,系统具有相关性、依存性、联动性、整体性、功能性等特点,同时也隐含了内部相对封闭的特点。较之于系统,体系的构成部分、内部组织结构可以相对松散(仅相互"联系",而不是"系统"强调的"关系"),因而"体系"隐含了更趋开放、灵活与包容之意。

那么,"电大系统"概念是何时出现的呢?"这经历了一个发展过程。"马良生介绍说,早在电大创办之初,1978年,教育部、中央广播事业局《关于筹办电视大学的请示报告》中的文字表述,就存在电大系统的建设思想:办好一所面向全国的广播电视大学,需要调动各方面的力量,充分发挥中央和地方两个积极性,统筹规划、全面安排、合理分工、搞好协作。1979年11月,《国务院批转教育部、中央广播事业局关于第二次全国广播电视大学工作会议的报告的通知》中提及关于1980年度的招生问题,首次用"系统"一词表述:各单位(系统)举办电大教学班,既要考虑为四化积极培养人才,又要从实际出发,不要超过本单位所能组织学习人数的限度。

文件中首次出现"电大系统"一词,是1986年国家教委办公厅转发《全国广播电视大学校长联席会议第一次会议纪要》等三个文件的通知,其会议纪要这样表述广播电视大学当前的发展形势:7年来,由于各级党政领导的重视,社会各方面的支持,电大系统教职工的辛勤努力,全国电大已陆续统设了22个专业门类……

1987年,中央广播电视大学在报送国家教委1986年工作总结和1987年工作计划要点里,开始使用"全国电大系统"一词作为章节标题。至此,"电大系统"在广播电视大学内部逐步成为一个通用词。

"电大系统"既是全国各级电大学校实体的集合,也是一个庞大的远程教育系统。"电大系统"的办学因此又被称为"系统办学",也就是依靠"电大系统"层级办学。1988年5月16日,国家教委发布《广播电视大学暂行规定》([88]教计字063号),在第二章性质与任务的第五条中明确规定:广播电视大学是采用广播、电视、印刷和视听教材等媒体进行远距离教学的开放性高等学校,是在教学上实行统筹规划、分级办学、分级管理的远距离教育系统。

马良生认为,系统办学是电大的一项基本制度设计,也是中国电大的办学特色之一。"与英国开放大学地区学习中心的设计不同,中国电大系统采用系统模式,地方电大对应各级政府的建制,接受同级政府的领导,成为同级政府辖下的高等学校,通过这种方式,在短短几年时间里就形成了全国电大四级建制的系统,即中央和地方的省、市(地)、县四级。这一架构克服了高等学校设置长期偏重大城市的倾向,使电大的辐射面和覆盖面迅速扩大到全国的城市与农村。它打破了传统意义上区域办学格局,具有鲜明的改革与创新精神。"

他说,完整的办学系统是电大几十年发展的基础,这是不容质疑的,也是1978年的中国在当时穷国办大教育的社会条件下,创办一所能覆盖全国的大学所采取的最有效办法,是世界远程教育事业的一个特殊的成功案例。几十年来,广播电视大学经历了从无到有、从小到大、从弱到强的艰辛历程,随着我国改革开放的伟大历史进程不断发展壮大,建立了一个覆盖全国城乡的广播电视大学系统,形成了独特的"面向基层、面向农村、面向行业、面向边远和民族地区"的办学方向,走出了一条基本符合我国国情的远程开放教育之路,培养了数以万计的优秀毕业生,为广大求学者提供了更多的接受高等教育的机会,为广大劳动者素质和能力的提高作出了巨大贡献。同时,作为一种独特的教育类型,广播电视大学系统丰富了高等教育内涵,促进了高等教育大众化发展和教育公平,成为今天全面推进全民学习、终身学习的学习型社会建设的重要基础。

陈至立同志在纪念邓小平同志批准创办电大25周年的重要文章中指出:远程教育是构建学习型社会的重要手段,我国的广播电视大学作为世界上最大的远程教育教学系统,是我国发展远程教育的骨干力量,要在建设现代国民教育体系和全民学习、终身学习的学习型社会中发挥重要作用。

"系统"是"体系"建设的基础

谈到"开放大学体系",马良生表示,如果说广播电视大学一直是在"电大系统"的语境下创新、发展,那么建设"开放大学体系"则是在电大系统发展到一个新的历史阶段提出的发展战略。从广播电视大学到开放大学是中国远程教育发展过程中一次大的转型。

"开放大学体系"一词就是在这一发展背景中被提出的。2010年,《国家中长期教育改革和发展规划纲要(2010—2020年)》明确提出:健全宽进严出的学习制度,办好开放大学。2011年7月,《国家开放大学建设方案》指出:在我国,组建一所远程开放大学已经具备很好的现实基础。现实基础之一就是广播电视大学系统。

2012年7月31日,国家开放大学在人民大会堂正式揭牌成立。中共中央政治局委员、国务委员刘延东为国家开放大学揭牌,并在讲话中指出,作为开放大学前身的广播电视大学,自成立以来,得到了党中央、国务院历届领导人的高度重视。经过30多年的发展,我国初步建成了以广播电视大学为主体、覆盖城乡的远程高等教育办学体系,培养了各行各业大批应用型专门人才,对促进人的全面发展和国家现代化建设发挥了重要作用。一是建成了一个覆盖全国城乡的远程开放教育办学系统;二是形成了社会广泛参与的开放办学体制;三是为社会培养了大批应用型专门人才,累计培养950多万本、专科毕业生,开展非学历教育培训6 000多万人次;四是发挥了缩小教育差距、促进教育公平的重要作用。

刘延东表示,开放教育已经发展成为世界性的趋势和潮流,是一种历史的选择。今天的开放大学不是广播电视大学的简单翻牌,而是在新的历史起点上,为适应经济社会发展需要和人的全面发展而进行的一次重大战略转型。完成好新使命新责任,开放大学任重道远。

2016年1月16日,《教育部关于办好开放大学的意见》(教职成[2016]2号)在主要目标中明确要求:到2020年,中国特色开放大学体系初步建成,现代信息技术应用更加成熟,优质教育资源更加丰富,学习条件更加先进,学习制度更加灵活,办学体系不断完善,基本满足多样化学习需求,为学习型社会提供重要支撑,为人力资源开发提供重要保障。

至此,开放大学体系的内涵逐步清晰。开放大学体系是开放大学的组织体系,更是"命运共同体"。

在他看来,"电大系统"和"开放大学体系"共同点在于目的相同,都是为了发展中国远程开放教育而做出的决策和采取的有效措施;两者的不同点则在于历史使命不同,"电大系统"和"开放大学体系"之间,存在非常紧密的继承和发展关系。全国电大的系统办学优势,依然是开放大学体系建设的重要基础。"开放大学体系源自电大系统,又高于电大系统。广播电视大学经过40年发展,无论是在形式上还是在实质上,都比传统的大学更开放。但从开放大学的性质、特点、水平来看,中国的广播电视大学距离真正意义上的开放大学还有较大差距。"

他强调,开放大学体系对开放大学建设同样具有基础意义。我国开放大学体系既是一个彼此密切关联、有着共性目标和建设要求,又相对独立运行、有着各自试点探索侧重点的整体。前者体现了开放大学的整体性和规范性要求,后者体现了其自主性和创新性的要求。

"体系"建设应从九个方面考虑

因为"系统",才有电大40年的成就。同样,"体系"也关乎着开放大学的未来。就如何建设并维系好具有中国特色的开放大学体系,马良生提出九个方面的建议:

建立开大体系。按照《教育部关于办好开放大学的意见》和《国家开放大学建设方案》,建立具有中国特色、体现时代特征的开放大学体系,实现办学网络立体覆盖全国城乡,为我国社会成员多样化继续教育服务和学习机会提供保障。

确定奋斗目标。把中国开放大学建设成为服务全民终身学习的新型高等学校,成为我国高等教育体系中一所新型大学、世界开放大学体系中富有中国特色的开放大学,满足全民学习、终身学习的学习型社会建设需要。

争取宏观政策。开放大学作为新型高等学校,因为其使命和担当有别于其他学校,在转型发展和体系建设中,必须要有国家层面的政策支持和法律法规的保障,也需要各级教育行政部门按照建设新型大学要求,支持开放大学创新与发展,加强对开放大学建设的指导和管理。这就需要国家开放大学的努力和作为,争取更多有利于办学的政策,营造良好的发展环境。

统一质量标准。质量是开放大学体系的生命线。要坚持在质量第一的标准下,实行"宽进严出"。建立教学质量评估制度,加强对教学全过程和学生学习效果的监测与评价。发布年度质量报告,接受社会评价和监督。完善质量保障体系,提高办学水平。

丰富教学资源。建立协同创新机制,通过多种途径,建成满足多样化学习需求的优质课程资源。推进优质教学资源、数字化学习资源的共建共享,满足学生多样化、多途径获取知识的需求。重视职业培训、社区教育、老年教育和公民素质提升的资源建设。

建好"学分银行"。建设具备学分认证、转换、存取等功能的学分银行,为每个学习者建立个人终身学习档案。实行各种学习成果、积累和转换,搭建终身学习"立交桥"。努力实现《中国教育现代化2035》十大战略任务之一"构建服务全民的终身学习体系"中,建立健全国家学分银行制度和学习成果认证制度的目标。

提供优质服务。为开放大学体系的办学、教学、技术、管理、研究等提供优质服务;为学习者低成本、有竞争力、随时随地的远程学习提供优质服务。

鼓励多元发展。在开放大学体系内,既要有统一的目标要求、价值取向,也要提倡发挥总部和分部两个积极性,鼓励百花齐放、多元发展,办好适应当地经济建设和社会发展的学历继续教育和非学历继续教育,打造品牌项目,办出特色水平。

形成合作优势。建立良性的合作与竞争机制,优势互补,资源共享,互惠互利,创建新型"命运共同体",做大做强开放大学体系。

那么,"体系"建设的难点是什么?他认为依旧是如何合理配置教育资源,调动和发挥体系办学积极性,进而形成一个强大的开放大学体系。"配置资源,如何获取蛋糕、如何切蛋糕、如何分蛋糕、如何吃蛋糕是一个永恒的话题。这既是电大系统的老问题,也是开放大学体系建设过程中同样需要面对的问题。"

回顾广播电视大学40年的历程,他强调一个重要的原则:立足国情。每一个远程教育系统的产生,在具有国际视野的同时,都要适应自身国情的实际需要。因此,必须要勇于探索,勇于实践,努力建设适合自身需要和有利于创新发展的系统。

马良生表示,开放大学体系建设是在实现教育现代化的新背景下进行的。开放大学应按照《中国教育现代化2035》的要求,发挥优势,积极作为,在建设学习大国、教育强国中作出新贡献。

原载2019年6月刊《在线学习》杂志

第四篇
相关研究材料

一、课题研究意见

《社区教育在昆山》序言

马良生

2015 年 12 月 18 日

社区教育是面向社会、面向人人、面向人的一生的教育,在促进人的全面发展、完善终身教育体系和建设学习型社会中的作用不断显现,已逐步成为江苏现代教育体系的重要组成部分。

昆山社区教育发展较快。2001 年出台第一个政府文件《昆山市社区教育实验工作方案》,经历了起始实验和稳步开展(2001 年—2005 年)、典型培育和全面推进(2006 年—2010 年)、质量提升和内涵发展(2011 年至今)三个发展阶段,取得了显著成效。昆山市于 2005 年被省教育厅确认为"江苏省社区教育实验区",2007 年被教育部确认为"全国社区教育实验区",2010 年被教育部确认为"全国社区教育示范区",2013 年被中国教育发展战略学会确认为"首批全国学习型城市建设案例城市",2014 年入围首批国家级农村职业教育和成人教育示范县创建名单。

从宏观事业架构看,昆山社区教育要素完备,推进扎实。昆山社区教育在组织建设、理论建设、资源建设和实践探索诸方面综合部署,有序推进。组织建设采用行政和业务复线互动形式。行政条线由市社区教育领导小组、区镇社区教育办公室和村委会或居委会社区教育专职干部三个级次构成；业务条线由市社区培训学院、区镇社区教育中心和村委会或居委会市民学校三个级次构成。两条线在级次上相互对应，工作上相互关联。理论建设采用阵地和平台、课题研究、项目实验相结合的方式进行。社区教育专刊定期出版，主要起到宣传和展示作用；昆山市民学习在线既是学习平台，又是交流平台；阶段性编辑的社区教育内部文集主要汇集社区教育工作者的经验和体会。课题研究题目广泛，既有全市性共同参与的课题，也有区镇或个人的研究专题。项目实验既是理论探索，也是实践验证，生动活泼，特色鲜明。资源建设则由市社区教育领导小组办公室和市社区学院共同规划和调度，整合全市人力资源、物力资源和课程资源，为全市社区教育工作的开展提供服务。实践探索活动丰富多彩，体现了广泛的群众性。主要形式为技能培训、咨询服务、健康教育、文体活动等与群众生活息息相关的培训和体验，主题活动如"家庭美德小品比赛""我与昆山话的故事征文比赛"等具有很强的亲和力，一年一度的"昆山市终身教育活动周"从市区开始，发展到各区镇轮流主办，把社区教育强力推向全市每个角落，工作深入人心。

可以说，昆山提供了一个值得关注的县级市社区教育发展蓝本。

以一个县级市的社区教育为研究对象，需要满足两个条件：一是这个市的社区教育有充分的素材可以研究，二是研究者对社区教育有宏观的把握且对这个市的社区教育情况有足够的了解。《社区教育在昆山》正是满足了这两个条件。从微观理论研究和项目实验看，昆山社区教育充分展示了县级市社区教育的演进过程，且显示了蕴涵鲜明区域特色的发展潜力。以本文集课题研究篇内容为例，反映了对社区教育的认识从模糊到清晰的过程。《社区培训学院在建设小康社会中的理论与实践》(2007.6—2010.11)研究口径较大，反映了社区培训学院建设初期对其作用的认识还不够明确。《市域社区教育四级网络组织体系的构建与运作》(2008.12—2010.11)开始关注社区教育在组织架构方面基础能力建设,研究报告的十七个附件显示了对基础能力的认识比较清晰,且基础工作做得比较扎实。《城市现代化进程中社区教育为提升市民素质服务的研究(以昆山为例)》(2011.5—2014.12)和《苏南地区社区、学校成人教育资源整合与开发研究(以昆山为例)》(2013.3—2015.5)分别从基本实现现代化的市民精神文明建设角度和社区教育资源整合角度确定研究口径,对研究目标有了精确的把握,体现出社区教育工作进入质量提升和内涵发展阶段。而《开展创业培训 开辟社区教育新天地》《昆曲进校园 文化沐心灵》《开展昆山方言培训 促进文化昆山建设》三个项目实验报告的内容则极具地方特色,与昆山外向型经济背景和区域文化紧密结合,更接地气和贴近百姓生活。

国翔同志有着厚实的研究基础积累。在从事基础教育工作期间就成为江苏省"333 高层次人才工程"培养对象、苏州市教育科研学术带头人。2003 年担任昆山开放大学(原江苏电大昆山学院)校长并兼任江苏省昆山第二中等专业学校校长,同时从事开放教育、成人教育、中高等职业教育和社区教育管理工作。期间,他所主持的机构都成为各个门类的排头兵:2006 年,昆山社区培训学院建成江苏开放大学(原江苏电大)系统中由江苏省教育厅评估挂牌的首家社区培训学院;2009 年,江苏省昆山第二中等专业学校成为江苏省首批高水平示范性中等专业学校;2009 年,江苏电大昆山学院成为首批全国示范性基层电大。个人涉猎广泛的经历和骄人的业绩奠定了他从事相关研究的独特优势。长期以来,他勇于开拓,善于研究,对所从事的各类教育有着精准的把握和深刻的理解,对社区教育同样有着敏锐的感知力和正确的判断力。他对社区教育的思考可给同行以启发,而实践探索的成功范例,也可供学习借鉴。

《社区教育在昆山》汇集了作者近年来的实践探索和研究成果。鉴于作者研究的重点是一个特定的区域,难免有局限性,其中有些做法和想法也有待商榷,但作为江苏省职业教育文库首批著作中唯一专门研究社区教育的作品,还是值得推荐,也期待得到重视和关注。

《在跨区域的探索中求发展同进步》序言

马良生

2019 年 12 月 31 日

江苏 3D 社区教育发展合作联盟(南京玄武区社区进修学院——常州武进社区培训学院——苏州张家港金港镇、锦丰镇、乐余镇社区教育中心)于 2016 年成立。三地的社区教育同仁深入贯彻教育部等九部门《关于进一步推进社区教育发展的意见》的文件精神,通过跨区域合作,在科研、项目、课程、师资、资源、品牌、管理模式等方面进行社区教育工作深度、广度、高度的三地探索,开启了苏南片社区教育由普及到提高、由优质到均衡的新征程。

三地社区教育同仁,以科研引领为共识。坚持工作推进科研化,注重理性思考,以行动研究为主,结合文献研究法、调查法、实证研究法等,工作研究常态化、项目研究目标化、课题研究规范化、课程研究系列化、案例研究典型化,不断提升社区教育工作者的专业水平和研究能力,提升社区教育品质,推进社区教育内涵发展。在工作实践中以理论指导社区教育实践,用实践丰富社区教育理论。以解决当下社区教育存在的实际问题为出发点,通过认真思考和科学探究,提出解决问题的方法,再创造性地运用到社区教育实践中去。坚持在研究中不断创新,在创新中不断发展,体现了由实践到理论的升华,印证了三地同仁在社区教育理论研究与实践中不断探索、不断创新的足迹,反映了社区教育工作者的教育智慧和孜孜不倦的求索精神。

在开展社区教育的理论探索过程中,三地社区教育同仁对每一个研究项目的过程和实效性进行评价,重起点、重引领、重过程、重结果,以发展创新探索的视野,充分考虑研究起点与目标之间所需进行的工作,必须付出的努力,同时找出问题和差距,进行认真的反思,由此发掘分析其可持续发展的潜能,激励受评价者不断完善,不断追求自我,做一个具有较好研究能力的社区教育工作者。

在《在跨区域的探索中求发展同进步》三地社区教育论文编撰成集之际,拜读之后十分感慨和敬佩:社区教育是我国教育事业的重要组成部分,是社区建设的重要内容。基层社区教育十分重要,但工作难度很大,而研究更不容易,有此成果当属可喜可贺！愿研究成果和鲜活经验能给社区教育同仁更多有益的启示和借鉴。面对新的时代、新的发展机遇,根据党的十九届四中全会提出的构建服务全民的终身学习体系中"扩大社区教育资源供给,加快发展城乡社区老年教育,推动各类学习型组织建设"的要求,围绕人民对美好生活的向往就是我们的奋斗目标,让我们共同努力,继续开拓创新,促进社区教育高质量发展,为推进全民终身学习、建设学习型社区做出新贡献。

《区级开放大学发展之研究——以秦淮开放大学为例》序言

马良生

2020年9月8日

由王少华同志主持的南京市社会教育"十三五"重点课题"区级开放大学发展之研究——以秦淮开放大学为例"进入结题阶段,课题组将全部研究成果汇编成专辑,并约我写几句话,我认真研读了全部材料,深有感触,很有启发,体会如下:

开放大学是20世纪60年代以来,在世界范围内兴起并迅速发展的一种新型大学。它利用现代信息技术,通过整合优质教育资源,向一切有能力、有意愿接受高等教育的人提供学习机会和服务。事实证明:开放大学的产生和发展,对于满足社会成员对教育的多样化需求,提升国民素质和综合国力,促进教育公平和社会公平,建设学习型社会具有重要作用。众所周知,国家开放大学于2012年7月31日正式成立,随后北京、上海、江苏、广东、云南相继成立开放大学,开启了我国开放大学发展与研究的新征程。综观国内外研究,目前,均侧重于省级及其以上层次的开放大学的发展和研究,而对区一级开放大学研究较少。因此,区级开放大学的发展研究是一个新的课题,无论在理论上还是实践上都还没有形成可供借鉴的成功案例和经验。由此可见,该课题的研究难度较大。从材料中可以看出,课题组迎难而上,敢于实践,勇于创新,举全校全力,经过近三年的探索研究,在多个领域取得了突破性进展,为区级开放大学的建设和发展做出了贡献。

首先,课题的选择紧贴实际。旨在解决当前区级开放大学发展过程中方向、目标、定位等方面存在的问题。课题组把解决学校工作中的问题和难题与科研紧密结合在一起,把理论探讨和实践探索紧密结合在一起,边实践、边探索、边研究、边总结、边提高。这正是基层开放大学科研工作的必由之路,也是科研工作的生命力之所在。

其次,课题的研究踏实严谨。结题报告中提到,课题组的工作从2017年6月开始,其间经历了前期的搜集资料、起草方案和课题论证的过程。在第一阶段的研究过程中,每个教师都根据课题研究方案,明确了自己的研究方向,确定了各自的子课题。第二阶段围绕开放大学发展这一主线和各自子课题,展开学习思考,并通过实践加以积累,组织研讨,总结提高,再回到实践中进行检验。第三阶段进行认真总结,课题组成员对研究工作进行自我评价和整体评价,并对研究成果进行总结,撰写课题结题报告。可以十分明显地看出,这本专辑中收录的研究成果都是经过踏踏实实的调查、实践、研究而形成的。课题组踏实严谨的作风,为基层开放大学开展课题研究提供了范例。

第三,课题的总结真实全面。课题组历时近三年的研究,已经按计划顺利完成预期的各项研究任务,取得了可喜的研究成果,达到了预期的目标,为区级开放大学发展作了有益的探索。当然,区级开放大学发展问题是一个永恒的课题,不同时期会有不同的要求,需要持续不断地发现问题、研究问题、解决问题。由于区级开放大学成立时间短,尚有许多理论和实践层面上的问题需要作进一步的探讨。就该课题研究而言,无论是理论研究的深度,还是实践层面的尝试,都还有需要提高的方面。但值得肯定的是,在这个专辑的相关报告中,课题组成员已经认识到自己研究和工作中存在的不足,这恰恰体现了一种难能可贵的务实、求实精神,也为课题的后续研究打下了基础。

衡量一项课题的研究成果,主要是看理论研究是否有创新,学术价值如何,有无应用价值,对社会产生的影响,在实践层面有无新的进展,能否提供学习、借鉴等等。本课题研究取得的主要成果是:推进了区级开放大学的发展;提升了教师科研水平;优化了开放大学管理机制;形成了一批科研成果。相信大家读过这本专辑后,既能了解一些具有前沿性的区级开放大学发展理念和思路,又能理解基层科研的特点和方法,还能体会到一线科研工作者的艰辛和精神。

在建设全民学习、终身学习的学习型社会进程中,开放大学将会以其独特的优势发挥积极的作用,研究和解决发展中的问题,期待课题组抓紧后续研究并出更多更好的成果。

在《社区教育项目管理助推学习型苏州建设研究》课题开题会上的讲话(根据录音整理)

马良生

2020年5月8日于苏州

各位领导,各位专家,大家下午好:

我这一次是到苏州来学习的。因为蒋秘书长和我讲了这个事情以后呢,我感觉到这个课题研究很有价值,很有意义。为此,我也做了一点功课。当然,整个材料我也是刚刚看完。下面讲三点意见:

第一、苏州的社区教育

关于苏州市的社区教育,我喜欢用一句话说,就是在高位平台上发展。这不光是因为苏州的经济建设、社会发展全省第一,苏老大!对吧!从我的长期协会工作经历,特别是2015年以来,我感觉到进入社区教育行业以后,我始终感觉到苏州的社区教育,叫做有思想、有理念、有实践、有研究、有成果。我记得2015年全国全民终身学习周活动中,开了两次会,鲁昕部长也来了,影响很好。我们全省的一些活动啊,如省级标准化社区建设、示范性建设,苏州都走在前面。所以说苏州的社区教育一直在高位平台的发展,特别是今年你们又新出了一个示范性社区建设工作的意见。为什么我知道呢?因为我原来讲过,省教育厅准备在去年标准化社区建设检查结束以后就不再进行此项工作了,去年年底结束了就停下来。我在常熟给徐处长讲过的。那么下面我们做什么呢,就是抓示范性建设。但是因为新冠肺炎出来以后,我们到现在为止没有启动这个事情(徐处长:汇报一下,我们两个星期前已经印发文件,我们也跟您请教过的)。是的,我已经看到你这个文件了。所以我说你们工作确实走在了前面。那么这是一个感觉,就是你们在历史上发展比较好。那么我还有一个感觉,就是在徐处长主持工作以来,苏州的社区教育,从重实践创新转向重理论研究。因为我和徐处长第一次接触是太仓的国家级职成教示范县抽查。现在我给你汇报一下,教育部要开总结大会,已经确定太仓市作为典型发言,我已经让太仓的王晓芸局长做了10分钟的发言材料,他们4月28号已经交给我了,现在正在做PPT,到时候要他们市长到会介绍,到时候再定。那么这个我也跟省教育厅沈晓冬处长做了汇报,因为是教育部直接和我联系的,我是全国检查的专家组长,所有确定的名单都在,江苏就是选太仓。在所有的示范县中也是唯一,这个也是苏州的骄傲啊!

第二、关于课题研究

就本课题而言,我感觉到徐处长作为一个学者型领导,率先垂范做这件事情,我还是很感动的,因为我们的处长都忙得不可开交,但是要把这个课题弄下来领衔主持,确实不容易。我也把这个课题的开题,作为苏州社区教育再出发的一个好的形式。这个也是你们市委书记讲的,你们都要在火红的年代再出发!那么,我们这个社区教育以这个课题的开题作为再出发的一个标志。

关于课题研究,我首先是学习,然后提三点建议,供大家参考。我想作为一个课题的开题报告,因为我在学校一直分管科研工作,我是喜欢讲这么几句话,那就是:第一要深化课题认识。因为我们申报书已经确定了这个课题了,开题报告我们要重新认识,为什么做这个课题;第二叫做细化研究方案。那我们就不是照搬申报书了,就要细化研究方案,不是纸上谈兵;第三就是合理组织分工。课题组成员具体做什么啊,这个不管你是博士也好,硕士也好,你都要做事情了;第四就是落实研究措施。你可能提很多要求,那你到这个时候开题也要一样样落实;第五就是总结创新成果。也就是要创新,研究不是总结,我们研究是往前;第六个是完成既定目标。所有的研究都要完成申报书上确定的目标。我想作为一个研究课题,开题报告我认为就这么六句话:深化课题认识;细化研究方案;合理组织分工;落实研究措施;总结创新成果;完成既定目标。

就本课题来说,我觉得刚才徐处长介绍的时候实际上做了一个定位,第一这是政策性的研究。这个我非常赞成,因为教育厅每年都有这类项目;第二是适应经济社会发展的需要。我们有市场你就可以做,有需要我们才有研究,有问题我们要解决;第三个要达到制度创新和助推学习型城市建设的作用,所以我想呢,研究目标明确,立意很高;有实际需要;最终的研究成果要起到助推学习型城市建设,也就是使我们的工作在往前推进。那么这种研究就是带着问题进行的,通过发现问题、认识问题、解决问题;制度创新,发挥社区作用,这就是我们一个研究的过程。我想这方面我们的方院长、李博士你们专门搞研究就特别清楚,这样一个闭合的曲线,就是我们的初衷。我也认为这是一个实证性的研究,我想说四句话,首先,我觉得选题很好!因为前面讲了,如果说苏州的社区教育是在高位平台上发展的话,那么随着经济社会的发展,人们对美好生活的向往,在全民学习、终身学习的大环境之下,它对社区教育的要求越来越高,按照习总书记的要求,就是如何让人民群众有更多的获得感,幸福感,认同感。我想,不是这么简单的事情,我们综合来讲社区教育是一个草根性的教育,也可以说平民教育,但是你千万不能用草根的、不负责任的态度去做,我们还是要提高。怎么提高?我认为研究是最好的提高,所以说第一个就是要通过研究可以高质量推动社区教育发展。其次,实践性强。因为我们所有的社区中心几乎都在干这个事情,难道我们的社区教育就是跳跳广场舞吗?就是吹拉弹唱吗?我们南京市教育局潘局长是我们的副会长,他说这个社区教育难搞,三农教育难搞,我们来的时候发一只左手套,结束时候再发一只右手套,要不然发一双群众就走掉了。说明要群众留下来,学习完是不容易的事情,对不对?这是个实践性很强的事情,我想你这个队伍里面全是精兵强将,你针对你的现状,而且你动用全部的力量来做,我觉得就是实践性很强的一个课题,这就是实证研究。第三,我感觉到这个研究队伍精干,给我的通知里面,把研究人员都写进来了,我看了一下可能在我们苏州社区教育这个业内,有实践经验,有理论研究,出成果的专家,都在里面。第四点,准备充分。这份材料,包括徐处长刚才的介绍,我觉得前期做了大量的工作,因为我们经常出去参加评课题、开题、结题活动,有的开题报告和申报书是一样的,就是翻版,我说你这个是申报书还是开题报告呢?但是苏州的这个就是像模像样的开题报告,这就是做研究的过程。所以对这个课题就是:选题好,实践性强,队伍精干,准备充分。

我有这么几个建议。因为我也是刚刚把全部材料看完,理了一下,建议不一定成熟,不当的地方请大家海涵!但是我想,可能我们以后还要再交流,因为这个是我关心的课题,是我想做这个事情。我去年重点在重大课题的研究,搞了一个学习共同体研讨会,在方院长那边开的,我今年可能就要转到这个管理上面。所以我建议,第一个是研究方法。我在想,你们这个文献研究方法,一定要用最新的东西,这个要查最新的资料,特别要注意出处在哪里,因为现在网上的东西很多,一定要把这个出处弄好,这是我们研究的一个最基本的东西,也是知识产权,是著作权保护法的应用,哪怕一句话,一定要标清楚。我想这个项目管理研究,目前研究的成果还不多,那么凡是引用一定要标清楚。所以说在文献研究方面一定要用最新最全的资料,你现在可以先做,哪怕到结题的时候,再调整,这是我第一个建议。第二个是研究方法中的访谈和问卷。这个问卷调查报告一定要设计好,如果你设计得不好,人家不睬你,就不能保证它的回收率,就没有可信度,一定要设计得好。另外数据统计一定要规范,千万不能马虎,这是我讲的第二点研究方法。第三个是研究内容,你们在本课题研究的主要内容及方法设计中,调整一下顺序,改为:第一、社区教育项目制运行;第二社区教育管理的实质;第三学习型城市的主要特征;第四、学习型城市与社区教育;第五、研究总结。因为,我们按照题目来,社区教育项目管理助推学习型苏州建设研究,特别你的核心概念界定你也这样做,这个没有什么大问题,你去调整一下。这是一个建议。第四个建议是预期价值分析,在预期价值分析(一)里面,你们现在有一个政策创新、视角创新,我建议,能不能加一个叫做实践创新。实际上现在我就给你们加一个题目:社区教育项目管理,促进社区教育高质量发展。这就是创新。因为你们第一个要出方法,第二个主推学习型城市建设,第三个我觉得学习型城市建设也涵盖了我们全市的社区教育,那么我的想法是能不能有一个实践创新?通过我们这个项目管理来促进我们社区教育高质量发展。这个也是可持续发展,这是个永恒的主题,这样看起来作为价值分析和预期目标可能是我们的期望值要回应徐处刚才讲的三条,所以我建议你再加一点叫做实践创新,就是政策创新、视角创新、实践创新。

第三、关于结题报告

因为我们现在是开题报告,在做的过程中有中期检查和结题报告。结题报告我想说,首先,一定要回应你那个申报书和开题报告的要求,这个结题报告如果请专家来,他是对照申报书,你怎么立项的?发多少篇论文?出几本专著?有了专著他就认为好,论文是不是公开发表的?有几篇?原来定10篇,现在15篇,他说已达到,你只有8篇,那不行。所以说,一定要围绕申报书和开题报告确定的目标来做,这个千万要注意。往往我们在评审重大课题时,比如说教育科学规划重点课题、哲学社会科学重大课题,有些人的结题报告材料很多,但是没有抓住重点,那专家就是很不客气要指出来,所以一定要紧扣,那就希望写结题报告的人,一定要对照你那个申报立项书和开题报告。你一定要一样一样把它列出来,你一定要达到原来的目标,达到了你就成功了。

其次,一定要注意新的提法和要求。我前面讲的这个文献研究要用最新的资料,那么结题报告一定要有新的提法。我举个例子,我们过去讲终身教育,是构建终身教育体系,建设学习型社会。可是现在是终身学习,从教育到学习,这是一个彻底的改变,教可能是从行政部门来考虑,学是从个人来考虑,那么,在我们这个报告里面,我觉得更多要体现终身学习、全民学习这个内容。因为说实话,全民学习的弱点在社区教育。但是,要让全民学习落到实处,要让学习型城市建设落到实处,你还必须要依靠社区教育。我想,倒不是因为我们搞这个项目的人就说这块重要,学者们也都这样认为。我们是平民教育、草根教育,是一杆子到底,如果把终身学习的理念融合到我们这个报告里面,比如在总结性报告开头、结语里面,一定要注意用最新的说法,而且一定要把从教育到学习这个过程写清楚。

第三，我建议要多出成果，我想按照你们这支队伍，按照你们现在的准备材料，出成果不存在问题。我的想法应该出好的成果，出精品成果，徐处长给你们的要求是要出一个政策性的意见，出一个助推学习型城市的方法，如果说能够出这两样东西，那是在全市、全省有重大意义。所以我想，既然我们做了这件事情，我们有这么一支好的队伍，一定要有好的成果，我对这个项目寄于厚望，也希望从这个项目中得到学习、得到提高。我更看重的是通过你们这个项目研究，能不能来推动全省的社区教育管理，至少在协会这个层面上，帮教育行政部门来做好参谋作用，更好发挥我们协会的作用。

就讲三点，有不对的地方，请大家批评指正，谢谢！

《南京市终身教育立法研究》鉴定意见

马良生

2021年1月8日

2021年1月8日,专家组对南京开放大学张煌同志承担的南京市社会教育"十三五"重大课题《南京市终身教育立法研究》(编号:201701)进行鉴定验收。专家组通过听取汇报、审阅研究报告,查看研究资料,现场点评及意见反馈,经过讨论形成如下鉴定意见:

《南京市终身教育立法研究》课题自立项以来,严格按照预定的研究计划和科研工作规范,历经开题报告、中期检查、鉴定、验收等相关程序,积极努力推进研究工作。

一、课题研究切合实际

南京市多年来高度重视终身教育体系构建及学习型社会建设工作,对于终身教育立法有着迫切的需要。在2019年11月14日召开的"全市教育大会"上,时任南京市委书记专门就终身教育立法工作提出了明确要求:"进一步推进教育立法,增加有效制度供给,推动修订民办中小学条例,研究制订终身教育促进条例,系统推进育人方式、办学模式、管理体制、保障机制改革"。此前,有关南京市终身教育及其立法方面研究项目不多,有关南京市地方终身教育立法的研究文献也较少。本课题着眼于国内外终身教育领域的研究现状和发展趋势,立足于国内地方终身教育法规条例的比较研究分析,定位于解决南京市终身教育发展中所需解决的实际问题,通过对此课题的研究,能够为南京终身教育立法领域的学术研究做出有益探索和贡献,将加快推动南京市终身教育地方立法工作,也凸显了本课题的研究价值和实用价值。

二、课题研究目标明确

该课题研究目标包括:一是厘清立法范围内的终身教育的内涵和外

延;二是论证南京市终身教育立法的必要性和可行性;三是围绕南京市学习型城市建设的目标和要求,对南京市终身教育发展现状、终身教育立法的社会背景、社会动因、社会需求等方面进行归纳分析;四是考察终身教育法规条款的变化特点和规律,并结合南京的特点和需求,提出南京市终身教育的立法建议。课题研究目标明确,研究思路清晰,研究过程有序,研究计划可行。

三、课题研究方法得当

课题研究运用方法得当,如课题中应用的文献研究法,能通过对终身教育相关文献进行大量搜集与分类整理,研究了解国内外有关终身教育理念以及终身教育立法的现状,为本课题研究提供可资借鉴的一手资料;比较分析法,能够对有关地方已经形成条例的主要内容进行梳理,对立法宗旨、法律依据、适用范围、立法方针、管理制度、经费制度、教育活动制度、奖惩制度等进行比较和分析,考察终身教育法规条款的变化特点和规律;调查研究法,采用实地调研、外出走访、问卷调查等方法,对国内已立法地区的法律法规建设的现状进行了深入的调查研究。

四、课题研究成果显著

该课题研究期间累计发表论文10篇、研究报告10项、调研报告5篇、成果集3项、省市政府建议稿3篇、正式出版物1项等,课题研究期间的多项研究成果被省市有关部门所采纳。其中,《南京市终身学习促进条例(建议稿)》被南京市市委、市政府办公厅所采纳。《南京市终身教育立法调研报告》被中共南京市委研究室内部刊用。课题研究成果对于南京市终身教育立法工作以及终身教育事业发展起到了积极的推动作用。

五、课题研究突出创新

课题研究中注重突出创新。课题论证了南京市终身教育立法的紧迫性、必要性、可行性;通过对南京市终身教育现状调研与分析,提出了"十四五"期间南京市终身教育发展建议;通过对终身教育有关概念的研究与辨析,论证并提出南京市终身教育立法名称(南京市终身学习促进条例);通过对国外及国内各地立法内容的比较研究,提出了《南京市终身学习促进条例》的立法内容建议。课题研究过程中注意搜集、整理各种资料,真实反映了课题研究的过程和轨迹,研究结论具有较高的创新性与可操作性,既有利于研究者进一步的反思和提升,也为同类研究提供了方法和经验。

专家组建议:鉴于南京市终身教育立法尚未列入市人大立法规划,建议课题组对于南京市终身教育立法的紧迫性、必要性、可行性及立法的具体内容等继续进行研究。希望在总结前期研究成果的基础上,继续将研究方向聚焦,研究内容更加具体化,研究成果更具有实用性。

综上,专家组认为:《南京市终身教育立法研究》课题研究已完成了预定的研究目标,取得了丰硕的研究成果,一致同意通过结题鉴定。

二、会议讲话材料

在"2016年云南省农村社区学习中心(CLC)能力建设"研讨会上的发言

马良生　江苏省成人教育协会常务副会长

2016年6月3日

各位领导、同志们：大家好！

非常高兴参加这次会议，特别感谢中成协领导的厚爱！

联合国教科文组织"农村社区学习中心(CLC)能力建设"项目设立以来，做了大量卓有成效的工作。本次会议的召开，对于我们更新观念，创新机制，学习国际新理念、新经验，开拓视野，推进农村社区教育发展，将会有更大的帮助和启示。

目前，江苏省有南京市江宁区谷里街道社社区中心、常州市新北区春江镇社区教育中心、苏州市吴汾湖高新区社区教育中心、苏州市吴中区木渎镇社区中心、南通市海安县海安镇社区中心、盐城市大丰市大中镇社区教育中心6个，加上宜兴市丁蜀镇成人教育中心校先后共7个单位参加了联合国教科文组织全委会设立的实验项目。下面简要汇报一下江苏近年来所开展的工作。

一、承担了教科文组织"农村社区学习中心(CLC)能力建设"新项目点授牌仪式

2014年7月22日,"农村社区学习中心(CLC)能力建设"新项目点授牌会议在江苏省苏州市木渎镇人民政府隆重召开。此次会议由中国联合国教科文组织全国委员会秘书处、中国成人教育协会主办,江苏省成人教育协会、木渎镇人民政府承办。联合国教科文组织代表、教育部职成司领导、中国成人教育协会代表、江苏省成人教育协会代表、江苏省教育厅领导、新项目点代表、苏州市各市(区)代表60多人参加了会议。会议上,中国成人教育协会常务副会长谢国东宣布了新增项目点决定。中国联合国教科文组织全国委员会、教育部职业教育与成人教育司、江苏省教育厅、苏州市教育局相关领导均作了重要讲话,木渎镇作为新项目点代表做了发言,各地校长作了交流发言。

首先,中国成人教育协会常务副会长谢国东宣布江苏省苏州市吴中区木渎镇成人教育中心校等17个单位为CLC能力建设新增项目点。同时作了重要讲话,他强调设立"农村社区学习中心能力建设项目"初衷是引进国际农村教育先进理念,用终身教育和终身学习等理念推进农村社区教育;开展包括扫盲在内的各类教育培训活动,提高农民科学文化素质;通过项目实施,使村民摆脱贫困,提升村民生活质量;提高农村社区学习中心能力建设,培养主体精神和可持续发展思想;通过项目,促进农村社区学习中心(学校)教育的国际交流。

其次,会议听取了苏州市委教育工委委员沈宇致辞。他希望抓住机遇,按照项目实验要求,注重能力建设,提升研究水平,拓宽办学路子,切实做好各项工作,并将由项目带来的先进理念和做法在苏州市发扬光大,为促进当地农村经济发展、建设和谐社会做出更大的贡献。

教育部职业教育与成人教育司副处长蔡妍提出了发展农村成人教育的思路:首先,要创新管理体制。争取地方政府的支持和指导,制定规划时要把农村学习中心建设纳入整体考核中。第二,要整合各项资源。通过农村科教结合,三教统筹,统筹所有面向农村的各项资源。第三,重

视队伍建设。积极发展面向教师和管理者的各类教育培训,切实提高教育水平和管理水平。第四,创新学习方式。利用现代远程技术,为学习者提供更多的学习机会。第五,加大宣传力度。通过广播电视、网络和新闻媒体,加大农村成人教育的宣传,在全社会形成共识。

听取了中国教科文组织全国委员会副秘书长秦昌威讲话,他要求学习国际上的新理念新经验,在人员能力建设上下功夫,加强培训、创新交流方式,使学习中心人员在能力上满足各类学习要求。在组织学习的形式和方式上下功夫,因地制宜适合当地社区学习的形式,充分发挥现代技术的学习优势,开展随时随地的学习。更好地整合资源,在探索更好地服务农村社区学习中心发展上下功夫,注重总结经验,向全国推广。

会议为新项目点授牌,木渎镇作为新项目点代表做了发言。表示要进一步加强社区学习中心建设,不断完善社区学习中心功能,使社区学习中心成为推进全民学习的重要载体。

会议听取了江苏省成人教育协会原会长陈乃林讲话,听取了各地代表的交流发言,共享了创建社区学习中心的成功经验,讨论了创建过程中遇到的难题,探讨了未来的发展方向。

本次会议在江苏召开,省教育厅也高度重视,指示我们认真总结经验,注重提高学习中心的能力,在项目内容上突出实用性;在管理体制上突出统筹协调性;在阵地建设上突出高标准;在资源建设上突出高品质性;在教育活动上突出创新性。

二、承担"农村社区学习中心能力建设"子课题及"培育和践行社会主义核心价值观"课题

根据联合国教科文组织的《"农村社区学习中心(CLC)能力建设"项目双年度计划的指导意见》,2014年12月9日至10日,CLC项目子课题——"培育和践行社会主义核心价值观"在南京市江宁区谷里街道社区教育中心顺利开题。中国成人教育协会常务副会长谢国东、中成协终身教育与学习研究中心研究员蓝建、江苏省成人教育协会、南京市教育局、成人教育协会、江宁区教育局、江宁区谷里街道党工委副书记、谷里街道办事处副主任等来自全国的其他项目点代表或负责人等20多人参加了活动。

  课题组组长、江宁区谷里街道社区纪永回校长从实验项目概念与范围的界定、实验项目的背景、实验项目的研究内容、实验项目的理论与实践依据、项目实验的方法以及预期成果、研究进度、组织分工等进行了全面汇报。甘肃、河南、浙江、江苏等项目点负责人交流了已有的成功经验和做法,共同探讨了如何实施该项目的未来行动。与会的江苏省各级教育部门领导、专家一致认为"培育和践行社会主义核心价值观"课题意义重大,具有很强的时代性、前瞻性和针对性,对提升居民素质、促进社区和谐有很高的实际意义。一致表示要全方位关注、支持和保障该课题的研究和实施。各项目点也纷纷表示要发挥团队的力量,积极承担各自的研究任务,重点探索社区居民践行社会主义核心价值观的活动设计和效果反馈,争取交上一份满意的成果。

  目前,该课题基本完稿,将选择适当日期进行鉴定,欢迎各位领导、专家莅临指导。

  中国成人教育协会常务副会长谢国东指出:通过"农村社区学习中心能力建设"项目实施,可提升村民生活质量,提高农村社区学习中心能力,促进农村社区学习中心(学校)教育的国际交流。为此,我们强调各项目点成员要共同努力,积极探索,把农村社区学习中心的项目建设成为有中国特色的、本土化的一个品牌,成为源于人民、源于合作的为人民服务的强大机构,为我国的新农村建设和城镇化的发展作出更大的贡献。

  欢迎各位领导、专家莅临江苏检查指导工作!谢谢大家!

第八届"上海金山·浙江嘉善·江苏吴江"终身教育合作论坛会议讲话及点评意见

马良生

2018年10月24日下午于吴江

在认真学习贯彻全国教育大会精神、全民终身学习活动周开幕之际,很高兴来到全国科技创新百强区、绿色发展百强区吴江,参加第八届"上海金山·浙江嘉善·江苏吴江"终身教育合作论坛会议"。刚才听了吴江嵇为超部长、金山黄局长、嘉善仇桂珍主任的讲话以及六位校长的经验介绍,很受教育,很受启发,很有收获。下面谈一点体会:

一、关于社区教育和品牌建设

2018年4月26日上午,习近平总书记视察武汉市青和居社区时强调:社区是基层基础,只有基础坚固,国家大厦才能稳固。把社区建设好,把幼有所育、学有所教、劳有所得、病有所医、老有所养、住有所居、弱有所扶等目标实现好。

社区教育是我国教育事业的重要组成部分,是社区建设的重要内容。社区教育通过在社区中组织开展有目的、有计划的居民学习活动,为实现人人皆学、处处能学、时时可学的学习型社会奠定基础,是全民终身学习的原点。

江苏的社区教育始于20世纪80年代,社区教育在促进人的全面发展、完善终身教育体系和建设学习型社会中的作用不断显现,逐步成为江苏现代教育体系的重要组成部分。新时代的社区教育要高质量、创新性发展,要求内容形式更加丰富,教育资源开放共享,服务能力显著提高,发展环境更加优化,居民参与率和满意度显著提高。为此,需要抓特色发展,抓品牌建设。

2014年,全国首次开展终身教育学习品牌的评选。江苏在2014年首批获评 5 个全国终身学习品牌,其中有金山、嘉善、吴江三地社区教育合作论坛(苏州市吴江区社教办充分利用上海、江苏、浙江三区的社区教育优势,推广三方的社区教育经验,提升三方的社区教育效率,彰显三方的社区教育品牌。每年召开三地社区教育论坛,为社区教育机构和工作者拓展对话空间,提供新的成长平台,开展各类教育培训,满足居民各种类型的学习需求);2016 年,第二次获评 3 个全国终身学习品牌;2017 年第三次获评 12 个全国终身学习品牌;2018 年第 4 次获评 10 个全国终身学习品牌。

江苏省省级社区教育品牌项目 2016 年首次评选,当年评出 28 个,2017 年评出 38 个(已正式出版),2018 年评出 39 个(已正式出版)。

二、关于学习共同体建设

政府要求加强建设,《教育部等九部门关于进一步推进社区教育发展的意见》主要任务是加强基础能力建设;推动各类学习型组织与学习共同体建设;广泛开展学习型乡镇(街道)、学习型社区、学习型家庭等各类学习型组织创建活动,推动学习型城市建设。鼓励和引导社区居民自发组建形式多样的学习团队、活动小组等学习共同体,实现自我组织、自我教育、自我管理、自我服务,不断增强各类组织的凝聚力和创新力。

江苏发布《江苏省教育厅等部门关于加快发展社区教育的实施意见》,目的是大力提升社区教育基础能力,培育各类学习社团和学习共同体,把社区教育办到居民家门口;有效提升社区教育服务水平;创新社区教育形式,支持并引导社区居民组建形式多样的学习共同体、学习社团,开展多样化的自主学习、互助学习、终身学习。

所谓学习共同体(learning community)也可译为"学习社区",是支撑以知识建构与协商为内涵的学习平台,是信息时代知识创生的社会基础,强调人际心理相容与沟通,在学习中发挥群体动力作用。本质特征表现为:① 行为主体性;② 系统开放性;③ 成员组织性;④ 目标整体性;⑤ 活动整合一致性。建立学习共同体是满足学习者的自尊和归属需要的重要途径。在学习共同体中,学习者感到自己和其他学习者同属于一个团体,在进行共同的学习活动,遵守共同的规则,具有一致的价值取向和偏好。学习者对共同体的归属感、认同感以及从其他成员身上所得到的尊重感有利于增强学习者对共同体的参与程度,维持他们持续、努力的学习活动。

2017年12月8日,我作为教育部专家组组长,去嘉善检查创建国家级职业和成人教育示范县,县领导就专门谈了三家的社区教育共同体建设。江苏社区教育学习共同体建设发展较快,形式多样,成效明显。"上海金山·浙江嘉善·江苏吴江"共同体建设名列前茅,影响较大。2018年12月我们将举办纪念成人教育改革发展40周年庆祝大会,专门安排了社区教育共同体建设经验介绍,特邀方拥军院长做主题报告。

三、关于"第八届'上海金山·浙江嘉善·江苏吴江'终身教育合作论坛会议"材料点评意见

本次论坛主要议题是经验交流,理论研讨。我事先认真拜读了6篇论文,总体印象是从认识到体验,从实践到总结,从理念到理论,从提升到示范。

(二)经验交流部分

(1)盛志浩:18分钟,吴江区震泽镇社区教育中心校长,题目是《改革开放四十年社区教育发展与展望——新时代震泽社区教育的实践与思考》。震泽社区教育的三个发展阶段,始终紧紧围绕党委政府重点工作,整合全镇的资源,活动开展得有声有色,品牌项目日益彰显,服务范畴不断拓展。展望新时代,震泽社区教育将从创新体制机制,拓展社会功能,融入社会治理,弘扬社会主义核心价值观,宣讲新时代中国特色社会主义思想,助推"中国梦"的实现方面着手。

(2)高洪贤:10分钟,金山区工业区社区学校常务副校长,题目是《体验学习 搭建终身学习新平台》。金山工业区社区学校创新体验学习方式,丰富体验学习项目,不断挖掘与整合社区优质公共文化和教育资源,搭建市民自主学习服务平台,建立了5个区级体验学习点,为社区居民终身学习搭建了新平台。

(3)许志鸿:26分钟,嘉善县西塘镇成人文化技术学校校长,题目是《在乡村振兴中实现成教工作者的担当》。作为成教工作者,从实施乡村振兴战略,为农村成人教育提供的新机遇中,看到乡村振兴战略的实施,迫切需要农村成人教育的大力发展,他从培养新型职业农民、为乡村文化构建着手,为成教工作实现责任担当。

三位校长从社区教育发展与展望、搭建终身学习新平台、成教工作者的担当几方面给我们展示了三个地方开展社区教育的丰富实践,介绍了富有成效的做法,交流了各具特色的经验,确实很好!

(二)理论研讨部分

(1)演讲者易平(12分钟):吴江区太湖新城(松陵镇)社区教育中心校长,题目是《社会教育服务地方经济发展的实践与思考》,他从"关注政策民生入手、深入开展社会调研""进行科学合理安排,加强以人为本管理"和"积极整合教育资源,实行多种形式办学"三方面论述了学校社会教育服务地方经济发展的实践与思考。

(2)演讲者顾健健(10分钟):金山区金山卫镇社区学校常务副校长,题目是《利用区域资源,老年学校开展爱国主义教育的实践与研究》。为满足老年教育需求,他积极利用社区资源,通过组建团队、志愿者队伍、编制建材、开展活动等方式积极开展爱国主义教育,同时加强研究,注重考核,保证效果。

(3)演讲者吴曙强(18分钟):嘉善社区学院副院长,题目是《浅论社区教育功能定位的演变历史和发展展望》。他从社区教育功能定位的演变出发,通过对其发展历程进行系统的梳理,分析其进展及演变的逻辑,展望未来社区教育功能定位的走向,以此为今后社区教育工作提供帮助。

在理论研讨部分,三位校长从社会教育服务地方经济发展、利用区域资源,在老年学校开展爱国主义教育的实践与研究(农村社区教育信息化教育培训的调查)、社区教育功能定位展望等方面探索了社区教育发展新的思路、新的方法、新的途径以及美好愿景。应该说有前瞻性、创新性和可操作性。

总之,本次论坛介绍了办法,交流了经验,明确了目标,展示了水平。特别是论坛研讨从认识到体验,从实践到总结,从理念到理论,从提升到示范,体现了举办者、参与者务实的作风,积极的探索,潜心的研究,丰硕的成果。在此,我代表江苏省成协表示祝贺,对多年来关心支持江苏社区教育的上海、浙江老大哥表示感谢! 祝三地的社区教育、学习共同体建设再上新台阶!

谢谢大家!

在江苏"大美民间·艺术名家社区行"常州武进开幕式上的讲话

马良生

2019年5月11日

各位领导、各位嘉宾、市民朋友们：大家好！

五月是花开的季节，劳动的季节，挚爱和感恩的季节，也是江南一年中最为生机勃勃的季节。在这大好的日子里，非常高兴来到中国首家春秋文化主题公园常州淹城，参加"大美民间·艺术名家社区行"走进常州武进湖塘的活动，这是一场具有江苏区域特色的非物质文化遗产集中展示，也是江苏社区教育、学习共同体建设最新成果的展示。在此，请允许我代表江苏省成人教育协会，对活动的举办表示热烈祝贺！衷心感谢各有关部门的支持和市民朋友的积极参与！特别感谢常州市教育局、常州开放大学、武进区教育局、湖塘镇党委、政府领导的关心重视！

党的十九大报告指出：文化是一个国家、一个民族的灵魂。文化兴国运兴，文化强民族强。没有高度的文化自信，没有文化的繁荣兴盛，就没有中华民族的伟大复兴。中国特色社会主义文化源自于中华民族五千多年文明历史所孕育的优秀传统文化。南京玄武、常州武进、苏州张家港的社区教育工作者，充分挖掘历史文化遗存，注重区域文化特色传承，把社区教育同继承和发扬中华优秀传统文化相结合，同传播社会文明进步的科学文化知识相结合，把南京的"金陵竹刻"、武进的"丰乐马灯"、张家港的"金港竹编"等非物质文化遗产推介给广大社区居民，通过非物质文化遗产的传承活动，以知识的"博"达到精神的"雅"，努力为江苏人对文明优雅的生活方式和对艺术及审美的永恒追求服务。

江苏的社区教育工作者聚焦"弘扬优秀传统文化和非物质文化遗产传承"的教育培训活动，着力打造联盟品牌，实现跨区域的合作发展，不断提升联盟社区教育工作水平。去年"善学武进"已成为 2018 年江苏省社区教育品牌。我建议江苏"三 D 社区教育发展合作联盟"积极创建省和国家级社区教育品牌。我相信,在联盟同仁的共同努力下,一定会给社区居民推出更多更好的学习体验及活动课程,在联盟"同学习、同提高、同进步"的发展理念指导下,把三地社区教育工作提高到一个崭新的阶段,努力按照《中国教育现代化 2035》规划要求,共同推进学习型社会建设。

五月榴花照眼明,今朝五月正清和。让我们在五月的阳光下,播下绿色的种子,收获生活的美好。

预祝江苏"大美民间·艺术名家社区行"暨善学武进·尚学湖塘系列活动圆满成功!

谢谢大家!

在社区教育学习共同体研讨会上的讲话

江苏省成人教育协会常务副会长　马良生
2019年6月28日

各位领导、各位专家、同志们：

大家上午好！按照协会年度工作计划，今天我们在历史底蕴深厚、人杰英才荟萃的苏州吴江召开社区教育学习共同体建设研讨会。参加本次会议的有：各设区市教育局代表、成人教育协会负责人，各设区市推荐的有显著成效的学习共同体负责人，有关高校、开放大学方面的负责人，特邀专家等共86人。首先，我代表江苏省成人教育协会对各位嘉宾、各位代表的到会表示欢迎！对承办本次会议的苏州市终身教育学会、吴江区教育局表示感谢！借此机会，向长期从事社区教育学习共同体建设和研究工作的同志们表示衷心感谢！

吴江历来崇文重教，"晴耕雨读，男耕女织儿读经"这是普通百姓所崇尚的生活方式。这里走出了革命诗人柳亚子、社会学家费孝通、国家最高科学技术奖获得者程开甲。2017年4月，中国成人教育协会社区教育专业委员会在吴江召开了首届全国学习共同体研讨会，来自美国、日本、瑞典等国11位教育专家和国内11个省市的85位社区教育工作者齐聚小镇，围绕社区学习共同体这一话题展开研讨，与会专家充分肯定了吴江学习共同体的典型经验和做法。可以说，2017年的会议对推动省内外学习共同体的建设起到了示范和引领作用。

2017年12月8日，我作为教育部专家组组长，去浙江嘉善检查创建国家级职业和成人教育示范县，县领导专门谈到了三家"上海金山·浙江嘉善·江苏吴江"的社区教育共同体建设的经验和体会，这引起了我的思考和重视。通过理论学习、请教专家、召开座谈会等形式，在大体了解情况的基础上，省成人教育协会在年度工作计划中确定召开研讨会,推进社区教育学习共同体的建设和研究工作。

早在2016年11月,苏州市教育局等14部门在《关于加强社区教育工作,推进学习型苏州建设的意见》中明确提出:推动学习共同体建设,提升学习型组织创建水平。鼓励和引导社区居民自发组建形式多样的"草根"社团向学习共同体转变,构建遍布城乡的居民自主学习团队,实现自我组织、自我教育、自我管理、自我服务,不断增强各类组织、团队的凝聚力和创新力。本次研讨会得到了苏州市教育局、吴江区教育局的高度重视,苏州市教育局张可伟处长专程到会并讲话。

同志们,刚才听了6位同志的经验介绍,看了8份书面交流材料,深受启发,获益匪浅。下面我也谈几点想法,供参考,欢迎质询,欢迎讨论。

我在开始时讲了召开本次会议的原因和目的。因为江苏的社区教育学习共同体建设发展较快,形式多样,成效明显。2014年,全国首次开展终身教育学习品牌的评选。江苏2014年首批获评5个全国终身学习品牌,其中有金山、嘉善、吴江三地社区教育合作论坛(当时中国成人教育协会文件是这样表述的:苏州市吴江区社教办主办,充分利用上海、江苏、浙江三区的社区教育优势,推广三方的社区教育经验,提升三方的社区教育效率,彰显三方的社区教育品牌。每年召开三地社区教育论坛,为社区教育机构和工作者拓展对话空间,提供新的成长平台,开展各类教育培训,满足居民各种类型的学习需求)。2017年,"三家村"获评省级品牌。2018年全国第4次终身教育学习品牌评选,江苏获评10个。

2018年12月,我们在南京召开纪念成人教育改革发展40周年庆祝大会,葛厅长到会讲话。会议专门安排社区教育共同体建设经验介绍,特邀江苏"3D社区教育发展合作联盟"代表、南京玄武社区学院业兵校长、吴江社区学院方拥军院长做专题报告。

下面就社区教育学习共同体等方面讲四点意见。

一、提高社区教育学习共同体认识

学习共同体是当代教育的一种全新理念。最近几年,美国用此种方法进行教育教学。所谓学习共同体(learning community)也可译为"学习社区",是支撑以知识建构与意义协商为内涵的学习的平台,成为信息时代知识创生的社会基础,强调人际心理相容与沟通,在学习中发挥群体动力作用。本质特征为:行为主体性;系统开放性;成员组织性;目标整体性;活动整合一致性。

学习共同体具有知晓度高、参与度高、成本低廉、学习方式简单易行,大多数人都能够参与进来、学员之间平等、自由表达等特点,易受到民众的普遍欢迎,因而具有魅力和生命力。

建立学习共同体是满足学习者的自尊和归属需要的重要途径。在学习共同体中,学习者感到自己和其他学习者同属于一个团体,在进行共同的学习活动,遵守共同的规则,具有一致的价值取向和偏好。学习者对共同体的归属感、认同感以及从其他成员身上所得到的尊重感有利于增强学习者对共同体的参与程度,维持他们持续、努力的学习活动。英联邦学习共同体(Commonwealth of Learning,简称COL)是一个英联邦国家的政府间组织,其总部位于加拿大温哥华。共同体首脑的政府会议创建于1987年。英联邦学习共同体的使命是在英联邦成员国中促进和发展开放学习和远程教育及知识、资源和技术的使用。瑞典的"学习圈"即社区教育学习共同体,已有百年历史。一种全国性的教育现象能存在发展百年,这本身就是一大奇迹。与此同时,同一个学习圈,有的三十年坚持开展学习活动,影响几代人。百年中,情况不断变化,学习形式和学习内容也随之变化,始终保持强大的吸引力和感召力。瑞典最大的学习协会"工人教育协会 ABF",其主要工作是组织管理全国的"学习圈",各地也有相应的组织,全国共有 10 大学习协会,在他们组织下,类型繁多的学习圈遍布瑞典全国的各个角落。瑞典的学习圈及民众高中等形式还被传播到其他国家,如葡萄牙、巴西、印度、菲律宾(学习圈)、坦桑尼亚(民众高中)等国。

在我国,社区学习共同体有着广阔的发展前景,其作用已远远超出了教育领域与范畴。它对于公民幸福美好生活的实现和经济社会的发展都具有重要的推动作用。《教育部等九部门关于进一步推进社区教育发展的意见》中主要任务：加强基础能力建设；推动各类学习型组织与学习共同体建设；广泛开展学习型乡镇（街道）、学习型社区、学习型家庭等各类学习型组织创建活动，推动学习型城市建设；鼓励和引导社区居民自发组建形式多样的学习团队、活动小组等学习共同体，实现自我组织、自我教育、自我管理、自我服务，不断增强各类组织的凝聚力和创新力。江苏发布《江苏省教育厅等部门关于加快发展社区教育的实施意见》，其提到大力提升社区教育基础能力，培育各类学习社团和学习共同体，把社区教育办到居民家门口；有效提升社区教育服务水平；创新社区教育形式，支持并引导社区居民组建形式多样的学习共同体、学习社团，开展多样化的自主学习、互助学习、终身学习。

基于学习共同体的学习，其过程与目的是一致的，过程也是目的，过程的快乐是学习的重要目的。它能丰富、提升人的精神和灵魂，有利于人的全面自由和谐发展。因此，在民间自发组织的基础上，在作用发挥的过程中，在国家教育行政部门肯定和倡导下，我们必须从思想上高度重视，行动上积极支持。需要说明的是：根据教育部、省教育厅文件"四自三学"的规定，我把在社区教育中出现的各类学习共同体称之为社区教育学习共同体，这也有别于社区学习共同体。

二、感受社区教育学习共同体活力

社区教育学习共同体是一种民间的草根式生长的学习群体，已成为社区教育与学习的重要载体。生活在社区中的居民因共同学习而结成群体，在这个群体中同自觉、共做主、互为师、自评价。在这里，没有学习就没有共同体，没有共同体也就没有学习，两者之间互相依存，互为因果，具有不可分割的必然的联系。教育部等九部门关于进一步推进社区教育发展的意见中首次把社区学习共同体写入了规范性文件，并明确指出，要鼓励和引导社区居民自发组建形式多样的学习团队、活动小组等学习共同体，实现自我组织、自我教育、自我管理、自我服务，这是社区教育改革发展以及理论研究的创新。

为了摸清情况，开好这次会议，我们通过各市成人教育协会，对全省学习共同体进行了统计。在各地上报的材料中,我们发现有以下特征:①内容多,有文艺类、体育类、健康类、文化类、生活类、老年类等方面,无所不包,这也是居民社区生活的重要内容。②参与人员多,从青少年到老年人各年龄段都有,学习得到了居民广泛认可,成为居民积极追求学习和美好生活的一种反映;③活动范围广,遍及城乡各个社区,各个社区也努力为培育学习共同体创造条件;④政府重视,志愿者、社会组织、学校、企业也积极参与其中,热心支持学习共同体的发展,资源得到了合理运用。⑤草根化、平民化、泥土味重,无官气,有乐趣,学习氛围浓,展现出蓬勃的生命力,已成为社区教育与学习的重要载体,也是当前社区教育的一种重要形式。

三、加强社区教育学习共同体建设

社区教育是建立人人皆学、处处可学、时时能学的学习型社会的重要载体,是推进社会治理现代化的手段,必须坚持以学习者为中心,以学习需求为导向,为社区内不同年龄层次、不同文化程度、不同收入水平的居民提供多样化教育服务。教育部等九部门提出要鼓励和引导社区居民自发组建形式多样的学习团队、活动小组等学习共同体。培育社区教育学习共同体的终极目标是提升居民学习能力和提高服务社区治理能力。社区教育学习共同体成长有其自觉、自主、自给、自评等内在的规律,培育也有其基本的原则,即支持而不包办、扶持而不控制、助推而不目标管理、养护而不拔苗助长。让大家在共同喜爱的学习活动中,实现人与人之间心靠得更近一点,邻里之间能够守望相助,从而在社区里重构生活共同体,我们要培育更多的社区教育学习共同体。作为社区教育工作者,只有把社区教育的理论研究与社会发展的实践结合起来,把建设学习型社会的宏伟目标与当前社区民情的实际结合起来,才能深入到最基层的社区,把最广泛的城乡居民吸纳到学习共同体中来,重建记忆中的家园,重构新型精神共同体。2016年11月,苏州市教育局等14部门在《关于加强社区教育工作,推进学习型苏州建设的意见》文件的第二项主要任务"提升社区教育基础能力建设水平"中提出:推动学习共同体建设，提升学习型组织创建水平。这对社区教育学习共同体的发展具有重要的推进作用。

目前，我省社区教育学习共同体建设面还不够广，推进的力度、深度也还不平衡，质量有待进一步提高。为此，要在提高认识的基础上，加大建设力度。在建设过程中，应该从组织、登记、认定、活动四个方面着手。这是一个双向的过程：即向上寻求支持，向下鼓励推广。我们还要深化理论与实践研究，加强对社区教育学习共同体的本质特征和基本属性、社区教育学习共同体与学习型社团的联系与区别等方面的研究，并将研究成果应用于实践。

四、扶持社区教育学习共同体成长

学习共同体是推进社区教育发展不可忽视的重要因素。以"社区教育学习共同体"为主要形式的社区居民共同学习，将不以人的意志为转移地成为全民终身学习的组成部分，是"学习，让生活更美好"的理想变为现实的最重要的路径。它不仅仅是学习方式变革的事，也是关乎教育公平、教育惠民、社会和谐、人民福祉的大事。一个富有远见的教育行政领导、富有思想的研究者、富有创新精神的实际工作者和富有责任感的媒体，都是促进社区居民共同学习的重要力量。

在看到社区教育学习共同体发展的同时，我们也注意到多种社区教育联盟也在"异军突起"。我认为社区教育学习共同体和社区教育联盟相同点在于：①具备共同体特征；②目的是为了学习；③符合社区教育发展需要；④非正规教育需要抱团取暖等。区别在于：学习共同体主要是学习业务性质，联盟则带有行政指导色彩。

社区教育学习共同体和社区教育联盟可以向社会组织发展，这对于社会治理有积极意义。当然，我们要积极引导，发挥正能量，防止走歪路。

当前，我国正处在从全面小康社会向现代化社会迈进重要时期，大力培育"社区教育学习共同体"和社区教育联盟，是符合国情和时代特征的非正规教育的理性选择。因为非正规教育，常常不被重视甚至受到轻视。在许多人眼里,教育是学校正规教育的代名词,把学校教育办好了,就是办好了教育。其实,无论是教育的时长还是受教育面,非正规教育远远大于学校正规教育,对人的影响和对社会的作用也不亚于学校的正规教育。实践证明,非正规成人教育是以"每个人的全面发展"为宗旨,通过增加参与者改善自身生存状态和提升个人自身素质的机会,让所有公民都有权利、能力和尊严参与到社会生活的各个方面。它是面向人人的教育,不论文化基础高低和经济条件的好坏;它是非功利性的教育;它是真正以人为本的教育,尊重个人兴趣和学习需求,参与者之间能够进行自由开放的思想交流、经验和知识的共享,在自由宽松的学习环境中,批判性思维能力和创新能力得到最有效的提升。没有高度发达的非正规成人教育社会,不是教育公平的社会,只有非正规成人教育的高度发展,才能使"人人皆学、处处可学、时时能学"的学习型社会的理想变为现实,才会有更大范围、更深意义上的教育公平。当然,政府不能包办非正规教育,但是政府一定是推进非正规教育发展的主体。

在当前城市化快速推进的背景下,社区教育学习共同体的培育有利于社会管理优化、幸福城市打造,改善当地社会风气,改善社会道德氛围,提升社区的文明程度。党的十九大强调:"办好继续教育,加快建设学习型社会",全国教育大会提出加快构建终身学习制度体系的要求,全省教育大会强调:教育既要围绕小康目标补短补弱,又要面向未来,服务发展,为全国探路,在与经济社会发展相互作用、相互促进中发挥好"倍增器"作用;加快教育现代化步伐,深化教育强省建设,努力走在全国教育改革发展的前列,不断提升人民群众的获得感和满意度。立足新时代新征程,在终身学习理念下实现新时期社区教育创新发展,我们要不断增强工作的责任感和紧迫感,以其创新思路和积极作为,走共同学习之路,构建覆盖城乡的终身学习支持服务体系和服务平台,做好搭建终身教育立交桥的衔接工作,为学习者提供方便灵活个性化的学习条件,把面向人人、面向处处、面向时时的学习理念落到实处,推动全民终身学习和学习型江苏建设。

衷心希望本次会议的交流成果、讨论内容及形成的共识能引发同行和社区教育管理部门的关注和重视,让社区教育学习共同体认识得到进一步提高,活力得到进一步发挥,建设得到进一步加强,争取得到教育行政部门进一步支持。让我们带着使命、带着情怀、带着责任,创造江苏社区教育共同体建设更加美好的明天!

最后,祝各位领导、专家、代表身体健康、万事顺意!谢谢大家!

在 2019 年木渎镇市民终身学习节上的讲话

马良生

二〇一九年四月二十二日

各位领导、各位代表：

下午好！

在这美好的四月，春天中的春天里，非常高兴参加"市民终身学习节"活动启动仪式。

木渎是中国历史文化名镇、全国综合实力百强镇、江苏省教育重镇。近几年，在镇党委、政府的高度重视下，木渎镇围绕建设学习型木渎的目标，大力开展面向各类人群的教育活动，社区教育呈现出良好的发展态势，取得了丰硕的成果。先后被评为全国社区教育示范乡镇、全国创建学习型社区示范街镇、江苏省社区教育示范乡镇。社区教育中心被评为全国成人教育先进单位、江苏省农民工工作先进单位、首届江苏省社会教育百强单位、第二批全国城乡社区教育特色学校，受到了联合国教科文组织的好评，先后两次挂牌"社区学习中心"，参与联合国教科文组织 CLC 实验项目研究。木渎镇社区教育的创新发展和累累硕果是木渎镇社区教育工作者辛勤奉献的见证，更是木渎镇党委、政府、吴中区教育局以及社会各界人士对社区教育重视、关心、支持的见证。

最美人间四月天。明天是第十五届"江苏读书节"启动日，今年读书节的口号是"书香礼赞新中国　阅读追梦新时代"。木渎镇在每年四月启动全民终身学习活动，并且在"万名市民读书月"活动的基础上与时俱进、创新发展，拓展为"全民学习节"活动，现在又升级成"市民终身学习节"。"市民终身学习节"无论内涵还是外延，都有了新的提升，更具鲜明的时代性。在此，我衷心祝愿木渎镇全民终身学习活动在各级党委政府的领导和重视下，在教育系统各位同仁的共同努力下，乘全省建设书香

> 成协工作的实践与研究

江苏的东风,通过"市民终身学习节"活动的举办,以及持之以恒、务实有效的活动,宣传学习理念,点燃学习激情,创新学习方式,进一步营造崇尚学习、走进学习、享受学习、体验学习魅力,追求品质生活的良好氛围,让学习真正成为木渎人的价值取向,生活方式。

祝 2019 年木渎镇市民终身学习节活动圆满成功!

谢谢大家!

在江苏省 2019 年社区教育
手机摄影师资培训班上的讲话

马良生

2019 年 11 月 28 日

各位老师、学员：上午好！

按照省成协年度工作计划，我们继续举办第二期手机摄影师资培训班。据我了解，第一期手机摄影师资培训班结业以后反响很大，应该说美誉度也很高。在此，特别感谢三位老师：乐老师、周老师、李老师，衷心感谢苏州市终身教育学会。

现在智能手机的迅速发展和普及，已经成为人们工作生活中的必需品。刚才张会长说任何地方都可以随时拍摄，祖国山河、风光秀丽、太平盛世、美好生活，激励人们呈现、反映和展示，这就给手机的摄影带来用武之地。应该说不同年龄、层次的人们，都愿意和喜欢用手机记录自己的生活的历程、美好的场景。我记得有人讲过养生中有三句话叫做：走路是动、写作是静、摄影是美。

作为手机摄影师资培训班，我想和大家说另一个话题。朋友圈里的人都知道我喜欢照相，但是我今天要和大家说的是照相和摄影是有区别的。我给大家提的要求是：让喜欢照相的人学会摄影。本来照相和摄影是两个很清楚的概念，但是由于智能手机的功能把两个概念模糊化了。如果我们讲照相的历史，大家知道，世界上第一张照片是 1826 年由约瑟夫·尼塞福尔·涅普斯拍摄的。第一张自拍照片是 1839 年罗伯特·科尼利厄斯在费城拍摄的，他在照相机面前坐了一分半钟完成了第一张自拍的照片；第一张彩色照片产生于 1855 年；第一张数码照片形成于 1957 年。

照相和摄影的不同在于：第一是艺术呈现不同。我们讲照相就是形成图片，街道上的叫照相馆不是摄影馆，照相馆就是标准像，出国护照、学生照、工作证件照就是呈现图片。但是摄影要讲美感，要有光线调节；第二是专业性不同。照相是人人拿出手机就可以，但摄影肯定是专业人士拍摄；第三是目的不同。照相是记录生活的场景，摄影带有展示的性质，可以参加比赛；第四是工具不同，照相用手机随便拍，摄影的就需要用专业的器材。第五是结果不同，照相出来的是照片，摄影出来的就是作品。同样，获奖的叫摄影，没有获奖的就叫照片。所以我只是喜欢拍照，我不是摄影师。

大家为什么喜欢拍照呢？因为拍照让人们有参与感，有参与感就有获得感、幸福感。我喜欢照相，我每天在朋友圈发36张照片，从不间断。有一句广告用语：让你的父母从看朋友圈到发朋友圈。就是让你的父母出去活动、拍照，发到朋友圈里。另外有两句话：建筑是凝固的艺术，摄影是瞬间的艺术。用智能手机照相就是角度、光线、距离的问题，摄影注意的就比较多了。所以我们要向专家学习，向大师请教！掌握理论、学会技巧，形成自己的作品，期待从摄影中获得成就感。当然，我们是师资培训班，需要我们把所学的知识和技能应用于本单位的培训，让我们的手机摄影师资培训班继续延伸，在每一个单位都能办下去，让更多的人享受照相、摄影带来的美感和快乐，让喜欢照相的人学会摄影。

祝手机摄影师资培训班圆满成功！

谢谢大家！

在张家港市第八届全民终身学习活动周开幕式上的讲话

马良生

2020年11月20日

尊敬的各位领导、市民朋友们：

大家下午好！

很高兴参加张家港市第八届全民终身学习活动周开幕式暨社区教育"十三五"成果展示活动。

在张家港精神指引下，张家港的社区教育经过全体社区教育人的努力，取得了长足的发展。特别是张家港率先探索、试行社区教育工作"项目化"，形成了"行政为主、市场为辅；科层为体、项目为用"的社区教育治理体系。打造了一大批能够代表张家港特色水平的社区教育项目，形成了一批"教育惠民"的项目品牌群。

几年来，张家港的社区教育形成了三个显著的特点。一是有完善的市、镇、村三级体系，各级机构责任明确、分工协作、上下贯通，尤其是张家港市的老年大学，布点扩面工作推进明显，市、镇、街三级老年大学已经达到23所，全年在读老年人超过2万余人次，这个数据在我们全省都是非常高的；二是地方社区教育品牌特色逐渐形成，在"一镇一品"的布局下，社区教育影响力不断提高，获得了社会的认可。张家港市先后被评为"全国数字化学习先行区""全国社区教育示范区"等荣誉；三是社区教育的发展丰富了社会治理的手段，促进了社会治理主体的能力提升，特别是近年来项目进村、进社区，克服了公共服务"最后一公里"的难题，实现了居民需求与政府意愿的完美结合，社区教育自身的优质发展更是从多方面促进了社会治理能力的提升。

全民终身学习活动已经成为我国建设终身教育体系和学习型社会

的重要载体和特色品牌。举办全民终身学习活动周,其最大的意义在于大力宣传终身学习、全民学习的理念,以推动学习型社会建设。这次张家港举办的全民终身学习活动周富有特色和创新,居民参与度很高。希望张家港社区教育全体同仁,不忘初心,再接再厉,充分发挥好社区教育服务经济、服务民生的特殊功能,努力提高市民的满意度和幸福感。

祝张家港市全民终身学习活动周开幕式活动,越办越好。

谢谢大家!

江苏老年教育现状及加快发展建议

马良生

2021 年 5 月 28 日

一、老年教育现状

根据《国务院办公厅关于印发老年教育发展规划（2016—2020 年）的通知》（国办发〔2016〕74 号）精神，省教育厅、省科技厅、省民政厅、省财政厅等十一部门联合印发的《关于加快发展社区教育的实施意见》中把老年教育作为社区教育的重点任务，全省各地对此高度重视，积极采取有效措施，努力开展老年教育，取得了较好的成绩。

（一）政府重视、政策引领

2018 年，省教育厅印发《加快发展老年教育行动计划（2018—2020）》（五大行动计划：老年教育服务网络建设计划、老年教育资源建设计划、老年教育队伍建设计划、老年教育与产业融合发展促进计划、老年教育发展环境建设促进计划），目的是以计划项目引导市、县（区）以及高校加快发展老年教育。

2020 年，省委办公厅印发积极应对人口老龄化规划实施方案，要求到 2022 年，每个设区市至少建有 3 所、每个县（市）至少建有 1 所老年大学，70%以上乡镇（街道）建有老年大学分校或老年学校，50%以上乡镇村（社区）建有老年大学学习点，并将老年大学覆盖面指标作为考核地方政府的约束性指标。

（二）健全组织、完善体系

老年教育体系基本建成。全省共有老年大学和学校 8 819 所，其中省级老年大学 6 所，市级老年大学 21 所，县级老年大学 114 所，乡镇、街道老年学校 763 所，居村（社区）老年学校（教学点）7 459 所，社会办老年教育机构 437 所，利用现代远程教学手段的老年机构 19 所。

（三）积极工作、成效明显

据统计，全省参加老年学校学习的老年人比例达到23％，全省有数百万老年人参与到社区教育活动中。

江苏省空中老年大学自1999年1月成立以来，依托广播电视媒体、在线网络学习等方式为全省老年居民提供新的学习途径。

省教育厅会同省老龄办等8部门，联合创建了128所示范性老年大学和学校。

江苏开放大学在全国率先开展老年本、专科学历继续教育，实现老年学员的大学梦。2014年4月18日首届开班，共招生558人，其中本科296人，专科262人。已毕业143人，其中本科129人，专科14人，获得学位87人。16届本科班毕业生中88岁高龄的张焕国学员被遴选为江苏省全民终身学习"百姓学习之星""全国十大全民终身学习事迹特别感人的百姓学习之星"。

2019年，省教育厅组织开展省级老年教育学习资源库子库项目建设。目前，全省已立项建设了9个省级老年教育资源库，每个子库有不少于500个单元的学习视频。

建设"江苏学习在线"网站和"空中老年大学"，开发网络学习课件和终身教育课程，建设覆盖城乡、深入家庭的数字化学习平台，努力把老年教育办到书桌上。

全省共有江苏经贸职业技术学院、钟山职业技术学院等31所高职院校和徐州市中等专业学校、扬州市天海职业技术学校等24所中职学校开设有养老服务相关专业。

组织全省老年大学教材展示和优秀教材评比活动，参展教材603本，评选出优秀教材118本，教材建设先进单位23家。

江苏开放大学、江苏省社会教育服务指导中心专门创建了7个省级养教联动基地，依托地方开放大学场地、设施、课程、师资等优质资源和当地养老机构、养老社区开展养教联动基地的共建，将教育服务延伸至养老院、养老社区和居民身边。

组织开展针对老年学员中优秀文化老人的推荐活动,有效带动提升了老年学校办学质量。

二、加快发展意见

(一)提高认识

老年教育是我国教育事业和老龄事业的重要组成部分。加快发展老年教育,是完善终身学习体系、建设学习型社会的重要举措;是弘扬社会主义核心价值观,实现"积极老龄化"的核心战略;是满足老年人多样化和个性化学习需求,实现老年人身心健康和终身发展,提高老年人生活品质的必然要求;是提升老年人综合素质,发挥老年人才资源优势,推进社会治理,促进社会和谐的有效途径。

江苏是全国最早进入人口老龄化阶段的省份。在第七次全国人口普查全省常住人口中,60岁及以上人口为18 505 345人,占21.84%,其中65岁及以上人口为13 726 531人,占16.20%,江苏人口年龄结构已成为老年型。要实现"强富美高"建设新江苏的战略目标,必须加快发展老年教育,构建具有江苏特色的老年教育体系,推动老年教育事业全面协调可持续发展,以满足老年人日益增长的物质文化需求。要巩固扩大老有所教、老有所学、老有所为、老有所乐的局面,努力让更多的老年人共享改革发展成果。

(二)明确任务

1. 建立健全老年教育体系

建立健全老年教育办学服务体系,形成覆盖城乡、特色鲜明、成效突出的老年教育新格局。到2025年,实现老年人以各种形式参与老年教育活动的参与率达28%以上目标。

(1)鼓励各类学校开展老年教育。老年教育既是各级各类学校社会服务功能的重要内容,也是发展继续教育的重要内容。支持普通高校、职业院校设立老年大学,以多种形式开展老年教育,把老年教育工作纳入继续教育。

(2)发挥江苏开放大学在全省老年教育工作中的龙头和引领作用。

支持开放大学举办各级老年大学,建设具有示范作用的老年教育学习体验基地、养教联动基地等。

(3) 积极发挥政府主办老年大学的作用。完善老年大学办学体系。落实中央和省委积极应对老龄化发展规划,把老年大学发展纳入地方党委政府责任考核。大力实施发展老年大学行动计划,到2025年每个设区市至少建有3所、每个县(市)至少建有1所老年大学,80%以上乡镇(街道)建有老年大学分校或老年学校,60%以上乡镇村(社区)建有老年大学学习点。

(4) 引导社会力量举办老年教育。积极鼓励行业企业、社会团体、培训机构参与老年教育。依照相关法律规定对于社会力量举办的老年教育事业给予优惠政策。积极探索通过社会教育资源合作共享、政府购买服务等方式,引导有条件的民办教育培训机构举办老年教育。

2. 加快发展城乡社区老年教育

(1) 加快发展老年教育是社区教育的重要任务。各级教育行政部门应结合社区教育体系建设,依托县(市、区)、乡镇(街道)、村(居委)社区教育办学网络,建立与完善老年大学、老年学校、老年学习中心(点),健全社区老年教育办学服务体系。加大社区老年教育支持力度,实现老年教育机构有制度、有队伍、有场地、有设施,提升办学现代化、规范化水平,进一步增强老年教育在社会建设中的作用。

(2) 重视农村社区老年教育的发展。充分利用区县级职(成)教中心、乡(镇)成人文化技术学校、农业广播电视学校、乡村文化活动中心、农家书屋、文化礼堂等资源,建立健全农村老年教育办学与服务体系。

3. 加强老年教育内涵建设

(1) 创新老年教育内容和形式。更新教育理念,拓展适应老年学习的特色专业,真正实现国民教育系列对人群的全覆盖。创新教学方法,将课堂学习和实践活动相结合。积极探索体验式学习,开展老年游学项目,于游中学,寓教于乐,将知识性和娱乐性相结合。加强对老年学习团队的培育、指导、管理、服务,推进老年学习团队规范化建设。

（2）支持江苏开放大学继续开展国民教育系列的老年本、专科学历继续教育（需要征得教育部同意），圆老年学员的大学梦。

（3）将老年人学习成果纳入江苏省终身教育学分银行。建立老年人终身学习账户和学分（积分）累计制度，并纳入到江苏省终身教育学分银行。建立老年人学分转换制度，鼓励老年教育机构以学分（积分）值为依据，建立能够激发老年人学习热情的多样化奖励规则和办法，帮助老年人以多样化方式兑换非学历教育证书或单科结业证书。

（4）研究制定老年大学建设指导标准，每年重点建设一批老年大学。

（5）建议在省教育科学研究院设立老年教育研究所，专门负责全省老年教育研究，并与各地从事老年教育工作并有研究能力的人员组成协作组，全面、系统、不断深入研究老年教育功能、规划、机制、办学、教学、教材等，促进老年教育的提升和创新。

（6）依托有关高校、科研院所、老年教育机构等建立若干个老年教育研究基地，开展老年教育基础理论研究、政策研究和应用研究，探讨和解决老年教育发展中的重大理论和实践问题。各类老年大学、开展老年教育的学校、机构等，应加大老年教育规范化、系统化、理论化研究。推动各类老年教育研究课题立项、考核、结题，以理论研究、制度研究、战略研究推进老年教育工作。

（7）创办老年教育学术刊物，展示办学、教学、研究成果。

（8）加强老年教育国内、国际交流。鼓励省内老年教育机构积极参与国内、国际交流合作，充分学习借鉴发达国家和地区开展老年教育的经验。鼓励省内老年教育机构走出去，积极介绍并推广我省发展老年教育的经验与成果。

4. 提升老年教育服务能力

（1）大力发展远程老年教育。开发符合老年人需求的数字化资源，整合数字化社区教育资源，使社区教育网上资源与老年教育机构对接、共享。加强数字化学习资源跨区域、跨部门共建共享。支持各级开放大学为老年人远程学习提供支持服务,到2025年,力争形成"省—市—县(市、区)—乡镇(街道)—社区(村)"五级远程老年教育网络。运用广播、电视、互联网、移动终端等多媒体现代信息技术,为老年人数字化学习提供支持服务。进一步推进"空中老年大学""空中课堂""互联网+老年教育",有计划地为老年群体提供信息技术培训,提高老年人远程学习能力,为数字化教学打好基础。

(2) 采取有效措施,切实解决老年人在运用智能技术方面遇到的突出困难,为老年人提供更周全、更贴心、更直接的便利化服务,是践行习近平总书记以人民为中心发展思想的实际行动,是落实积极应对人口老龄化国家战略的具体举措,是各级党委政府重要的民心工程、实事工程。

(3) 加快老年教育教材建设。组织老年教育专家、政策制定者、协会组织负责人、行业企业人才,成立全省老年教育教材研发和编辑委员会,编写具有先进性、适合老年教育和互学型组织的、运用现代互联网和智能技术的老年教育精品教材,鼓励电子教材、多媒体教材、网络教材的开发。

(4) 发挥养教联动示范基地作用。养教联动基地是在养老社区、养老院等养老机构设立的为老年群体提供学习支持服务的学习基地,是将学习资源送进养老机构的新模式。积极探索养教结合示范基地的运行模式、管理模式、教学模式、服务模式等相关模式。发挥养教联动基地在老年教育中的阵地和示范作用。

(5) 鼓励老年学员发挥作用。充分发挥社区老年教育机构的组织优势,推动老年学员有序地参与社区治理和社区建设;充分发挥老年人的经验优势、智力优势、技能优势,为社区发展出谋划策和提供志愿服务;充分发挥老年学习团队的优势,在青少年教育、家庭教育、科学普及、环境保护、文化传承等方面做出积极贡献;引导老年学员用所学知识奉献社会、服务社会。

5. 充分利用各类老年教育资源

(1) 鼓励学校开放老年教育资源。鼓励各级各类学校向本区域老年教育机构和老年人开放教育资源。推动各级各类学校向老年教育机构和老年人开放图书馆、体育馆、报告厅、科技馆、舞蹈室等场馆,为老年人学习及活动提供支持。探索共享共赢的开放时间模式,科学灵活合理地设定开放时间,提高学校场馆利用率。

(2) 充分利用城乡社区老年教育资源。积极利用城乡社区图书馆、博物馆、美术馆、文化馆、艺术馆、科普场馆、体育场馆、剧院、少年宫、市民活动中心以及历史文化古迹和革命纪念馆等公益性设施资源,以免费或者优惠的方式,向老年人群开放,为老年教育提供特色资源供给和专业服务。

(3) 整合社区老年教育资源。整合社区学院、社区教育中心、居民学校中的社区教育资源,包括场地、设备、师资队伍、课程资源等,为老年教育服务。以社区为单位组织老年群体开展教育活动,增强社区归属感和凝聚力。

(三) 健全管理

1. 建立老年教育管理体制

建立健全党委领导、政府统筹,教育、组织、民政、文化、老龄部门密切配合,其他相关部门共同参与的老年教育管理体制。省和各市教育部门牵头老干部、文化、民政、老龄委等部门,成立老年教育领导小组,对老年教育进行规划、检查和考核,研究解决老年教育发展中的重大问题。

2. 建立联席会议制度

建立由教育行政部门牵头,相关部门参与的联席会议制度,定期召开会议,加强沟通协调,研究解决问题。充分发挥已有老年教育组织、协会以及基层社区在推进老年教育事业中的重要作用。

3. 发挥教育部门主导作用

各级教育行政部门要将老年教育纳入本地区教育事业发展规划,将发展老年教育作为实现教育现代化、完善终身学习体系和推进全民终身学习的重要任务。制定鼓励支持加快老年教育发展的管理办法和激励机制,为老年教育发展提供政策和制度保障。

4. 完善老年教育督导评价机制

建立老年教育评估制度,支持社会组织等第三方开展老年教育发展状况评价,定期开展对老年教育满意度的测评。加强对老年教育的督导,促进规范办学和教育质量的提高。

(四)落实措施

1. 把老年教育纳入本地区经济社会发展规划

各地要把老年教育纳入本地区经济社会发展规划,结合当地实际,提出加快发展老年教育的具体方案和举措,分阶段、分步骤组织实施。把老年教育列入政府教育工作年度考核和推进教育现代化的内容,作为教育督导和教育现代化监测的指标。

2. 加强老年教育法制化建设

根据《中华人民共和国老年人权益保障法》《江苏省老年人权益保障条例》的相关精神,研究制订《江苏省老年教育工作条例》,把老年教育纳入法制轨道,推动老年教育依法办学。

3. 健全老年教育投入保障机制

建立健全政府、市场、社会组织和学习者等多主体分担和筹措老年教育经费的多元投入保障机制,确保老年教育工作的正常开展。各地要把老年教育经费纳入本级财政教育经费预算科目(按老年人口比例或国家老年人受教育比例目标,确定老年教育经费总数),县(市、区)财政应按常住人口安排老年教育经费,鼓励行业企业、社会组织和个人对老年教育公益性捐赠,设立老年教育发展基金、慈善基金,参与老年教育建设,提供老年教育服务,支持老年教育发展。

4. 明确老年大学隶属关系和职能

对省、市、县政府举办的老年大学,建议定性为公益二类事业单位,明确隶属关系和职能,制定标准,安排事业编制或公益岗位,经费列入财政预算。

5. 加快老年教育队伍建设

加快老年教育机构管理者、教师、技术和志愿者团队建设,按照一定比例配备专职管理人员、专兼职教师。加大培训和继续教育力度,提升老年教育人才队伍的整体能力和水平。切实保障从事老年教育的专职教师在专业技术职务评聘、专业技术考核、福利待遇、奖励表彰等方面的权利,畅通老年教育工作者职称评审渠道。

制定老年教育人才激励制度,建立省市县老年教育人才资源信息库,吸引更多优秀人才从事老年教育工作。允许并鼓励各级各类学校在职教师参与老年教育或从事志愿服务,引导在职教师积极开发开设面向老年人的实用性、休闲性、娱乐性、文化性课程资源,积极承担老年教育机构的兼职授课任务。鼓励高校毕业生、教师、专业社工、志愿者为老年教育提供服务。鼓励学有专长的离退休人员担任老年教育机构兼职教师,鼓励身体健康的各级各类退休教师充实老年教育师资队伍,让他们既老有所学,又老有所乐。将老年教育志愿者纳入当地志愿者服务管理体系。

6. 营造加快老年教育发展的良好氛围

各级教育行政部门要广泛宣传党和国家关于发展老年教育的方针政策,营造全社会关心、支持、参与老年教育的良好氛围。要积极培育老年学习文化,充分调动老年人参与学习的积极性和主动性,使学习风尚融入老年人生活,使老年教育成为增进老年人福祉的重要内容。要积极宣传举办老年教育的成功经验、典型案例和先进做法,定期表彰老年教育先进单位和先进个人,推动老年教育持续健康发展。

关于协会五年工作规划的编制意见

马良生

2021年7月5日

在省教育厅的领导下,在中国成人教育协会、省民政厅、省社科联的指导下,在全体会员单位的共同努力下,江苏省成人教育协会第七届理事会认真贯彻党和国家关于成人继续教育改革发展的重要方针政策,按照省教育厅的决策部署,坚持服务江苏教育理念,坚持办会宗旨,团结带领全体会员,依照章程积极进取,真诚为教育行政部门服务,为会员单位服务。在开展理论研究和实践探索、提升协会影响力和凝聚力、推进我省学习型社会建设等方面,做了大量卓有成效的工作,较好地发挥了协会参谋助手作用,赢得了社会各方面的好评。

2021年4月,会员代表大会选举产生了第八届理事会。在新的历史时期,根据党的十九届五中全会提出"要发挥在线教育优势,完善终身学习体系,建设学习型社会"的新目标。习近平总书记视察江苏时,赋予江苏"争当表率、争做示范、走在前列"重大使命,协会要以更大的决心和勇气推进工作,为完善终身学习体系、建设学习型社会、促进人的全面发展、建设"强富美高"新江苏服务。

一、坚持政治建会

要切实提高政治站位,把准政治方向,强化政治担当。省成协及成协系统要带头学习贯彻习近平新时代中国特色社会主义思想,自觉强化政治责任,遵守政治纪律和政治规矩,提高政治能力,切实增强"四个意识",坚定"四个自信",做到"两个维护"。要用习近平总书记"七一"重要讲话精神武装头脑,指导实践,推动工作。

为坚持党的全面领导,把党的工作融入协会运行和发展全过程,要建立党支部,不断提高协会党建工作水平,引领协会正确发展方向。

二、坚持学术立会

学术立会是群众性学术团体的生命力所在。加强业务研究,为政府决策提供服务是协会的重要职能。协会要充分发挥学术研究作用,主动配合教育行政部门,围绕新形势下成人教育改革发展的热点、难点,深入研究,破解难题,切实当好教育行政部门的参谋;要在全面总结我省成人继续教育取得的成绩与经验基础上,深入研究新发展阶段江苏继续教育、成人教育所面临的新情况、新要求以及出现的新矛盾、新问题;要紧紧围绕构建服务全民终身学习的教育体系,建设"人人皆学、处处能学、时时可学"的学习型社会这一重大课题,组织力量开展攻关;要聚焦继续教育、社会教育、老年教育,聚焦老年群体、新型产业工人、新型职业农民、残疾人等重点人群、特殊群体的教育培训工作,开展理论和实践探索;要弘扬理论联系实际的研究之风,深入实践、深入基层、深入群众,切实提高研究成果的针对性、应用性、实效性;要积极开展多种形式的学术交流研讨活动,认真总结交流各地发展成人教育、推动学习型社会建设的做法与经验,树典型,立标杆,为成人教育改革发展服务。

要通过学术研究,把理论与实践结合起来,传承与创新结合起来,普及与提高结合起来,形成浓厚的研究氛围,真正做到学术立会。

三、坚持服务强会

要根据成人教育的新形势、新特点和新要求,努力提升服务能力,提高管理水平。省成协有360多个会员单位,多个专业委员会,这是协会的重要资源和优势所在。要充分发挥协会的凝聚力、影响力,服务社会成员终身学习,努力建设学习型、创新型、服务型协会;通过开展人才培训、政策咨询、信息服务等活动,为成人教育工作者学习新知识、掌握新信息、开阔新视野搭建学习提高的发展平台;要切实加强与各地、各个教育机构之间的沟通联系,形成有效的工作机制,以会员为本,不断优化服务方法,提高服务质量;要努力创新工作环境,通过精心组织多种活动,把各方面专家人才凝聚好,搭好台,唱好戏。

继续拓展宣传渠道,加强省成人教育协会网站、《江苏社会教育》电视栏目等宣传阵地建设，进一步加大成人教育信息发布、创新成果宣传力度，充分调动全社会的积极性，积极发挥桥梁、纽带以及终身学习交流平台、学习型社会宣传窗口等作用。

四、坚持依法治会

要坚持协会服务的公益性，从严落实省教育厅等部门关于学会协会建设的相关规定，不断完善制度建设，不断规范工作要求，依法依规开展活动。认真按《章程》办事，坚持民主办会，定期召开会长办公会和常务理事会，建立理事会年度工作报告制度，努力发挥全体理事在协会工作中的主体作用，加强协会秘书处工作研究与管理。坚持秘书处工作例会制度及常规工作的运行制度；加强协会各专业委员会的工作指导与管理，组织专业委员会开展相关工作研讨活动。

加强与各市成人教育协（学）会工作协作，定期召开各市成人教育协（学）会秘书长工作会议，努力营造全省成人教育协会工作良好氛围。

五、努力完成任务

要充分认识新阶段江苏经济社会发展对教育提出的新要求、新任务，牢固树立以人民为中心的发展思想，紧紧围绕省委、省政府的决策部署和教育部、教育厅的工作要求，进一步明确自身使命，认真做好教育厅和中成协交办的各项工作，以构建服务全民终身学习的教育体系为目标，围绕服务大局、服务基层，积极创新，谋划发展，致力推动成协各项工作目标落实见效。认真抓好各项评审，力争全国获奖名额；积极组织相关培训，提升会员能力水平，编写科研成果文集，推广应用先进案例；出版优秀品牌专集，宣传社区教育成绩；组织会员外出考察，拓展视野学习创新。

第八届理事会要以学习习近平总书记"七一"重要讲话精神为强大动力，把握新发展阶段，贯彻新发展理念，构建新发展格局，把已经取得的成绩看作事业新的起跑线，扎实有效地开展各项工作，努力促进我省成协事业高质量发展，为建设教育强省，推进江苏教育现代化再创新业绩。

后　记

　　1982年2月19日,省教育厅、省职工教育办公室在苏职教办(82)4号《关于筹建江苏省成人教育协会问题的通知》中指出:为进一步动员组织各方面的力量,共同做好成人教育工作,以适应社会主义现代化建设的需要,经省委科学教育部同意,决定筹建江苏省成人教育协会。在省职工教育会议期间,建立了15人的筹备组,朱少香同志(江苏广播电视大学代校长)任组长。筹备组草拟了江苏省成人教育协会章程(初稿),确定了各地、市和省级有关单位参加省成人教育协会担任理事的名额及分配方案。根据朱少香校长的指示,本人参与了成人教育工作总结、协会工作计划稿件起草和会议筹备等工作。

　　1983年3月16日,江苏省教育厅、江苏省职工教育办公室在《关于召开江苏省成人教育协会成立会议的通知》中明确:经省政府批准,江苏省成人教育协会的成立会议将于3月26日与省职工教育先进代表会议一并在宁召开。1983年3月28日,江苏省成人教育协会在南京正式成立,会上通过了《江苏省成人教育协会章程》,选举产生了常务理事和正副会长。成人教育协会的理事都是各地和省有关部门推选的,由66名同志组成。在全体理事会上,选出常务理事21名。会长朱少香(江苏广播电视大学代校长),副会长周尔辉(省教育厅副厅长)、蔡德崇(南京汽车制造厂职工大学副教授)、朱士良(省职教办副主任),秘书长曹阳(省教育厅工农教育处副处长)。朱少香会长就协会的性质、任务与协会在1983年的工作讲了话。他指出:省成人教育协会是全省成人教育的群众性组织。江苏省成人教育协会受江苏省职工教育管理委员会和省教育厅的指导,并参加中国成人教育协会,是团体会员。1983年5月2日,中国成人教育协会批复同意江苏省成人教育协会为中国成人教育协会团体会员。

1984年3月30日,省编委以苏编(84)113号《关于同意"江苏省成人教育协会"人员编制的批复》给省教育厅、省职教办,明确:经你们研究赞同的"江苏省成人教育协会"关于申请人员编制的报告悉。经研究,同意该协会列事业编制两名,人员经费在省教育厅事业经费中解决,协会挂靠省广播电视大学。1984年5月29日,省教育厅苏教计(84)136号《关于下达一九八四年经费预算指标的通知》,下拨协会经费1.6万元。鉴于当时协会的挂靠关系、工作任务和办公地点均在江苏广播电视大学,所以本人就一直参与此项工作。

1987年4月7日,江苏省教育委员会以苏教人(87)19号《关于将江苏成人教育协会的挂靠关系从江苏广播电视大学转到本委成人教育局的报告》向省编委提出:省教委建立以后,现已明确将成人教育协会放在成人教育局内办公,故请你们将江苏成人教育协会的挂靠关系从江苏广播电视大学转到本委成人教育局,所需经费仍有我委教育事业费列支。

1983年—2015年,协会先后有三任会长,分别是:第一届会长(1983—1987)朱少香;第二届会长(1988—1992)谢全海;第三、四、五、六届会长(1992—2015)会长陈乃林。因为工作业务关系,本人于1997年任第四届省成人教育协会副秘书长,2003年至2015年任第五届、六届副会长。

2015年6月12日,省教育厅党组听取了社会教育处关于省成人教育协会换届工作汇报:一是关于协会章程;二是关于第七届理事会会长、副会长、秘书长建议名单;三是关于换届会议议程;四是协会挂靠单位(建议协会挂靠江苏开放大学开展各项业务活动,建议协会秘书处和设在江苏开放大学的江苏省社会教育服务指导中心办公室合署办公,江苏省社会教育服务指导中心办公室主任兼任协会常务副秘书长);五是关

后　记

于协会专职工作人员。2015年7月3日,中共江苏省教育厅党组会议纪要第七号确定:原则同意省成人教育协会换届方案。请社教处根据会议讨论意见修改完善后协商厅内有关处室组织实施。

根据厅领导和江苏开放大学校领导的指示,本人即着手进行换届的各项准备工作:主要是修改章程;联系相关单位推选副会长、理事、常务理事;会议材料准备;大会会务组织安排等。

2015年9月28日,在省教育厅领导和关心下,江苏省成人教育第七次会员代表大会在南京召开。省教育厅、省人社厅、省社科联、省经信委、省教育考试院等相关部门负责人、各高校成人教育学院负责人、省高等教育学会负责人、各市成教协会(学会)、全省各地会员代表近400人出席会议。会议第一阶段由杨湘宁副厅长主持,省教育厅、省社科联领导讲话,中国成人教育协会副秘书长薛华领宣读贺信,兄弟协会代表致辞。会议第二阶段由副会长马良生主持,第六届理事会会长陈乃林作工作报告,第六届理事会副会长马良生作协会章程修改说明。会议通过了《江苏省成人教育协会章程》(修订稿)。第六届理事会副会长唐厚元作第七届理事会候选人推选情况说明。会议选举了第七届理事会、常务理事、协会领导人,孙曙平当选为第七届理事会会长并讲话。2015年11月25日,协会《章程》和会长人选得到了省民政厅社会组织管理局的批准。2016年1月8日,省民政厅正式批准了孙曙平同志为协会新的法人代表。

本人自2015年9月至2021年4月任第七届常务副会长兼秘书长。在孙曙平会长领导下,参与了省成人教育协会的全部工作。主要是:省教育厅全民终身学习活动周的筹备;国家级、省级社区教育"示范区"、"实验区"建设,省标准化社区教育中心建设检查;省教育服务"三农"高水平基地建设;教育部国家级农村职业教育和成人教育示范区县创建;省教育厅社区教育特色品牌项目建设等;组织开展了省成人教育协会关于省级社区教育品牌项目建设、社会教育课题研究、社区教育研究论坛、"百姓学习之星""社区教育先进工作者""社区教育优秀志愿者""优秀成人继续教育院校(培训机构)""美韵秋歌""社会教育百强单位"等的评选;组织编写出版了《江苏成人教育改革发展40年(1978—2018)》《社会教育课题的管理与研究》《春华秋实》(2017、2018、2019、2020、2021江苏省社区教育品牌案例)等书。

为系统回顾总结第七届协会主要工作(2015年9月至2021年4月),保存好完整的、方便查找和可利用的档案资料,以便为协会今后的工作和研究提供基础材料,按照协会工作的主要内容,本人参与并组织的活动,从协会主要工作、省厅交办任务、相关研究工作等三个方面着手,进行研究提升;同时,对近5年来与成协工作相关的广播电视大学教育、开放大学建设研究的成果(已公开发表)进行分类整理,两者合并结集成此书。

值此本书出版之际,衷心感谢孙曙平会长的重视和关心并为本书作序;非常感谢协会同仁郑 青、车学樟、梁蔚蔚对本人工作的支持和帮助;特别感谢河海大学出版社以及龚俊主任的厚爱和支持;深深感谢家人及所有关爱和帮助我的人!

马良生

2021年8月28日于南京